LA PAROISSE
SAINT-SÉPULCRE
D'ABBEVILLE

Ses Dévotions, Associations, OEuvres, Communautés
Établissements d'Instruction
Coutumes religieuses, son Église, etc.

AVEC

APPENDICES, NOTES ET PIÈCES NOMBREUSES

Par l'Abbé A. COYETTE

Chanoine honoraire, Curé-Doyen du Saint-Sépulcre, etc.

> Parochias quas præsens non
> poterat, visitans per epistolas.
> (Brév. rom., S. Marcel, Pape,
> fin du III° siècle.)

ABBEVILLE
IMPRIMERIE C. PAILLART
24, RUE DE L'HÔTEL-DE-VILLE, 24

1880

DU MÊME AUTEUR

1° **Office romain du Saint-Sépulcre** (Préambules liturgiques, Traduction, Appendices, etc.), 1 vol. in-12. — 300 pages.

2° **Les Novendiales du Saint-Sépulcre** (Préparation de neuf jours, Renseignements et Notes sur le Saint-Sépulcre de Jérusalem), 1 vol. in-12. — 400 pages.

Pour paraître incessamment :

3° **Notre-Dame Immaculée de Guadeloupe** (Histoire, Triduum, Liturgie, etc.), 1 vol. in-12.

Pour paraître successivement :

1° **Les Livres sapientiaux ou philosophiques des Hébreux** (Proverbes, Ecclésiaste, Sagesse, Ecclésiastique). — Traduction, Explanation des textes, Parallélisme des croyances israélites et chrétiennes, Méditations sur les principaux passages, 2 vol. in-12.

2° **De la Rationalité du Catholicisme**, ou Consentanéité des Dogmes, de la Morale, des Pratiques et du Culte catholique, avec *la Raison*, l'Histoire, les Traditions, les Monuments, etc., 1 vol. in-12.

Abbeville. — Imprimerie C. Paillart.

LA PAROISSE
SAINT-SÉPULCRE
D'ABBEVILLE

Quoique ce livre ne touche à aucun sujet difficile ou controversé, nous aimons néanmoins à déclarer que nous soumettons de grand cœur tout ce qu'il contient à Monseigneur notre Evêque, qui est pour nous le digne représentant de l'Eglise catholique et du Vicaire de Jésus-Christ.

ÉVÊCHÉ D'AMIENS

Nous avons autorisé et par les présentes autorisons l'impression d'un ouvrage qui a pour titre : LA PAROISSE SAINT-SÉPULCRE, ETC.

Ce livre si intéressant et si précieux pour les Paroissiens de l'église du Saint-Sépulcre leur fera encore du bien ; et c'est là le but que s'est proposé le pieux auteur.

Amiens, le 18 décembre 1879,
En la fête de l'Expectation de la Sainte Vierge.

FALLIÈRES, vic. gén.

LA PAROISSE
SAINT-SÉPULCRE
D'ABBEVILLE

Ses Dévotions, Associations, OEuvres, Communautés
Établissements d'instruction
Coutumes religieuses, son Église, etc.

AVEC

APPENDICES, NOTES ET PIÈCES NOMBREUSES

Par l'Abbé A. COYETTE

Chanoine honoraire, Curé-Doyen du Saint-Sépulcre, etc.

Parochias quas præsens non poterat, visitans per epistolas.
(Brév. rom., S. Marcel, Pape, fin du IIIe siècle.)

ABBEVILLE
IMPRIMERIE C. PAILLART
24, RUE DE L'HÔTEL-DE-VILLE, 24

1880

Cor Jesu sacratissimum, miserere nobis.
Cœur très-sacré de Jésus, ayez pitié de nous
(Invocations liturgiques.)

Cor Mariæ cordi Jesu simillimum,
Ora pro nobis.
Cœur de Marie très-ressemblant à celui de Jésus,
Priez pour nous.
(Litanies du saint Cœur de Marie.)

Sancte Joseph, Salvator Salvatoris nostri,
Ora pro nobis.
Saint Joseph, Sauveur de notre Sauveur,
Priez pour nous.
(Litanies de saint Joseph.)

A MESSIEURS

LES MEMBRES DU CONSEIL DE FABRIQUE

Messieurs,

Nous avons désiré faire paraître ce nouveau volume sous vos auspices. Il nous a semblé que c'était un moyen d'acquitter en partie la dette de reconnaissance de notre chère Paroisse, envers des Administrateurs dévoués, intelligents, saintement hardis, qui, avec les ressources nécessairement bornées de la seule Paroisse, sont parvenus, à force de patience et d'habileté, *consilio suo et patientia* (a), à nous doter d'un monument que beaucoup pourraient nous envier.

Il est vrai que ce monument n'est pas encore restauré complètement, mais vous pouvez espé-

(a) I Macch., 8-3.

rer maintenant que vos paiements tirent à leur fin, que votre œuvre, un peu plus tôt, un peu plus tard, arrivera à son entière perfection; et c'est pourquoi, considérant comme fait ce qui se fera certainement avec la grâce de Dieu, nous avons désiré vous offrir ces publics remerciments que nous vous prions d'agréer.

Nous aurions bien voulu, Messieurs, dans cette circonstance, retrouver encore au Conseil de Fabrique, toutes les honorables personnes qui s'étaient dévouées à l'œuvre, dès le commencement et depuis; mais la mort, avec laquelle on ne discute pas, nous les a enlevées (a).

Nous voudrions aussi voir encore parmi nous deux nobles chrétiens qui ont si bien mérité de la Fabrique, le premier, en prêtant son concours à M. l'abbé Carpentier, au début de l'entreprise, le second, en nous consacrant plus tard ses talents et ses soins; mais des circonstances indépendantes de leur volonté les ont éloignés d'Abbeville (b).

Dans l'impossibilité donc de faire autre chose, nous supplierons le Seigneur de récompenser lui-même ceux que nous n'avons plus; et en attendant nous vous prions, Messieurs, vous

(a) MM. Berneval, Flouest, Fréville.
(b) MM. Warnier de Wailly, de Hauteclocque (Edmond).

que la Providence nous a si heureusement conservés (a), de vouloir accepter cette modeste dédicace comme un hommage de gratitude et d'affection qui vous est offert au nom de la Paroisse,

Messieurs,

Par votre serviteur très-humble
et Curé dévoué.

A. COYETTE,
Curé-Doyen.

(a) M. le comte de Saint-Pol, *président* ; MM. de Mython, Toullier, Sangnier; M. le comte Alfred de Hauteclocque a été depuis quelque temps adjoint à ces Messieurs en remplacement de M. Fréville, décédé.

AVANT-PROPOS

Très-chers Paroissiens,

Voici un livre que nous avons écrit pour vous et que nous sommes heureux de pouvoir vous présenter aujourd'hui.

Il y a deux ans, nous vous offrions un premier volume tout liturgique, pour notre usage dans les saints Offices (a).

L'année dernière, nous donnions pour les personnes pieuses, si nombreuses ici, sous le nom de *Novendiales*, une préparation complète à notre grande fête paroissiale (b).

Aujourd'hui, ce n'est plus un livre de liturgie ni de dévotion, mais un livre de renseignements paroissiaux. Nous l'avions promis l'année der-

---

(a) *Office du Très-Saint-Sépulcre de Jérusalem*, préambules liturgiques, traduction et notes. Paris, impr. cathol., 1878.
(b) *Les Novendiales du Saint-Sépulcre*, in-18. Abbev., imp. C. Paillart, 1879.

nière dans la préface des *Novendiales*, et nous venons, avec la grâce de Dieu, tenir notre promesse ; puissions-nous l'avoir fait, malgré nos occupations que vous savez être nombreuses, d'une manière qui ne soit pas trop indigne de notre sujet si beau, et aussi d'une manière qui vous permette de nous donner quelques-uns de vos indulgents suffrages !

Voici le dessein général que nous nous sommes proposé dans ce nouveau travail : *La Paroisse Saint-Sépulcre* ; ça été, non pas de vous apprendre à tous des choses qui sont connues certainement de beaucoup d'entre vous, mais de vous les rappeler, de vous les faire remarquer, afin d'en tirer ensemble certaines conséquences, pour ainsi parler.

Nous avons désiré surtout, en écrivant ces pages, être utile comme instruction à nos jeunes gens, de l'un et l'autre sexe, et à un grand nombre d'autres personnes qui n'ont pas eu jusqu'ici, peut-être, le temps où l'occasion de s'instruire de tous ces détails paroissiaux, néanmoins si intéressants.

Et cependant, nous devons le déclarer, on se tromperait, si, sous prétexte d'instruction, on s'attendait à trouver ici des dissertations, de l'érudition proprement dite, des recherches minutieuses ; oui, assurément, nous avons voulu écrire ces choses instructives, comme un bon Curé, c'est-à-dire sans prétention d'aucune sorte, surtout de celle de savant ; sans discussions de dates, d'opinions, qui ne sont que pour quelques-uns ; satisfait, quant à nous, de nous adresser à l'ensemble de nos bons Paroissiens, riches ou pauvres, nobles ou bourgeois, commerçants, religieux et religieuses, âmes pieuses ; enfin, à toutes les personnes qui voudront bien demander à ces humbles pages quelque lumière avec quelqu'édification.

Nous disons édification, et nous n'avons garde de nous en défendre ; car écrivant en Curé, ainsi que nous venons de le dire, nous n'avons pas laissé échapper les occasions, comme le demandaient notre charge et notre goût, de faire jaillir l'édification, les pensées religieuses (pour nous et pour les autres) de l'histoire, de l'archéologie, de la liturgie ; en un mot de tout ce que nous rencontrions dans cette étude paroissiale.

Tel a été notre but général : écrire pour l'ensemble de nos fidèles ; et cependant nous prenons la confiance d'ajouter que les Messieurs de la Paroisse, les hommes instruits, trouveront également ici de quoi se renseigner sur un certain nombre de points, par exemple, dans nos études sur les vitraux, sur les grandes et petites orgues, sur l'histoire de l'agrandissement de l'église, etc...; études qui ont été faites, on le verra, avec un soin patient et presque minutieux (a).

Ceci étant dit, voici maintenant à grands traits le dessein particulier et comme la trame de tout ce volume: *La Paroisse Saint-Sépulcre.*

Nous l'avons divisé en six parties ou livres qui comprennent successivement :

1° *Nos Dévotions paroissiales.* — C'était bien par là, il semble, qu'il convenait de commencer un livre qui a pour objet de faire connaître notre Paroisse dans ce qu'elle peut avoir de particulier, dans ce qui peut la distinguer des autres églises, nos sœurs ou nos mères, selon leur importance ; c'est ainsi que nous étudierons entr'autres : la dévotion à *Notre-Dame I maculée de Guadeloupe*, dont la sainte image est honorée chez nous depuis plus de quatre-vingts ans et qui l'était, à Abbeville, depuis le commencement du xviiie siècle, dans l'ancien couvent des Visitandines, rue des Rapporteurs.

(a) Nous avons voulu aussi être plus complet, donner plus de détails sur la Paroisse que les écrivains qui nous ont précédé et dont nous sommes le premier, du reste, à reconnaître le mérite.

Les autres dévotions viendront après celle-ci, selon l'ordre marqué dans le court préambule que nous avons placé à la tête du livre premier sur *nos Dévotions*.

Nous avons tenu à indiquer notre marche, dès le commencement, avec toute la netteté possible pour que toutes les personnes, même les plus jeunes, trouvassent facilement ce qu'il leur conviendrait de chercher dans ce livre.

2° *Nos Associations paroissiales.* — C'est encore un des traits caractéristiques d'une paroisse. Nous les avons étudiées avec soin ces associations, et nous avons groupé autour d'elles, pour ne pas trop multiplier les livres (ce qui cause toujours quelque confusion par la multiplicité), les corporations, les pèlerinages paroissiaux qui peuvent se rapporter assez facilement aux *associations*. Nous avons consacré de nombreuses pages à ces choses, parce qu'il est évident que ce sont particulièrement ces associations, confréries, etc...., qui donnent la mesure de la ferveur d'une paroisse, qui sont, pour ainsi dire, le thermomètre de sa vitalité chrétienne et catholique.

3° *Nos Œuvres.* — Ce sont, avant tout, les œuvres catholiques, fondamentales, essentielles pour ainsi dire, à toute paroisse un peu importanttante : la *Propagation de la Foi*, pour le progrès et l'extension de la vraie religion chez les peuples infidèles ; l'œuvre de la *Sainte Enfance*, si touchante, si intéressante pour les pères et mères chrétiens, aussi bien que pour leurs petits enfants, etc.

Nos œuvres plus particulières sont celles de : *Saint-François de Sales*, établie chez nous par le fondateur lui-même, Mgr de Ségur ;

L'œuvre de l'*Adoption*, pour tous les orphelins de France, sans distinction, installée chez nous par M. l'abbé Fallières, vicaire général de Sa Grandeur Mgr l'Évêque d'Amiens (a), directeur diocésain de l'Adoption ;

L'œuvre toute locale de la *Providence*, en faveur des jeunes ouvrières du Saint-Sépulcre, etc.....

4° *Nos Communautés*, dont nous possédons avec consolation un certain nombre des plus célèbres et des plus édifiantes : les *Religieuses Augustines*, qui ont leur Maison-Mère établie sur la paroisse, dans l'ancien couvent des Pères Minimes ;

Les *Carmélites*, qui sont à Abbeville depuis 1636, et à la paroisse depuis 1821 et même avant ;

La Communauté des chers *Frères des Écoles*

(a) Mgr Aimé-Victor-François Guilbert, intronisé à Amiens le 18 novembre 1879.

chrétiennes, qui ont chez nous leur habitation centrale pour toutes les autres paroisses ;

Les *Religieuses de Saint-Joseph*, qui ont au Saint-Sépulcre leur Maison-Mère et envoient de là leurs Sœurs institutrices dans toute la Picardie et l'Artois. Nous joignons à ces Communautés nos établissements d'instruction : le *Collége ecclésiastique libre Saint-Stanislas*, l'internat fréquenté des *Ursulines*, pour les jeunes personnes, l'*Institution de Mlle Diguet*, etc., etc.

5° *Nos Coutumes paroissiales*. — C'est là une des parties de notre travail dont nous espérons que nos chers fidèles et les amateurs de bonnes particularités voudront nous tenir compte. Sans doute ces détails sans nombre que nous donnons ne sont pas susceptibles de faire l'objet d'une lecture suivie, mais si leur intérêt n'est pas là, nous le reconnaissons, nous espérons qu'on saura le trouver dans l'avantage de connaître complètement, techniquement même, tout ce qui se fait dans la Paroisse, et aussi dans l'avantage précieux de pouvoir consulter à l'occasion quand cela est utile ou nécessaire.

6° *L'Église*. — Enfin nous aborderons le côté qui sera le plus regardé peut-être de ce livre, parce qu'il peut convenir à tous, dans une certaine limite, à toutes les personnes si nombreuses aujourd'hui qui s'occupent de la science de nos édifices sacrés ou autres.

Ces personnes, dont nous sollicitons spécialement l'indulgence, verront que nous nous sommes attaché surtout à décrire, parce qu'il nous semblait que la vue seule ne suffit pas pour bien aller au fond des choses, mais qu'en les lisant dans une description exacte et assez étendue, l'esprit remarque beaucoup de choses sur lesquelles il glisserait, pour ainsi dire, s'il n'avait que la simple vue ou une description vague et trop sommaire. Si cette réflexion ne paraît pas juste, nous sommes et on nous trouvera coupable de plus d'une longueur, mais nous espérons qu'on goûtera notre excuse et qu'à cause d'elle on amnistiera quelques-unes de ces longueurs.

Cette partie de notre livre est de beaucoup la plus étendue, mais que de choses nous avions à redire ! *Les origines de notre église, la fondation de l'église actuelle, sa restauration et son agrandissement, l'histoire de ses transformations, les plans de l'église nouvelle, la description du monument à l'extérieur et à l'intérieur, les principaux motifs de son œuvre sculpturale, chapiteaux, retombées de voûtes, pendentifs, etc., etc.....*

Nous avons des chapitres spéciaux et très détaillés sur celles de nos *Reliques*, dont nous n'avons plus les authentiques écrites, mais dont la vérité nous est certifiée par une possession immémoriale, constante, reconnue à différentes époques, et établie de diverses manières certaines. Nous avons écrit des chapitres détaillés sur *nos verrières, nos orgues, notre mobilier, objets d'art, sacristie, registres de catholicité, fabrique, etc., etc.....*

Enfin, comme appendice de tout l'ouvrage, nous avons placé à la fin de notre volume un bon nombre de *pièces* ou justificatives de notre texte, ou seulement *pièces utiles* à conserver en plusieurs exemplaires. En effet, les *pièces originales* dont nous donnerons les copies dans notre appendice, doivent être conservées certainement dans les archives paroissiales, comme elles le sont, en réalité, par nous, avec grand soin, mais cependant, il nous a paru convenable de faire imprimer les plus importantes d'entr'elles, soit, pour assurer plus certainement leur conservation, soit, pour qu'elles fussent plus facilement consultées, ou même discutées au besoin. C'est ainsi que nous avons voulu placer dans l'appendice nos deux relations authentiquées par nos vénérables prédécesseurs, MM. Cauchy, Cauët et Crimet, tous trois Curés du Saint-Sépulcre, sur la possession de Notre-Dame Immaculée de Guadeloupe ; également aussi nous avons donné des pièces de concessions pontificales ou épiscopales, d'indulgences, d'érections de Confréries et diverses fondations ;

Egalement encore, des règlements, coups-d'œil, instructions pour les œuvres, tous documents utiles à avoir sous la main pour les relire et se les remémorer à l'occasion.

Nous avons mis aussi parmi les appendices, des traductions du latin, faites par nous, d'actes, d'authentiques, de leçons, de pouvoirs, que beaucoup de fidèles, sans cela, n'auraient pas pu comprendre assez facilement, peut-être.

Enfin, on trouvera des notes et des détails que nous ne pourrions spécifier ici sans nous étendre démesurément. Il suffira que cet avant-propos puisse donner aux personnes qui le désireront une notion courte, mais exacte, de ce qui est développé dans ce volume, sous ce titre fécond : *La Paroisse Saint-Sépulcre.*

Il ne nous reste plus, bien chers Paroissiens, qu'à vous prier de nouveau, de recevoir ce travail avec indulgence. Malgré nos soins, quelques fautes de détail ont pu s'y glisser sans doute, mais nous avons la confiance que ces inadvertances, ces oublis, ces fautes partielles ne sauraient nuire gravement à un ensemble qui a été travaillé avec soin et comme on dit en Italie, *con amore* (a).

Nous vous demandons aussi de vouloir bien le lire et l'étudier quelquefois, parce que vous y trouverez beaucoup de détails que ne comporterait pas facilement l'enseignement de la chaire, et qui, cependant, sont nécessaires à être sus par les Fidèles, comme complément d'instruction paroissiale.

Nous pensons même que, quoique ce livre ne soit pas de dévotion proprement dite, les personnes de piété pourraient néanmoins quelquefois, de temps en temps, s'en servir pour leurs lectures du soir, puisque ces choses finalement se rapportent toutes à la piété, et que, d'ailleurs, à la fin de chaque chapitre, nous n'avons jamais omis de présenter quelques réflexions morales, pratiques, ou de suggérer quelques bons sentiments.

Et maintenant, allez, avec la bénédiction du Seigneur, modestes feuilles! Puissiez-vous recevoir de nos chers Paroissiens le même sympathique accueil que nous sommes heureux d'en avoir toujours reçu nous-même, depuis bientôt

---

(a) Avec amour.

quatorze ans ; puissiez-vous, petites feuilles, faire quelque bien, apprendre à aimer de plus en plus la Paroisse du Saint-Sépulcre ! Que ce soit votre heureuse destinée, car, comme disaient les anciens, les plus petits livres ont leur destinée marquée par Dieu : *Habent sua fata libelli* (a).

A Abbeville, en la Fête de la Purification de la Sainte Vierge,

2 Février 1880.

(a) Terentianus Maurus (III° siècle).

LA
PAROISSE SAINT-SÉPULCRE

LIVRE PREMIER
Nos Dévotions

Notre intention, on le comprendra facilement, ne saurait être de traiter ici de toutes les dévotions catholiques.

Nous nous faisons certainement un bonheur et un devoir de les respecter, de les aimer toutes, de les pratiquer dans le cours de l'année, lorsque l'Église nous invite à le faire par la voix de sa liturgie.

Notre but est seulement de parler de quelques-unes de ces dévotions qui sont pour nous, comme plus particulièrement paroissiales, parce que des motifs spéciaux, ou des habitudes, ou des convenances locales ont porté la piété de nos pères et la nôtre vers ces Dévotions ; raisons, habitudes, convenances qui nous les rendent particulièrement chères.

Telles sont, par exemple, pour les nommer ici dans l'ordre où elles seront étudiées, les dévotions à *Notre-Dame de Guadeloupe*, au *Chemin de la*

Croix, aux *Prières de six semaines*, dites simplement, *Les Prières*, à la nouvelle *Adoration perpétuelle*, à nos *Saintes Reliques* du premier ordre, c'est-à-dire, celles dont nous possédons les authentiques ; telles sont *Les Dévotions de la sainte Vierge, des Mois, des Enfants, des Indulgences, des Pardons*, et enfin, *du Sépulcre de Notre-Seigneur*.

Nous ferons de toutes ces choses des chapitres détachés, qui nous permettront de rappeler, d'expliquer, de développer ce qui nous paraîtra utile à l'instruction et à l'édification.

CHAPITRE PREMIER

Notre-Dame Immaculée de Guadeloupe (a).

On remarquera tout d'abord que nous avons voulu commencer le détail de nos dévotions paroissiales par celle de Notre-Dame Immaculée de Guadeloupe.

(a) Quand nous avons eu rédigé tout ce qui nous a semblé devoir être dit sur N.-D. de Guadeloupe, afin de la faire connaître complètement, d'après les auteurs français et étrangers qui en ont parlé longuement ; après avoir relaté les actes pontificaux qui se sont occupés de cette dévotion, etc., etc., ce travail était devenu trop considérable pour ce livre : *La Paroisse Saint-Sépulcre* ; force nous a donc été de ne donner ici, en quelques pages, que les choses indispensables ; nous les extrairons de notre premier travail ; et quant à ce travail tout entier, tel que nous désirons le dédier à Mgr Joseph-Benjamin Blanger, évêque de la Basse-Terre (Guadeloupe), une des gloires de la paroisse Saint-Sépulcre, nous nous mettrons en mesure de le publier prochainement en un volume à part.

Nous le devions, ce semble, pour répondre au saint désir manifesté par bien des personnes et depuis longtemps, de connaître plus explicitement ce qui a rapport à cette Dévotion célèbre dans l'Église catholique depuis des siècles.

Nous le devions aussi pour mettre ce travail sous la protection de Marie Immaculée, notre mère et notre modèle, dont l'Église, dans quelques jours, va célébrer le vingt-cinquième anniversaire de la proclamation de son grand privilège (8 décembre 1854). (Ceci était écrit le 1er décembre 1879).

Et encore, nous le devions pour encourager le mouvement de dévotion que diverses circonstances et diverses grâces obtenues à la suite de prières à Notre-Dame de Guadeloupe, ont développé parmi nous, dans ces dernières années, à la gloire de la très-sainte Vierge Immaculée dans sa Conception.

I. Et d'abord, quant à ce qui fait le sujet de notre sainte Image, nous voyons, par nos Archives paroissiales, que c'est une quadruple apparition de Notre-Dame Immaculée de Guadeloupe à un pauvre berger brésilien.

Il avait une piété très-sincère, une dévotion très-grande à la Mère de Dieu ; il lui adressait souvent de ferventes prières et la sainte Vierge voulut récompenser sa fidélité et sa foi par la répétition de la faveur singulière qu'elle avait faite à un autre Indien, au Mexique, sur la colline devenue fameuse de Tepeyacac, à quelques kilomètres de Mexico. La sainte Vierge, avec tous les attributs de Notre-Dame Immaculée de Guadeloupe, lui apparut quatre fois.

Une première fois, Marie se présente au berger

et lui ordonne d'aller trouver son Évêque pour lui demander la construction d'un sanctuaire en son honneur.

Le prudent Évêque refusant, Marie réitère l'ordre à son Voyant. Même refus de la part de l'Évêque ; alors, la sainte Vierge apparaît de nouveau au berger ; c'était au milieu de l'hiver ; elle lui remet des fleurs qu'il ira porter à l'Évêque, comme un signe miraculeux de sa volonté.

Le refus du Prélat persiste ; alors, Marie emploie le grand moyen de la roche de Tepeyacac (a). Elle imprime, par un prodige, son image sur le vêtement de l'Indien, et ce prodige, ouvrant enfin les yeux du Pontife, il se rend, il croit, il vénère l'Image et il va processionnellement reconnaître les lieux qui lui sont désignés pour y bâtir un sanctuaire.

II. Tels sont, en abrégé, les faits représentés sur les quatre médaillons qui accompagnent notre sainte Image (b). Quant à l'historique de notre possession de la Madone Immaculée de Guadeloupe, tout le monde, à peu près, sait ici (c) qu'elle a été donnée par un capitaine de vaisseau brésilien à un Missionnaire de la Compagnie de Jésus dans le Nouveau-Monde, en lui disant « que pour reconnaître ses services à son égard, il lui offrait ce qu'il possédait de plus précieux (d) ».

Or, le Missionnaire au Nouveau-Monde qui avait

(a) Tout cela sera expliqué en détail dans le volume que nous préparons.
(b) Même réflexion qu'au renvoi précédent.
(c) Nous avons trouvé de très-anciennes relations entre les mains des fidèles.
(d) Voir la relation aux pièces, note I.

reçu le riche cadeau, en fit présent, à son tour, cela était bien naturel, à un des Supérieurs de son Ordre, à son Supérieur immédiat, le R. P. de Goüy ou de Goye, procureur-général des Missions d'Amérique, au commencement du xviiie siècle, et le R. P. de Goüy, de son côté, le donna à sa Vénérable Sœur, Anne-Madeleine de Goüy, religieuse visitandine, professe du Monastère de Dieppe, dont elle était prieure et qui, ensuite, ayant été élue Abbesse du Monastère des Visitandines d'Abbeville, ne manqua pas d'apporter avec elle ce à quoi elle tenait le plus en ce monde, « sa chère Notre-Dame Immaculée et Miraculeuse ».

Ce fut vers 1710 que la sainte Vierge de Guadeloupe arriva dans cette ville d'Abbeville.

Elle fut placée immédiatement, avec honneur, sur l'autel de la très-sainte Vierge, dans la chapelle des Religieuses Visitandines qui s'élevait, rue des Rapporteurs (a), au commencement de la rue à gauche, en arrivant par la place Sainte-Catherine.

La sainte image y resta depuis l'année 1710 jusqu'aux jours de la grande Révolution de 1793. Les Visitandines furent dispersées comme un timide troupeau, leurs biens confisqués, leur maison vendue, leur Église rasée et, enfin, le mobilier de cette Église dispersé. Mais la Providence qui est admirable et digne d'être à jamais bénie, fit arriver jusqu'à nous une de ces précieuses épaves, dispersées par la tourmente révolutionnaire ; nos pasteurs, M. Deunet, M. Cauchy, furent mis en

---

(a) Voir M. Prarond, *Rues d'Abbeville* ; — voir *Mémoires* Siffait ; — voir *Hagiographie diocésaine*, de M. J. Corblet.

possession du tableau dont ils connaissaient toute la valeur. M. Cauët, dont la mémoire est restée populaire parmi nous, à cause de sa fin prématurée qu'on croit dans la paroisse, due à son dévouement et à sa charité pour les pauvres, renferma précieusement dans nos archives les pièces authentiques relatant les faits, et authentiquées encore par sa propre signature, et, plus tard, M. Crimet, venant joindre son témoignage à celui de ses prédécesseurs, écrivit, en 1832, sur une des deux pièces que nous avons encore : « Le tableau qui se trouve actuellement au dessus de l'autel de la sainte Vierge du Saint-Sépulcre d'Abbeville, est le même dont il est parlé dans la relation précédente. » Cette note est écrite sur la pièce, de cette écriture du bon et vénérable Mgr Porchez, que nous connaissons tous et elle est signée : Crimet, curé-doyen du Saint-Sépulcre.

On le comprend, il ne saurait y avoir nulle part un objet religieux, dont la provenance, la transmission, la possession, et par conséquent la valeur puisse être mieux établie et nous devons remercier la très-sainte Vierge qui a permis toutes ces choses, dans sa tendre bonté pour les fidèles de cette Paroisse ; aussi, doivent-ils bien, en retour, lui témoigner toute leur reconnaissance.

III. Quant à l'appellation de tableau miraculeux dont nous nous servons quelquefois au Saint-Sépulcre, d'après l'ancienne tradition d'Abbeville, pour désigner notre sainte Image, nous répéterons que nous n'avons nullement l'intention de croire ou de dire que l'Eglise ait rien décidé officiellement à cet égard.

Nous voulons dire seulement que notre tableau

est pour le moins la copie du tableau qu'on croit en Espagne, en Italie, en Amérique et ailleurs, depuis le XVIᵉ siècle, avoir été miraculeusement imprimé sur le vêtement d'un pauvre Indien.

Nous voulons dire encore que c'est chez nous une pieuse croyance que notre tableau n'est pas une copie comme plusieurs autres, comme, par exemple, celles de Rome, de Paris et d'ailleurs, mais qu'il a cela de particulier, qu'il est l'ouvrage d'un pauvre petit pâtre brésilien qui, dans son admiration pour le tableau primitif, a peint celui-ci, sans avoir jamais reçu la moindre notion de l'art de la peinture, ce que nous assurent nos deux légendes paroissiales et ce qui le leur fait appeler une peinture merveilleuse.

Ces mêmes relations appellent notre tableau miraculeux parce que, lors du grand accident de la poudrière d'Abbeville, le 2 novembre 1773, alors que tout était plus ou moins endommagé dans la Ville, alors surtout que dans le couvent des Visitandines où était l'Image, tout était autour d'elle ébranlé, arraché de sa place, renversé par terre, alors surtout que pas une vitre n'avait échappé dans le couvent comme par toute la ville, l'Image placée sur un autel ne fut ni dérangée, ni remuée, ni endommagée dans le large châssis de glace qui adhérait à son cadre et la recouvrait tout entière.

Enfin, nous ajouterons encore que, au Saint-Sépulcre, de nos jours et sous les yeux de tous, lors de l'incendie de l'autel et des décorations du Mois de Marie, qui arriva du temps du Vénérable Mgr Porchez, encore vicaire du Saint-Sépulcre, notre tableau, placé au-dessus de l'autel de la sainte Vierge, au milieu des étoffes, des draperies et des fleurs enflammées, ne reçut aucune atteinte et fut parfaitement respecté, par une grâce que nous aimons à croire providentielle et divine, sans la désigner autrement.

Il ne faut pas nous étonner après cela, si une dévotion persévérante à Notre-Dame Immaculée de Guadeloupe a obtenu encore, dans ces derniers temps, de nouvelles faveurs que nous aimons à appeler pieusement des faveurs célestes, dont témoignent d'une manière évidente les inscriptions assez nombreuses qui entourent la sainte Image, comme des monuments de notre reconnaissance.

C'est, sans doute, à ces choses que faisait allusion Mgr Blanger dans son Mandement de novembre 1878, et le journal *Le Dimanche*, semaine religieuse d'Amiens, dans son numéro du 2 février 1879 (a).

Il nous est donc permis de l'espérer, ce semble, la dévotion de Notre-Dame Immaculée de Guadeloupe (et non de la Guadeloupe), telle qu'elle est pratiquée en Espagne, en Italie, en France, au Mexique comme au Brésil, telle qu'elle a été approuvée par un Souverain Pontife, continuera à se développer parmi nous ; elle nous inspirera même, si cela est dans les desseins de Dieu, une ferveur nouvelle, et nous aimerons toujours à venir, dans toutes nos difficultés, déposer nos fleurs, allumer nos flambeaux, suspendre nos *ex-voto*, mais surtout à répandre nos humbles et con-

---

(a) Les éloquents et pieux Mandements de Mgr Blanger sur Notre-Dame de Guadeloupe, seront analysés et cités par fragments dans l'ouvrage spécial sur Notre-Dame de Guadeloupe.

fiantes prières aux pieds de la Vierge Immaculée de Guadeloupe, dite miraculeuse (a).

CHAPITRE II

La Dévotion du Chemin de la Croix.

Nous avons dû parler déjà de cette touchante dévotion dans le volume des *Novendiales du Saint-Sépulcre* (page 64); nous y rappelons les paroles si autorisées, sur ce sujet, du Vénérable Léonard de Port Maurice, propagateur zélé de cette dévotion, à savoir : « Qu'elle est la plus excellente et qu'elle est la mère et la reine de toutes les autres. » Nous y rappelons aussi l'opinion de l'illustre Souverain Pontife Benoit XIV, à savoir : « Que la pratique du *Via Crucis* est très-excellente et très-salutaire, ne le cédant à aucune autre comme remède efficace pour guérir les blessures de conscience, que le péché nous fait chaque jour, etc., etc... »

En ce moment, nous nous contenterons donc d'ajouter que nos pères ont toujours été très-zélés pour faire le Chemin de la Croix, soit en public avec le clergé paroissial, soit en particulier, le dimanche entre les offices, soit pendant la semaine et surtout dans l'après-midi du vendredi ;

(a) Voir note I, le texte des deux relations que nous croyons venir du monastère des Visitandines, telles qu'elles ont été trouvées dans les papiers de MM. Louis Cauchy, Guillaume Cauët et Jean-Baptiste-Emmanuel Crimet, tous trois curés de la paroisse Saint-Sépulcre.

Que, par conséquent, nous ne devons point dégénérer de leur empressement à parcourir souvent cette voie royale de la Croix, foulée d'abord par Notre-Seigneur, et, à sa suite, par la sainte Vierge, les Apôtres, les Saintes Femmes et toutes les âmes fidèles à ces grands souvenirs.

Nous faisons solennellement le Chemin de la Croix en plusieurs circonstances, notamment tous les deuxièmes dimanches non empêchés de chaque mois, le temps Pascal excepté ;

Nous le faisons le premier vendredi de Carême, fête de la Sainte Couronne d'épines de Notre-Seigneur ; le deuxième vendredi de Carême, fête du Saint Suaire ; le troisième vendredi de Carême, fête des Cinq Plaies de Notre-Seigneur ; le quatrième vendredi de Carême, fête du Très-Précieux Sang ;

Nous le faisons solennellement le vendredi de la semaine de la Passion, fête de la Compassion de la sainte Vierge ;

Nous le faisons très-solennellement le Vendredi-Saint ; le jour de la fête du Sacré Cœur ; le dimanche de la fête de Notre-Dame des Sept-Douleurs, et pendant l'année, chaque fois qu'une fête de la Croix, comme, par exemple, l'Invention de la Sainte Croix, le 2 Mai, l'Exaltation de la Sainte Croix, etc., tombe un jour de dimanche.

Nous nous servons ordinairement, pour les lectures des quatorze Stations du Chemin de la Croix, de la petite formule insérée au rituel du diocèse et qui a été empruntée au cantique d'Amiens, et pour les jours plus solennels, nous nous servons de la grande formule insérée dans les livres spéciaux de Chemin de Croix et dans la plupart des Paroissiens.

C'est le 2 décembre 1855 que M. l'abbé Carpentier, curé-doyen de la Paroisse, a fait solennellement l'inauguration des tableaux et des croix sans lesquelles on ne pourrait pas gagner les Indulgences, en présence de MM. les abbés Dobel, Darras, Pecquet, et de M. l'abbé Patry qui préludait par son institution de jeunes gens à l'école libre diocésaine de Saint-Stanislas.

On trouvera aux notes (a) le procès-verbal de l'érection canonique de notre Chemin de Croix, contenant la lettre latine de Mgr de Salinis, évêque d'Amiens. Nous l'avons traduite en français, en faveur des fidèles qui ne sauraient pas le latin (b).

Nous terminerons en disant un mot des indulgences si riches et si nombreuses attachées au saint Exercice du Chemin de la Croix : « Les indul-
« gences du Chemin de la Croix, dit M. L. Jouhan-
« neaud (c), sont les plus riches que les Souverains
« Pontifes aient jamais accordées à aucun exercice
« de piété; d'après plusieurs déclarations de la
« Congrégation du saint Concile de Trente, celle,
« entr'autres, du 16 juillet 1794, la concession
« d'Innocent XI, confirme non-seulement les in-
« dulgences spéciales du *Via Crucis,* mais encore
« toutes les indulgences plénières et partielles de
« tous les lieux saints de la Palestine, sans excep-
« tion; or, suivant la même Congrégation, le
« Saint-Sépulcre, le Mont-Calvaire, le Mont-Thabor,
« la Maison de la très-sainte Vierge, Nazareth,

(a) Voir note II.
(b) Une précédente érection avait été faite en 1833, sous M. Crimet, et nous avons la pièce.
(c) *Dictionnaire des Indulgences,* Migne, page 555.

« Bethléem et autres lieux sont favorisés d'indul-
« gences plénières.... »

Quant à l'application des indulgences du Chemin de la Croix aux défunts, Benoist XIII déclare formellement qu'en ouvrant avec tant de largesses les trésors immenses de l'Église, les Vicaires de Jésus-Christ avaient eu en vue le soulagement des âmes du Purgatoire (a).

On remarquera 1° que, quand on fait le *Via Crucis* dans une église où il est canoniquement érigé, il n'est pas nécessaire pour gagner les indulgences, de réciter les six *Pater,* les six *Ave* et les six *Gloria Patri* en l'honneur des Cinq Plaies et aux intentions du Souverain Pontife ;

2° Que l'on peut faire le Chemin de la Croix en plusieurs fois, pourvu qu'il soit terminé en un jour (b) ;

3° Qu'il suffit, comme nous l'avons dit au livre des *Novendiales*, de penser brièvement à la Passion du Seigneur, ou de lire quelqu'une des formules composées pour ce sujet, et pour les personnes qui ne savent ni lire, ni méditer, elles peuvent se contenter simplement de dire *Pater, Ave* et *Gloria* (c) ;

4° Enfin, qu'à moins de maladie, il faut, pour gagner les indulgences, aller d'une station à l'autre et s'agenouiller à chacune (d).

On le voit, il est très-facile, très-salutaire et très-doux au cœur vraiment chrétien, de suivre notre Sauveur dans sa voie douloureuse que représente parfaitement la dévotion établie par l'Église et

---

(a) *Dictionnaire indulg.*, Migne, page 555. — (b) *Id.* — (c) *Id.* — (d) *Id.*

nous devons tâcher d'affectionner nos cœurs à cette sainte pratique.

CHAPITRE III

La Dévotion des Prières de six semaines ou ancienne Adoration perpétuelle.

Nous avons parlé indirectement, au livre des *Novendiales,* page 195, dans l'Examen particulier, de cette importante dévotion. Nous avons dit combien de temps elle dure, en quoi elle consiste, et qu'elle est un reste précieux de la pratique observée religieusement par nos pères (a).

Nous nous bornerons à donner quelque développement à cette considération qui mérite bien d'attirer notre attention.

Il faut remarquer d'abord que cette adoration de six semaines chaque année, constituait une adoration perpétuelle, mais pas de la même manière que celle qui se pratique dans le diocèse d'Amiens depuis quelques années seulement. Celle-ci, en effet, est perpétuelle dans ce sens que chaque paroisse du Diocèse consacre, chaque année, à l'Adoration, un jour seulement, et comme l'on compte plus de cinq cents paroisses dans le Diocèse et un grand nombre de Communautés et

---

(a) C'est en 1675 que commencèrent à Abbeville les cérémonies de l'Adoration perpétuelle, plus connues sous le nom de *Saluts des Prières.* — M. L. Lefèvre, d'après les *Mém.* Siffait.

établissements qui conservent le Saint-Sacrement dans leur chapelle, il s'ensuit que, chaque jour, plusieurs localités sont en adoration et que l'adoration est perpétuelle au moins de jour.

Mais les choses ne se passaient pas ainsi, autrefois, dans l'ancienne adoration de Mgr de la Mothe; elle n'avait lieu que dans les principaux centres; Amiens, par exemple, et Abbeville, et elle était perpétuelle dans ces centres, ce qui nécessitait une adoration de plusieurs semaines ou de plusieurs jours consécutifs dans les paroisses de ces localités.

Il sera intéressant, peut-être, pour les fidèles de connaître comment se passaient les choses à Abbeville, dans les temps éloignés de nous.

L'ancienne paroisse Saint-Georges commençait la série de cette adoration, à Abbeville. Cette paroisse avait, chaque année, six semaines d'adoration qui se terminaient le 15 janvier.

Le lendemain, 16 janvier, la paroisse Saint-Jacques succédait à Saint-Georges pour six semaines, c'est-à-dire jusqu'au dernier jour de février. Il y avait chaque jour vêpres et exposition.

Au 1er mars, c'était la paroisse Saint-André qui adorait, et cela pendant vingt jours consécutifs; il y avait messe et vêpres, chaque jour, avec exposition.

Le reste du mois, à commencer par le 21, la paroisse Saint-Éloi, qui est fondue actuellement dans la nôtre, adorait, et cela pendant onze jours chaque année.

Le 1er avril, l'adoration avait lieu à Notre-Dame de la Chapelle pendant tout le mois.

Au 1er juin, la paroisse Sainte-Catherine fêtait la Sainte Hostie tout le mois, et le 1er juillet, la paroisse Saint-Jean-des-Prés, pendant dix jours.

Le 11, la paroisse Saint-Nicolas adorait jusqu'au 28, c'est-à-dire pendant dix-sept jours, et le 19, l'adoration se faisait à Notre-Dame du Châtel (dans les rues actuelles dites grande et petite rue Notre-Dame), elle ne durait que trois jours.

Au 1er août, l'adoration se faisait à Saint-Vulfran de la Chaussée, et cela pendant tout le mois.

Au 1er septembre, c'était le tour de notre chère paroisse du Saint-Sépulcre qui recevait l'adoration perpétuelle pour six semaines, en sa qualité d'une des quatre paroisses les plus importantes d'Abbeville.

Au 15 octobre, Saint-Gilles nous succédait, comme maintenant encore jusqu'au dernier novembre.

Et le 1er décembre, la paroisse Saint-Georges officiait tout le mois et commençait, de plus, l'année pendant la première quinzaine de janvier.

C'est de cette manière que l'exposition du Saint-Sacrement se faisait à Abbeville, et c'est ainsi qu'elle était perpétuelle, puisqu'elle recommençait, chaque année, dans les mêmes conditions (a).

Chacun sait, dans la paroisse, que les six semaines d'adoration sont conservées fidèlement, suivies par les personnes pieuses et même par beaucoup d'autres aux jours d'ouverture et de clôture solennelles, appelées ordinairement chez nous : Entrée et sortie des prières.

(a) *Calendrier spirituel pour Abbeville,* in-32, chez veuve Caron, 1755.

CHAPITRE IV

La nouvelle Adoration diocésaine.

Quand nous avons présenté au livre des *Novendiales*, un Examen particulier sur la dévotion de la nouvelle adoration diocésaine du très-saint Sacrement, nous avons marqué ses principaux caractères afin que nous pussions reconnaître quels auraient été nos manquements à cet égard.

Nous avons vu que cette adoration est spécialement *représentative*, parce que chaque paroisse du diocèse est désignée, à son tour, pour représenter tout le diocèse ; *compassive*, afin de gémir avec l'Eglise sur l'abandon et l'oubli où est laissé Notre-Seigneur dans le sacrement de son amour; enfin, *expiatoire* et *d'amende honorable*, pour réparer les outrages faits trop souvent, hélas, à Jésus-Christ dans cet ineffable sacrement.

Nous avons vu aussi avec quelle pompe, quelle solennité et quel zèle nous devons célébrer ce jour de l'adoration annuelle ; il ne nous reste donc que deux ou trois choses techniques, pour ainsi dire, à noter en ce moment.

1° La première de ces pièces officielles, c'est l'ordonnance de Mgr l'évêque d'Amiens (Mgr Boudinet), établissant l'adoration perpétuelle dans le diocèse.

Cette ordonnance est datée du 2 février 1861, et

elle avait été précédée par une résolution synodale prise trois ans auparavant, en août 1858.

Cette ordonnance ne renferme que trois articles dont le seul vraiment important est le premier: L'adoration perpétuelle du très-saint Sacrement est établie dans notre diocèse.

Le considérant sur lequel est basée cette ordonnance mérite d'être toujours médité et il nous donne une grande idée de l'adoration, « c'est que l'adoration perpétuelle du Saint Sacrement est un des moyens les plus puissants qui nous soient offerts pour procurer la gloire de notre divin Sauveur, exciter de plus en plus la piété des fidèles, toucher les pécheurs et les ramener à la pratique des devoirs du christianisme. C'est encore que cette dévotion est aussi de nature à attirer sur nous, dans ces temps difficiles, les grâces et les bénédictions du ciel. »

2° La deuxième pièce officielle qui a rapport à l'adoration, c'est le règlement de cette adoration même, le 16 février 1862, c'est-à-dire quatre ans après la décision synodale et un an après l'ordonnance d'établissement définitif.

Ce règlement contient dix-huit articles dont les plus importants sont: le premier qui marque que l'adoration sera célébrée, tous les ans, dans l'Eglise cathédrale, dans toutes les paroisses, communautés et établissements de charité et d'instruction pourvus d'une chapelle publique, au jour qui leur sera assigné ;

Le quatrième qui défend de célébrer au jour de l'Adoration quelqu'autre cérémonie paroissiale que ce soit: Première communion, plantation de croix, bénédiction de cloches, fête patronale, etc.

Enfin, le sixième qui porte que les Curés devront rappeler à leurs paroissiens le but de la solennité, leur faire connaître les indulgences qui y sont attachées et les engager surtout à s'approcher des sacrements de pénitence et d'eucharistie, etc.

3° La troisième pièce officielle concernant l'Adoration perpétuelle, c'est le tableau qui désigne pour chaque paroisse, communauté et autres, son jour annuel d'adoration.

La paroisse du Saint-Sépulcre figure dans ce tableau aux mois d'été, comme les localités urbaines et au vingt-quatrième jour d'août, fête de saint Barthélemi, apôtre.

Ce tableau a été modifié pour plusieurs paroisses, mais notre date à nous, est toujours demeurée la même.

Nous terminerons ce chapitre en rappelant à l'attention de tous, l'article sixième du réglement cité plus haut qui porte : « En annonçant la fête, les Curés auront soin de faire connaître à leurs paroissiens les indulgences qui y sont attachées. »

Or, les indulgences attachées à l'Adoration perpétuelle du très-saint Sacrement sont, ordinairement les suivantes :

1° Tout fidèle qui, s'étant confessé et ayant communié, visitera l'Église où le Saint Sacrement sera exposé et y priera, pendant un certain temps, pour la concorde entre les princes chrétiens, pour l'extirpation des hérésies et l'exaltation de notre Mère la sainte Église, gagnera une indulgence plénière ;

2° Une indulgence partielle de dix ans et dix quarantaines est accordée aux fidèles qui visiteront la dite Église, même sans s'être confessés et sans avoir communié, pourvu qu'ils aient une vraie contrition de leurs péchés ;

3° Toutes les indulgences sont applicables par manière de suffrage aux défunts, pour qui les Fidèles s'efforceront de les gagner (a).

Puisque l'Adoration est une si sainte pratique et si rémunérée par l'Eglise, les fidèles ne sauraient apporter trop de zèle pour cette pratique elle-même, ni pour la décoration et l'illumination de l'église où elle a lieu, au jour fixé par l'autorité diocésaine. Il y a des âmes pieuses qui s'appliquent à cultiver des fleurs, pour pouvoir les apporter devant l'autel du très-saint Sacrement ; c'est une attention tout à la fois délicate, distinguée et vraiment religieuse, qui ne peut être que vivement approuvée et louée.

CHAPITRE V

La dévotion aux Saintes Reliques.

Il a été question, indirectement, au livre des *Novendiales* (septième et neuvième jours), de nos Reliques paroissiales de la vraie Croix et du Saint-Sépulcre. Nous n'en parlerons donc ici qu'au point de vue du culte que nous leur rendons, de leur authenticité, et pour y ajouter celles de nos autres saintes Reliques dont nous possédons aussi

(a) Bref du pape Pie IX, 1851. Migne, *Dict.*, *indulg.*, 1179.

des titres officiels constatant leur provenance et leur vérité.

Quant aux Reliques, bien nombreuses et bien précieuses que nous possédons, mais dont les titres authentiques ont péri par l'injure des temps ou par suite notamment de l'incendie de la sacristie et du chœur, nous les mentionnerons et décrirons dans les chapitres destinés à la description de notre église elle-même.

1° Première relique de la vraie Croix et de saint Honoré.

Ces deux reliques sont renfermées dans un médaillon d'argent, bien travaillé, en forme de montre, avec un anneau sur la tranche occipitale pour le suspendre, avec deux appareils latéraux en forme de charnières creusées pour y faire passer un fil de soie écrue, tressée et empêchant, par ce moyen, le médaillon de s'ouvrir.

Aux deux bouts de ce fil tressé, est suspendu le cachet à deux faces, l'une où on aperçoit la crosse, l'autre, les accompagnements des armes épiscopales. Les deux faces du cachet sont séparées et unies ensemble cependant, par un papier épais qui les reçoit l'une et l'autre. Le fil de soie tressée traverse le cachet et les deux bouts le dépassent de deux centimètres environ.

La sacro-sainte relique de la vraie Croix est composée de deux parcelles mesurant un peu plus d'un centimètre chacune ; leur largeur est de deux ou trois millimètres environ, et leur épaisseur à peu près égale à la largeur.

Ces deux parcelles formant à peu près une croix grecque, portent dans les quatre angles de la croix, quatre rayons ondulés et peut-être fleuronnés, en fil d'or, celui du milieu plus gros et tordu.

Les quatre bras de la Croix sont terminés par des palmettes ou trèfles en plaques d'or.

Les contours de la Croix sont dessinés par une espèce de ganse ou chenille verdâtre entortillée par un fil d'or en spirale.

Au-dessus de la palmette ou trèfle de la partie supérieure de la Croix, on lit sur une banderole en lettres brodées peut-être, les mots : *De la vraie Croix*.

Pour la vénérable et chère relique de Saint Honoré, évêque d'Amiens, elle se trouve au bas de la vraie Croix, supportée, il semble, par une plaque entourée d'un fil d'or ; on y lit l'exergue: *De saint Honoré*.

Le fond du médaillon est tapissé d'une étoffe de soie qui a pu être de la nuance tendre du rose, mais qui paraît maintenant d'un blanc un peu sali par le temps ; une petite ganse d'or entoure le médaillon à l'extérieur et achève de faire du reliquaire un objet dont l'exécution a dû être soignée.

De cette première relique de la vraie Croix, nous n'avons pas de pièce écrite à l'appui, cependant, nous n'hésitons pas à la placer parmi nos reliques authentiques, à cause de l'intégrité de ses cachets, à cause de sa fermeture qui évidemment n'a jamais été violée, à cause surtout qu'elle a été vénérée chez nous, sans aucune difficulté ni interruption, depuis une longue période de temps.

La relique de saint Honoré qui accompagne la vraie Croix nous donne à penser qu'elle provient de la Confrérie des Boulangers, dont notre paroisse possède des objets importants qui lui ont appartenu, entr'autres un beau calice et surtout une patène où se voit une charmante gravure en taille douce, de saint Honoré, patron de cette Confrérie.

2º SECONDE RELIQUE DE LA VRAIE CROIX.

Elle est moins considérable que la première comme longueur, largeur et surtout comme épaisseur. Elle est contenue dans un petit reliquaire d'argent, en forme de Croix, de quatre centimètres environ de hauteur sur deux de largeur, et fermée en avant par un verre, qui est retenu au reliquaire par de petites expansions d'argent, à la manière des chatons de diamants.

Les saintes particules sont collées sur une Croix en clinquant d'argent, appliquée sur une autre de clinquant rouge qui tapisse tout le fond du reliquaire.

Nous avons, parfaitement conservé, l'historique de cette seconde relique de la vraie Croix. Elle nous vient de M. Crimet, alors curé de Villers-sur-Mareuil, qui la tenait lui-même de M. Deunet, anciennement vicaire-général de Mgr de Machault et devenu curé du Saint-Sépulcre d'Abbeville.

M. Crimet étant devenu, à son tour, curé-doyen de cette paroisse, ne négligea pas de nous apporter son riche trésor.

Il est curieux pour nous de connaître, pour ainsi dire, la généalogie de cette sainte relique. M. Deunet, dans l'acte qu'il en a donné, écrit de sa main, déclare qu'il avait extrait lui-même la relique d'une châsse de l'antique abbaye de Saint-Riquier, avec le concours de M. Callet, curé de Saint-Riquier, et celui de M. l'abbé Lecomte, ancien aumônier de l'hôpital de Montreuil.

Cet état de choses est reconnu par M. Fertel, de sainte mémoire, ancien curé de Saint-Sulpice, d'Amiens, devenu, plus tard, grand-vicaire du diocèse et généralement connu par son talent pour la prédication. Son épitaphe est à la cathédrale d'Amiens, dans le transsept gauche, non loin du baptistère.

M. Fertel, comme vicaire-général, permit d'exposer la relique à la vénération des fidèles dans la croix de bois rouge dont nous nous servons encore aujourd'hui. C'était le 13 octobre 1806, et la pièce munie du sceau épiscopal est contresignée par mandement de M. Gravet, secrétaire général (a); quant au culte que nous rendons à ces deux insignes reliques, il consiste à exposer la première (croix argentée) aux fêtes de la vraie Croix, à la faire baiser aux fidèles les trois jours de la Semaine Sainte et à bénir le peuple à la fin du Chemin de la Croix, chaque fois que nous faisons ce saint Exercice.

Pour la deuxième Croix, elle ne sert qu'au Vendredi-Saint, le matin et le soir, pour la faire baiser aux nombreux fidèles en même temps que la première.

3° La relique du Saint-Sépulcre.

Dans notre dévotion pour les saintes Reliques (celles surtout que nous sommes heureux de posséder), nous nommons, avec un intérêt tout particulier, notre vénérable relique du Saint-Sépulcre.

(a) Voir les deux pièces à la note III.

Elle est contenue dans un petit reliquaire d'argent travaillé au repoussé, portant sur ses contours des guirlandes de fleurs et sur le fond extérieur une scène charmante de la Nativité de Notre-Seigneur, avec la sainte Vierge, saint Joseph et autres personnages, et l'âne traditionnel dans un coin. Le tableau surmonté d'une banderolle soutenue par un ange, avec ces mots : *Gloria in excelsis Deo*.

La sainte Relique consiste en une ou plusieurs pierres jaunâtres et rosées telles que les écrivains les plus anciens, Bède, par exemple, nous décrivent le roc du Sépulcre. Ces petites pierres, prises ensemble, ont environ un centimètre dans la plus grande longueur et quatre ou cinq millimètres dans la plus grande largeur. Elles sont attachées sur une lame d'or avec coquilles de même métal, le tout sur un fond d'étoffe rouge foncé. Au-dessous de la pierre, on lit : *Ex sepulcro D. N. S. X.* (du sépulcre de Notre-Seigneur Jésus-Christ).

Le reliquaire d'argent est encastré artistement dans un baiser de paix doré. On retire les saintes particules en soulevant la petite coquille dorée qui est derrière le baiser de paix qui recouvre la relique sans vis, ni clou.

La provenance de la sainte Relique, aussi bien que son authenticité, sont clairement énoncées dans la pièce officielle que nous possédons et sur laquelle nous lisons que Mgr François Marinelli, évêque de Porphyre, préfet de la Sacristie apostolique, prélat de la maison du Pape, assistant au trône pontifical, atteste que les précieuses particules dont s'agit, ont été données par lui, après les avoir détachées de la vraie Pierre sépulcrale de Jérusalem, les avoir placées dévotement dans la petite châsse d'argent décrite plus haut, puis munies de sa signature et de son sceau de cire rouge, le 7 avril 1867.

On lit au bas de cette pièce, la reconnaissance officielle de l'authentique par l'Evêché d'Amiens et le permis d'exposer publiquement à la vénération des fidèles (a).

Que ce soit pour nous une grande consolation de pouvoir penser souvent que nous possédons, dans le trésor de notre église, un fragment, ou plutôt trois fragments de ce roc merveilleux sur lequel Notre-Seigneur Jésus-Christ a reposé sa tête, comme autrefois Jacob, une de ses figures, reposa la sienne sur la pierre de Bethel; avec cette différence que le monument de Jacob est perdu, sinon tout à fait oublié, tandis que le Sépulcre de Jésus-Christ est un monument de gloire, de résurrection et d'immortalité.

4° Sainte Véronique (la relique de).

La relique que nous possédons sous ce nom de sainte Véronique doit nous être chère, de quelque manière que nous l'envisagions.

Car, en effet, s'il s'agit de la femme intrépide, de l'héroïne qui n'a pas fait difficulté de se précipiter à travers les bourreaux de Jésus-Christ et d'essuyer la sueur et le sang de son visage; s'il s'agit de cette noble femme que le Seigneur a daigné récompenser en imprimant ses traits sacrés sur le voile avec lequel elle l'essuya, oui, une telle relique envoyée par la divine Providence à une paroisse comme la nôtre, qui fait profession d'honorer si

---

(a) Voir la pièce tout entière à la note IV.

spécialement le Sépulcre de Jésus-Christ, une telle relique serait un bien riche trésor. Dans ce cas, la parcelle que nous possédons et qui est appelée dans notre pièce authentique : « fragment d'*un tissu imbibé de sang* », serait peut-être une parcelle du voile où le Sauveur dessina miraculeusement ses traits avec son sang. Nous le répétons, quel inestimable trésor ce serait pour nous !

Mais si, dans l'absence de renseignements précis, nous ne pouvons pas affirmer qu'il en soit ainsi, nous dirons alors que notre relique est de *sainte Véronique Giuliani,* et qu'elle est encore un riche trésor.

En effet, cette sainte devenue si célèbre dans les derniers temps, surtout depuis sa canonisation solennelle, en 1839, par le Pape Grégoire XVI, avait été favorisée de Dieu, des grâces les plus extraordinaires.

Née en 1660, dans les Etats de l'Eglise, d'une famille honorable, elle avait fait profession à dix-sept ans dans un monastère de religieuses capucines. Son amour ardent pour la Passion de Notre-Seigneur lui avait mérité la grâce des stigmates sacrés, à la tête, comme une couronne d'épines, aux mains et aux pieds et surtout au côté où elle portait une plaie qui saignait sans cesse et dont on étanchait le sang avec des linges blancs. Notre sainte Relique, dans ce cas, serait un fragment d'une de ces toiles imbibées du sang de sainte Véronique.

Quoi qu'il en soit, nous devons avoir une grande confiance en notre Relique, déclarée authentique par Mgr l'Evêque d'Amiens, le 28 avril 1847, et mise par lui dans un reliquaire en forme de monstrance ou d'ostensoir qui est ordinairement placé sur l'autel du Saint-Sépulcre, où on peut la vénérer (a).

5° Saint Paul, apôtre (la relique de).

Saint Paul, dont nous possédons ici une relique authentique, est celui que l'histoire de l'Eglise a toujours appelé : le grand Apôtre, ou même plus élogieusement encore : l'Apôtre.

Après des travaux sans trêve ni mesure, après des voyages incessants sur terre et sur mer, il consomma enfin son martyre, le 29 juin 66 de Jésus-Christ. Il eut la tête tranchée, étant citoyen romain, en un lieu nommé les *Eaux salviennes*. Il convertit, en mourant, son exécuteur et deux autres personnes qui furent martyrisées quelques jours après lui. On l'enterra sur le chemin d'Ostie, et Constantin fit bâtir sur son tombeau une magnifique église qui a été reconstruite plusieurs fois depuis, entr'autres après l'incendie de 1823 qui n'avait respecté que le maître-autel et la façade.

Notre sainte Relique est une particule d'un demi-centimètre carré environ, retenu par un fil d'or en sautoir, sur une lame en losange de même métal. Elle est incluse dans le même reliquaire que la relique de sainte Véronique, décrite au numéro précédent (b).

6° Saint Firmin, évêque et martyr (la relique de).

C'est une grande consolation pour nous de posséder une aussi vénérable relique que celle du

(a) Voir l'authentique, note V. — (b) *Id.*

saint évêque Firmin, envoyé à nos pères par le descendant de saint Pierre et fondateur de la religion chrétienne parmi nous.

Nous connaissons tous si bien l'histoire du vénérable martyr, premier Evêque d'Amiens, que nous n'avons pas besoin de la rappeler; il vécut et mourut pour nous, et son sang répandu à Amiens dans un martyre fécond a été, nous ne saurions en douter, une des causes de la persévérance de cette province dans la religion de Jésus-Christ.

Notre relique, par son volume, peut être mise au rang de celles que l'on appelle insignes; elle mesure sept centimètres de longueur sur deux de largeur et un d'épaisseur. Elle est dans un état de conservation parfaite; l'exergue porte : *S. Firmini Episcopi martyris*. Un fil d'or en croix le fixe au fond du reliquaire.

Cette relique, à cause de son importance sans doute, occupe la partie centrale du reliquaire et les restes précieux de sainte Véronique et de saint Paul lui font, pour ainsi dire, accompagnement.

Venons vénérer souvent saint Firmin, à l'autel du Saint-Sépulcre et rappelons-nous, pour fortifier notre confiance, que de grands miracles ont été opérés souvent par son intercession, miracles que l'Eglise d'Amiens a recueillis pieusement dans ses archives, et dont on peut lire quelques-uns dans ses livres liturgiques, bréviaires, missels et autres.

Saint Firmin a marqué spécialement sa puissance contre les calamités publiques, contre la sécheresse, les inondations, le dérangement des saisons et dans les calamités privées, contre la paralysie, le mutisme, l'ophtalmie, etc. *(a) (b)*.

7º Saint Bernard (la relique de).

Nous nous trouvons encore ici dans une perplexité à peu près semblable à celle où nous avons été pour la relique de sainte Véronique, citée au quatrième paragraphe de ce chapitre. C'est, qu'en effet, l'inscription de notre relique de saint Bernard n'étant accompagnée d'aucune initiale, nous ne pouvons être absolument sûr qu'elle appartienne aux dépouilles sacrées du grand saint Bernard, dont nous avons raconté la vie au livre des *Novendiales*, ou à saint Bernard, d'Abbeville, fondateur et abbé de Tiron, rameau célèbre de l'arbre bénédictin si fécond, si fertile en fleurs odorantes et en fruits savoureux.

Mais, quoi qu'il en soit, nous bénissons la Providence qui a permis l'incertitude où nous sommes touchant notre vénérable Relique, pour nous faire connaître un saint local, peu ou point connu, peut-être, de beaucoup d'entre nous.

Saint Bernard de Tiron est né à Abbeville ou dans les environs, à la fin du xɪᵉ siècle, époque

---

(a) Voir l'authentique, note V.
(b) Voici la nomenclature des paroisses honorées par quelques reliques de saint Firmin, et nous serons heureux de nous voir parmi elles, ce sont : à Amiens, les églises Saint-Jacques (1850), Saint-Leu, Saint-Firmin (1861), Saint-Martin ; dans le reste du diocèse, au Saint-Sépulcre d'Abbeville, à Corbie, à Longpré-les-Corps-Saints, à Mailly, à Picquigny, à Vignacourt, etc., etc.; et dans es diocèses voisins, à la Cathédrale et à Saint-Nicolas d'Arras, à Saint-Firmin près Chantilly, à Saint-Martin de Laon, à Pampelune (cathédrale), Saint-Laurent et église Saint-Firmin d'Aldapa (l'abbé Corblet, *Hagiog.*, tome II, page 169).

bien chère pour nous, de la première Croisade. Il était né avec un penchant prononcé pour la vie religieuse et on peut dire qu'il en parcourut les diverses phases. Il fut tour à tour cénobite, solitaire et, enfin, après des péripéties diverses, fondateur d'une nouvelle réforme bénédictine qui prospéra merveilleusement avec la grâce du Seigneur et devint célèbre dans l'Eglise. Bernard l'établit sur la terre de Brunelles, dans la forêt de Tiron dont le sol sec et pierreux exigeait les plus grands travaux. Brunelles est à cinq kilomètres de la ville de Nogent-le-Rotrou, à soixante kilomètres environ de Chartres, dans le département d'Eure-et-Loir ; ce fut là que notre saint compatriote pratiqua toutes les vertus et accomplit toutes les œuvres qui ont donné tant de célébrité à sa mémoire.

Geoffroy Legros, moine de Tiron et contemporain du saint, écrivit sa vie et nous a laissé le récit de ses vertus et de ses miracles (a). Par un indult apostolique du 19 avril 1866, le Saint-Siége Apostolique a autorisé les Evêques d'Amiens à insérer l'office de saint Bernard de Tiron, tel qu'on le récite à Poitiers, dans le propre du bréviaire d'Amiens.

Les reliques de saint Bernard d'Abbeville sont célèbres en plusieurs localités et monastères.

Pour saint Bernard, l'illustre abbé de Clairvaux, auquel appartient peut-être la sainte Relique dont nous parlons dans ce paragraphe, il nous est parfaitement connu par sa sainteté et sa piété pour

---

(a) Voir *Hagiographie du diocèse d'Amiens*, tome 1ᵉʳ, pages 297 et suiv.

le Saint-Sépulcre et nous n'avons qu'à renvoyer pour plus de renseignements au livre des *Novendiales*, page 274.

Quant à la sainte Relique même, elle est un fragment du cœur du saint ; elle est renfermée dans un reliquaire de bois doré, muni du sceau épiscopal, placé ordinairement sur l'autel du Saint-Sépulcre, et on trouvera son authentique à la fin de ce volume (a).

8° Saint Charles Borromée (la relique de).

Dans la même châsse que la relique de saint Bernard, se trouve celle non moins précieuse de saint Charles, de l'illustre famille des Borromée, neveu du Pape Pie IV, décoré de la pourpre cardinalice à vingt-trois ans et archevêque de Milan.

Aussitôt qu'il eut été nommé Evêque du diocèse de Milan, Charles quitta la cour pontificale, il vint résider dans son église. Il y travailla comme le plus simple de ses prêtres, à la gloire de Dieu et au salut des âmes.

La peste de Milan (1576) a immortalisé pour toujours le dévouement et la piété sincère de saint Charles Borromée. Il mourut quelques années après, usé avant le temps par les travaux, le zèle et les austérités. Il n'avait que quarante-six ans.

Dans les ouvrages de ce saint, qui forment cinq volumes in-folio (Milan 1747), nous remarquons, avec un intérêt tout particulier, celui qu'il a intitulé : Actes de l'église de Milan, et on nous permettra de dire, avec une simplicité excessive peut-être, que nous avons prié avec ferveur ce grand

(a) Note VI.

saint, de vouloir prendre sous sa protection ce que nous tâchons d'accomplir nous-même, pour faire connaître et aimer, dans la mesure de nos forces ou plutôt de notre faiblesse, notre chère et bien-aimée église du Saint-Sépulcre.

L'authentique de la relique de saint Charles Borromée (un morceau de la corde qu'il portait à son cou en manière d'humiliation et de pénitence, à la grande procession de la peste de Milan), se trouve à la fin de ce volume, estampillée du sceau de l'Evêché d'Amiens, 28 avril 1852 (a).

9° SAINT ELOI (LA RELIQUE DE).

Saint Eloi est un de ces nombreux exemples qui montrent le cas que fait l'Eglise du travail manuel tout d'abord, et ensuite de l'art et même des artistes, puisqu'elle ne craint pas d'aller chercher dans leurs rangs, ses prêtres et ses pontifes.

Saint Eloi avait été orfèvre, puis préposé aux monnaies royales, ensuite quand il se fut dégoûté du monde et qu'il se fut retiré dans un monastère, l'Eglise qui connaissait ses vertus, l'appela au service des autels et le revêtit de la plénitude de son sacerdoce : l'épiscopat.

Or, l'Eglise fit voir ici, comme toujours, qu'elle est conduite par le Saint-Esprit, car aucun Evêque, en aucun siècle, ne fit plus d'honneur à sa mère l'Eglise que l'illustre Evêque de Noyon.

La relique de ce grand saint nous est d'autant plus précieuse et chère, qu'il fut le patron d'une église paroissiale que la révolution a supprimée avec mille autres et que sa chrétienne population

(a) Note VI.

a été réunie à la nôtre, d'où il suit que nous pouvons regarder saint Eloi comme un de nos patrons et puissants protecteurs.

Cette Relique nous sera chère encore, parce qu'elle appartient au Saint, dont le nom avait été donné à un de nos pasteurs, M. l'abbé Carpentier, de pieuse mémoire.

Nous ferons remarquer que le saint ossement dont nous parlons a cinq centimètres de longueur au moins, sur deux de largeur, et qu'il constitue, par conséquent, ce que les auteurs appellent une relique notable.

Son authentique qui ne fait qu'une avec celles de saint Charles Borromée et de saint Bernard sera placée à la fin de ce volume, après avoir été, au préalable, traduite par nous, en français.

C'est sur l'autel du Saint-Sépulcre que l'on trouvera cette sainte relique (a) (b).

Nous rappelons ici, chaque année, le souvenir de la paroisse dont saint Eloi fut le patron, au jour de la Passion, que nous appelons les pardons de saint Eloi.

Nous avons aussi à la paroisse, une association-patronage de saint Eloi, mais nous en parlerons en son lieu.

(a) Note VI. — (b) Voir la note VII.

CHAPITRE VI

La dévotion à la Sainte Vierge.

La paroisse Saint-Sépulcre s'est signalée de tout temps pour sa tendre dévotion à la sainte Vierge.

Nous l'honorons ici spécialement sous ses trois aspects principaux.

Et d'abord, comme Mère de Dieu, comme Reine-Mère, comme notre Madone, notre Dame et Maîtresse, notre grande Protectrice du Ciel.

C'est notre chapelle, dite de la Très-Sainte Vierge, qui est le centre particulier de notre dévotion à la Mère de Dieu, notre Reine. Aussi, l'y voyons-nous, debout sur son piédestal, la couronne sur la tête, le sceptre à la main ; sa robe est d'or, selon la parole du roi prophète : *Astitit regina in vestitu deaurato;* elle porte le manteau des souverains, bleu de roi et doublé d'hermine. Pour nous donner confiance dans ce déploiement de ses grandeurs, elle a le Divin Enfant dans ses bras, Jésus, notre frère.

C'est à cette chapelle de la Reine-Mère que nous disons ordinairement toutes les messes ; c'est là que nous distribuons la Sainte Communion quand elle se donne entre temps; c'est là que nous venons prendre la Sainte Hostie pour la porter aux malades ; là que se font les petits offices, les obits de Congrégation, etc., etc. ; c'est là, enfin, pour résumer tout d'un mot, à la gloire de cette chapelle, que repose ordinairement le Très-Saint Sacrement et que nous venons l'y vénérer.

Le second aspect de la dévotion à la Sainte Vierge pour nous, c'est celui de la Vierge Immaculée ; nous la vénérons sous ce titre si beau et si cher à Marie. Nous proclamions cette prérogative de Marie (c'est une gloire pour cette paroisse du Saint-Sépulcre), longtemps avant la promulgation définitive du décret de Pie IX, de sainte mémoire, puisqu'il y a près d'un siècle que nous sommes en possession de notre tableau, dit miraculeux, qui représente l'Immaculée Vierge, apparaissant quatre fois à un pauvre berger du Brésil, avec les attributs de Notre-Dame Immaculée de Guadeloupe.

Nous vénérons cette sainte image dont nous avons parlé plus haut, au côté occidental de la grande ogive de la chapelle du Saint-Sépulcre.

Enfin, le troisième objet de notre dévotion à Marie, c'est la Vierge des Sept-Douleurs, ou simplement de Douleur. Son centre est la chapelle du Saint-Sépulcre. On la voit au milieu du rétable de pierre qui domine l'autel, dans l'attitude de la douleur, enveloppée de voiles longs et épais, portant sur ses genoux le divin Crucifié, avec ses membres amaigris par les travaux de sa vie apostolique, par les horreurs de sa Passion et roidis par la mort. C'est là que nous devons continuer à venir souvent méditer, compâtir, prier, demander contrition quand nous sommes sur le point de nous confesser, nous consoler, nous surtout, enfants qui avons perdu nos mères, nous surtout, mères qui avons perdu nos enfants, nous tous, qui que nous soyons, qui avons besoin d'apprendre à gémir, à pleurer et à soupirer chrétiennement et saintement.

Quant au genre de dévotion extérieure dont nous honorons Marie dans ces trois principaux objets de son culte et dans ces trois endroits de l'église que nous avons indiqués, nous aimons beaucoup à y faire brûler des flambeaux, usage touchant, vénérable, universel, et qui remonte aux premiers siècles de l'Eglise ; usage symbolique et d'un grand enseignement, puisque les flambeaux qui tiennent notre place au pied de la très-sainte Vierge nous indiquent que, nous aussi, nous devons avoir à cœur de nous consumer d'amour, de charité, de ferveur ; usage, enfin, qui a une portée bien plus grande qu'on ne le suppose ordinairement, puisque ce petit cierge qui se consume devant l'autel est un vrai sacrifice, un sacrifice d'holocauste dans lequel la victime offerte est entièrement détruite et consumée par la flamme, pour reconnaître le haut domaine, c'est-à-dire le droit de vie et de mort, de Dieu créateur et souverain maître sur toutes ses créatures.

Aux flambeaux, notre dévotion à Marie aime à ajouter des *ex-voto*, des inscriptions, des ornements de tous genres, des fleurs surtout, qui déploient leurs couleurs, tantôt brillantes, tantôt tendres, et qui exhalent leurs douces senteurs devant Celle que la Sainte Ecriture appelle la rose mystique et le lys de la vallée.

Nous avons encore à la paroisse d'autres formes ou nuances du culte de Marie: par exemple, Notre-Dame des Malades; par exemple, la Congrégation de la Sainte Vierge ; mais nous parlerons de ces choses ailleurs, plus en détail.

CHAPITRE VII

La Dévotion des Mois.

Une de nos meilleures dévotions paroissiales, c'est celle des Mois du Sacré-Cœur, du Mois de Saint Joseph, du Mois des Ames, du Mois du Saint-Sépulcre et surtout du Mois de Marie, qui est celui que nous célébrons avec le plus de solennité et par lequel, à cause de cela, nous commencerons ce chapitre.

Le Mois de Marie. — Quelques jours avant le premier de mai, notre chapelle de Marie, Reine et Mère, est ornée avec tout le goût et le soin dont nous sommes capables, d'orangers, de fleurs naturelles, prêtées avec empressement par les paroissiens; ornée aussi de ces fleurs où l'art semble lutter avec la nature et presque la surpasser par la richesse, la variété, l'imagination.

Le pavé et les marches de l'autel sont couverts de tapis bleus et blancs (couleurs de Marie); l'autel, surmonté de roues ou couronnes de lumières, est chargé de candélabres qui le feront étinceler chaque soir de mille feux.

La veille du premier jour, nous avons une ouverture solennelle avec salut, sermon et bénédiction du Très-Saint Sacrement.

Chaque soir, après la cessation du travail des ateliers, des familles et des écoles, nous avons la réunion, le chapelet, la prière, la lecture, des chants où nos jeunes personnes mêlent leurs voix virginales au son grave et profond de l'orgue, puis la bénédiction.

Enfin, nous concluons ce mois de grâces, par un pieux pèlerinage, dont nous parlerons en son lieu, en un sanctuaire voisin ; puis, par un dernier salut solennel, avec sermon, cantiques, *Te Deum* et bénédiction du Très-Saint Sacrement.

C'est notre commune pratique de faire la sainte communion dans le Mois de Mai, au moins une fois et de nous proposer de gagner les indulgences précieuses que les Souverains Pontifes ont voulu accorder à ces pieux exercices.

Le Souverain Pontife Pie VII a attaché à cette dévotion, les indulgences perpétuelles qui suivent :

1º Indulgence plénière à gagner, une fois dans le mois, au jour de la communion, par les fidèles qui, *tous les jours de ce mois,* feront quelque chose en l'honneur de Marie ;

2º Indulgence de 300 jours, chaque jour du mois où on fera quelques prières en l'honneur de Marie ;

3º Faculté d'appliquer les indulgences aux âmes du purgatoire (a).

LE MOIS DU SACRÉ COEUR DE JÉSUS. — La préparation des premières communions, la retraite, la confirmation, les processions solennelles, les saluts de l'Octave du Saint-Sacrement, qui se font ordinairement en ce temps, ne nous permettent pas de donner à ce Mois du Sacré Cœur toute la solennité qu'il mériterait si bien, mais, néanmoins, nous n'avons garde de le laisser passer inaperçu.

(a) Paul Jouhanneaud, *Dictionn. ind.*, page 925.

Ainsi, notre autel du Sacré Cœur est richement orné pendant ces trente jours, de la même manière que celui de Marie, au Mois de Mai.

Chaque soir, à la prière, nous remplaçons les litanies de la Sainte Vierge par celles du Sacré Cœur. Nous avons, à chaque vendredi de ce Mois, des communions plus nombreuses qu'aux autres vendredis de l'année, et, à l'Octave de la Fête du Sacré Cœur, pendant les huit jours, toutes les messes basses se disent à la chapelle du Sacré Cœur.

Le Mois de Saint Joseph. — Dans le Mois de Mars consacré à Saint Joseph, parce que sa fête de naissance s'y rencontre, nous exposons la statue du Saint sur l'autel du Sacré Cœur, ornementé de notre mieux. Nous substituons, le soir, les litanies de Saint Joseph à celles de la Sainte Vierge, et nous nous efforçons, enfin, de donner aux quatre mercredis de ce Mois, (en disant la messe de huit heures à cette intention, en proposant, après la messe, quelques pensées pieuses, en suggérant quelques oraisons jaculatoires spéciales), une plus grande solennité qu'aux autres mercredis de l'année.

Le Mois du Saint-Sépulcre. — On sait que celle de nos deux fêtes du Saint-Sépulcre qui est la plus solennelle pour la solennité extérieure tombe dans le mois de juillet, le 15, jour de l'entrée des Croisés à Jérusalem (1099); c'est pourquoi nous faisons pendant ces trente jours la mémoire de ce saint monument de notre salut.

Le soir, nous récitons les litanies si belles du Saint-Sépulcre. Le Christ au tombeau est revêtu d'un riche parement de velours cramoisi parsemé d'abeilles d'or.

L'autel de la chapelle est orné convenablement de fleurs et de candélabres, la grande arcade de la chapelle est décorée aussi de draperies.

On dit toutes les messes de l'Octave au Saint-Sépulcre, on présente la relique à baiser après chacune d'elles, et pendant tout le Mois, la dévotion des fidèles entretient au Sépulcre des flambeaux plus nombreux qu'aux autres temps de l'année.

LE MOIS DES AMES. — Enfin, nous n'avons garde d'oublier les âmes de nos parents, amis et bienfaiteurs défunts durant ce Mois de Novembre, où les tristesses de l'automne se marient si bien avec les tristesses des regrets et des chagrins de famille de chacun de nous.

Pendant l'Octave de la Commémoration des Fidèles trépassés, nous faisons, chaque soir à la prière, une lecture pieuse qui a rapport aux âmes de nos chers morts et nous avons ensuite le salut que nous offrons pour les âmes souffrantes et que nous terminons par le chant du *De Profundis* ou du *Libera*.

Telle est la dévotion, dite des Mois, dans la paroisse du Saint-Sépulcre. Puisse-t-elle s'y conserver et même s'y développer de plus en plus jusqu'au moment où l'Ange s'écriera en repliant les cieux matériels, *Non erit tempus amplius (a)*; désormais, il n'y aura plus de temps; et alors, la petite fête de nos Mois sera remplacée par la fête éternelle : *Fiat, fiat !*

(a) Apoc., 10-6.

CHAPITRE VIII

La Dévotion des Enfants.

Nous avons, à la Paroisse, trois dévotions principales pour les enfants, et d'abord celle dite des *Enfants de première Communion*. Elle a pour objet la bonne préparation des enfants à cette si importante action de leur première communion et à son renouvellement solennel. Elle a aussi pour objet d'assurer les suites de la première et de la seconde communions.

Les parents, les maîtres et maîtresses et les prêtres tâchent d'obtenir ces importants résultats au moyen de réunions, de règlements, etc...; mais ces choses seront dites avec plus de détail en leur lieu, au livre II de ce volume.

Les couleurs de la Sainte Vierge. — C'est une autre dévotion de l'enfance, assez pratiquée dans nos familles religieuses et aisées. Au sortir des fonts de baptême, quand les parents en manifestent le désir, on conduit processionnellement à l'autel de la Sainte Vierge l'enfant accompagné de son parrain, de sa marraine et des autres parents présents à la cérémonie. Tous s'agenouillent, et le petit enfant, soutenu par sa nourrice, est placé sur la table même de l'autel, pendant que le prêtre récite la prière à Marie. L'enfant, par là, est offert et voué à la très-sainte Vierge jusqu'à l'âge de deux, trois ou sept ans, quelquefois jusqu'à l'âge de la première communion, et alors, il porte toujours, pendant ce temps, les couleurs de Marie, qui sont le blanc et le bleu (a). Il n'est point douteux qu'une jeune âme, ainsi offerte à Marie, ne soit prise par elle sous sa spéciale protection, et cette consécration, ratifiée par l'Eglise, est bien de nature à inspirer une douce confiance à des parents chrétiens, pour la santé de ce petit enfant, pour sa bonne direction et sa conduite à venir.

L'Eau baptismale des fonts. — Enfin, c'est une touchante dévotion de beaucoup de jeunes mères de cette paroisse, d'apporter ou de faire porter leurs jeunes enfants à l'église, à la bénédiction de l'Eau baptismale, le Samedi-Saint et la veille de la Pentecôte. Les petits enfants sont tous ordinairement vêtus de blanc pour cette circonstance et il est intéressant de voir toutes les jeunes mères, pendant la longue cérémonie dont nous parlons, mettant leurs soins les plus tendres pour tenir ce petit monde dans la sagesse et le respect, prenant les petites mains et faisant faire le signe de la croix, lorsque l'eau étant bénite, le prêtre va par toute l'église pour en faire l'aspersion ; puis, quand la procession se met en marche autour de l'église, les petits enfants et leurs mères suivent le clergé et c'est un touchant spectacle. Ah ! que ces simples choses valent bien et pour la portée et pour la douceur d'autres cérémonies toujours un peu agitées et préoccupées de vanité et de recherche mondaines.

(a) Dans certains endroits, on renouvelle cette consécration tous les ans (J. Corblet, *Hagiograph*, IV, page 490).

CHAPITRE IX

La Dévotion des Indulgences.

Les personnes pieuses des pays catholiques professent toutes une grande dévotion pour les indulgences. Elles ont raison, puisque le pouvoir qu'a reçu l'Eglise d'accorder ces indulgences est indéniable, d'après les paroles de Notre-Seigneur : « Tout ce que vous délierez sur la terre sera délié « dans le ciel (a) » ; et encore : « Toute puissance « m'a été donnée par mon père : comme il m'a « envoyé, je vous envoie ; c'est pourquoi, allez, en- « seignez, baptisez, apprenez à *faire tout ce que je* « *vous ai recommandé,* et je serai avec vous jusqu'à « la consommation des siècles (b) ».

L'histoire nous enseigne, du reste, qu'en fait, l'Eglise a toujours usé de son pouvoir d'accorder des indulgences. Il n'est pas étonnant, après cela, que les fidèles de cette paroisse s'attachent avec soin à gagner les indulgences, soit plénières, soit partielles, soit pour elles-mêmes, soit pour leurs parents trépassés.

Nous ne mentionnerons pas ici toutes les indulgences si nombreuses et si belles qui sont pour tous les chrétiens et que nous tâchons de gagner comme eux ; ainsi, par exemple : Les indulgences

---

(a) S. Matthieu, 16-19. — (b) S. Matthieu, 28-19.

attachées à la récitation de l'*Angelus*, les indulgences du chapelet, etc., etc...; nous nous bornerons à indiquer les indulgences qui sont particulières au Saint-Sépulcre, paroissiales, pour ainsi dire, et dont nous possédons les titres authentiques.

M. l'abbé Carpentier, le 28 février 1853, obtenait de Sa Sainteté le Pape Pie IX : 1° Une indulgence partielle de 100 jours à gagner chaque fois, par tout fidèle des deux sexes qui priera devant la chapelle du Saint-Sépulcre de cette église ;

2° Une indulgence également partielle de sept ans et sept quarantaines à gagner une fois chaque mois aux mêmes conditions. Cette concession était valable pour sept années. On trouvera à la fin du volume, traduite en français, la pièce qui constate cette concession (a).

A la même époque, M. Carpentier demandait et obtenait encore, pour la paroisse, une indulgence plénière à gagner, aux conditions ordinaires, chaque année aux cinq fêtes:

1° Du Précieux Sang de Notre-Seigneur, le premier dimanche de juillet ;

2° A la fête du Saint Suaire ;

3° A la fête de l'Ascension de Notre-Seigneur ;

4° A la fête de la Commémoration des Fidèles défunts, au 2 novembre ;

5° A la fête patronale du Saint-Sépulcre, 15 juillet.

La dite concession, faite à perpétuité, porte que ces indulgences plénières pourront être gagnées à un des jours de l'octave. On trouvera l'acte de concession à la fin du volume (b).

Enfin, le 7 janvier 1859, six ans après les précé-

(a) Note VIII. — (b) Note IX.

dentes concessions, M. Carpentier obtenait, et toujours à perpétuité, une nouvelle faveur, c'était :

1° Une indulgence plénière à gagner, une fois le mois, par toute personne qui, s'étant confessée et ayant communié, viendra prier devant le tombeau de Notre-Seigneur, dans l'église Saint-Sépulcre ;

2° Une indulgence partielle de sept années et sept quarantaines à gagner pour chacun, et à chaque visite faite au Saint-Sépulcre, fût-ce même plusieurs fois en un jour (a).

Ces deux concessions si riches, M. l'abbé Carpentier a eu l'heureuse idée de les faire graver en lettres d'or, sur une plaque oblongue de marbre blanc qui est présentement attachée au côté droit extérieur de la chapelle du Saint-Sépulcre. L'acte de concession est inséré en la note, à la fin du volume (b).

On remarquera, nous n'en doutons pas, que la première concession a expiré en 1860, et que la dernière de ces concessions d'indulgences prime la seconde et pourrait peut-être, à elle seule, la remplacer suffisamment ; néanmoins, nous avons voulu rappeler les unes et les autres et donner les pièces à l'appui pour que les fidèles pussent juger de la gravité et du sérieux que l'Eglise romaine apporte aux choses de la religion, et de la bonté persistante du Chef de l'Eglise à notre égard (c).

Par là, aussi, nous aimerons à constater une

(a) Les sept quarantaines ajoutées aux sept années font un total de 2,835 jours pour chaque visite ; si on la répète deux fois par jour, ce qui est facile, par exemple : après la sainte messe et en venant à la prière du soir, on aura chaque jour un total bien respectable de 5,670 jours. — (b) Note X.

(c) La dernière authentique est signée du Saint-Père Pie IX, avec une petite phrase de sa main.

fois de plus, le zèle de nos prédécesseurs que rien ne pouvait satisfaire, pour ainsi dire, et qui voulaient toujours mieux faire et plus obtenir, quand il était question de leur paroisse bien-aimée.

CHAPITRE X

La Dévotion des Pardons.

Cette dévotion assez en usage dans certains pays catholiques, avait, chez les Israélites, quelque chose de similaire; ce quelque chose s'appelait aussi les pardons et se composait de cérémonies expiatrices auxquelles les Juifs pensaient que le Seigneur avait attaché un solennel pardon de leurs fautes.

En cette fête, ils observent encore aujourd'hui un jeûne rigoureux, dit Bergier; plusieurs se baignent et se font donner les trente-deux coups de fouet prescrits par la loi. Ceux qui retiennent le bien d'autrui font alors des restitutions. Ils demandent pardon à ceux qu'ils ont offensés, ils font des aumônes et donnent tous les signes extérieurs de pénitence. Plusieurs prennent des habits blancs et pieds nus vont à la synagogue. Ils y font plusieurs prières et plusieurs confessions de leurs fautes. Quelques-uns passent la nuit dans la synagogue, prient, récitent des psaumes et demandent pardon à Dieu (a).

(a, *Léon de Modène*, IIIe P., c. vi.

Dans l'Eglise catholique, pardon signifie la même chose qu'indulgence.

Les pardons sont, en effet, en général, des fêtes religieuses solennelles qui durent un ou plusieurs jours à l'occasion d'une fête de l'Eglise ou de celle d'un saint, souvent aussi d'un pèlerinage. A ces fêtes sont attachées une ou plusieurs indulgences plénières, jubilaires même, c'est-à-dire accompagnées de certains privilèges.

On expose le Très-Saint Sacrement, il se fait un très-grand concours de peuples, quelquefois de toute une région comme en Normandie, à la Délivrande, en Bretagne, par exemple, à sainte Anne d'Auray. On se confesse, on fait la sainte communion, on assiste à des prédications solennelles et à de magnifiques processions.

La plus célèbre de ces indulgences solennelles, c'est celle de la cathédrale du Puy, qui a lieu chaque fois que la fête de l'Annonciation coïncide avec le Vendredi-Saint. On l'appelle : Le grand pardon. Nous trouvons dans un ancien calendrier de 1762, que des fêtes semblables se célébraient à Amiens, à Notre-Dame, le dimanche des Rameaux, sous le nom de grands pardons. Ils duraient quinze jours, il y avait tous les jours sermon et procession à la croix des Jacobins.

A Abbeville, plusieurs paroisses avaient, chaque année, leur fête solennelle des pardons, et il s'en est conservé plusieurs vestiges encore aujourd'hui.

A la paroisse, nous avons, chaque année, deux fêtes de pardons.

Les premiers, sont les pardons dits de Saint-Sépulcre. Ils ont lieu le jour du Jeudi-Saint. On expose le Saint Sacrement à la messe de sept heures qui se dit au maître-autel. Le jour a été choisi bien habilement par nos pères pour fête des pardons, puisque les cérémonies du jour sont si nombreuses et si touchantes, ainsi que la procession au tombeau-reposoir et l'adoration continue du jour et de la nuit. Le calendrier, cité plus haut, marque qu'en ce jour des pardons de Saint-Sépulcre, il y avait sermon spécial pour la Confrérie des Agonisants. Il est remplacé maintenant, le soir, par le sermon de la Passion, l'amende honorable et le salut solennel, à la chapelle du Saint-Sépulcre où est le Saint-Sacrement.

Notre deuxième fête de ce genre est celle des pardons de saint Eloi, ancienne paroisse d'Abbeville qui a été fondue dans celle du Saint-Sépulcre après la révolution. Cette fête se célèbre, chaque année, au dimanche de la Passion. Le Saint-Sacrement est exposé à la grand'messe, et le reste de l'office se poursuit conformément à l'ordre du diocèse.

Le soir, après le chant du *Stabat* et la bénédiction du Saint-Sacrement, nous faisons entendre la triple invocation : *Sancte Eligi, ora pro nobis ;* saint Eloi, priez pour nous.

Ce souvenir envoyé à l'ancienne paroisse de Saint-Eloi, a quelque chose de touchant pour nous, parce qu'il nous rappelle le nom toujours cher de M. l'abbé Carpentier.

CHAPITRE XI

La Dévotion au très-saint Sépulcre de Notre-Seigneur.

Nous terminerons cette première partie en disant seulement quelques mots de la principale dévotion de cette paroisse, la dévotion au *très-saint Sépulcre de Notre-Seigneur.* Quelques mots suffiront parce que, à vrai dire, ce volume tout entier ainsi que les deux qui l'ont précédé, ne font que parler ou directement ou indirectement de cette grande dévotion.

Grande dévotion vraiment, car, parmi les objets qui nous restent de la Passion de Notre-Seigneur, il n'y en a pas qui méritent un plus grand respect et de plus grands honneurs que ce Tombeau qui a reçu trois jours le corps de Notre-Seigneur; que ce Tombeau qui a conservé les empreintes du sang de Notre-Seigneur et des parfums précieux dont les Saintes Femmes l'avaient tout enveloppé, que ce Tombeau d'où est sorti glorieux et vainqueur de la mort notre Rédempteur et notre Sauveur.

Les marques de notre dévotion paroissiale au saint Sépulcre sont, pour ainsi dire, de tous les instants, dans le cours de l'année, et il serait bien difficile d'entrer dans cette église, à quelqu'heure que ce soit, sans trouver des enfants, des vieillards, des étrangers, des personnes pieuses occupées à contempler ce monument, à adorer le crucifix qui y repose et à baiser humblement ses pieds.

Souvent aussi, mais surtout aux jours de dimanche, aux fêtes de Notre-Seigneur, on voit brûler devant le saint Tombeau le cierge de la personne aisée, et les petites lumières des personnes moins favorisées de la fortune.

Il est même à espérer qu'un jour, peut-être, nous aurons la consolation de voir brûler, jour et nuit, devant le Sépulcre, une ou plusieurs lampes, entretenues aux frais de quelques personnes intelligentes, pieuses et charitables, qui feront, par là, ce qui se pratique dans tant de sanctuaires : au tombeau de saint Martin, de Tours, par exemple, où les lampes d'or sont nombreuses ; au sanctuaire de Notre-Dame de Séez ou de Notre-Dame des Victoires, de Paris, où ces lampes ne se comptent plus.

Comme manifestations plus solennelles de notre piété au saint Sépulcre, nous avons une première fête, fixée invariablement au deuxième dimanche après Pâques, puis, une seconde plus solennelle encore par les chants, la parole de Dieu et les ornements, fixée, en vertu d'indult spécial, par Notre Saint-Père le Pape Pie IX, au premier dimanche qui suit le 15 juillet ou le 15 juillet lui-même quand c'est un dimanche, et cela pour fêter l'anniversaire de la reprise de Jérusalem et du saint Sépulcre par les Croisés, en 1099. Aux octaves de ces deux fêtes, les messes basses se disent à l'autel du Saint-Sépulcre et le Saint-Sacrement y repose toute la journée. Après chaque messe, le prêtre présente la relique à baiser.

A la neuvaine préparatoire à la fête du 15 juillet

(quand il y en a), les messes basses se disent également au saint Sépulcre. Le Saint-Sacrement y repose toute la journée, et le matin et le soir on fait publiquement quelqu'exercice en l'honneur du saint Tombeau.

Animons-nous, sans cesse, par l'exemple de nos pères, à étendre autour de nous et surtout à fortifier en nous-mêmes cette sainte dévotion du saint Sépulcre, qui, à toutes les époques, a fait battre tant de cœurs catholiques, et qui, depuis neuf siècles bientôt, n'a pas cessé de fleurir dans cette église et d'y porter des fruits de bénédiction.

LIVRE SECOND

Confréries, Patronages, Pèlerinage, etc.

―――

Toutes les paroisses catholiques qui se ressemblent tant pour les choses principales, ont néanmoins toutes leur physionomie spéciale qui leur vient, par exemple, de quelque dévotion particulière, comme nous l'avons vu dans la première partie de ce travail. Ainsi la dévotion au Saint-Sépulcre, pour nous, ainsi la dévotion à Notre-Dame Immaculée de Guadeloupe, ainsi la dévotion des Reliques, des Mois, des Enfants, etc., etc. Mais ce qui ajoutera encore un trait à la physionomie de notre paroisse, ce seront incontestablement ses Confréries et réunions nombreuses et ferventes, ce seront ses Patronages, Pèlerinage, etc..... Ce sont ces choses si importantes qui feront l'objet et la matière de ce deuxième livre pour la rédaction duquel nous apporterons un soin particulier, nous servant des documents authentiques quand nous les possédons, les transcrivant même tout au long à la fin de l'ouvrage et nous faisant renseigner pour le reste par les per-

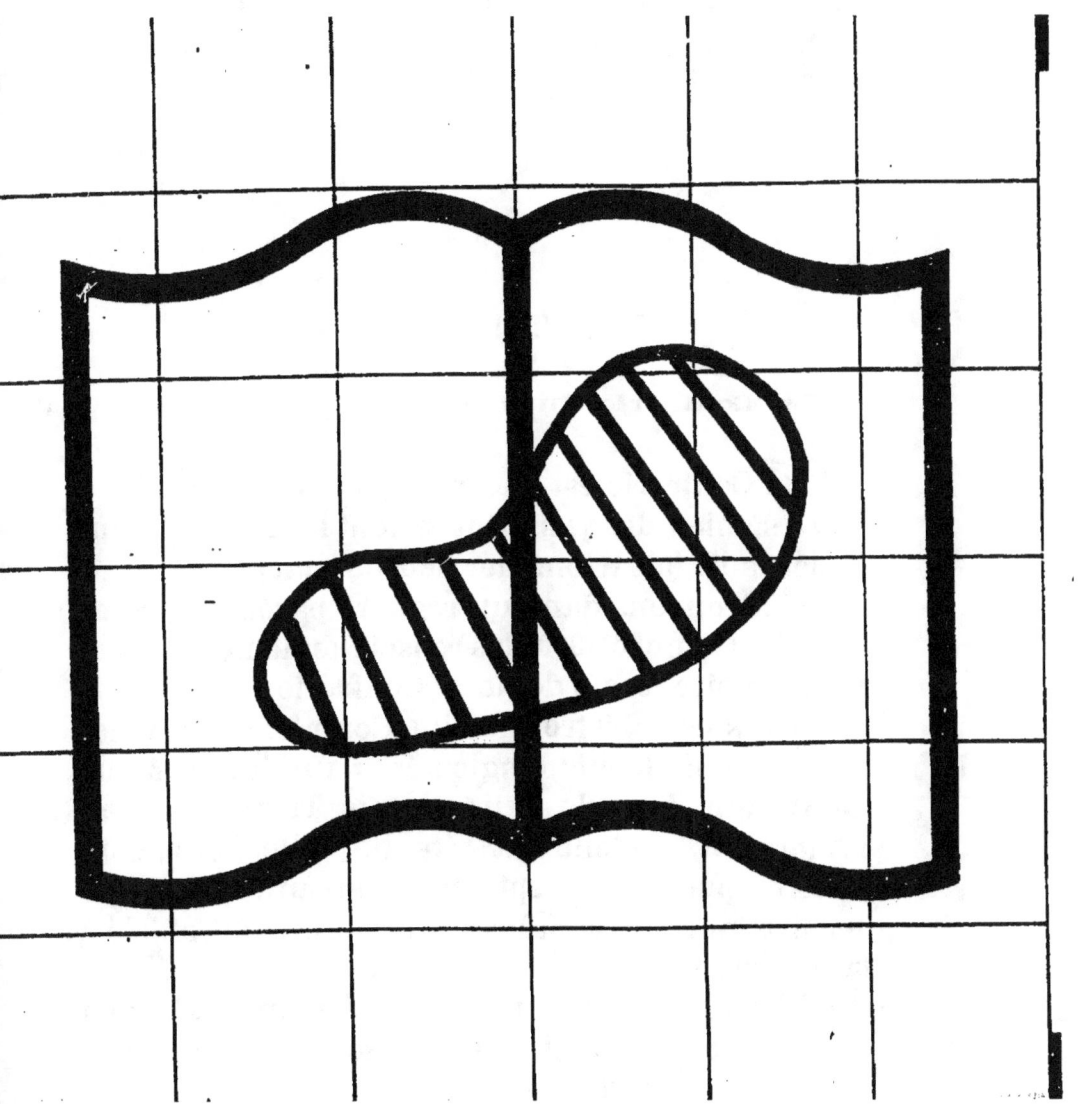

sonnes les plus autorisées, à cause de leur position, leur âge et leur compétence.

Que le divin hôte de nos tabernacles, qui a été trois jours celui du saint Sépulcre, daigne nous aider, ainsi que sa Mère très-sainte, dans le cours de ce travail.

CHAPITRE PREMIER

La Confrérie du Sacré-Cœur de Jésus.

Cette Confrérie est ancienne parmi nous et elle a traversé bien des vicissitudes dont le cœur puissant de Jésus l'a fait triompher heureusement.

Nous trouvons dans un registre paroissial, commencé en l'année 1800, des renseignements précieux sur l'histoire locale de notre Confrérie.

D'après ce registre, la dite Confrérie qui fonctionnait déjà depuis longtemps, « fut interrompue du 19 juin, jour de la très-sainte Trinité 1791 au 3 mars 1797 qu'elle fut rétablie; elle fut encore interrompue le 11 septembre suivant, qui est le dernier jour où les prêtres catholiques ont officié à la paroisse . . . .

« Elle vient de se reformer le 14 mars 1800, Dieu veuille qu'elle n'ait plus à souffrir désormais aucune interruption. »

Cette dernière réflexion, ainsi que l'inspection de l'écriture et d'autres circonstances donnent à penser que le rétablissement de la Confrérie du Sacré-

Cœur en 1800, ainsi que la pièce dont nous avons extrait quelques paroles placées en tête du vieux registre, sont de M. Deunet, curé du Saint-Sépulcre, doyen de chrétienté d'Abbeville et vicaire-général de Mgr de Machault pendant la révolution.

Dès l'année 1802, M. Louis-Victor Cauchye avait succédé à M. Deunet en qualité de curé du Saint-Sépulcre, et en janvier 1803 nous voyons par le registre de ses dépenses et recettes que nous possédons, que la Confrérie avait passé sans secousses aux mains du pasteur nouveau et que les différents services, obligations, offices, etc., s'accomplissaient régulièrement.

Les choses allèrent ainsi de M. Cauchye à M. Cauët et ensuite à M. Crimet, jusqu'au moment où ce dernier enlevé par la mort en septembre 1851 fut remplacé par M. l'abbé Carpentier, qui avait été pendant quelques mois son coadjuteur avec future succession.

Ce fut en 1853 que M. l'abbé Carpentier voulut étudier avec soin tout ce qui avait rapport à la Confrérie du Sacré-Cœur et la fit affilier à l'Archiconfrérie de Rome, comme il est permis de le juger par le billet d'association qu'il fit imprimer, et que, dans l'absence d'autre pièce officielle, nous insérerons textuellement à la fin de ce volume (a).

En même temps qu'il pensait à l'organisation, pour ainsi dire matérielle de la pieuse Association, le bon pasteur ne négligeait pas le côté spirituel bien plus élevé, bien plus important encore, et il faisait imprimer (b) un petit opuscule tiré de l'ou-

(a) Voir la note XI. — (b) Abbeville, Briez, 1853.

vrage de saint Liguori, et qui contient neuf méditations et autant d'affections en l'honneur du Sacré-Cœur de Jésus (a). Par là, M. Carpentier voulait déterminer un mouvement et comme un rajeunissement de zèle pour la Confrérie du Sacré-Cœur.

Voici maintenant les choses principales qu'il importe de connaître sur notre sainte Association :

1º Son *but* est d'honorer tout spécialement le Sacré-Cœur de Jésus et, en conséquence, d'entrer dans l'esprit de l'Église, par rapport à une dévotion qui a pris tant d'extension depuis un siècle ; qui a été tant favorisée par les Souverains Pontifes Pie VII, Léon XII, Grégoire XVI, etc..., et qui, selon leurs instructions, paraît providentiellement destinée à remédier aux maux du temps présent en général, et à ceux de la France en particulier.

2º *Pratiques.* Elles sont courtes et faciles. On fait inscrire son nom sur le registre de l'Association. On récite chaque jour, autant qu'on le peut : *Pater, Ave Maria, Credo* et l'aspiration : « Doux Cœur de « mon Jésus, faites que je vous aime de plus en « plus. »

On célèbre chaque année solennellement la fête du Sacré-Cœur dans l'église du Saint-Sépulcre. Tous les vendredis on chante le salut à l'autel du Sacré-Cœur, avec amende honorable le premier vendredi du mois ; il est également conseillé de réciter, à neuf heures du matin et à trois heures du soir, un *Pater, Ave Maria* et l'aspiration : *Jesu, mitis et humilis corde.*

(a) *Novena del cuore di Gesu*, Turin, 1832, in-12, page 237.

3º *Avantages*. Chaque premier vendredi du mois, on dit la Messe de six heures pour les associées ; à chaque décès, une Messe basse est célébrée pour l'associée défunte, et pour faire face à ces charges chaque sociétaire offre par an une minime cotisation.

Indulgences. Mais les plus grands avantages que procure la Confrérie du Sacré-Cœur à ses membres, ce sont, sans contredit, les nombreuses indulgences dont est enrichie cette Confrérie. Nous ne pourrons les énumérer toutes, à cause de leur grand nombre. Il nous suffira de dire qu'il y en a vingt-trois plénières, sans compter les cinq à l'Immaculée-Conception de Marie, à sa Nativité, Annonciation, Purification et Assomption, ce qui fait vingt-huit indulgences plénières, toutes applicables aux défunts. Les indulgences partielles sont pour ainsi dire sans nombre, et on les trouvera toutes, plénières et partielles, dans la note onzième de ce volume.

Heureux serons-nous, les uns et les autres, prêtres et fidèles, s'il nous est donné de voir cette sainte Confrérie du Sacré-Cœur de Jésus, qui a fait si longtemps la consolation de nos pères, se rajeunir et nous donner encore et des fleurs suaves qui embaument l'Église et des fruits savoureux qui nourrissent ses enfants.

CHAPITRE II

La Congrégation de la Sainte Vierge.

La Congrégation ou Association de la très-sainte Vierge n'est pas moins en honneur parmi nous que la Confrérie du Sacré-Cœur de Jésus, et on peut dire même que les âmes fidèles de la paroisse semblent lui donner encore une plus grande importance.

Les réunions de la Congrégation, en effet, sont plus nombreuses, plus suivies; on y fait plus de prières: l'*Office de la Très-Sainte Vierge,* l'*Office des Morts* pour les trépassés, etc... Les instructions sont de chaque semaine, et les cérémonies auxquelles prennent part les Congréganistes, processions, fêtes, etc...., retirent de leur coopération un de leurs meilleurs lustres.

Notre Congrégation a été érigée canoniquement le 30 mai 1806 par Mgr Jean-François Demandolx, Évêque d'Amiens, à la demande de M. L.-V. Cauchye, curé du Saint-Sépulcre. Nous possédons encore la pièce authentique d'érection donnée par ce prélat, et on la trouvera tout au long à la fin de ce volume (a).

Pour ce qui a rapport à la Congrégation elle-même, on sait généralement chez nous que, pour en faire partie, il faut solliciter son admission de

(a) Note XII.

M. le Curé, directeur aux termes de l'acte d'érection, ou d'une des personnes chargées d'administrer cette Association. On doit demander cette admission par soi-même et directement. Pour l'obtenir, il faut qu'il soit constant que le solliciteur est de bonne vie, vraiment religieux et animé d'un zèle sincère pour la Sainte Vierge et ce qui a rapport à elle.

La réception se fait, autant que possible, à la sainte Messe, au moment de la communion, un cierge à la main comme symbole de dévotion envers Marie, en l'honneur de laquelle on prononce une courte formule de consécration.

Les prières particulières à chaque membre de la Congrégation sont : *Notre-Père...*, *Je vous salue, Marie...*, *Je crois en Dieu...*, et un *De Profundis* pour les associées trépassées, le tout une fois par jour et sans obligation sous peine de péché.

Quant aux prières, exercices et communions, il y a, chaque dimanche non empêché, une réunion à la chapelle de la Congrégation, rue Charlet ; il y a une courte instruction accompagnée de la récitation de l'*Office de la Très-Sainte Vierge* ou de l'*Office des Morts*, quand la Congrégation a perdu pendant la semaine quelqu'un de ses membres.

Chaque mois, au premier dimanche, on dit la messe de six heures à la paroisse aux intentions de la Congrégation. On y donne la bénédiction avec le Saint Ciboire, et c'est une pieuse coutume des Congréganistes de faire, quand elles le peuvent, la sainte communion en ce jour.

Le dernier dimanche du mois, le prêtre-directeur distribue les petits imprimés des saints du mois, au chant de l'*Ave Maris stella*. On récite les litanies des saints du mois et l'on termine par la formule de consécration à la sainte Vierge.

Les fêtes de la Congrégation sont :

1º L'*Assomption*, fête principale patronale qui se fait à l'église du Saint-Sépulcre au premier dimanche qui suit la fête, et cela par permission de Mgr l'Évêque d'Amiens, accordée le 30 mai 1834 d'après l'indult à lui concédé par Son Eminence le cardinal Caprara, légat du Saint-Siége en France (a).

2º La fête de *Notre-Dame des Sept-Douleurs*, le vendredi de la semaine de la Passion ; les Congréganistes font la sainte communion à ces deux fêtes, autant que possible.

Quand un membre de la Congrégation est malade, c'est une œuvre excellente de charité fraternelle que de le visiter, lui procurer les secours religieux, accompagner son convoi et assister au service que l'œuvre fait célébrer pour lui quelques jours après le décès.

Les indulgences attachées au titre de Congréganiste de la sainte Vierge sont nombreuses. Il y en a treize plénières qui s'obtiennent en visitant la chapelle de la rue Charlet ou l'église du Saint-Sépulcre, excepté les deux indulgences pour le cas de maladie et le cas d'article de la mort.

Les indulgences partielles sont également très-nombreuses et stationales, l'une est de trente ans, les autres de dix ans, de sept ans ; on pourra en voir le détail dans le billet qui a été imprimé pour donner aux Congréganistes tous les renseignements dont ils peuvent avoir besoin. On en trouvera toujours des exemplaires chez

(a) Voir la note XII, à la fin.

les Religieuses de la Providence de la paroisse.

Chaque Congréganiste aimera à se rappeler de temps en temps que ce n'est pas assez de porter un titre, si glorieux qu'il soit d'ailleurs, mais qu'il faut honorer ce titre en vivant chrétiennement et saintement. Certainement, les Congréganistes doivent être l'édification de la paroisse, de la maison d'éducation, de la cité. Sans ces bons exemples donnés constamment au confessionnal, à la sainte table, etc....., ces personnes, qu'elles se le répètent sans cesse, loin de promouvoir le bien autour d'elles, ne feraient que provoquer l'indifférence des chrétiens ordinaires, les sarcasmes des libertins et des impies, et la *Mère et le Fils* au jour du jugement refuseraient, malgré un vain titre de Congréganiste, de les reconnaître pour leurs serviteurs et leurs enfants bien-aimés.

CHAPITRE III

Confrérie de Notre-Dame des Malades.

Le soin des pauvres moribonds, le soin spirituel et corporel, spirituel avant tout, a toujours fait la préoccupation de la sainte Église et de ses ministres, et c'est elle qui avait donné naissance parmi nous à l'antique confraternité dite du *Viatique* et des *Agonisants*.

Après la tourmente révolutionnaire, elle avait été reprise dès 1804, et elle dura, d'après ses registres de recettes et dépenses que nous avons entre les mains, jusqu'en 1862, consolant, encourageant et secourant les malades dans le dernier et terrible combat de la vie contre la mort.

Cette Confrérie rendit certainement de grands services, mais nous ne devons cependant pas trop nous étonner si les pasteurs de cette paroisse ont jugé à propos de la remplacer par une autre plus large, plus étendue dans son objet, s'appliquant à plus de personnes et pouvant faire, par conséquent, plus de bien.

C'est cette pensée qui conduisit certainement M. l'abbé Carpentier, non pas à détruire, mais à transformer l'antique association des Agonisants, en celle dite Notre-Dame des Malades. Par là, il donnait d'un seul coup à la nouvelle Institution, un patronage auguste et spécial, celui de la très-sainte Vierge, des secours plus abondants, c'est-à-dire des indulgences plus nombreuses, et surtout un champ plus vaste, faisant entrer dans le cadre de la nouvelle association tous ses paroissiens, pour ainsi dire, car qui n'a pas été, qui ne sera pas malade en ce monde, et même on peut le dire, qui n'est pas plus ou moins malade, infirme, souffrant en ce monde, en ce monde dont parle le prophète quand il dit : *Omne caput languidum et omne cor mœrens*, toute tête y est languissante et tout cœur éprouvé (a)?

Ce fut le 14 septembre 1861 que Mgr Boudinet, Évêque d'Amiens, à la demande de M. l'abbé Carpentier, autorisa l'institution canonique dans l'église paroissiale du Saint-Sépulcre, de la *Confré-*

(a) Isaïe, 1-5.

rie de la Bienheureuse et Immaculée Vierge Marie, sous le vocable de *Notre-Dame des Malades.*

Le Pontife reconnaît et approuve les statuts et règlements de la Confrérie, il en fixe la fête principale au 8 septembre, si c'est un dimanche, ou au dimanche suivant; il ordonne en même temps l'affiliation de la Confrérie à l'Archiconfrérie du même nom, dont le centre est à Paris, dans l'église Saint-Laurent (a).

L'érection eut lieu le dimanche dans l'Octave de l'Assomption. Quant à l'affiliation, les lettres qui en font foi et qui sont signées par M. Alfred Duquesnay, curé alors de Saint-Laurent, et maintenant Évêque de Limoges, sont affichées dans la chapelle de la sainte Vierge de notre église, où on peut les lire, à côté de l'ordonnance de Mgr Boudinet.

Nous ne pouvons rien faire de mieux, ce semble, que de citer ici en substance le petit imprimé que l'on tient du reste au presbytère et à la sacristie, à la disposition de tous les associés et des personnes qui le désireraient. Il est divisé en deux chapitres ; les règlements ou statuts de la Confrérie et ses indulgences.

1° Quant aux *statuts,* on y lit en substance que M. le curé du Saint-Sépulcre est le directeur de la Confrérie, mais qu'il peut déléguer un des prêtres de la paroisse comme sous-directeur. Tout catholique, de quelqu'âge et pays qu'il soit, peut faire partie de l'association, à la condition de se faire inscrire (noms et prénoms) sur le registre de l'œuvre.

La seule pratique et encore non obligatoire sous

(a) Voir note XIII.

peine de péché, est de réciter l'*Ave Maria...*, *Je vous salue, Marie...*, et l'invocation *Salus infirmorum, ora pro nobis, Notre-Dame des Malades, priez pour nous.*

Tous les jours à l'église, à la prière du soir, nommément ou non, on recommande les malades qui le désirent, eux ou leur famille. Pour cela, il suffit d'avertir le prêtre de vive voix ou par un petit billet.

Le quatrième dimanche de chaque mois, la première messe est dite pour tous les malades, il y a bénédiction du Saint Ciboire, invocation de Notre-Dame des Malades. *Salus infirmorum...*, et le soir, après les vêpres du Saint-Sacrement, il y a procession avec le Saint-Sacrement. On termine l'office par la triple invocation *Salus infirmorum...* Quand un malade est à l'agonie et que la famille le demande, on tinte la cloche pour avertir les fidèles et provoquer les prières.

Au décès d'un associé, on chante la Messe à son intention. La fête patronale est fixée, comme le porte l'ordonnance épiscopale, le 8 septembre ou le dimanche suivant. Le lendemain de la fête, on chante la Messe pour les associés défunts.

Les autres fêtes sont: les fêtes de la sainte Vierge, des saints Anges gardiens, de saint Joseph et de saint Vincent de Paul et le dimanche dans l'Octave de l'Assomption.

2° Quant aux indulgences, il y en a quarante-et-une plénières, sans compter celles une fois le mois au jour choisi par chacun, en tout cinquante-trois indulgences plénières.

Les indulgences partielles sont très-nombreuses et elles sont détaillées sur le petit imprimé de la Confrérie; l'une des plus faciles incontestablement et des mieux rémunérées, parce qu'on peut la répéter un grand nombre de fois chaque jour, est une indulgence de soixante jours, chaque fois qu'on récite l'*Ave Maria*..., avec l'invocation: *Salus infirmorum*..., ou même simplement chaque fois qu'un associé fait quelqu'œuvre de charité que ce soit.

Il y a également de riches indulgences plénières et partielles, applicables aux défunts, pour réciter la petite prière de Notre-Dame des Malades: *O ma Reine et ma Souveraine.....*

Voici ce que nous découvre un coup-d'œil rapide jeté sur la belle Association de Notre-Dame des Malades; et il est permis de croire que tout chrétien fidèle qui prendra connaissance de ces choses sentira naître en lui le désir de faire partie de cette association.

Il y trouvera avant tout l'auguste patronage de la très-sainte Vierge Marie Immaculée, Notre-Dame des Malades, et, dans ses infirmités, des secours puissants et abondants qui l'aideront à supporter les maux de la vie et à préparer par eux sa félicité éternelle.

CHAPITRE IV

Archiconfrérie du Très-Saint et Immaculé Cœur de Marie, dite Notre-Dame des Victoires.

L'Association précédente a pour objet les malades, les infirmes, tous ceux qui souffrent du corps;

celle-ci a en vue un autre genre de maladies, celles de l'âme, les pauvres pécheurs et leur conversion. Or, on peut dire que, si la Confrérie de Notre-Dame des Malades, s'adresse à tous les hommes, parce que tous, à un moment donné, sont tributaires de la douleur physique et de la mort, la Confrérie de Notre-Dame des Victoires ne s'adresse pas à des clients moins nombreux, puisque nos Saintes Écritures nous disent en cent endroits, tantôt que tout homme est pécheur, *omnis homo mendax* (a), tantôt, que le juste lui-même tombe sept fois chaque jour, *justus septies cadit* (b), tantôt enfin, qu'à certaines époques malheureuses surtout, il n'est presque pas d'hommes qui fassent le bien, pas même un seul, *non est qui faciat bonum, non est usque ad unum* (c), expressions qui sembleraient un peu forcées, peut-être, si on les prend rigoureusement et à la lettre, mais qui ne le sont certainement pas, prises dans une mesure convenable et même dans une grande mesure, quand on se souvient que le Seigneur, dans le colloque fameux avec son serviteur Abraham, ne trouve pas même dix justes dans toute une cité populeuse.

Quoiqu'il en soit, la Confrérie du saint et Immaculé Cœur de Marie, dite Notre-Dame des Victoires pour la conversion des pécheurs, a été érigée canoniquement dans l'église du Saint-Sépulcre par Mgr Mioland, à la demande de M. Crimet.

Nous n'avons plus la pièce authentique de l'érection épiscopale, mais nous voyons par différentes notes de M. Crimet et aussi par les lettres de M. Desgenettes que l'ordonnance de Mgr Mioland a

---

(a) Ps. 115-11. — (b) Prov. 24-16. — (c) Ps. 13-1.

dû concorder avec l'affiliation de notre Confrérie à l'Archiconfrérie de Notre-Dame des Victoires, de Paris.

Cette affiliation a été faite à la date certaine du 4 juin 1841, comme on peut le lire sur la pièce-copie qui est affichée, à gauche, dans la chapelle de la sainte Vierge.

Le billet d'admission que M. Crimet a fait imprimer à cette époque, pour être mis aux mains des associés, et qui du reste, ne fait que reproduire celui de Notre-Dame des Victoires et celui de la Confrérie établie dans l'église de Notre-Dame d'Amiens (cathédrale), et signé Dubas, ce billet d'admission est tenu au presbytère et à la sacristie du Saint-Sépulcre, à la disposition des fidèles, et il donne tous les détails nécessaires.

Nous nous contenterons de marquer ici que le but de la Confrérie est d'honorer, par des prières et des hommages, le Cœur Saint et Immaculé de Marie et de lui adresser de ferventes et collectives supplications, pour la conversion des pécheurs.

Tout le monde peut entrer dans cette association, et il suffit pour cela de faire inscrire ses noms de baptême et de famille.

Les associés sont invités à porter toujours sur eux la médaille de l'Immaculée-Conception dite *Médaille miraculeuse*, et à réciter le plus souvent possible la petite prière: *O Marie, conçue sans péché, priez pour nous qui avons recours à vous.*

La prière spéciale de la Confrérie est la Salutation angélique, en latin ou en français, ainsi que le *Memorare* ou Souvenez-vous..., et aussi l'invocation: *Refugium peccatorum, ora pro nobis*, Refuge des pécheurs, priez pour nous.

La fête principale de l'œuvre a été fixée, par Mgr l'Evêque d'Amiens, au deuxième dimanche d'Avent, solennité de l'Immaculée-Conception.

Les autres fêtes sont : la Circoncision, la Purification, l'Annonciation, la Compassion, la Nativité, l'Assomption, la Conversion de Saint-Paul et la fête de sainte Marie-Madeleine.

Chaque samedi et notamment les premiers samedis des mois, sont spécialement consacrés au Saint Cœur de Marie, etc., etc.

Les indulgences concédées par Sa Sainteté le Pape Grégoire XVI, le 24 avril 1838, à la Confrérie du Saint Cœur de Marie, pour la conversion des pécheurs, sont au nombre de treize indulgences plénières et une indulgence partielle de 500 jours aux associés et à tous les fidèles qui assisteront, le samedi, à la messe de huit heures qui est dite ordinairement en l'honneur de la sainte Vierge à l'église Saint-Sépulcre.

Puisse cette sainte Confrérie du Cœur Immaculé de Marie qui a déjà chez nous plus de trente années d'existence, y durer toujours et s'y étendre de plus en plus !

Puisse surtout, son but principal, qui est la conversion des pécheurs, être toujours poursuivi, aimé, atteint par les fidèles de cette paroisse !

Puissent les enfants, les fidèles, les religieux et religieuses de la paroisse redire avec ferveur chaque jour à la prière du soir, cette devise de l'Archiconfrérie : *O Marie, refuge des pécheurs, priez pour nous !*

CHAPITRE V

La Confrérie du Rosaire.

C'était chez nous une coutume très-ancienne de réciter en commun le saint Rosaire, immédiatement avant la prière du soir, comme on le fait encore aujourd'hui ; on divise les quinze dizaines entre les sept jours de la semaine et comme on commence le saint Rosaire le dimanche par une formule de direction d'intention, et par la récitation du *Credo*, du *Pater*, etc., que l'on appelle vulgairement la tête du chapelet, on ne récite que deux dizaines ; on en dit trois le lundi et deux à chacun des autres jours.

Comme nos devanciers, dans cette paroisse, avaient coutume, non-seulement de réciter chaque semaine une fois le rosaire, mais aussi de faire précéder ces dizaines par l'énoncé d'un des quinze mystères joyeux, douloureux et glorieux, intercalant même, dans chaque *Ave Maria,* un mot qui rappelle le mystère spécial de la dizaine, M. Crimet nous dit, dans ses notes de 1832, que Mgr l'Evêque d'Amiens a bien voulu, pour récompenser la ferveur des paroissiens, leur concéder l'office du saint Rosaire au premier dimanche d'octobre comme aux associés de cette célèbre Confrérie.

Mais, dans le même temps, le dit M. Crimet obtenait de Sa Sainteté le Pape Grégoire XVI, en date du 19 décembre 1834, un indult spécial qui l'autorisait, avec le consentement de l'ordinaire, à ériger, dans sa paroisse du Saint-Sépulcre, une Confrérie du saint Rosaire, avec l'application de toutes les indulgences attachées à l'Archiconfrérie du saint Rosaire de Rome (a).

L'ordonnance épiscopale ne fait, dit-elle, que reconnaître cet indult, et elle déclare qu'il est valable pour M. Crimet et ses successeurs, c'est-à-dire à perpétuité. A l'ordonnance que l'on pourra lire à la fin du volume (b), datée du 13 janvier 1835, et qui est signée par Mgr Jean-Pierre de Gallien de Chabons lui-même, est annexée une interprétation authentique signée Voclin, vicaire-général, archidiacre d'Amiens, qui déroge en faveur de la Confrérie du saint Rosaire du Saint-Sépulcre, aux articles 2 et 3 de l'ordonnance concernant la procession du saint Rosaire.

Pour nous, les processions obligatoires ne se feront plus les premiers dimanches de chaque mois et à toutes fêtes chômées et à dévotion de la sainte Vierge, mais seulement au jour du saint Rosaire, fête principale de la Confrérie, aux jours de la Conception, de la Nativité de la sainte Vierge, de la Purification, de l'Annonciation et de l'Assomption, ainsi qu'à l'ouverture et à la clôture du mois de Marie, 30 avril et 31 mai.

Nous renvoyons à l'ordonnance elle-même, pour de plus amples détails.

Quant aux indulgences de la Confrérie, nous indiquons les principales, d'après le *Dictionnaire*

(a) Nous avons les deux suppliques de M. Crimet relatives à cet objet, dans notre album paroissial.
(b) Voir note XIV.

des Indulgences, par l'abbé Paul Jouhanneaud, in-4°, Migne; Paris, 1852.

Indulgences plénières: Le jour de la réception dans la Confrérie (Saint Pie V, 1569); le premier dimanche de chaque mois (Grégoire XIII); le dernier dimanche de chaque mois (Pie IX, 1851); aux fêtes principales de la sainte Vierge (Grég. XIII, 1581), aux jours où se célèbre un des mystères du Rosaire (Grég. XIII, 1581); à la Fête-Dieu (Innocent XI); à l'article de la mort (*Id.*).

Indulgences partielles: Ce sont, entr'autres, toutes les indulgences attachées aux chapelets de sainte Brigitte, c'est-à-dire cent jours sur chaque *Pater* et chaque *Ave* (Benoît XIII, 1726); enfin, les associés du Rosaire participent pendant la vie et après leur mort aux bonnes œuvres, non-seulement de la Confrérie du Rosaire, mais encore de toutes les Confréries du monde entier (Innocent XI).

Ces indulgences sont applicables aux défunts (Inn. XI, 1679).

Les conditions pour gagner les susdites indulgences, sont: d'être inscrit sur le registre; de réciter, au moins une fois la semaine, le Rosaire entier; de se rappeler le mystère en le considérant un moment; enfin, d'avoir un chapelet ou un rosaire indulgencié.

Soyons tous fidèles à la récitation du Rosaire, ne laissons jamais passer un jour sans dire au moins deux dizaines et trois le lundi.

Ah! ne nous laissons jamais envahir par la paresse spirituelle, par la tiédeur ou l'ennui, quand il s'agit d'envoyer à la très-sainte Vierge toutes ces Salutations, tous ces *Ave* qu'elle aime tant, parce qu'ils sont, pour ainsi dire, l'écho du premier *Ave* angélique qui retentit encore si doucement dans son cœur et après lequel Marie fut faite la mère heureuse du Verbe, Fils de Dieu, Notre-Seigneur Jésus-Christ, à qui honneur, gloire et amour soient à jamais.

CHAPITRE VI

Archiconfrérie de Saint-Joseph.

Nous avons vu, chapitre IIe, que notre Congrégation de la très-sainte Vierge tient ses réunions ordinaires dans la chapelle des Religieuses de la Providence, rue Charlet, à quelques pas de l'église paroissiale.

Eh bien ! la même chose a lieu pour la Confrérie du glorieux et vénéré patron saint Joseph.

Les réunions, présidées par M. le Curé du Saint-Sépulcre, se tiennent rue chaussée du Bois, à la maison mère de Saint-Joseph, qui est et devait être naturellement, le centre de notre dévotion paroissiale joséphique.

Du reste, chacun sait que la chapelle, chaussée du Bois, est parfaitement installée, d'un accès aussi commode que celui de la chapelle de la Congrégation rue Charlet, et assez près aussi de l'église paroissiale.

Nous ne pouvons rien faire de mieux, ce semble, pour rappeler à tous les paroissiens les choses principales qui ont rapport à la Confrérie de saint

Joseph, que de transcrire ici les paroles que nous leur adressions au prône du 11 avril 1869.

« D'abord, nous vous avertissons, disions-nous, que Mgr notre Evêque a érigé canoniquement l'Association de saint Joseph parmi nous ; c'est, qu'en effet, elle va recevoir, par cette érection, une existence régulière, reconnue par le premier Pasteur du diocèse. Elle aura désormais une existence canonique, c'est-à-dire, qu'elle sera fondée conformément aux règles de l'Eglise en ces matières, et que l'on appelle les saints canons, d'un mot grec qui signifie règle.

« Monseigneur a accordé l'érection canonique par ses lettres du 31 mars 1869, dernier jour du mois de saint Joseph. Vous devez apprendre aussi, M. F., que notre Association dépend de la grande Confrérie de Beauvais, établie par le Souverain Pontife avec le titre d'Archiconfrérie, c'est-à-dire Société pouvant s'en affilier, s'en unir d'autres, dont elle est, pour ainsi dire, comme la mère.

« C'est Sa Sainteté le Pape Pie IX qui a établi l'Archiconfrérie de Beauvais par un bref du 24 septembre 1861. Nous possédons le diplôme même que nous a expédié le Directeur général de l'Archiconfrérie, M. Joseph-Armand Clavery, chapelain d'honneur de Sa Sainteté Pie IX. »

Nous disions encore, dans cette instruction de prône de 1869 :

« Notre Confrérie de saint Joseph sera érigée dans la maison-mère des Sœurs de saint Joseph, chaussée du Bois ; car, où Mgr notre Evêque pouvait-il placer plus convenablement l'œuvre de saint Joseph que dans la maison même de ce saint Patriarche, dans cette communauté dont le but principal est de réaliser et de perpétuer parmi nous la vie même de saint Joseph, considérée dans ses deux points les plus importants : le travail et les soins donnés à l'éducation de la jeunesse ?

« Au reste, disions-nous enfin, vous le comprendrez, M. F., quoique l'Association de saint Joseph ait sa chapelle en dehors de l'église, rien ne sera un obstacle pour les paroissiens du Saint-Sépulcre qui désireront faire partie de l'Association, puisque cela est noté expressément dans le diplôme d'érection (a). »

A ces choses, nous ajouterons que toutes les réunions de saint Joseph sont annoncées au prône paroissial le dimanche précédent, que c'est le clergé du Saint-Sépulcre qui les préside toutes, aussi bien que le grand office annuel du 19 mars, fête de naissance du glorieux saint Joseph et tout à la fois solennité patronale de la Confrérie.

Quant aux règlements de la pieuse Association, il ne s'en trouve de plus simples en aucune autre.

Il suffit, pour être admis, de donner ses noms et prénoms à M. le Curé du Saint-Sépulcre, directeur de l'œuvre, ou au couvent de Saint-Joseph. La réception est immédiate ; on ne prononce aucun acte public de consécration, on reçoit une petite feuille qui constate l'admission. Les associés récitent, chaque jour, mais sans aucune charge de conscience, l'*Ave Maria*, une fois, et *Sancte Joseph, intercede pro nobis*, trois fois ; je vous salue, Marie..., saint Joseph, intercédez pour nous.

Les fêtes de l'œuvre sont : les Fiançailles le

(a) Voir la pièce affichée dans la chapelle Saint-Joseph, à gauche, en entrant.

23 janvier, la fête de Naissance du 19 mars et le Patronage, troisième dimanche après Pâques.

Le premier mercredi de chaque mois, on dit la messe pour les associés, à la chapelle Saint-Joseph, et le même jour, à quatre heures, il y a salut et instruction.

On fait, aux réunions du premier mercredi, toutes les recommandations demandées par les associés ou autres personnes.

Le Directeur, aux termes du diplôme d'affiliation à l'Archiconfrérie de Beauvais, jouit du privilége de bénir et de donner la petite ceinture dite Cordon de saint Joseph.

Les associés peuvent gagner environ cinquante-six indulgences plénières dont les principales sont aux fêtes de Notre-Seigneur, de la très-sainte Vierge, de saint Joseph et des douze Apôtres.

Les indulgences partielles sont également fort nombreuses et on peut en prendre connaissance en détail sur la petite feuille imprimée ou à la fin de ce volume (a).

Il y a dix ans déjà que la Confrérie de saint Joseph a fait son apparition parmi nous et bien des personnes de piété ou même du monde ont été inscrites sur ses registres ; espérons qu'un mouvement plus grand encore de piété, à l'égard du vénérable Patron de l'Eglise universelle se manifestera parmi les paroissiens du Saint-Sépulcre, et que beaucoup d'entr'eux tiendront à faire partie d'une association qui ne peut manquer d'assurer à chacun de ses membres les grâces les plus abondantes pour son âme, sa santé, ses affaires, sa famille et

(a) Voir la note XIV *bis*, aux pièces.

pour toutes les saintes causes auxquelles un chrétien doit toujours s'intéresser.

CHAPITRE VII

Association de Notre Dame des Enfants de première Communion.

L'acte de la première communion est à juste titre une des plus grandes consolations des curés et prêtres de paroisse, mais c'est aussi une de leurs grandes préoccupations, soit pour disposer convenablement les jeunes enfants à cette importante cérémonie, soit pour assurer leur persévérance après son accomplissement.

Pour aider et diriger le clergé paroissial dans ce qu'il doit faire pour la première communion, le premier Pasteur de notre diocèse, Mgr Boudinet, a publié, dans le livre des statuts diocésains, des règlements très-sages qui sont toujours en vigueur et que nous rappelons ici.

L'article 131 des statuts, page 37, s'exprime ainsi : « Quoique, d'après le catéchisme du saint Concile de Trente, il appartienne au prêtre de déterminer, de concert avec les parents, à quel âge les enfants sont en état de faire leur première communion, les inconvénients graves qui résulteraient d'une différence notable de conduite à cet égard, dans les diverses paroisses de notre diocèse, nous portent à indiquer l'âge de onze ans accomplis comme la limite au-dessous de laquelle il ne serait pas convenable de descendre. »

L'article 132 porte : « Pour donner à la première communion plus de solennité, nous voulons qu'on réunisse pour cette grande action un certain nombre d'enfants. Dans les grandes et les moyennes paroisses, la première communion aura lieu tous les ans, et tous les deux ans dans les plus petites. »

L'article 133 dit : « Plus la première communion est pour les enfants un acte important, plus il est nécessaire de les y préparer. Il y aura donc un catéchisme préparatoire à la première communion qui devra être suivi au moins pendant deux ans. Aux approches de la première communion, on s'assurera, par l'examen sérieux de chaque enfant, qu'il a l'instruction suffisante, et comme la préparation du cœur est surtout nécessaire, les pasteurs s'appliqueront à former de bonne heure les enfants à la vertu ; ils feront bien de les confesser dès l'âge de raison ; ils les confesseront tous les mois et avec plus de zèle, s'il est possible, l'année qui précèdera la première communion et quoique dans ces confessions les enfants aient pu et dû quelquefois recevoir la sainte absolution, on leur fera faire, dans le cours du dernier mois, une confession générale de toute leur vie et, pendant les derniers jours, on les disposera à la sainte communion d'une manière plus immédiate par des exercices spirituels en forme de retraite. »

Enfin, l'article 135 dit expressément : « Le Pasteur ne perdra pas de vue les enfants après leur première communion, il leur fera suivre le catéchisme de persévérance..., il les associera, selon un pieux usage, aux enfants de la première communion suivante, non-seulement pour la communion, mais encore pour la retraite et les exercices qui l'accompagnent. »

Mgr notre Evêque avait dit, dans un autre endroit du livre des statuts, au chapitre IIIe, article 55 : « Nous voulons que les catéchismes soient suivis pendant deux ans avant et, s'il est possible, deux ans après la première communion » (page 28).

Pour entrer dans l'esprit de la dernière recommandation qui est si importante et, par là, assurer la persévérance des enfants et les fruits de leur communion, nous avons voulu essayer d'établir, à *titre provisoire,* une pieuse Association de Notre-Dame des Enfants pour la préparation et la persévérance de la première et deuxième communions.

Nous nous contenterons de placer ici cette ébauche de règle, elle porte en substance :

Que l'Association des Enfants de première et deuxième communions est établie dans la paroisse du Saint-Sépulcre; que le Curé en sera le directeur et un de MM. les Vicaires, le sous-directeur ;

Que les enfants seront admis dans l'Association sur leur demande ou celle de leurs parents ;

Que les enfants seront reçus deux ans avant leur première communion, c'est-à-dire environ à l'âge de neuf ans et qu'ils y resteront deux ans après leur deuxième communion, c'est-à-dire jusqu'à environ quatorze ou quinze ans ;

Que l'Association est réunie, sur la convocation de M. le Directeur, tous les trois mois, à l'Eglise, pour y entendre indiquer les jours de communion et les fêtes qui pourront remplacer la communion du premier dimanche ;

Enfin, que la grande pratique qui fait la base de l'Association, c'est la confession mensuelle pour les années préparatoires. La communion des trois mois pour les enfants qui ont fait la première communion et la communion mensuelle pour les autres.

La réunion des enfants de Notre-Dame de première Communion du Saint-Sépulcre, sera érigée en association canonique par Mgr l'Evêque, à la demande de M. le Curé, aussitôt que possible, pour être affiliée ensuite à l'Archiconfrérie de Notre-Dame des Enfants du diocèse de Bourges ou de celui de Limoges.

L'association est gratuite.

Nous faisons des vœux pour que beaucoup de nos enfants sentent l'utilité de l'œuvre que nous leur proposons, aussi bien que les parents et les maîtres, et nous espérons qu'avec la grâce de Dieu et l'intercession de la sainte Vierge, patronne de l'œuvre, et de saint Joseph, elle s'implantera dans la paroisse, s'y développera, y fleurira et portera des fruits de salut (a).

CHAPITRE VIII

Patronages.

On ne trouvera pas étonnant de voir, réunis aux Confréries de la paroisse, quelques-uns des nom-

(a) Voir le règlement provisoire à la fin du volume, note XV.

breux patronages que nous possédions autrefois et dont nous avons sauvé un très-petit nombre de la tourmente révolutionnaire. Une de ces pieuses associations qui étaient si utiles pour grouper ensemble les personnes de la même profession et leur apprendre ainsi à se connaître, à s'aimer, à s'entr'aider, à s'édifier, c'est :

Le Patronage de Saint-Eloi.

Autrefois, il était très-célèbre à Abbeville. Il y en avait dans toutes les paroisses. Il comprenait, d'après M. l'abbé Corblet, dans l'*Hagiographie du diocèse d'Amiens,* dix-sept sortes de corps de métiers. C'était donc une agrégation religieuse très-puissante, très-efficace, surtout pour les petits, les ouvriers malades, pauvres, chargés d'enfants, pour les ouvriers peu adroits, pour les ouvriers ignorants en religion, etc.... Il ne nous reste, de cette bienfaisante organisation, qu'un patronage pour les cultivateurs du faubourg du Bois.

Ils célèbrent leur fête, tous les ans, au jour de saint Eloi ou au premier lundi suivant. Un des cultivateurs, nommé bâtonnier du Patronage par les autres cultivateurs, fait chanter une grand'messe. On entend, après l'évangile, une instruction dont la vie et les exemples du célèbre Evêque de Noyon font les frais.

Le lendemain, il y a une grand'messe pour les cultivateurs trépassés, et, à la fin de la cérémonie, M. le Curé, sur une liste qui lui est remise par les associés, proclame le nom du cultivateur qui entrera en charge l'année suivante.

Oh ! nous en sommes sûr, saint Eloi se plaît à répandre des grâces précieuses sur ces excellents paroissiens qui se font ainsi un devoir, par opposition, hélas! à beaucoup d'autres corps d'état, de venir, chaque année, aux pieds des autels, portant à leur premier rang la petite statue de leur saint Patron, de cet homme qui a été un véritable travailleur chrétien, plein de courage, plein de foi et aussi de respect pour les ministres de la religion, pour les magistrats ; en un mot, pour tous ceux que le Ciel a placés sur nos têtes, selon le mot du saint roi David : *Imposuisti homines super capita nostra* (a).

Le Patronage de Saint-Nicolas.

La jeunesse de nos écoles chrétiennes ne manque pas, chaque année, de venir célébrer à la paroisse la fête de son glorieux patron, saint Nicolas, qui tombe le sixième jour de décembre.

Ce jour-là, l'écolier se lève plein de joie, il se rend à sa classe, plus allègrement encore qu'à l'ordinaire, il a revêtu ses habits de fête; sa bonne mère a placé dans sa petite bourse quelque menue monnaie; à cet âge heureux, il n'en faut pas plus, avec la conscience pure, pour être content et comblé.

La messe est chantée à la paroisse, ordinairement par le prêtre qui s'occupe des enfants à la classe et au catéchisme ; les écoliers y prient de tout cœur. Ils viennent à l'offrande avec ordre; à la fin de la messe, ils chantent un naïf Cantique à leur Patron, et alors le vieux pasteur adresse la parole au jeune auditoire sur la vie et les vertus du bon saint Nicolas.

(a) Ps. 66-12.

Il n'a garde d'oublier la piété naissante du jeune en..nt qui lui faisait reconnaître et observer, même avant l'âge de raison et par un instinct tout céleste, les jours d'abstinence.

Il n'oublie pas non plus les vertus de Nicolas adolescent, qui s'appliquait si bien à l'étude, était si obéissant à ses parents et à ses maîtres et donnait de si bons exemples à ses camarades.

Enfin, le vieux ministre raconte l'histoire qui fait toujours frémir les enfants, alors que ce malheureux hôtelier égorge de pauvres petits pour en servir les membres dépecés aux voyageurs; mais cette histoire ouvre aussi ces jeunes cœurs à la confiance pour le saint Patron, quand ils le voient se faire montrer avec autorité par l'hôtelier le garde-manger où il a placé les membres des jeunes enfants, lui reprocher avec indignation son horrible conduite et puis, quand ils le voient, par une fervente prière, les ressusciter, les rappeler à la vie.

O charmes de la vraie religion ! ó admirables industries de la sainte Église! ó divine connaissance du cœur humain et de ce qu'il faut faire pour le former à la vertu et en même temps pour le rendre heureux ! Pourquoi faut-il que quelques hommes, aveuglés par des préjugés vraiment bizarres, vraiment inexplicables, semblent avoir formé le dessein de vous éloigner, de vous anéantir !

Le Patronage de Sainte-Catherine.

Nos écolières ne le cèdent pas à leurs frères quand il s'agit de fêter leur aimable et puissante patronne sainte Catherine.

La paroisse les voit chaque année au 25 novembre ou à un des jours voisins les plus commodes à leurs études, raviver tous ces chers souvenirs de la vierge d'Alexandrie. Et elles font bien, car sainte Catherine est vraiment leur patronne à cause de son âge, de ses occupations, de ses études, et surtout de sa piété; à la messe, les jeunes personnes ont leur offrande et leur pain bénit, et quelque voix connue de prêtre ne manque jamais de retracer après la messe toutes les vertus de Catherine et d'exciter les jeunes auditrices à l'imiter avec zèle, puisque les Saints Pères nous ont dit que le sommaire, l'abrégé de la religion, c'est d'imiter ce que nous honorons : *Summa religionis imitari quod colimus* (a).

Aussi, au jour de cette fête, quelle jeune vierge chrétienne ne se sent fortement excitée à étudier la religion, à la défendre à l'occasion devant les personnes du monde, devant les prétendus savants et même devant les princes et les grands.

Quelle jeune vierge ne forme pas le généreux dessein de savoir mourir comme Catherine, pour la vertu et la justice !

Enfin, quel jeune cœur, en entendant le merveilleux dénoûment d'une si belle vie, n'aime à se représenter souvent l'illustre martyre, sa patronne, portée respectueusement par la main des Anges, sur les sommets du Sinaï et ne se laisse pas aller au doux espoir que son ange gardien, la sainte Vierge et saint Joseph, à l'heure de sa mort, viendront aussi le chercher pour le transporter au ciel et le présenter au Père, au Fils et au Saint-Esprit, le mystérieux époux de son âme !

Toutes ces saintes impressions, toutes ces saintes

(a) Saint Augustin.

pensées n'empêchent pas nos jeunes élèves de consacrer avec entrain le soir de la fête à des promenades, à des récréations, à quelque joyeux repas peut-être, où chacun met en commun sa joie, sa petite bourse et son excellent appétit.

On travaillera mieux ensuite le lendemain, plus volontiers, avec plus de réussite, sous le charme des doux souvenirs de la veille, sous le souffle heureux de la sainte et puissante patronne.

Le Patronage de Saint-Roch.

Nous avons conservé à la paroisse le patronage de saint Roch, le saint invoqué dans tous les pays du monde contre la peste et les maladies contagieuses.

Le patronage a perdu beaucoup parmi nous de son antique solennité, cependant nous ne manquons pas chaque année de chanter la messe, de faire une procession avec la statue du saint autour de l'église et jusque dans la chaussée du Bois; les confrères si nombreux autrefois, ne sont plus là. Tout au plus avons-nous à la suite de la procession des jeunes enfants des écoles et quelques personnes pieuses, mais l'église n'a pas voulu abandonner le culte du saint patron, et nos enfants de chœur chargent pieusement la statue sur leurs épaules et lui font un triomphe semblable à celui de Notre-Seigneur, lors de son entrée à Jérusalem, où la présence et les hosanna des enfants firent les principaux frais.

Le soir, nous terminons la fête par les vêpres du Très-Saint Sacrement et la triple invocation : *Saint Roch, intercédez pour nous.* La statue reste exposée au chœur toute la journée.

Puissent ces quelques détails ranimer le culte d'un saint qui a été très-cher à nos pères et auquel la justice du ciel, en nous punissant par ses fléaux, nous fait souvent sentir le besoin de recourir ! N'attendons pas que les fléaux soient sur nos têtes pour prier saint Roch de les en détourner par son puissant patronage.

Le Patronage du Saint-Esprit.

Toutes les écoles de la paroisse ont conservé une grande dévotion au Saint-Esprit, et elles ne manquent pas, chaque année, de venir implorer son secours au renouvellement de l'année scolaire.

Les frères n'ouvrent pas leurs classes avant d'avoir assisté à la messe du Saint-Esprit et entendu l'instruction qui rappelle les vertus des écoliers : la piété, l'obéissance, la docilité, le respect des maîtres, l'esprit d'application et de travail.

Les autres viennent un peu plus tard, vers la fin du mois d'octobre, lorsque toutes les rentrées sont effectuées, et cette manière est loin d'être blâmable, puisqu'on peut très-bien considérer le premier mois scolaire comme un essai, comme une espèce de préparation aux travaux plus sérieux de novembre et des autres mois.

Ces chers enfants remportent de l'assistance à la messe du Saint-Esprit, au commencement de leurs dix mois d'études, les plus saintes pensées, les résolutions les plus efficaces, les plus utiles.

Comme pensées, ils se rappellent souvent pendant l'année que le Saint-Esprit est l'esprit d'intelligence, de science, de conseil, de piété, de force, pour les aider à surmonter les difficultés de l'étude, de crainte du Seigneur pour retenir toujours leurs jeunes esprits et leurs jeunes cœurs, sous le joug léger et suave de la foi et des mœurs chrétiennes.

Comme pratique, les jeunes disciples de l'Esprit élèveront souvent leur prière vers lui et lui diront, comme ils le font avec tant d'entrain à la messe d'ouverture de leurs classes : O Saint-Esprit, communiquez votre lumière à nos sens, versez votre amour dans nos cœurs ; et les infirmités de notre corps, de nos organes, guérissez-les par votre vertu toute puissante : *Accende lumen sensibus, infunde amorem cordibus, infirma nostri corporis, virtute firmans perpeti* (a).

Les écoliers chrétiens auront à cœur de justifier le titre de membres du patronage du Saint-Esprit, dont ils sont les disciples fidèles, en s'efforçant de gagner les indulgences attachées à la récitation de la prose : *Veni sancte Spiritus*.

Il y a une indulgence partielle de cent jours, chaque fois qu'on récite cette prière, et une indulgence plénière une fois le mois, aux conditions ordinaires, si on la récite une fois chaque jour (b).

CHAPITRE IX

Pèlerinage de Notre-Dame de Monflières (c).

Nous terminerons cette seconde partie par le pèlerinage que la Congrégation de la Sainte Vierge

---

(a) Hymne *Veni Creator*. — (b) Pie VI, 26 mai 1796. — (c) On ferait mieux, ce semble, de l'appeler Montprières.

accomplit chaque année au sanctuaire de Notre-Dame de Monflières, près Abbeville, avec la participation de toutes les personnes religieuses de la paroisse.

C'est un pieux spectacle que de voir, chaque année, l'accomplissement de ce pieux pèlerinage. Dès quatre heures et demie du matin, nos sonneries annoncent le départ.

On se rassemble vivement à l'église; on fait ensemble la prière du matin. Le prêtre qui préside propose en quelques mots le sujet de la méditation, et la pieuse troupe, enfants, jeunes personnes, fidèles de tout âge et de tout rang, se dirigent vers le sanctuaire de Marie.

Le pèlerinage s'accomplit en silence; chacun fait ses dévotions devant la petite statue miraculeuse de la Sainte Vierge; chacun lui adresse sa requête pour soi et sa famille; on assiste à la messe; on fait la communion. On entend quelques simples et bonnes paroles sur la très-sainte Vierge, et le pèlerinage s'en retourne pour revenir encore faire la même chose l'année suivante avec la même consolation.

Nous trouvons dans l'*Hagiographie diocésaine* quelques détails intéressants, dont les premiers sont empruntés à M. Prarond, notre savant compatriote.

« La chapelle de Notre-Dame de Monflières, placée sous le vocable de l'Assomption, fut érigée au commencement du douzième siècle. Sa statue miraculeuse en bois de cèdre, trouvée par un berger au pied d'un arbre, fut disputée par les villages de Vauchelles-lès-Quesnoy et de Bellancourt. On raconte que le chariot sur lequel on la plaça, ne put, malgré tous les efforts, avancer ni vers l'une ni vers l'autre des deux paroisses. Force fut aux prétendants de bâtir une chapelle au pied même de l'arbre miraculeux qu'on vénère encore aujourd'hui.

« Par suite d'un vœu fait en temps de peste, vers la fin du xve siècle, les Abbevillois de la rue de la Hucherie se rendaient tous les ans, le dimanche le plus proche de l'Assomption, à la chapelle de Monflières et y portaient un gros cierge en cire. En 1779 la reine Marie-Antoinette envoya sa marchande de modes, Mme Bertin, née à Abbeville, porter une robe de drap d'or à la Vierge de Monflières, dans le but d'obtenir une heureuse délivrance. L'étoffe de ce vêtement était estimée environ 500 livres......

« On chante la messe à la chapelle de Monflières pour les pèlerins, le deuxième lundi de chaque mois. Ce sanctuaire, très-riche en décorations, en verrières, en ex-voto, est surtout fréquenté le jour de l'Annonciation, le lundi de Pâques, le lundi de la Pentecôte et le mardi qui suit l'Assomption. On assure que la paroisse de Caubert, en 1849, fut délivrée du choléra le jour même où elle alla processionnellement supplier Notre-Dame de Monflières de la prendre en pitié. Une médaille de pèlerinage à ce sanctuaire a été frappée, il y a environ vingt-cinq ans » (a).

C'est à la piété et au goût éclairé de M. l'abbé Beaussart, chapelain de la sainte chapelle, ancien curé de la paroisse, que l'on doit toutes les élégantes

---

(a) *Hagiographie du diocèse d'Amiens*, par M. J. Corblet, tome IV, page 464.

décorations de l'autel, de la niche de la très-sainte Vierge et les riches verrières dont la dernière surtout, celle du portail, est d'un très-bel effet.

Faisons des vœux pour que la dévotion à Notre-Dame de Monflières s'étende et se propage de plus en plus parmi nous, pour que ce but de pieuse pérégrination, si bien placé par la Providence à une distance d'Abbeville qui n'est ni trop éloignée, pour amener le découragement, ni trop rapprochée, pour enlever le mérite et le plaisir, pour que ce but de pieuse pérégrination devienne de plus en plus fréquenté et contrebalance les promenades malsaines qui entourent ordinairement les villes et sont sujettes à tant d'inconvénients pour les individus comme pour les familles.

Daigne Notre-Dame de Monflières, qui nous a reçus tant de fois dans son vénéré sanctuaire, protéger toujours nos enfants, nos vieillards, nos malades et assister nos mourants à l'heure suprême, à l'heure où le chrétien s'écrie avec tant de foi, de conviction et de consolation : *Priez pour nous, pauvres pécheurs, à l'heure de notre mort* (a).

(a) *Ave Maria,* continué par l'Eglise.

LIVRE TROISIÈME

Les Œuvres paroissiales

Nous avons dû traiter assez longuement des Dévotions et des Associations qui donnent à cette paroisse sa physionomie particulière, nous parlerons maintenant des œuvres qui ajoutent un nouveau trait à cette physionomie, et qui, conséquemment, la spécialisent plus parfaitement encore.

Les œuvres paroissiales diffèrent, on le sait, des dévotions qui sont pratiquées par tous ; des Associations et Confréries dont un certain nombre seulement fait partie et qui ont spécialement pour objet la sanctification de leurs membres, par des prières, des instructions, des pratiques, des réunions communes. Mais ce que nous appelons les œuvres, se propose, non par opposition, mais par différence seulement, un but principal, celui de créer des ressources pour atteindre certains besoins religieux dont la nécessité est constatée et expliquée par les fondateurs; par exemple, la Propagation de la Foi n'est pas une dévotion ni une confrérie proprement dite, mais une institution qui a pour objet la conversion des infidèles à la foi chrétienne.

Sans doute, il est entendu que nos œuvres catholiques sont loin de vouloir se passer de la prière, des pratiques de la piété et des moyens ordinaires d'action sur le cœur de Dieu qui est toujours le premier et le meilleur agent du résultat temporel; néanmoins, le but spécial ici est de faire appel aux personnes dévouées qui consentent à aider, par leur charité, à la réalisation de desseins spécialisés.

A la différence donc des dévotions et des confréries, les œuvres ont des cotisations régulières, avec une organisation de collecteurs, de zélateurs, avec leurs groupes, leurs dizaines ou leurs vingturies, selon le cas, avec leurs comités et leurs conseils directeurs.

Telle est la différence la plus appréciable entre ce que nous appelons : *Dévotions, Confréries et Œuvres.*

Nous aurons à faire connaître successivement, mais sans arrêter ici un ordre définitif : la Propagation de la Foi, — l'Œuvre de la Sainte Enfance, — de la Providence, pour nos jeunes ouvrières, — de l'Adoption, pour les jeunes orphelins, — du Dimanche, — de Saint-François de Sales, — de la Conférence paroissiale de Saint-Vincent de Paul, — des Pauvres de la paroisse, proprement dits, — des Enfants pauvres de la première Communion, etc., etc.

On le voit, il y a dans cette simple nomenclature un ensemble de choses bien dignes d'appeler l'attention, la sympathie du paroissien intelligent et zélé qui comprend comme l'a si bien dit l'auteur de l'*Imitation,* que le royaume de Dieu, c'est-à-dire la religion, la vérité, le vrai bien à faire, n'est pas principalement dans les paroles, mais dans les œuvres : *Non in sermone sed in operatione.*

CHAPITRE PREMIER

La Propagation de la Foi.

Notre intention, en parlant de l'œuvre admirable de la Propagation de la Foi, qui existe dans cette paroisse depuis de longues années, ne saurait être d'entrer dans des développements qui nous conduiraient trop loin, et nous ne rappellerons que les choses sommaires.

L'œuvre dite de la Propagation de la Foi, cette jeune sœur de la célèbre Propagande romaine, a pris naissance à Lyon, en 1822, par l'initiative, par la simple inspiration du cœur de deux pieuses personnes ; réglementée et développée bientôt par des chrétiens intelligents, elle devint rapidement une immense société qui embrassait dans ses désirs et ses ardeurs les missions des deux mondes.

Dieu bénit cette œuvre dès son apparition, et déjà, en 1824, le Souverain Pontife Léon XII publiait un bref important pour la recommander à tous les catholiques. Secondé par la parole apostolique, l'accroissement fut rapide, prodigieux même, puisque la première année les ressources de l'œuvre n'étaient que de 15,000 francs, et que, vingt ans plus tard, elles montaient à près de quatre millions de francs.

Nous n'avons, pour donner une idée précise de l'œuvre de la Propagation, qu'à suivre, pas à pas, les divers renseignements publiés à des époques diverses et selon les besoins de ses abonnés.

Nous apprendrons par là que le but de cette institution est d'aider, par des prières et des aumônes, les missionnaires catholiques des deux mondes, dans leur œuvre de foi et de civilisation chrétienne, soit qu'ils appartiennent aux ordres religieux : jésuites, dominicains, franciscains, picpuciens, prêtres du Saint-Esprit, etc., ou au clergé séculier.

Les prières qui n'obligent pas, du reste, en conscience, sont courtes et faciles, c'est le *Pater...*, l'*Ave Maria...*, une fois chaque jour, et l'invocation au patron de l'œuvre : *Sancte Francisce Xaveri, ora pro nobis*. On peut les dire en latin ou en français. On peut, une fois pour toutes, avoir l'intention d'appliquer à cet objet le *Pater...* et l'*Ave...* de sa prière du matin ou du soir.

L'aumône demandée par l'association ne constitue pas non plus une obligation difficile ; elle est de cinq centimes par semaine ou de deux francs soixante centimes par an. Cotisation à la portée de tous, de l'ouvrier, de la pauvre domestique, comme de l'enfant des classes. Un souscripteur par dix recueille les cotisations et les verse entre les mains d'un autre collecteur qui en a dix à recevoir de ce genre, c'est-à-dire cent cotisations.

Toutes les cotisations se massent, par l'entremise des directeurs diocésains, dans les bureaux de deux conseils généraux, dont l'un réside à Lyon et l'autre à Paris. Ces deux conseils ont surtout pour objet de répartir les sommes reçues entre les diverses missions catholiques, et chaque année le compte des sommes reçues et des attributions précises faites à chaque mission est publié et envoyé aux abonnés.

Quant à cette publication, elle est faite dans un recueil bien connu, appelé : *Annales de la Propagation de la Foi,* qui paraît tous les deux mois, est imprimé en diverses langues, contient les lettres des missionnaires sur tous les points du globe, et dont la lecture est procurée gratuitement, à raison d'un cahier par chaque dizaine de souscripteurs.

Or, pas n'est besoin de dire quel intérêt puissant développent les *Annales* chez leurs lecteurs, puisque c'est un fait aussi reconnu qu'il est populaire.

On sait que l'œuvre de la Propagation de la Foi, accueillie dans tous les pays catholiques, est sans cesse recommandée dans les mandements de nos évêques, dans leurs lettres pastorales. On sait aussi qu'elle a obtenu la plus haute sanction que puisse ambitionner une institution, par l'encyclique pontificale du 15 août 1846. On compte, parmi les Papes protecteurs dévoués de cette œuvre, les Pie VII, les Pie VIII, les Grégoire XVI et les Pie IX, dans une période historique relativement courte qui s'étend de 1822 à 1865.

Quant aux indulgences si nombreuses accordées à la Propagation de la Foi, il suffira de dire qu'elles se divisent d'abord en deux parts, celles qui sont communes à tous les membres de l'œuvre et celles qui sont particulières aux collecteurs, directeurs, etc. Pour les premières, dont nous parlerons seulement ici, renvoyant à la pièce qui contient tous les détails, à la fin du volume, nous en comptons neuf plénières (a).

Une, au jour anniversaire de la fondation de l'œuvre, fête de l'Invention de la Sainte-Croix; une, au jour de la fête de Saint François-Xavier, patron de l'œuvre; une, au jour de l'Annonciation, de l'Ascension, de la Commémoration des fidèles trépassés. Les autres, deux jours de chaque mois; une fois l'an pour la Commémoration des défunts de sa centurie ou de sa dizaine; à l'article de la mort; et enfin, une, applicable à tout associé défunt à la messe dite pour lui, à tout autel, qui devient par là même privilégié.

Les deux principales indulgences partielles, sont celle de cent jours chaque fois qu'un associé récite le *Pater...*, *Ave...*, et invocation à saint François-Xavier. L'autre, celle également de cent jours que gagne l'associé, chaque fois qu'il verse son obole hebdomadaire.

Voilà, assurément, une institution que la sainte Église a voulu richement doter, mais, conduite par le Saint-Esprit, elle l'a fait en toute raison, parceque cette œuvre est excellente entre toutes les autres.

Car, en effet, pourrait-il y avoir quelque chose de plus excellent que de procurer à ses semblables la connaissance du vrai Dieu, de la sainte Eglise notre mère, et des devoirs dont l'accomplissement peut seul conduire l'homme au salut.

Soyons donc heureux de voir cette paroisse associée largement, depuis bien des années déjà, à la Propagation de la Foi, et faisons sans cesse de nouveaux efforts pour multiplier les associés, étendre par là, au milieu de nous comme aux

---

(a) C'est-à-dire neuf catégories d'indulgences plénières.

extrémités du monde, le royaume de Dieu, pour dilater sans cesse, comme dit la sainte Écriture, les tentes d'Israël et les pavillons de Jacob. Que de grâces seront faites à une paroisse qui favorisera résolument une création si utile et si agréable à Dieu ! (a)

CHAPITRE II

La Sainte-Enfance.

Cette œuvre, d'un intérêt si touchant, d'un charme si attractif, doit venir immédiatement après celle de la Propagation de la Foi, qu'elle représente en petit, qu'elle spécialise pour une seule classe de genre humain, qu'elle circonscrit aux petits enfants infidèles.

Cette œuvre ne compte encore que trente années d'existence ; fondée en 1843 environ, et déjà elle a réalisé des choses fort considérables, des choses qu'il est permis d'appeler grandes, par exemple : sous le rapport des résultats financiers, la première annuité qui avait été, en 1843, lors de la fondation par l'illustre évêque de Nancy, Forbin Jeanson, de 23,000 francs, et est aujourd'hui de plus de 2,000,000 de francs.

On se tromperait si on croyait que le bien opéré par cette association admirable ne se borne qu'au baptême des enfants infidèles ; ce serait sans doute

(a) Voir tous les détails qui ont rapport à la Propagation de la Foi à la note XVI.

une bien grande chose devant la religion et la foi, mais elle s'étend aussi à l'éducation des enfants qu'elle rachète, baptise, élève, place dans des établissements convenables et qu'elle destine aussi à la conversion de leurs compatriotes et de leurs frères.

Il n'est presque plus possible de compter le nombre des enfants baptisés et élevés chaque année par nos missionnaires et nos religieuses.

En 1869, époque déjà lointaine, le nombre des baptisés a été de 369,000, celui des enfants élevés, de 54,642, et celui des missions secourues, pour qu'elles puissent accomplir les fins de l'œuvre, de 62.

Il ne se peut rien lire de plus touchant que les détails qui nous sont transmis sur ces choses par la publication périodique paraissant tous les deux mois sous le nom d'*Annales de la Sainte-Enfance*.

La lecture en est procurée gratuitement aux membres, à raison d'un cahier par douzaine d'associés; les *Annales* sont rédigées en huit langues : français, italien, allemand, anglais, espagnol, portugais, flamand, etc., et cette multiplicité d'éditions polyglottes prouverait, à elle seule, la diffusion de cette œuvre admirable et les sympathies qu'elle a partout suscitées.

Ce qui donne un charme inimitable aux *Annales de la Sainte-Enfance*, ce sont, outre les nouvelles de la France et de l'étranger qui intéressent l'œuvre, les lettres si touchantes et circonstanciées des missionnaires, des catéchistes au service de l'œuvre, non moins que celles de nos religieuses, employées, dans ces lointaines missions, à élever, soigner, diriger l'innombrable armée de petits enfants sauvés et adoptés par l'œuvre. L'accent vraiment maternel de ces saintes femmes, dont beaucoup ont reçu une éducation soignée, on le sait et on le voit; les paroles ferventes de ces saintes filles qui ont tout quitté pour élever les enfants de peuples inconnus d'elles et souvent ingrats pour elles, est un des grands attraits de la lecture des *Annales de la Sainte-Enfance.*

Tout le monde connaît, du reste, l'organisation de la Sainte-Enfance. Le conseil directeur composé d'évêques, de prêtres et de laïques, est à Paris, 92, rue du Bac.

La cotisation mensuelle est de cinq centimes, soit soixante centimes par an. Et on est vraiment étonné de voir d'aussi minimes éléments produire de tels effets par l'Association et avec la grâce de Dieu.

Les obligations des associés sont un *Ave Maria* à dire chaque jour aux intentions de l'œuvre, en ajoutant: *Priez pour nous et pour les petits enfants infidèles.* Les parents peuvent faire cette prière pour leurs enfants.

Il est inutile de dire que cette œuvre a dû recevoir et a reçu les plus hautes approbations de la part des Evêques et des Souverains Pontifes, qui l'ont enrichie de beaucoup de faveurs spirituelles.

Ainsi leurs Saintetés Grégoire XVI et Pie IX ont accordé aux associés quatre indulgences plénières à gagner: une, pour assister à la messe qui se dit chaque année à l'intention des associés vivants, pendant le Mois de la Sainte-Enfance; une, pour assister à la messe des associés défunts dans le Mois de Marie; une, aux fêtes des patrons de l'œuvre, qui sont: la Présentation, les saints Anges gardiens, saint Joseph, saint François-Xavier, saint Vincent de Paul ; enfin une indulgence plénière à gagner par chacun des zélateurs, chargés de douzaines, etc., au jour anniversaire de son baptême ; attention vraiment délicate et paternelle de la part de nos Souverains Pontifes qui permettent ici que les parents des jeunes zélateurs puissent gagner aussi cette indulgence en ce jour (a).

Il est encore beaucoup d'autres détails, tant pour les indulgences partielles que sur les conditions d'âge des associés, sur le tirage au sort des noms de baptême à donner aux petits enfants infidèles, etc. On trouvera les renseignements à la fin de ce volume.

A la vue de toutes ces choses, quelle bonne et pieuse mère, à quelque classe de la société qu'elle appartienne, ne voudra pas donner le nom et le sou mensuel de ses chers enfants, dès aussitôt que le Seigneur les lui confie ? Et son cœur et sa foi lui diront, non par des paroles, mais par de secrètes inspirations, que ses chers enfants, s'ils deviennent dès leurs premiers jours les protecteurs, les bienfaiteurs de leurs petits frères de la Chine et d'ailleurs, recevront de la part de Dieu toute espèce de bénédictions pour leur santé corporelle, pour leur vie, leur éducation, leur innocence, et que sera réalisée pour eux la promesse évangélique : ils recevront le centuple en ce monde et un bonheur impérissable dans l'autre vie (b) (c).

(a) Ces indulgences doivent s'entendre par catégories. — (b) Saint Matth., 19-29. — (c) Voir note XVII.

CHAPITRE III

Saint François de Sales.

L'œuvre si utile de Saint-François de Sales, a été établie dans la paroisse Saint-Sépulcre, le 18 mai 1874.

C'est Mgr de Ségur, le pieux et illustre fondateur, qui a bien voulu venir l'installer lui-même, dans un salut solennel où toute la population assistait.

Le prélat, après le *Magnificat*, a expliqué l'excellence de l'œuvre en des termes qui ont fait un vif plaisir à la nombreuse assemblée, et l'on peut dire qu'il l'a tenue sous le charme de sa parole pendant une heure qui a paru trop vite écoulée.

Mgr de Ségur, outre un talent distingué que tout le monde connaît et que des chrétiens apprécient tant, a une très-grande expérience qui lui permet d'émailler ses discours de traits d'histoire, de mots, de détails inédits et frappants qui expliquent parfaitement et font retenir plus facilement les pensées de l'orateur.

La quête de cette soirée a été d'environ six cents francs, qui étaient comme le premier versement fait à l'œuvre par la paroisse du Saint-Sépulcre et qui lui valut peu après un envoi considérable de petits livres de toutes sortes, publiés par l'œuvre et destinés à faire du bien autour de nous.

Le lendemain de ce jour, Mgr de Ségur convoqua, dans les salons de l'hôtel d'Emonville où il était descendu, un certain nombre de dames connues par leur zèle et qui répondirent à cet appel avec empressement. Monseigneur, après de nouvelles et bonnes paroles, constitua un bureau et un comité de l'œuvre ; Madame d'Emonville fut nommée présidente, et à partir de ce moment nous n'avions plus qu'à marcher, confiants en la grâce de Dieu, dans un chemin aplani, connu et non privé de vert gazon et de fleurs.

Depuis ce jour, des listes ont été formées ; quelques personnes déjà affiliées à cette œuvre par ailleurs, se sont naturellement réunies à nous, et dès la première année nous avons pu figurer dans la reddition des comptes de la direction diocésaine d'Amiens, pour des sommes assez respectables, si on tient compte des autres œuvres nombreuses auxquelles nous donnons volontiers notre concours.

Cependant l'association de Saint-François de Sales d'Abbeville a eu une grande épreuve à soutenir, car cinq ou six mois à peine après son installation, elle faisait une perte bien sensible dans la personne de Madame d'Emonville, sa présidente, qui lui était enlevée dans un âge peu avancé encore.

Heureusement, la Providence qui veille sur cette œuvre a donné à Madame d'Emonville un successeur digne d'elle dans la personne de Madame la comtesse Alfred de Hautecloque, et sous sa direction nous avons marché avec régularité, avec un ordre parfait et nous continuerons à nous développer, nous l'espérons.

A chacune des fêtes de l'œuvre, qui sont : l'Immaculée-Conception, au mois de décembre, saint Pierre et saint Paul, en juin, et saint François de Sales, en janvier, les membres de l'œuvre se réunissent à la paroisse pour assister et communier à la sainte Messe, pour entendre les observations et communications qui pourraient être faites.

Depuis quatre ans, l'instruction a été faite, la première année sur des choses générales et des choses de circonstance, et depuis on s'applique à commenter la notice si complète et en même temps si précise publiée par l'œuvre.

Cette notice nécessaire pour bien connaître notre organisation pourra être fournie gratuitement aux personnes qui la demanderont au presbytère du Saint-Sépulcre ; et d'ailleurs, nous la ferons imprimer *in extenso* à la fin de ce volume (a). C'est là que l'on trouvera tout ce qui a rapport à l'œuvre, c'est-à-dire, son but, ses moyens d'action, son organisation, ses ressources, son bulletin hebdomadaire, ses indulgences, etc., etc.

Il nous suffira ici, en terminant cet article, d'exhorter nos chers paroissiens à protéger et à étendre de tout leur pouvoir, dans leur famille et dans leurs connaissances, une fondation si vraiment catholique, puisque son objet principal est de ranimer la foi en France; une fondation si acclamée partout à cause des résultats inespérés qu'elle a déjà produits, avec des moyens en apparence sans efficacité. Ainsi, on sait que la cotisation règlementaire de cette œuvre est de soixante centimes par année, c'est-à-dire un sou par mois; or,

(a) Voir la note XVIII.

il est évident que si la main de Dieu n'était pas là, de telles ressources n'auraient jamais pu arriver à grouper, à aligner sur le compte-rendu de février 1879 les 5,954,484 fr. 12, et les 5,790,193 fr. 47 qui y figurent comme recettes et dépenses et qui lui donnent une situation déjà respectable, si on considère qu'elle n'a que vingt-deux ans d'existence (depuis 1857).

Bénissons Dieu de ces résultats, concourons-y nous-mêmes avec zèle, recueillant soigneusement les cotisations, si nous en sommes chargés, lisant le bulletin mensuel et le faisant circuler, enfin et surtout récitant une fois chaque jour la prière de l'Association, qui est petite en elle-même cette prière, mais qui, par la collectivité, par l'union des esprits, des cœurs et des volontés, sera puissante parce qu'elle sera agréable à Dieu : *Ave Maria... Saint François de Sales, priez pour nous* (a).

CHAPITRE IV

Œuvre du Dimanche.

L'Association pour la sanctification du Dimanche, dite quelquefois Œuvre Dominicale ou du Di-

---

(a) L'œuvre catholique de saint François de Sales a pour Cardinal protecteur Son Em. le Cardinal Chigi ; pour Président général, Mgr de Ségur, chan. de Saint-Denis ; pour Directeur diocésain, M. l'abbé Morel, vic. général d'Amiens; pour Sous-Directeur, M. l'abbé Troivaux, aumônier de la Visitation.

manche, est encore une de ces créations inspirées dans les derniers temps au zèle catholique.

Le bref du Souverain Pontife Pie IX, approuvant ses statuts et encourageant ses efforts, est du 7 mai 1873. Il est imprimé par extraits en tête des notices de l'œuvre et sur la couverture de son bulletin mensuel. Le Pape s'y montre, comme on l'a toujours connu pendant de longues années, tout occupé des besoins de l'Église universelle et paternellement dévoué toujours à la France.

Nous dirons rapidement les succès de cette œuvre, ses moyens d'action et son établissement parmi nous.

Quant à ses succès, les feuilles publiques aussi bien que les bulletins de l'œuvre, les constatent tous les jours. On ne compte plus les villes, les bourgades, les établissements de tous genres où elle est acceptée, acclamée, et ce qui est mieux, pratiquée.

Dans toutes ces localités, on voit le repos dominical reprendre peu à peu faveur, la sainte messe et les offices redevenir fréquentés. On voit les chrétiens saintement préoccupés le samedi des choses nécessaires pour le lendemain, afin de les acheter dès ce jour. On voit les magasins ou fermés complètement, ou seulement entr'ouverts. Quel beau spectacle offrira la France quand, il faut bien l'espérer, grâce à l'œuvre Dominicale (si nous prions beaucoup pour son succès et si Dieu bénit nos prières), quand nous verrons la France sous l'influence de l'observance dominicale, tantôt silencieusement recueillie et priant dans ses temples et ses chapelles, et tantôt saintement joyeuse, prenant d'innocents ébats, dont les enfants, les parents, la famille en un mot, feront les principaux frais; ah! faudra-t-il toujours que nous autres Français catholiques, nous soyons réduits à aller chez les nations étrangères, même hérétiques, pour voir ce spectacle dans toute sa beauté!

Quant aux moyens d'action de l'union dominicale, ils sont puissants sans doute, mais ils ne sont pas compliqués. Ils consistent, sous le rapport matériel, en une légère rétribution de dix centimes par an qui, certainement, n'appauvrira ni n'enrichira personne, fondateur, directeurs et autres; légère rétribution qui suffit néanmoins pour soutenir un petit journal grand in-18, le *Bulletin mensuel*, dont la lecture est procurée gratuitement à chaque abonné, moyennant les dix centimes annuels.

Sous le rapport que nous pourrions appeler moral, les moyens d'action consistent en un règlement composé de six articles et imprimé ordinairement au *verso* des couvertures du *Bulletin*. Nous les donnerons seulement en raccourci. Il porte que tout associé doit s'abstenir de travail servile les dimanches et fêtes, qu'il doit exiger la même chose de tous ses inférieurs;

Il porte que les associés ne vendront ni n'achèteront aux jours prohibés, que dans un grave besoin;

Que dans leurs traités avec les entrepreneurs, architectes, ouvriers, etc..., ils excluront formellement le travail des dimanches et fêtes;

Enfin, qu'ils sanctifieront, eux et leur maison, les dimanches et fêtes, par l'assistance aux offices paroissiaux. Ce dernier article mérite d'être considéré attentivement et il suffirait à lui seul pour rendre à nos paroisses une partie de cet empressement, de cette assistance nombreuse aux offices, qu'elles ont un peu perdu en certains jours, dans ces dernières années, il faut le reconnaître.

Un autre moyen d'action de cette œuvre, ce sont encore les grâces spirituelles qui lui sont accordées, grâces et indulgences bien capables d'attirer les âmes ferventes. Oui, si nous faisons partie de cette œuvre, nous pourrons, en accomplissant les conditions ordinaires, gagner l'indulgence plénière : au jour de saint Joseph, au jour de saint Philippe de Néri, surnommé l'Apôtre de Rome, et une fois dans l'année au jour de la réunion de l'œuvre. Les indulgences partielles sont abondantes et on peut gagner sept années et sept quarantaines, chaque fois qu'on visite son église paroissiale à tout dimanche de l'année ou à toute fête de la très-sainte Vierge.

Quant à l'établissement de l'Association Dominicale dans la paroisse du Saint-Sépulcre, elle remonte à la fin du mois d'août 1878, alors que M. le Curé fut invité par la lettre de M. l'abbé Fallières, vicaire-général du diocèse (15 août 1878), à faire cet établissement.

Le comité demandé par l'autorité diocésaine fut bientôt constitué et il se compose des noms les plus honorables :

MM. Charles DE FRANSSU, *Vice-Président* (a) ;
DE BUIGNY, fils, *Secrétaire* ;
TOULLIEZ, *Trésorier* ;
DU BROUTEL ;

(a) Aux termes du règlement, le Curé de la Paroisse est Président de l'œuvre.

MM. DE BUIGNY, père;
L'abbé BOIVIN ;
DE CAÏEU ;
DUFLOS ;
DEVISMES ;
Comte A. DE HAUTECLOCQUE ;
DE MYTHON ;
POULAIN ;
TRANCART.

A la première occasion favorable qui suivit l'établissement du Comité, c'est-à-dire en 1879, M. le Curé donna connaissance au prône paroissial de l'existence et du fonctionnement de l'œuvre.

Le premier versement du *Dimanche* de la paroisse Saint-Sépulcre a été fait au nom de nos premiers abonnés dont le chiffre est déjà assez respectable, au mois de décembre 1878, comme le demande le règlement.

Il est permis d'espérer que nous nous attacherons fortement à cette belle institution si catholique du *Dimanche*, à une institution qui sera vraiment populaire, parce qu'elle est accessible à tous, ne demandant qu'une cotisation annuelle de dix centimes ; à une institution recommandée par les Souverains Pontifes, et pour laquelle Mgr Bataille, de sainte mémoire, a écrit une de ses plus utiles lettres pastorales (a).

(a) Note XIX.

CHAPITRE V

L'Adoption.

L'œuvre admirable de l'Adoption des petits orphelins de France, a été fondée, à Paris, en 1859, par M. l'abbé Maitrias, ce jeune et digne ecclésiastique enlevé trop tôt à la religion et aux lettres.

Cette fondation était vraiment providentielle, puisqu'elle se présentait, puisqu'elle éclosait à la veille de cette guerre malheureuse de 1870-71 qui fit tant de victimes et, par suite, tant d'orphelins. C'est dans ces circonstances d'opportunité, et on pourrait dire de nécessité, que l'œuvre fit ses premiers pas, ses premiers essais, et réalisa, on peut le dire, ses premiers succès avec la bénédiction de Dieu, au milieu de la faveur générale.

Aussi fut-elle bientôt hautement approuvée par les représentants des deux puissances et reçut-elle bientôt son brevet d'œuvre d'utilité publique qui lui assure de précieux avantages, en particulier celui de pouvoir accepter des donations authentiques, des legs, successions, etc.

L'Adoption, comme on pourra le voir (a) aux pièces officielles, accepte les jeunes orphelins de père et de mère. Elle s'en charge dès l'âge de cinq ans jusqu'à l'âge de dix ans et les conserve

(a) Note XX.

jusqu'à l'âge de dix-huit ans pour les garçons et de vingt-et-un ans pour les filles; à cet âge, les uns et les autres, ayant été élevés dans des principes chrétiens, pourront résister aux dangers du monde, et ils pourront, avec la science du travail qui leur a été donnée, se procurer honorablement les ressources nécessaires à leur existence.

Il faut remarquer un des articles du règlement qui nous paraissent avoir été le mieux compris ou plutôt le mieux inspiré de Dieu pour concilier toutes les sympathies, c'est que l'œuvre, pour ménager ses ressources et, par conséquent, concourir à son succès, ne veut fonder aucun établissement, aucun orphelinat à elle, pour ses enfants. Elle encourage, par là, tous les établissements d'enfants que la charité particulière a multipliés sur tous les points de la France; elle se contente d'être leur pourvoyeuse, leur providence ; elle leur confie ses enfants, leur paie les frais de leur éducation comme de leur entretien, et se réserve seulement le droit ou plutôt la consolation de les suivre, de les encourager, de les diriger, de jouer, à leur égard, le rôle d'un père, d'une mère tendre et dévouée.

Voilà, selon nous, outre la parfaite utilité de l'adoption, le secret de sa prospérité et de ses réussites.

Comme à toutes les institutions sœurs et émules de celle-ci, les encouragements de l'Eglise n'ont pas manqué.

« L'Adoption, dit la *Semaine religieuse* de Mende,
« n'a pas vu seulement la bénédiction du glorieux
« Pie IX descendre sur son berceau, elle n'a pas
« été seulement sauvée et soutenue par la pro-

« tection de l'épiscopat et le zèle du clergé et des
« fidèles, les juges de l'Exposition universelle de
« 1867 lui décernaient une médaille d'honneur...,
« et l'illustre Evêque de Genève, Mgr Mermillod,
« l'a baptisée du beau nom de Sainte-Enfance
« française. »

Les Souverains Pontifes ont voulu encore ajouter à leurs paroles d'approbation, le témoignage de leur munificence apostolique, et ils ont accordé à tous les associés de l'œuvre, des indulgences plénières à gagner : le jour de la Présentation de la sainte Vierge ; le jour de la fête de saint Vincent de Paul ; le jour anniversaire de leur baptême. De plus, une indulgence partielle de soixante jours pour toute bonne œuvre faite par un associé. Ces indulgences sont applicables aux défunts. Aux jours des fêtes de l'Adoption : Présentation de la sainte Vierge, Saint Vincent de Paul, SS. Anges gardiens, Saint Joseph, une messe doit être dite pour les associés vivants et morts.

Quant à l'établissement de l'œuvre dans la paroisse Saint-Sépulcre, il a eu lieu aussitôt après l'invitation qui nous en a été faite par l'autorité diocésaine, dans les lettres du 6 avril 1876. D'après ces lettres, le Directeur de l'Adoption pour Abbeville est M. le Curé du Saint-Sépulcre, et le Sous-Directeur M. le Curé de Saint-Jacques. Un comité de Dames protectrices a été nommé avec une présidente (a), une trésorière et des secrétaires, en présence de M. l'abbé Fallières, vicaire-général et directeur diocésain de l'œuvre, à Amiens.

(a) La Présidente actuelle est Mme Charles de Franssu, rue des Carmes.

Le troisième dimanche de Carême, 24 mars 1878, nous avons célébré la première fête solennelle; M. l'abbé Fallières a présidé les vêpres, M. l'abbé Rambour, professeur de Saint-Stanislas, a donné le sermon, et deux dames protectrices ont fait la quête pour les petits orphelins.

Depuis l'année 1876, nos redditions de compte ont été satisfaisantes pour des commencements, et déjà nous avons la consolation de patronner un certain nombre d'orphelins que nous connaissons, nombre qui s'accroîtra, nous en sommes sûr, au fur et à mesure que l'œuvre vieillira parmi nous et conquerra ses lettres de naturalisation abbevilloise.

La fête principale annuelle a été définitivement fixée au quatrième dimanche de Carême, parce que l'Eglise, en ce jour, permet une plus grande solennité qu'aux autres dimanches de ce temps.

Puisse l'Adoption, encore humble arbrisseau planté dans notre sol paroissial, il y a trois ans, y croître, s'y développer et devenir arbre vigoureux ; puisse-t-il, surtout, y porter des fleurs odorantes de piété et des fruits abondants de charité !

CHAPITRE VI

La Providence.

Cette œuvre à laquelle ses fondateurs ont voulu donner un si beau nom, et un nom qui marque si bien le but qu'ils se proposaient, a été établie par M. l'abbé Carpentier, de vénérable mémoire.

Ce fut vers la fin de l'hiver, en janvier 1854 ; cette saison était habilement choisie pour commencer une fondation de charité, ou plutôt la Providence elle-même avait arrangé les circonstances, avait disposé les esprits et les cœurs ; elle avait mis en relief les besoins et l'œuvre naquit avec facilité, au milieu de la sympathie générale.

Nous sommes heureux, malgré la date déjà éloignée de 1854, c'est-à-dire malgré vingt-cinq années écoulées, et dans l'absence de témoignages détaillés, écrits, etc., de pouvoir donner quelques renseignements sur les commencements de cette institution paroissiale.

La première Présidente fut (M. le Curé était considéré comme président honoraire et directeur), Madame Boucher de Crèvecœur, et les premières Dames, en charge avec elle, furent : Madame la comtesse de Saint-Pol, sœur Ledieu, supérieure des Religieuses de Providence de la paroisse, et Mesdames Bellard, Cauchy, Hacot et Menssion qui furent chargées du vestiaire de l'œuvre (a).

A la mort de Madame de Crèvecœur, ce fut Madame Aliamet qui voulut bien accepter la présidence, et elle la géra avec le plus grand dévouement jusqu'en 1867, fin janvier, où elle désira se retirer et fut remplacée, dans la présidence, par Madame de Beaupré (b) ; l'œuvre prit, de suite, une extension nouvelle ; le nombre des Dames protectrices devint plus considérable ; une fête

(a) Note XXI. — (b) Mmes comtesse de Saint-Pol, Auguste de Caïeu, Mangeot, Cécile Chivot, sœur Ledieu, composent le bureau.

solennelle de l'œuvre fut célébrée, chaque année, avec un service du lendemain pour toutes les associées décédées.

La Présidente actuelle est Madame de Buigny, qui restera longtemps, il faut l'espérer, à la tête de de l'œuvre ; la Dame secrétaire est Madame Auguste de Caïeu.

Nous devons bénir le Seigneur qui a permis que la *Providence* trouvât, depuis vingt-cinq ans, des personnes aussi distinguées que charitables pour se charger avec dévouement et zèle de tout ce qui la concerne, et nous devons prier pour qu'il en soit toujours ainsi, tant qu'existeront parmi nous les besoins qui ont donné naissance à l'œuvre.

L'organisation de la *Providence* est à peu près ce qu'elle fut dès le commencement. Le budget des recettes est alimenté par la cotisation de toutes les Dames bienfaitrices ; cette cotisation est de dix francs qui se recueillent principalement lors de l'Assemblée générale des sociétaires, pour entendre le compte-rendu des opérations de l'année. Cette assemblée est annoncée à l'avance, ainsi que la fête, par des lettres à domicile, et toutes les sociétaires sont convoquées, à ce sujet, au presbytère paroissial.

A la mort de chacune des Dames protectrices, on fait célébrer, à la paroisse, pour le repos de son âme, une messe, à laquelle assistent, comme il est juste, les enfants et jeunes personnes protégées. Cette messe est dite ordinairement, à neuf heures, au grand-autel et des chaises sont placées dans le chœur à cette occasion.

Ainsi ont été réglées sagement les choses dès le commencement, de manière à ce que cette œuvre utilisât des occasions tristes par elles-mêmes, en faisant prier pour des Bienfaitrices et apprendre ainsi à ses jeunes protégées à accomplir le devoir sacré de la reconnaissance.

Par là encore, la religion divinement inspirée en toutes choses, trouve le moyen d'établir ces rapports, si désirés en tout temps, entre les pauvres et les riches, entre les classes laborieuses et les classes les plus élevées.

Or, ces occasions de nous rapprocher les unes des autres, protectrices et protégées, ne nous ont pas manqué jusqu'ici, car nous pouvons dire que notre association, rien que depuis douze ans, a fait des pertes bien sensibles.

C'est nommer : Madame Lambert, décédée en 1867 ; Mademoiselle de Saint-Pol, en 1868 ; Mesdames de Mython et de Franssu, en 1869 ; Mesdames de Bertinois, Carpentier et Dufour, en 1870; Mesdames Flouest, Fréville, Peuvrel, en 1871 ; Madame de Fléchin, 1872 ; Mesdames de Beaupré, Mangeot, 1874 ; Mademoiselle de Villers au Tertre, 1875 ; Mesdames Tronnet, Hersent, Papavoine, 1876 ; Mesdames de France, de Bournizeaux, 1877 ; Madame de Roquemont, 1878 ; enfin, Madame Hecquet, 1879.

On nous pardonnera de citer ce trop long nécrologe, en pensant que nous trouvions, par là, une nouvelle occasion de rappeler le souvenir de nos bienfaitrices, de les recommander, une fois de plus, aux prières des associées et des protégées ; il semble, du reste, que nous devions bien ces détails à une œuvre que nous appellerons deux fois paroissiale, puisque c'est chez nous qu'elle a été conçue, établie et qu'elle est administrée, à la différence des autres, les plus belles mêmes, Propagation de la Foi, Sainte-Enfance, etc., qui sont dépendantes d'un centre administratif placé en dehors de notre localité.

En terminant ce chapitre, nous rappelons le but de la *Providence* qui est de patronner vingt jeunes apprenties de la paroisse et de leur enseigner la religion, les connaissances indispensables et le travail.

Des vêtements leur sont distribués chaque année; des primes mensuelles encourageant les plus méritantes; des suppléments de nourriture sont donnés dans les années calamiteuses. Les protectrices s'emploient à placer les protégées quand l'âge et les aptitudes le permettent, et on remet alors à la jeune apprentie, devenue ouvrière, un petit pécule pour l'aider dans ses premiers débuts au milieu du monde.

Les frais ordinaires de l'œuvre consistent en frais de chauffage, d'éclairage, de patente, de loyer de maison, etc., etc., et, jusqu'à présent, avec la bénédiction divine, elle a pu faire honneur à toutes ses obligations.

Faisons donc des vœux pour que nos associées bienfaitrices continuent, avec zèle, les sacrifices qu'elles ont bien voulu s'imposer, dans l'intérêt d'une partie de nos familles peu aisées; que ce zèle soit persévérant, puisque nous savons que, selon les paroles de la Sainte Ecriture, c'est une patience persévérante qui donne à nos efforts leur perfection, *patientia opus perfectum habet* (a), puisque, surtout, Notre-Seigneur nous a dit que

---

(a) Ep. S. Jacques, ch. i, v. 4.

celui qui aura persévéré jusqu'à la fin, arrivera seul au salut; *Qui perseveraverit usque in finem hic salvus erit* (a).

CHAPITRE VII

L'Œuvre ou Conférence paroissiale de Saint Vincent de Paul.

Une des plus belles créations de ces derniers temps, c'est assurément celle de *Saint Vincent de Paul*, appelée quelquefois société, et, plus souvent, Conférence de Saint Vincent de Paul.

L'illustre et regretté Frédéric Ozanam, un des premiers fondateurs, dans un des voyages que sa santé ruinée prématurément par l'étude, le forçait à faire en Italie, racontait ainsi, dans la Conférence de Florence, 30 janvier 1853, les humbles commencements d'une institution qui s'est si prodigieusement développée dans le monde.

« Vous voyez devant vous, Messieurs, un des
« huit étudiants qui, il y a vingt ans, en mai 1833,
« se réunirent pour la première fois, sous la pro-
« tection de saint Vincent de Paul, dans la capi-
« tale de la France. Nous nous réunîmes tous les
« huit dans la pensée de secourir notre prochain,
« comme le faisait Jésus-Christ, et, d'abord même,
« comme jaloux de notre trésor, nous ne voulions

(a) S. Matth. 10-22.

« pas ouvrir à d'autres les portes de notre réunion.
« Mais Dieu en avait décidé autrement. L'asso-
« ciation peu nombreuse d'amis intimes que nous
« avions rêvée, devenait, dans ses desseins, le
« noyau d'une immense famille de frères. Ainsi,
« vous voyez que nous ne pouvons pas nous donner
« véritablement le titre de fondateurs ; c'est Dieu
« qui a tout fondé et qui a voulu notre société (a). »

Plus loin, dans le même discours, Ozanam disait encore : « Nous, qu'on prenait en pitié, au lieu de
« huit, à Paris seulement, nous sommes deux
« mille, et nous visitons cinq mille familles, c'est-
« à-dire environ vingt mille individus, c'est-à-dire
« le quart des pauvres que renferment les murs de
« cette immense cité. Les Conférences, en France
« seulement, sont au nombre de cinq cents ; et
« nous en avons en Angleterre, en Espagne, en
« Belgique, en Amérique et jusqu'à Jérusalem.
« C'est ainsi qu'en commençant humblement, on
« peut arriver à faire de grandes choses, comme
« Jésus-Christ qui, de l'abaissement de la crèche,
« s'est élevé à la gloire du Thabor. C'est ainsi que
« Dieu a fait de notre œuvre la sienne et l'a voulu
« répandre sur toute la terre en la comblant de ses
« bénédictions (b). »

Le but que les Sociétaires de Saint Vincent de Paul se proposent est connu de tous. Ils veulent :
1° Faire aux pauvres, ces membres souffrants de Jésus-Christ, tout le bien qui sera en leur pouvoir, leur donnant du pain, des vêtements, des secours de tous genres ; faisant, pour eux, des démarches,

---

(a) Parole dette alla conferenza Fiorentina, nel radunanza di 30 Gennaio 1853. Œuvres complètes, Mélanges, t. II.
— (b) Id.

leur rendant, en un mot, tous les bons offices de la charité ;

2° Les associés des Conférences se proposent mieux que cela encore ; ils pensent, avant tout, à l'âme de leurs chers pauvres, et, pour cela, ils les visitent avec exactitude, avec affection ; ils les encouragent à supporter la misère, à la supporter avec résignation, en esprit de pénitence et de réparation pour les fautes qu'ils ont pu avoir commises ; ils leur font envisager, et cela avec prudence et discrétion, plus encore par leur exemple et la vue de leurs propres convictions, l'avenir heureux, le ciel que le Seigneur a bien voulu promettre à tous ceux qui auront supporté avec foi, patience, espérance, amour de Dieu, les différentes épreuves de la vie.

3° Une des grandes fins que se proposent d'atteindre, indirectement au moins, les membres des Conférences, c'est de réconcilier entr'elles les différentes classes de la société, séparées souvent par un antagonisme profond, et cela en montrant, en faisant voir aux pauvres, aux ouvriers sans travail, sans santé, en un mot à tous les malheureux, à tous les déshérités de ce monde, que les classes riches, quand elles ont l'esprit vraiment chrétien, ne les dédaignent pas, mais, au contraire, les soignent, les visitent, s'en occupent et, en un mot, les regardent et les aiment comme des frères ;

4° Enfin, une des dernières fins de l'œuvre, marquée bien clairement dès l'origine par le pieux et zélé professeur de la Faculté des lettres de Paris, c'est de procurer aux sociétaires eux-mêmes l'avantage d'une foi chrétienne qui se développera, s'affirmera, s'attendrira par l'exercice de la charité et au contact de la pauvreté humaine ; but vraiment digne de ceux qui ont pris saint Vincent de Paul pour leur patron et protecteur ; but qui, sans exclure les autres considérations, a porté l'Eglise à approuver, à recommander, à encourager, en toutes circonstances, la Société de Saint Vincent de Paul.

Quant à notre Conférence paroissiale de Saint Vincent de Paul, elle a été fondée le 2 janvier 1862 et inaugurée solennellement à l'église du Saint Sépulcre par sa première quête le mois suivant. Le premier Président fut M. Carpentier, curé-doyen, à titre provisoire, et M. de Wailly, à titre définitif. Le 17 mars 1862, M. le Président donna connaissance à la Conférence de l'arrêté de M. le Préfet de la Somme qui autorise l'établissement de la Conférence de la paroisse Saint-Sépulcre. Le 13 juin, l'assemblée fut informée que le Conseil particulier pour toutes les Conférences de la ville était formé définitivement sous la présidence de M. des Mazis.

Notre Conférence paroissiale compta, dès le commencement comme maintenant, un nombre suffisant de membres actifs, hommes distingués : nobles, professeurs, ecclésiastiques, marchands, jeunes gens, tous animés d'un zèle sincère pour les pauvres et rejetant toute préoccupation politique.

La Conférence a éprouvé, l'année dernière, une grande perte dans la personne de M. Clément-Alfred Hecquet de Beaufort, son président ; homme de foi, de talent et du plus paternel amour pour les pauvres qui ont fait éclater, lors de ses funérailles, toute leur reconnaissance.

Le Président de l'œuvre est maintenant l'honorable M. Tillette de Buigny qui saura maintenir toutes les traditions de son prédécesseur.

La Conférence se réunit de temps en temps dans le local des Frères des Ecoles chrétiennes, rue du Fossé. Le clergé de la paroisse est représenté par MM. les Vicaires qui sont membres actifs, visiteurs et distributeurs comme les autres confrères de l'œuvre, et le Curé de la paroisse ne manque pas d'assister à la séance solennelle tenue par le Conseil particulier d'Abbeville, où se fait le compte-rendu des opérations de la Conférence paroissiale.

Nos ressources proviennent de la part que nous alloue le Conseil particulier sur les produits d'une loterie qui a reçu chez nous droit de cité ; des collectes que font entr'eux les membres à chacune de leurs réunions ; des dons et legs qui sont faits à la Conférence et aussi d'une quête spéciale qui se fait à l'église, le troisième dimanche de Carême, aux vêpres, par deux Messieurs de Saint Vincent de Paul, et qui, jusqu'ici, grâce à la charité de nos paroissiens, a produit de bons résultats. C'est avec ces diverses ressources que Messieurs de la Conférence distribuent à leurs pauvres du pain, de la viande, du chauffage, des couvertures, des vêtements, et jusqu'à l'argent nécessaire pour les frais de leur sépulture.

Pour récompenser le dévouement et le zèle qui a inspiré ces fondations admirables, les Souverains Pontifes ont accordé des faveurs spirituelles éclatantes aux diverses Conférences de Saint Vincent de Paul.

Ils peuvent gagner : 1º Une indulgence plénière

le jour de leur admission dans la société; 2° Une indulgence plénière à gagner par les membres des Conseils particuliers qui assistent fidèlement, trois fois, aux réunions du mois; 3° Tous les membres actifs ou honoraires peuvent gagner l'indulgence plénière: le jour de l'Immaculée-Conception; le jour de la fête de saint Vincent de Paul, 19 juillet; le deuxième dimanche après Pâques; le premier lundi de Carême; enfin, à l'article de la mort.

Les membres peuvent gagner une indulgence de sept ans et sept quarantaines à chaque réunion de leur Conférence à laquelle ils auront assisté, chaque fois qu'ils accompliront quelqu'œuvre de leur société, visite des malades, etc., pour assister à la messe pour quelqu'associé défunt, pour accompagner le convoi des pauvres.

En lisant ces détails, nous l'espérons, quelques jeunes gens parmi nos étudiants chrétiens, quelques hommes dévoués, sentiront le secret désir de faire partie, eux aussi, d'une œuvre si sainte, si utile.

Qu'ils déposent, pour cela, ce funeste respect humain qui est si fréquent et si puissant sur l'esprit de plusieurs.

On répète volontiers, comme pour s'excuser en se trouvant au moins quelque prétexte, qu'on ne veut pas se faire remarquer, se mettre en évidence; mais le vrai chrétien, mais l'esprit vraiment élevé dédaigne ces prétextes; il ne cherche pas, sans doute, qu'on le remarque, mais il sait cependant qu'on se doit l'exemple les uns aux autres, sans ostentation comme sans affectation de modestie. Le vrai chrétien aime à vivre dans sa famille, mais il sait paraître aussi au dehors quand il le faut, pour le bien des hommes, l'honneur de la religion et de la charité (a).

CHAPITRE VIII

Les Pauvres de la Paroisse.

La charité pour les pauvres est une des grandes vertus du christianisme. Il semble, à entendre Notre-Seigneur, que le testament nouveau, la religion nouvelle soit descendue sur la terre pour les pauvres avant tous les autres hommes, et le soin des indigents est un des principaux signes que ce divin Sauveur donnait de sa mission, *pauperes evangelizantur* (b), l'évangile est annoncé aux pauvres. C'est encore le même Sauveur qui, dans la scène solennelle du jugement général et dernier, dira aux réprouvés avec une divine indignation : J'ai eu faim et vous ne m'avez pas donné à manger ; et qui dira, au contraire, aux élus, avec une divine tendresse : Allez, bénis de mon Père, possédez le ciel, mon royaume qui a été préparé pour vous dès le jour de la constitution du monde, car j'ai eu faim et vous m'avez donné à manger, soif et vous m'avez donné à boire, froid et vous avez couvert de chaud tissu mes membres grelottants ; montez au ciel à ma suite, car vous avez mon esprit et vous êtes mon peuple, les vraies

(a) Note XXII, voir le règlement aux pièces. — (b) Saint Matth. 11-15.

brebis de mon héritage, *Populus ejus et oves pascuæ ejus* (a).

Faut-il s'étonner, après cela, si toutes les congrégations chrétiennes, si toutes les paroisses catholiques se sont toujours fait une loi, un saint honneur de soigner leurs pauvres avec sollicitude et dévoûment ?

Or, cette paroisse du Saint-Sépulcre s'est toujours distinguée par son amour et sa charité pour les malheureux !

En effet, les familles pauvres qu'elle secourt, par les mains de son clergé, sont d'abord en assez grand nombre, cent cinquante environ.

Ces familles sont divisées en trois groupes, chacun desquels est plus spécialement secouru par M. le curé et ses deux vicaires.

Chaque quinzaine, à partir du premier mardi de l'Avent jusqu'à la première semaine de Carême, les pauvres se présentent dans la matinée et reçoivent un bon de pain.

Quand la saison est très-froide, on distribue aussi des bons de chauffage : tourbes ou charbon.

Chaque année encore, à la saison d'hiver, quand on le peut, on distribue du linge de corps, des draps, des couvertures, quelques vêtements (b), pour les femmes surtout.

Outre les distributions périodiques et comme officielles, M. le curé, et c'est ici, on le comprend, le côté le plus sérieux comme le plus onéreux de

---

(a) Ps. 78-13. — (b) C'est aussi, chez nous, un pieux usage que, pendant tout le temps de Noël, les fidèles déposent pour les pauvres dans la corbeille placée devant l'Enfant Jésus, des denrées ou des vêtements. On le fait surtout en faveur des petits enfants nouveaux-nés.

la charité paroissiale, accorde des secours en numéraire pour loyers, chauffage, pauvres honteux, secours pour éducation d'enfants, livres, objets de classes, récompenses, orphelins et orphelines, etc., secours en nature, vin, viande, confitures aux convalescents.

Quant à nos malades, ils sont visités par une sœur spéciale à la paroisse, qui appartient à l'ordre des religieuses de l'Immaculée-Conception, et demeure à l'asile de la rue Mellan. C'est là que les infirmes et malades qui ont besoin de ses conseils peuvent les lui demander.

C'est à la générosité vraiment très-grande de Madame d'Emonville, de charitable mémoire, que la paroisse Saint-Sépulcre doit l'établissement et la dotation de cette sœur des malades.

Pour faire face à toutes ces obligations, les paroissiens contribuent avec bonne volonté et chacun selon ses moyens à trois quêtes spéciales qui se font chaque année à l'église aux fêtes de la Toussaint, de Noël et de Pâques.

Une des ressources qui alimentent encore la charité paroissiale, ce sont les petites quêtes qui se font par MM. les vicaires à certaines époques marquées par le coutumier, aux vêpres et à la messe de midi.

Enfin il faut signaler ici avec reconnaissance un legs de la famille des Essarts, et une petite somme confiée à la fabrique par M. l'abbé Crimet et productive d'intérêt.

Tels sont les éléments de cette charité paroissiale qui est bien insuffisante, hélas! malgré la générosité et les efforts dignes d'éloges des personnes riches ou aisées, charité insuffisante sans doute, mais que Dieu permet telle, on peut le penser, pour que les chers pauvres et les ouvriers gênés comprennent que c'est avant tout sur leurs économies, leur ordre, leur bonne conduite, leur travail, qu'ils doivent compter pour soutenir leur existence et celle de leur famille.

Du reste, que ces membres malheureux de Jésus-Christ ne se découragent jamais dans leur misère, qu'ils expliquent leurs besoins aux différentes œuvres charitables si nombreuses dans cette ville, au bureau de bienfaisance, aux Conférences de saint Vincent de Paul, à l'institution si belle de la Consolation, aux autres œuvres paroissiales, et qu'ils soient sûrs qu'une infirmité, une maladie, une indigence, un besoin bien constaté, seront toujours soulagés, parce que la divine Providence ne permettra jamais qu'il en soit autrement.

Honneur donc à la charité ! à la charité qui soulage et console parce qu'elle aime ; à la charité qui soutient le vieillard, élève l'enfant, fait instruire l'orphelin, encourage l'ouvrier, le père, la mère de famille, et verse, d'une main délicate, des baumes inconnus sur toutes les plaies, comme sur toutes les blessures. Puisse cette divine charité régner parmi nous, puisse-t-elle fleurir à jamais, autour du saint Sépulcre de Notre-Seigneur, comme une fleur d'espérance et d'immortalité !

CHAPITRE IX

L'OEuvre des Enfants pauvres de première Communion.

C'est chez nous un usage déjà bien ancien, pour donner au grand acte de la première communion un éclat plus touchant, et aussi pour que nos chers enfants pauvres puissent paraître avec plus de confiance, auprès de leurs compagnons favorisés de la fortune, c'est chez nous un usage très-ancien d'habiller à neuf les garçons et les filles de la première communion.

Pour cela, quelques semaines avant le jour de la cérémonie, de petites quêtes à faire à l'église par le clergé, sont annoncées. La quête ordinaire des pauvres est interrompue, à cet effet, pendant quelque temps.

Avec ces trop faibles ressources, on s'efforce de fournir aux petits garçons quelques vêtements convenables, des chaussures, etc...

Quant aux jeunes filles, les religieuses de la Providence, leurs maîtresses dévouées, se chargent de recueillir auprès des personnes charitables l'argent nécessaire pour habiller les jeunes communiantes; elles ont même eu l'attention déjà, depuis plusieurs années, de tenir en réserve plusieurs robes blanches dans leur vestiaire, de manière à ce que leurs enfants aient la consolation dans le plus beau jour de leur vie de porter, comme leurs compagnes, la couleur symbolique de l'innocence et puissent se servir pendant l'année des vêtements de couleur que la charité leur a procurés.

Il faut remercier le Seigneur qui sait si bien envoyer les délicates inspirations aux chrétiens fidèles et qui ne leur permet pas de rien négliger quand il s'agit de faire comprendre, à tous ceux qui veulent l'entendre, combien c'est une grande chose que de recevoir dans son cœur de petit enfant et pour la première fois le Dieu tout-puissant de la terre et du ciel.

LIVRE QUATRIÈME

Communautés,
Etablissements d'instruction, etc.

Un des moyens les plus efficaces dont la divine Providence s'est servie pour développer et entretenir la piété dans cette paroisse, c'est le spectacle de la foi, de la régularité et des vertus que pratiquent sous nos yeux tant d'âmes consacrées à Dieu : ce sont nos communautés religieuses.

Aussi, dans ces renseignements de toutes sortes que nous avons trouvé utile de donner à nos chers Paroissiens, nous garderons-nous bien de passer sous silence ces saintes communautés qui, depuis si longtemps, vivent avec nous, côte à côte, dans l'union, la paix et l'édification.

Nous essaierons donc de dire, dans quelques chapitres successifs, les choses principales qu'il ne serait pas permis au plus petit d'entre nous d'ignorer sur ces communautés; par exemple, la date de leur fondation et de leur arrivée parmi nous, leur but, leurs œuvres, leurs chapelles, leurs fêtes, leurs rapports officiels avec la paroisse. Tous ces renseignements seront d'ailleurs des plus élémentaires, et sans aucune prétention à quoi que ce soit de scientifique ou de complet. Toutes ces choses seront dites fort succinctement, puisqu'il ne saurait en aucune manière entrer dans notre plan de traiter un peu à fond de dix ou douze communautés, dont une seule demanderait de longs discours et de longs écrits.

Nous parlerons donc, par ordre alphabétique : des Augustines, des Carmélites, religieuses de l'Immaculée Conception, etc., etc.

Nous ajouterons à cela les établissements qui fleurissent sur notre sol paroissial : Saint-Stanislas, le pensionnat des Ursulines, nos classes paroissiales, etc., etc.

C'est en considérant toutes ces maisons où Dieu est si bien servi, où chacun accomplit si bien ses devoirs envers Dieu et la société, que nous nous sentirons portés par une légitime émulation à imiter, à égaler si cela était possible, la ferveur et la vertu de ces âmes saintes et dévouées.

CHAPITRE PREMIER

La communauté des Augustines (Maison mère).

L'ordre des Augustins est un des plus anciens dont s'honore l'Eglise, puisqu'il remonte au saint Docteur, évêque d'Hippone, qui l'établit peu d'années après sa conversion.

Cet ordre est non moins illustre par les saintes qu'il a formées que par ses saints, et il peut montrer avec un légitime orgueil, dès le xive siècle, sainte Claire de Montefalco, morte en 1308, et la bienheureuse Oringa, morte en 1310; au xve siècle, la bienheureuse Catherine de Palenza, morte en 1478, et sainte Véronique de Milan, morte en 1494; au xvie siècle, sainte Catherine de Gênes, morte en 1510, etc.

Longtemps avant ces époques, les religieuses Augustines d'Abbeville, d'après le R. P. Monvoisin (a), desservaient déjà l'Hôtel-Dieu d'Abbeville (1158). M. l'abbé Jules Corblet semble indiquer aussi la même époque (b), mais ce qui a rapport à notre objet est de considérer plutôt la communauté de la maison-mère des Augustines, établie depuis quelques années sur la paroisse du Saint-Sépulcre.

Or, l'arrivée de cette communauté sur la paroisse remonte à l'année 1863, c'est-à-dire environ dix ans après la réunion des communautés Augustines du diocèse d'Amiens, et de quelques autres qui sont venues s'y joindre dans les diocèses limitrophes.

Les couvents unis sous la direction d'une Supérieure générale résidant à la maison-mère d'Abbeville sont ceux de l'Hôtel-Dieu d'Abbeville, de Saint-Valery, de Saint-Riquier, de Crécy. Les couvents étrangers au diocèse sont ceux d'Auxi-le-Château, de Rebecq, de Blérancourt, près Noyon.

La première Supérieure générale qui est morte, il y a quelques années, sur cette paroisse, était la R. Mère Saint-Gabriel, dont M. l'abbé Petit, vicaire-général du diocèse et supérieur des Augustines, a fait un touchant éloge, et la Supérieure générale actuelle est la R. Mère Sainte-Philomène.

(a) *Eglise Saint-Gilles d'Abbeville*, page 89. — (b) *Hagiographie*, IV, page 163.

Les différentes communautés augustines que nous avons nommées plus haut, ont pour but de se dévouer aux services hospitaliers, sur une grande échelle, comme à l'Hôtel-Dieu d'Abbeville, aux hôpitaux de Saint-Valery et de Saint-Riquier, et sur des terrains plus modestes, comme à Auxi-le-Château et ailleurs.

Nos religieuses augustines sont vouées aussi à l'enseignement, aux asiles, et elles s'acquittent avec zèle et succès de ces ministères, à Abbeville, à Rouvroy-lès-Abbeville, à Crécy-en-Ponthieu, à Auxi-le-Château, etc.... Ces Religieuses ont encore un autre ministère, c'est celui de prendre des dames pensionnaires, âgées en général, qu'elles reçoivent dans des chambres et appartements très-convenables; qu'elles nourrissent et soignent avec toute la sollicitude que la charité chrétienne inspire aux âmes qui s'y sont dévouées par état et par vœux.

Les religieuses, supérieure générale, dignitaires et novices de la communauté-mère, habitent rue des Minimes, n° 4, une grande et importante maison qui faisait partie de l'ancien couvent des Pères Minimes, supprimés à la Révolution; il ne subsiste plus, pour le reste, que quelques vestiges à peine remarqués, entr'autres, un cintre de porte cochère que l'on distingue encore dans le mur de la maison n° 8, et une arcade beaucoup plus grande, mais remplie comme la précédente, rue Boucher de Perthes, au n° 36.

Le couvent des Augustines est une maison moderne qui a été affectée, après le départ des Minimes, à usage de filature, mais qui, appropriée à sa destination actuelle, est loin de contrister le regard.

A la suite de la maison principale, à l'exposition du midi, s'étend un très-beau jardin, bien cultivé, au bout duquel les religieuses, il y a quelques années, ont fait élever une grande construction pour les dames pensionnaires ; de nouveaux agrandissements s'accomplissent même en ce moment, et feront du couvent de la maison-mère des Augustines un établissement très-complet.

Mais, ce qui donne à ce couvent sa physionomie principale et son cachet, c'est sa belle chapelle-église, sur le côté oriental du jardin, entre les deux constructions principales, et qui sera aussi très-accessible aux nouvelles additions projetées ou en train même de se réaliser.

Cette gracieuse et élégante chapelle desservie par un aumônier, a été bâtie, en 1864, par M. Edouard Carpentier, dans le style moyen-âge religieux. Ses voûtes sont ogivales à nervures croisées qui retombent sur de légers appuis, le long des deux murailles.

Les croisées du côté ouest, car la chapelle n'est pas éclairée à l'est (en attendant qu'on puisse lui donner cet agrément de plus, d'après les nouvelles acquisitions) ; les croisées sont en belles et bonnes pierres, en ogive, comprenant chacune deux panneaux, surmontées d'un tympan avec des trèfles et une petite rose centrale. La fenêtre qui surmonte la porte d'entrée de la chapelle est plus large que les autres et elle produit, avec la porte en arc surbaissé, un bel effet. Les petits contreforts entre les fenêtres les séparent agréablement, ainsi que l'abside qui est à trois pans coupés.

L'intérieur de la chapelle est bien calculé pour favoriser la piété : l'autel à colonnettes trapues de marbre bleuâtre est du genre roman. Le rétable est ciselé dans le même style ; il est accompagné de deux anges en pied, et surmonté d'une belle verrière de Bazin, en deux compartiments représentant le Sacré Cœur et saint Augustin.

Les principales fêtes de la maison-mère des Augustines sont : Saint Augustin et l'Adoration perpétuelle (29 juillet) (a).

Le titulaire de la chapelle est le Sacré Cœur de Jésus.

Or, un des grands souvenirs de cette chapelle, c'est qu'elle est élevée non loin ou à l'endroit même, où le saint roi Louis XIII fit, au jour de l'Assomption 1637, la consécration de sa personne et de son royaume à la très-sainte Vierge Marie (b).

Puisse ce grand souvenir durer toujours parmi nous ! Puisse-t-il protéger les saintes religieuses qui sont destinées à vivre, à mourir, à servir Dieu dans cette communauté, et puisse aussi la paroisse du Saint-Sépulcre continuer à retirer les avantages d'édification, de bon exemple, de suffrages, de vrai attachement, auxquels elle tient tant et auxquels elle a droit, de la part d'une communauté qu'elle regarde comme une de ses filles les plus justement chères.

Quant à nous, apprenons par l'exemple de ces religieuses hospitalières à prodiguer tous nos soins à nos malades, et s'il ne nous est pas donné, à cause de nos occupations, de soigner les malades qui nous sont étrangers par le sang et l'amitié, au moins, ne négligeons rien pour procurer des con-

---

(a) Voir aux pièces la note XXIII. — (b) Voir toute cette relation dans M. Corblet, IV, 441.

solations aux malades de notre famille, de notre société, de notre voisinage ; n'oublions pas, surtout, les plus pauvres, les plus délaissés d'entr'eux, ayons soin de leur procurer, dans le temps convenable, les secours de la religion, et, par là, nous obtiendrons de Dieu, pour nous-mêmes, des secours particuliers pour le moment de notre dernière maladie et de notre mort.

CHAPITRE II

La communauté des Carmélites.

L'ordre des Carmes, au moins en tant qu'il succède aux Ermites du Mont-Carmel, disciples et descendants du grand prophète Elie, est plus ancien encore que celui des Augustins.

Cependant, il ne fut introduit, en Europe, qu'au commencement du XIIIe siècle, et ses deux premiers établissements furent fondés, l'un dans la forêt de Helme et le second dans celle d'Aylesfort, tous deux en Angleterre.

Le supérieur général des premiers établissements du Carmel, en Europe, fut le célèbre saint Simon Stock, fondateur et propagateur de la dévotion si universelle aujourd'hui, du saint scapulaire.

L'ordre du Carmel produisit aussi, comme celui des Augustins, des saintes illustres dès ses commencements, mais, c'est à partir de l'époque de sainte Thérèse, en 1562, que les Carmélites jetèrent le plus vif éclat par leur esprit d'observance, leurs austérités et leurs vertus. Vinrent ensuite et jusque dans ces derniers temps, les Marie de l'Incarnation et les Madame Louise, fille de Louis XV.

Les Carmélites d'Abbeville ont, chez nous, une suite d'années déjà respectable, puisque les historiens locaux la font remonter jusqu'à l'année 1636 (a). Le monastère d'Abbeville fut une colonie de celui d'Amiens, qui avait été fondé, dans la ville épiscopale, peu d'années auparavant, c'est-à-dire en 1606 (b). Les Carmélites, qui habitaient rue Saint-Gilles, sur l'emplacement du Tribunal actuel du Commerce, ne quittèrent leur demeure qu'à la Révolution.

Ces vénérables filles de sainte Thérèse reparurent dans notre ville dès les premières années qui suivirent, et leur communauté renaissante s'établit successivement place Saint-Pierre, rue des Carmes, rue de la Tannerie appelée alors Cache-Corneilles. Ces déplacements, en quelques années, montrent combien ces dignes religieuses étaient mal installées pour les œuvres et exercices de leur vocation. Quoiqu'il en soit, elles quittèrent leur dernier asile de la Tannerie, pour se fixer définitivement dans la maison où elles sont depuis de longues années déjà et qui était l'ancien couvent des Capucins, dans la rue de ce nom (1821).

Les bâtiments réguliers occupés par les Capucins, malgré les appropriations et les destinations diverses qu'on leur avait fait subir, avaient conservé cependant leurs parties principales.

(a) *Hagiographie*, tom. IV, page 620. — (b) P. Monvoisin, *Eglise Saint-Gilles*, page 90.

On voit encore maintenant, quand on pénètre dans l'intérieur de la communauté comme, par exemple, pour l'enlèvement du corps des religieuses décédées, on voit encore la petite cour centrale carrée qui servait de cimetière aux Pères Capucins et sur laquelle donnent les fenêtres des cellules actuelles.

Au milieu du grand bâtiment dont la ligne s'étend du nord au midi et dont les ouvertures regardent l'Orient, se trouve un corridor convenable, quoiqu'assez étroit, qui dessert, d'un côté, divers appartements, cuisine, réfectoire, etc., et de l'autre, une partie du cloître et de l'avant-chœur des religieuses, au-dessus duquel se trouve le campanile avec ses cloches argentines, bénites le 12 octobre 1826.

Les murailles, au nord surtout, faites qu'elles sont d'une pierre grise aux assises irrégulières, aux fenêtres plutôt petites que grandes, mais régulières et ourlées de pierres à teintes différentes de l'appareil, ces murailles, disons-nous, ont un aspect grave, religieux et solide, qui inspire tout d'abord le respect.

La R. Mère Euphrasie, qui a précédé immédiatement la supérieure actuelle, avait fait faire, dans les derniers temps, avec l'autorisation épiscopale, des réparations, aménagements, et même des additions assez considérables qui ont rendu le monastère beaucoup plus habitable. Ainsi ont été construits des cloîtres aux voûtes gothiques, qui permettent aux Religieuses de faire leurs processions de règle, qui sont assez nombreuses. Ainsi les cellules du premier étage, auxquelles on accède par un grand et bel escalier conduisant à de larges corridors, ont été restaurées et mieux défendues contre les vents et le soleil. Ainsi ont été heureusement modifiées la sacristie des religieuses, l'infirmerie, le parloir, la petite chapelle où les malades peuvent faire la sainte communion, etc.

Les jardins du couvent sont spacieux, et si naturellement, ils pourraient paraître un peu sévères à des personnes du monde, néanmoins, ils offrent, à de saintes Carmélites, des allées, un beau calvaire, une solitude protégée par des murs élevés et, surtout, le pain de vie, *pabulum vitæ,* comme disaient les anciens, c'est-à-dire un air excellent et réconfortant après les stations à la cellule et les longues méditations à la chapelle.

Cette sainte chapelle, ou plutôt église des Carmélites, n'est pas celle des Pères Capucins qui a été détruite de 1793 à 1795 (a).

Elle est d'une architecture spéciale aux couvents Carmélites, simple, mais correcte. Au portail de pierre surmonté d'un fronton dans le tympan duquel sont les armoiries du couvent, à l'abside coupée à pan droit et ornementée seulement de deux niches avec les statues de la sainte Vierge et de saint Joseph, (elle a été inaugurée le 23 mars 1826).

Tout dans cette chapelle porte à la dévotion; le tabernacle où repose jour et nuit Notre-Seigneur, dans son vase sacré; la gloire où on l'expose souvent dans une riche monstrance, l'autel simple et riche, accompagné de ses deux adorateurs.

On conserve, dans la chapelle, des reliques pré-

(a) M. Prarond, page 231.

cieuses, en particulier de sainte Thérèse, de la bienheureuse Marie de l'Incarnation (Mme Acarie de Montbran), dont le couvent d'Amiens, fondé par elle, conserve le cœur, un œil, un doigt de la main et quatre petits traités de dévotion. Elle possède aussi le corps de sainte Vénérose, martyre, des restes de sainte Colombe, etc.

Les tableaux sont également à citer: celui du maître-autel, l'Adoration des Mages; celui de sainte Thérèse; celui de saint Jean de la Croix dus au pinceau de notre maître Choquet, n'ont pas besoin d'autre éloge que celui de son nom même.

Les fêtes principales du Carmel d'Abbeville sont: l'Epiphanie, fête titulaire du monastère; Sainte Thérèse; Saint Jean de la Croix, 24 novembre; Notre-Dame du Mont-Carmel; l'Adoration perpétuelle, etc., etc.

La paroisse du Saint-Sépulcre va en procession, aux Carmélites, en plusieurs circonstances: à la Fête-Dieu, aux Rogations.

Aux principales fêtes, le clergé donne avec empressement son concours aux saintes religieuses, et quand quelqu'une d'entr'elles est appelée à recevoir sa couronne au ciel, c'est lui qui confie, avec respect, cette dépouille à la terre qui la représentera au jour de la résurrection.

Quelle bénédiction pour une paroisse que de compter dans sa population une communauté qui ne laisse passer aucune grande occasion, aucun grand besoin, retraites, stations, premières communions, etc., sans s'unir à elle par le souvenir et par la prière, et combien elle doit s'estimer heureuse d'offrir, de temps en temps, quelqu'une de ses âmes d'élites à cette sainte montagne du Carmel d'Abbeville (a).

CHAPITRE III

La communauté de l'Immaculée Conception.

Voici, sans contredit, une des plus admirables œuvres des derniers temps, une de celles où l'esprit de Dieu paraît le plus visiblement, dans les personnes et les circonstances qui ont concouru à son établissement.

L'association générale dont la *Conception* fait partie a été fondée, en 1820, par un vicaire de la paroisse Sainte-Eulalie, de Bordeaux, l'abbé Pierre-Bienvenu Noailles. Il n'avait que vingt-six ans, mais à cet âge peu avancé, il était déjà mûr pour toutes les créations qui demandent une profonde sagesse, une prudence consommée, une grande suite dans les desseins, une piété et une confiance en Dieu qui ne doutent de rien et obtiennent des miracles.

Le jeune vicaire commença son œuvre avec le concours de trois humbles femmes, dont sa propre sœur, Mademoiselle Noailles, était une. Il donna d'abord des règles générales à l'Association de la

(a) Les Carmélites ont cent huit monastères en France, et dix hors de France : Bethléem, Jérusalem, Alger, Hollande, Montréal, Mangalon (Indes), Saïgon, Saint-Louis (États-Unis), Whan-ha-dan (Chine). Les plus anciennes fondations sont de 1604 à 1793.

Sainte-Famille, c'était le nom générique et touchant dont il l'avait baptisée. Bientôt les vocations répondant à son appel qui était celui de Dieu, il divisa l'Association en sept groupes ou congrégations ayant chacune des œuvres spéciales, un costume spécial, une Supérieure générale spéciale.

Voici le nom et la description des sept groupes de la Sainte-Famille, d'après une lettre de la directrice générale de toute l'Association, la Mère M. Delpech, publiée dans le premier numéro des *Annales de l'Association*, juillet 1852. (T. Ier, in-8º) :

1º *La Congrégation de Lorette* qui se consacre à la haute éducation, aux hautes classes ;

2º *La Congrégation des Sœurs de Saint-Joseph*, pour les jeunes orphelines et les ateliers des enfants du peuple ;

3º *La Congrégation de la Conception*, pour l'instruction des classes moyennes, des salles d'asile, le soin des pauvres à domicile, etc., etc. ;

4º *Les Sœurs de l'Espérance*, pour soigner les malades chez eux et dans les colléges et petits séminaires ;

5º *Les Ouvrières chrétiennes*, pour fournir des asiles aux jeunes ouvrières sans ouvrage, des villes, et leur créer des occupations lucratives ;

6º *La Congrégation des Dames de la Sainte-Famille* qui vivent dans le monde, mais aspirent à devenir religieuses ;

7º Enfin, *les Congréganistes de la Sainte-Famille* et *les Enfants de la Sainte-Famille*, selon qu'ils vivent dans les lieux où l'Association a des œuvres, ou bien dans les maisons qui ont des élèves (a).

(a) Il faut y joindre : les Sœurs agricoles, les Solitaires, les Sainte Marthe (*Annales*, tome premier, page 354).

Toute cette vaste et catholique Association est gouvernée par un Directeur général, M. l'abbé Pierre-Bienvenu Noailles (mort en 1861), et ensuite le P. Fabre, supérieur des oblats de Marie, demeurant à Paris, et par une Directrice générale, la Mère M. Delpech, qui semble, elle aussi, par ses lettres, avoir reçu la sagesse, les lumières et l'esprit du fondateur.

Or, la Congrégation de la *Conception*, un des rameaux de ce grand arbre de la Sainte-Famille qui s'étend déjà à des régions entières, France, Italie, Espagne, etc..., et abrite des milliers de religieuses, l'ordre de la Conception nous a fait don, à cette paroisse du Saint-Sépulcre, d'une de ses pieuses communautés.

Nous voyons, par la lettre citée plus haut de la Mère M. Delpech, que, en 1842, les religieuses de la Conception étaient déjà à Abbeville et, par conséquent, leur établissement du Saint-Sépulcre n'a pas dû se faire attendre beaucoup (1853).

Quoi qu'il en soit, nos sœurs de l'Immaculée-Conception possèdent, rue Mellan, leur communauté centrale pour Abbeville. Chaque jour, en effet, on voit ces saintes filles, la méditation au cœur, la prière à la bouche, parcourir les rues de notre ville pour aller, chacune, trouver son œuvre et revenir ensuite à la communauté prendre ses repas et son repos.

Ces religieuses intelligentes et dévouées sont très-habiles pour les classes de la première enfance, et sous leur direction leurs jeunes élèves ne peuvent qu'apprendre beaucoup de choses utiles, très-rapidement, très-facilement, et aussi très-rationnellement, et tout cela sans négliger en rien la science fondamentale, la science par excellence qui est celle de Dieu et de la religion unique et véritable que lui-même a fondée.

L'administration municipale a fait disposer au premier étage, pour la communauté de la Conception, une pieuse et élégante chapelle qui fait honneur à l'habile architecte, M. Coulombel. C'est là, dans cette chapelle modeste, mais si bien tenue, que l'époux des âmes qui lui sont dévouées, Notre-Seigneur, réside sur un autel carré, blanc et or, et de forme classique, comme le reste de la chapelle. C'est là que la bonne religieuse vient, dès son réveil, puiser dans la prière des forces pour une journée de labeur ; c'est là que, devant elle, est renouvelé chaque jour le sacrifice qui a sauvé le monde ; c'est là qu'elle s'unit à son divin Epoux dans la sainte communion ; c'est là qu'elle passe de courts mais heureux moments quand elle le peut, dans la journée ; là, enfin, que toute la communauté, dispersée pendant de longues heures aux quatre coins d'une ville, revient, chaque soir, rendre grâces des faveurs du jour passé et mettre son sommeil sous la protection de Celui qui ne dort pas, parce qu'il est le gardien d'Israël : *Ecce non dormitabit neque dormiet qui custodit Israël*(a).

Les fêtes de la communauté de la Conception sont bien touchantes ; c'est, avant tout, l'Immaculée-Conception ; c'est saint Joseph et dans un autre ordre moins surnaturel, sans doute, mais bien chrétien aussi, la fête du vénérable fondateur Pierre Noailles, le 29 juin ; celle de la directrice générale, 5 janvier ; et aussi la fête anniversaire

(a) Ps. 120-4.

de la fondation de la Sainte-Famille, 8 janvier, c'est-à-dire de cette sainte Association Jésus, Marie, Joseph, dont une des plus belles devises est: Dieu seul; une autre, à la Septuagésime, en mémoire de l'apparition de Notre-Seigneur dans la sainte hostie à la messe de M. l'abbé Delorme (a).

CHAPITRE IV

Communauté des Frères des Ecoles chrétiennes.

Tout le monde sait que le fondateur de l'admirable Institut des Frères des Écoles chrétiennes est le vénérable Jean-Baptiste de la Salle, prêtre, docteur en théologie, chanoine de l'église de Reims, au XVIIe siècle.

Frappé de l'ignorance où vivait forcément une foule de jeunes enfants de la classe ouvrière, à cause de l'insuffisance des maîtres, comme nombre, comme dévouement et aussi comme culture scientifique, il fonda, après de mûres réflexions et de ferventes prières, l'Institut dont nous parlons et dont il voulut être, lui-même, le premier membre. Ce fut en 1680.

La main de Dieu était évidemment dans cette

(a) Les règles générales, arrêtées définitivement par le fondateur, ont été réimprimées en 1851, à Bordeaux, chez Th. Lafarge, au nombre de quatre cents exemplaires de 444 pag. in-12. L'édition ancienne a été retirée et anéantie par le fondateur.

œuvre, car Dieu aime les âmes et tout ce qui les élève, c'est-à-dire l'éducation et l'instruction, aussi la nouvelle création bénie visiblement du ciel fit-elle de rapides progrès.

Bientôt toutes les villes et les localités importantes voulurent posséder quelques-uns de ces instituteurs qui étaient modestes et ne savaient pas pour être sçus, comme dit saint Bernard, *sunt qui sciunt ut sciantur*, qui voulaient rester pauvres et ne savaient pas pour s'enrichir par la science, comme il dit encore : *Sunt qui sciunt ut scientiam vendant* (a). Aussi, le roi de France, Louis XV, autorisa-t-il bientôt l'Institut par ses lettres patentes.

Le Saint-Siège, lui-même, comme il était juste et conforme à ses traditions, car l'Eglise s'est toujours fait gloire de favoriser l'instruction et notamment celle des pauvres, le Saint-Siège, au 26 janvier 1724, approuva hautement l'Institut dans une bulle célèbre (le Pape Benoît XIII).

Les Frères allèrent ainsi, se dilatant toujours, en France surtout, jusqu'en 1792, où la Révolution les supprima avec les autres ordres religieux, au grand détriment des enfants et au grand chagrin des pères et mères de famille qui, à toutes les époques, ont toujours témoigné aux chers Frères, comme ils les appellent, un particulier attachement.

Cependant, avec la disparition des Instituteurs des pauvres, la nuit s'étendait au loin et, dès 1804, l'opinion populaire acclamait les anciens instituteurs, les rappelait et faisait revivre, en fait, l'Institut regretté et aimé.

(a) S. Bernard, *De Consideratione*.

Mais ce n'est pas tout, les éclatantes réparations arrivaient et quelques années après, en mars 1808, le gouvernement impérial reconnaissait légalement l'Institut comme œuvre de publique utilité ; il le reconnaissait comme faisant partie intégrante de l'Université de France, de sorte qu'aujourd'hui, quand on voit quelques localités fermer les classes des Frères, on ne s'explique pas facilement cette conduite, puisque ces instituteurs appartiennent à l'enseignement officiel ; que, dans chacun de leurs postes, le titulaire est muni du brevet de l'Etat et que, d'ailleurs, leurs élèves leur font honneur dans les différents examens et concours.

Quoi qu'il en soit, l'œuvre chrétienne et civilisatrice du bienheureux de La Salle est encore bien fortement constituée à l'heure qu'il est, et elle comptait, il y a quelques années déjà, pour la France, sept centres principaux ou noviciats : Paris, Lyon, Toulouse, Avignon, Clermont-Ferrand, Saint-Omer, Nantes ; pour l'Italie, trois : Orviette, Turin, Chambéry ; pour la Belgique, Namur ; pour le Canada, Montréal, etc., etc.

A l'heure présente, si les Frères sont dépouillés de quelques écoles en France, il est vrai de dire qu'ils sont demandés dans les quatre parties du monde et jusque dans les régions les plus éloignées.

Quant à ce qui concerne spécialement la paroisse du Saint-Sépulcre, (pour les temps qui suivent la grande Révolution), nos Frères y sont établis déjà depuis de longues années (a). Nous trouvons dans des actes notariés, qu'en 1823, M. l'abbé Cauchye,

---

(a) Le premier établissement des Frères à la paroisse (fondation de M. le curé Lesueur) date de 1748. Le rétablissement, après la révolution, date de 1820. *Mémoires*, Siffait.

curé du Saint-Sépulcre, aidé de M. du Bellay de Sainte-Croix, donnait authentiquement, à la ville, une grande maison attenante à celle trop petite qu'occupaient les Frères pour agrandir leurs classes. C'était la maison de Mademoiselle Danzel d'Hocquelus, achetée par M. l'abbé Cauchye et M. du Bellay, moyennant 10,000 francs.

Puisse la paroisse du Saint-Sépulcre se souvenir toujours de l'attachement de ses pères et de ses pasteurs, pour les fils du vénérable de La Salle, l'ami chrétien des enfants et des pauvres pour lesquels il n'a pas hésité à sacrifier sa position, sa tranquillité et toute sa fortune.

La nouvelle maison des Frères a été bâtie par la municipalité, en 1862, sur l'emplacement des deux premières dont on vient de parler et qu'elle représente.

La communauté se compose des Frères des trois paroisses Saint-Vulfran, Saint-Sépulcre, Saint-Gilles, au nombre de dix religieux, sous le gouvernement d'un Frère directeur et d'un sous-directeur.

La communauté a, à sa disposition, une jolie chapelle de style gothique; elle est polychromée. Les fenêtres à compartiments et à arceaux ont des verres de couleur et les portes aussi, qui ne laissent pénétrer qu'une lumière adoucie et sereine qui invite au recueillement.

Des deux côtés sont rangés les prie-Dieu, très-simples, mais propres, de ces bons religieux qui viennent souvent se délasser par la méditation et la prière, en présence de ce saint patriarche Joseph, leur patron, qui orne le fond de leur sanctuaire; en présence de leur autel qui, lui, est élégant et riche ; en présence du Saint-Sacrement qui veille le jour et la nuit dans ce saint asile et apprend au Frère qui serait tenté de se fatiguer d'un ministère trop souvent ingrat, qu'il ne doit pas se lasser puisque Jésus-Christ ne se lasse pas de l'attendre, lui, au tabernacle, puisque, d'ailleurs, comme dit le saint livre de l'*Imitation* : l'amour peut être fatigué, mais lassé, jamais ! *Amor fatigatus non lassatur* (a) (b) (c).

CHAPITRE V

La communauté de Saint-Joseph (Maison mère).

Cette communauté est deux fois paroissiale, pour ainsi dire, parce que non-seulement elle habite parmi nous, mais parce qu'elle y est née, y a grandi, s'y est développée à la grande satisfaction de nous tous, qui nous plaisons à constater ses progrès.

La Congrégation de saint Joseph a été fondée par le vénérable M. Crimet, en 1853, dans une grande et vaste maison qui regarde la rue Briolerie d'un côté, et de l'autre a vue sur la rue Dauphiné et la rivière du Scardon qui coule joyeux et mur-

---

(a) *Imitation*, liv. III, chap. x. — (b) *Règles du gouvernement de l'Institut*, Paris, 1845, in-12 ; *Règles et constitutions*, Versailles, 1852, in-4°. — (c) Les Frères jouissent de l'Indulgence de la Portioncule, 2 août, pour les Frères, les Prêtres qui leur rendent des services et leurs Élèves. Pie IX, 21 mai 1860.

murant entre ses cailloux, depuis Saint-Riquier jusqu'à la Somme, à Abbeville.

Les commencements de Saint-Joseph ont été petits et humbles comme le grain de senevé, mais la foi du fondateur et de ses premières filles, venues d'Amiens, a fécondé ce germe microscopique, qui est devenu, non un grand arbre encore, sans doute, mais un arbrisseau ayant de bonnes racines, une tige, des branches sous lesquelles de nombreux petits oiseaux sont déjà venus se réfugier.

Les sœurs de Saint-Joseph, bénies par la grâce de Dieu et la protection de leur vénérable patriarche, possèdent, à Abbeville, chaussée du Bois, la maison-mère de leur saint institut.

C'est là le centre et comme le cœur de toute la Congrégation ; c'est là que se trouve le noviciat par lequel ont déjà passé tant de jeunes personnes d'une vocation sérieuse et solide....

C'est là, qu'en novembre 1856, vint trouver les sœurs de Saint-Joseph la reconnaissance officielle par le Gouvernement, de leur Institut, comme Congrégation dirigée par une Supérieure générale.

A dater de ce moment, de nombreuses sœurs partent de la maison-mère pour aller fonder de nouvelles colonies. Elles vont où le Seigneur leur montre le chemin ; elles vont où les appellent les magistrats des villes et des cités et les pasteurs des paroisses.

Ainsi, des sœurs nombreuses dirigent, à Boulogne-sur-Mer, l'importante maison de la place Navarin, où se trouvent réunis, dans une même enceinte, un pensionnat, un asile, un ouvroir soutenu par la ville, une œuvre paroissiale de jeunes personnes, etc.

Saint-Joseph a un poste important aussi à Capécure (Boulogne), au Portel, à Outreau, à Equihen, à Saint-Étienne, à La Capelle, dans le diocèse d'Arras.

Et dans celui d'Amiens : à Mézerolles, à Dargnies, à Lanchères, à Buleux, à Embreville, à Huchenneville, etc....

Saint-Joseph a encore des œuvres importantes ; à Abbeville, outre sa maison-mère : le saint Enfant-Jésus ; le collége libre Saint-Stanislas (lingerie, etc.) ; à Oisemont, où les sœurs dirigent un pensionnat florissant, un hôpital pour les vieillards et les écoles communales.

Voici bien des œuvres capables, assurément, de prendre tous les moments de la supérieure générale, des assistantes et conseillères de la maison-mère.

Mais cette maison doit administrer encore, en dehors des œuvres nommées plus haut, un pensionnat, un minimat pour les jeunes enfants, etc....

La chapelle de la maison-mère de Saint-Joseph est très-convenable pour sa destination, quoiqu'on pourrait désirer pour elle un plus grand éloignement des habitations voisines.

Le Saint-Sacrement y réside toujours et chaque matin, un prêtre du collége Saint-Stanislas vient y offrir le saint sacrifice de la messe.

C'est là que se font les retraites générales des sœurs, une fois chaque année, pendant les vacances.

Là que se fait la cérémonie solennelle de la prise d'habit et de la profession.

C'est là, aussi, que se rassemblent, le premier

mercredi de chaque mois, les associées de l'Archiconfrérie de Saint-Joseph, pour la messe, le matin, et le soir, à quatre heures, pour le salut et l'instruction en l'honneur du saint Patriarche (a).

Quant aux œuvres spéciales de la Congrégation, ce sont des œuvres de miséricorde spirituelle et corporelle et, en particulier, l'éducation des jeunes filles, la direction des salles d'asile, le soin et la visite des malades (b).

Espérons que saint Joseph continuera à veiller sur tout cet ordre qui lui est consacré et, en particulier, sur la maison-mère qui doit être, pour toutes les sœurs, un refuge, un asile et aussi un parfum de vertu qui embaume, un foyer de science qui rayonne tout autour, une lumière placée sur un chandelier qui éclaire au loin toute la maison, selon la parole du Sauveur : *Lux super candelabrum ut luceat omnibus qui in domo sunt* (c).

CHAPITRE VI

Seconde communauté de Saint-Joseph, dite de l'Enfant-Jésus.

Une des maisons les plus importantes de la Congrégation de Saint-Joseph d'Abbeville est celle

---

(a) Les fêtes sont : Saint Joseph et l'Adoration perpétuelle, 24 juillet. — (b) *Constitutions des Sœurs de Saint-Joseph d'Abbeville*, Briez, C. Paillart et Retaux, 1872, in-24. — (c) Évangile S. Matth., 5-13.

qui est appelée : Du saint Enfant-Jésus, et qui est située rue de la Briolerie, près le Moulin-Gaffé (a). Cette maison, belle et grande, est le berceau de la Congrégation, et elle a servi de maison-mère jusqu'au moment où les Sœurs et M. l'abbé Carpentier, curé du Saint-Sépulcre, leur supérieur, ont, avec l'autorisation de Mgr Boudinet, alors évêque d'Amiens, acheté l'ancien hôtel de l'Europe, chaussée du Bois.

La maison de l'Enfant-Jésus avait été louée seulement, tout d'abord, en 1833 ; elle ne fut achetée qu'en 1836. Une simple chambre tint quelque temps lieu de chapelle, mais, en 1851, M. l'abbé Crimet et celui qu'il faut toujours nommer avec lui, son illustre vicaire, devenu évêque de Saint-Pierre de la Martinique, Mgr Porchez, firent bâtir la grande et belle chapelle que l'on voit maintenant (b).

C'est là que les religieuses et leurs chères enfants, dont nous parlerons plus loin, trouvent, chaque jour et à chaque moment du jour, quand leurs occupations le permettent, Celui qui, seul, peut soutenir en ce monde leur courage et aux pieds duquel elles trouvent un avant-goût du ciel.

Outre leurs enfants, les sœurs de Saint-Joseph de l'Enfant-Jésus tiennent à la disposition de dames respectables, qui aiment à se retirer du monde, des appartements nombreux, bien aérés et où la tranquillité du monastère proprement dit, est tempérée par les voix douces et joyeuses des enfants.

Ce saint asile semble bien convenir à ces per-

(a) Elle appartenait à la famille Homassel. — (b) Elle fut inaugurée solennellement, en 1852, après la mort de M. Crimet.

sonnes du monde, puisque le nombre s'en accroît de jour en jour (a).

Les religieuses de la rue Briolerie font aussi un saint travail que nous n'aurions garde d'oublier ; ce sont elles qui façonnent de leurs mains la matière du saint sacrifice et de la sainte communion pour presque tout l'arrondissement d'Abbeville. Ainsi prouve l'Eglise que son esprit ne l'abandonne jamais, qu'il est toujours le même et que ce qu'elle avait statué autrefois dans ses conciles, ce que, d'après son inspiration, faisaient, dans les temps intermédiaires, les sainte Elisabeth et les saint Etienne de Hongrie, l'Eglise le rétablit, dans les temps modernes, en confiant aux mains pures des vierges consacrées, la confection de ce pain qui doit devenir, sur l'autel, le sacrifice latreutique à la gloire de Dieu et, dans la communion, la nourriture des âmes.

On voit, à la chapelle de l'Enfant-Jésus, un charmant autel de marbre polychrome, taillé en coupe, qui vient d'une des chapelles de l'église Saint-Sépulcre avant sa restauration.

On y voit également des reliques : sur l'autel, à gauche, relique de saint Spérat, martyr ; Justin, martyr ; Vital, martyr ; Benoit-Labre, confesseur ; Firmin, martyr ; à droite, Agnès, vierge martyre ; Justine, vierge martyre ; Vénérose, vierge martyre ; Innocent, martyr ; Chantal, vierge.

(a) On comprend que ce soit une chose extrêmement avantageuse aussi pour les dames pensionnaires de l'Enfant Jésus quand elles sont ou âgées, ou malades, de pouvoir trouver, à chaque instant de la journée, le Saint-Sacrement à la chapelle, et à une heure convenable, le matin, le saint Sacrifice de la Messe auquel elles peuvent participer par la sainte communion.

Les deux fêtes principales sont : celle de l'Enfant-Jésus, titulaire de la chapelle, et que l'on fête, chaque année, au dimanche du Saint Nom de Jésus ; et celle de l'Adoration perpétuelle, au 24 juin, jour de la fête de saint Jean-Baptiste.

CHAPITRE VII

La communauté de la Providence.

C'est une vérité qu'on ne peut ni ne doit se lasser de répéter, dans le temps présent, que l'Eglise catholique a toujours eu extrêmement à cœur de développer l'instruction chez les enfants les plus pauvres du peuple chrétien.

On peut en juger facilement, pour se borner aux xvie et xviie siècles, par les admirables institutions qu'elle a produites dans tous les pays soumis à son influence. Il suffit de nommer les religieux des écoles pies, instituées par saint Joseph Calasanz au commencement du xviie siècle. L'ordre de la Doctrine chrétienne, fondé vers la même époque, par saint Hippolyte Galanti.

L'ordre de la Visitation fondé, en 1610, par saint François de Sales et sainte Françoise de Chantal, et dont les membres sont des institutrices de la jeunesse, non moins zélées que les Ursulines ; la Congrégation de Notre-Dame pour l'instruction des jeunes filles, fondée, en 1597, par le bienheureux Pierre Fourrier ; les Filles de la Charité qui

COMMUNAUTÉS, ÉTABLISSEMENTS D'INSTRUCTION, ETC. 155

gouvernent, on le sait, tant d'écoles pauvres de jeunes filles, et les Frères de Jean-Baptiste de La Salle, pour les garçons, en 1679 ; et la Congrégation de Saint-Charles, pour les enfants pauvres, fondée, en Lorraine, vers 1663 ; et les Vatelottes, pour les écoles chrétiennes, fondées par Jean Vatelot, etc., etc.... Il serait impossible d'énumérer toutes les congrégations d'hommes et de femmes que l'Eglise a suscitées en ce xviie siècle.

Mais il est une de ces congrégations que nous n'avons garde de passer sous silence, c'est l'Institut des Religieuses des écoles charitables, dites, d'abord, filles de l'Enfant-Jésus, et plus ordinairement aujourd'hui, Religieuses de la Providence. Cet institut a été fondé, au xviie siècle, par le P. Barré, minime d'Amiens, qui lui a donné les règles que l'on trouve encore dans les mains de toutes ses filles. Ces règles respirent la sagesse, la prudence la plus profonde (a).

Après la mort du P. Barré, un de ses confrères, le P. Giry, le célèbre auteur de la *Vie des Saints*, lui succéda dans le gouvernement de l'Institut et il composa, pour les religieuses, *dix Méditations* qui sont, actuellement encore, comme le *vade mecum* des religieuses de la Providence (b).

C'est une des colonies de cette congrégation très-nombreuse aujourd'hui de la Providence que nous sommes heureux de posséder dans cette paroisse depuis de longues années déjà, puisque la sœur Ledieu, supérieure actuelle de la communauté, est

---

(a) *Statuts et règlements des Ecoles charitables de l'Enfant Jésus.* à Paris, in-24, Fr. Lecomte, impr. — (b) *Méditations pour les sœurs maitresses des écoles charitables du Saint Enfant Jésus.*

ici depuis plus de trente années, et que la religieuse qui l'a précédée, sœur Anquetin, de sainte mémoire parmi nous, exerça son emploi plus de trente ans aussi, avec le même succès (a).

Nous ne sommes pas, du reste, les seuls, dans cette ville et dans le diocèse d'Amiens, à jouir des travaux de l'Institut des Sœurs de la Providence.

La paroisse Saint-Gilles possède aussi une école dirigée par les religieuses de la Providence, et qui est établie dans un local très-convenable, près de l'église et presqu'au milieu d'un grand jardin.

La paroisse Saint-Vulfran en possède également une qui, depuis l'année dernière, est libre et gratuite.

Et encore, à Abbeville, *extra muros,* la Providence dirige l'école nombreuse des filles pour les quartiers de Menchecourt et de Thuison réunis.

A Amiens, dans la ville épiscopale, nous trouvons des communautés et des écoles de la Providence aux paroisses de Saint-Leu, Saint-Jacques, Saint-Pierre, Saint-Firmin. En dehors d'Amiens, à Airaines, Bourdon, Fontaine-le-Sec, Lamotte-en-Santerre, Montières, Oresmaux, Saint-Sauflieu, Senarpont, Tilloy-lès-Conty, Vignacourt, Cambron, Le Crotoy, Fontaine-sur-Somme, Gamaches, Huppy, Long, Moyenneville, Rue, Saint-Valery, La Ferté, Domart-en-Ponthieu, Ailly-sur-Noye, Guerbigny, Proyart.

Pour revenir à la communauté du Saint-Sépulcre, elle est établie rue Charlet. Elle possède une belle chapelle, nouvellement restaurée; l'autel, qui a

---

(a) Entrée des Religieuses au Saint-Sépulcre. 1878, Père **Monvoisin**.

été décoré d'une manière remarquable par des peintres de Paris, est surmonté d'un excellent tableau de M. l'abbé Dergny, représentant la très-sainte Vierge au milieu des vapeurs matinales qui la voilent sans la cacher : *Stella matutina*. Les fenêtres sont de bonnes grisailles du peintre-verrier Couvreur. Les personnes du dehors accèdent à cette chapelle par un escalier et une porte qui donnent sur la rue Charlet. Ce sanctuaire est la chapelle de réunion des enfants de Marie de la paroisse.

On trouve, dans la cour de la communauté, une fort belle statue de la sainte Vierge, dans le genre italien, époque de la Renaissance. Cette statue était à l'église Saint-Sépulcre avant la restauration entreprise et accomplie par M. l'abbé Carpentier.

Les fêtes de l'Institut de la Providence sont: la Nativité de Notre-Seigneur, la Pentecôte, la Présentation. Leurs dévotions principales sont: celles de saint Joseph, du saint Ange gardien, de saint Michel, etc., etc. (a).

Remercions la divine Providence qui a bien voulu, dans ses desseins de miséricorde sur nous, envoyer à cette paroisse des sœurs qui se font gloire de porter son nom et d'imiter sa sollicitude maternelle à l'égard de nos chères enfants qu'elles savent si bien former à la vertu. Prions aussi beaucoup pour que le Seigneur qui tient tous les cœurs dans sa main, daigne nous continuer longtemps encore et toujours, s'il est possible, les travaux et le zèle de ce saint Institut.

(a) *Statuts et règlements*, page 6.

CHAPITRE VIII

La communauté des Ursulines.

L'ordre des Ursulines fut fondé par sainte Angèle de Merici ou de Bréscia, vers l'année 1530 ; c'étaient d'abord de simples associées ne faisant pas de vœux et liées ensemble par un même goût de perfection, par des œuvres communes, sous la conduite de la sainte fondatrice et le patronage de l'illustre sainte Ursule, vierge et martyre, si célèbre jusqu'à nos jours.

La grande œuvre à laquelle se dévouait sainte Angèle était l'éducation gratuite des jeunes personnes pauvres, et ses filles ont été toujours fidèles aux intentions de leur fondatrice et de leurs premières mères sur ce point ; aussi, même dans les communautés d'Ursulines qui se vouent à l'éducation des classes aisées, se trouvent ordinairement, à côté des classes payantes, une ou deux classes gratuites pour les enfants pauvres de la localité, comme nous l'avons vu pratiqué à Amiens.

Sous le Pape Paul V, elles commencèrent à être cloîtrées et à faire des vœux perpétuels, et, depuis ce moment, leur règle n'a subi aucun changement, ce qui est une preuve évidente de l'esprit vraiment religieux, de la ferveur persévérante et de la fidélité à l'esprit de sainte Angèle qui a animé tant de religieuses de tous les pays, pendant au moins quatre siècles.

Ces vénérables filles se sont attiré le respect universel de tous les pays catholiques; partagées en diverses congrégations, elles se sont établies partout à la satisfaction des familles chrétiennes qui ont trouvé en elles des institutrices sages et éclairées pour développer, dans leurs enfants, l'intelligence, le cœur, la piété et les vertus sociales et chrétiennes.

Ce fut en 1610 que la comtesse de Sainte-Beuve, Marie Lhuillier, donna la plus grande impulsion à la Congrégation des Ursulines, en les établissant à Paris, au moment de la Révolution. L'ordre comptait onze provinces et plus de cinq cents couvents.

Quant à la communauté des Ursulines d'Abbeville, elle est presque contemporaine de l'arrivée, en France, des premières mères Ursulines, puisque le premier couvent de Paris date de 1611 et que celui d'Abbeville est de 1613.

Les Ursulines ont dû changer plusieurs fois de résidence, mais il ne paraît pas qu'elles aient jamais quitté la paroisse du Saint-Sépulcre, au moins telle qu'elle est constituée aujourd'hui, c'est-à-dire avec l'adjonction de la paroisse Saint-Eloi et une portion de celle de Saint-André. Elles habitèrent quelques années, de 1613 à 1642, rue des Burettes, actuellement rue des Carmes, l'hôtel de Gamaches qui devint, après le départ des Ursulines, couvent des Carmes déchaussés; elles demeurèrent longtemps rue chaussée du Bois, dans un beau et vaste couvent qu'elles firent bâtir sous le roi Louis XIII et dont une des religieuses fut elle-même l'architecte (a). Les fenêtres en étaient un peu petites, les plafonds en étaient un peu bas, les combles trop aigus, les pilastres des cloîtres trop trapus, les matériaux de construction, surtout les pierres, étaient d'un grain trop peu agrégé, mais l'ensemble de la construction par son dessin, ses accompagnements, (cour, jardins, etc.), est imposant et d'un excellent effet.

La Révolution enleva aux Ursulines cette belle propriété. Après la tourmente, lors de la renaissance des ordres religieux, nous voyons les Ursulines habiter quelque temps la maison occupée maintenant par M. le comte Alfred de Hautecloque, rue aux Pareurs, puis nous les voyons entrer en possession du magnifique pricuré de Saint-Pierre où elles sont encore aujourd'hui.

La chapelle des Ursulines, qui est l'ancienne église des Bénédictins, desservie par un aumônier spécial, est d'un style sévère, comme il convenait à une communauté d'hommes et de savants. Elle est construite en croix. La partie réservée aux religieuses (l'abside et le transsept) est séparée de la nef laissée pour l'usage des fidèles, par une grille demi-circulaire, bien entendue, qui entoure l'autel du côté des religieuses sans le leur dérober. L'autel, la chaire, le confessionnal, sont de beaux morceaux de sculpture. Les nombreuses fenêtres sont garnies de verrières de Claude Lorrain, dont le dessin de quelques-unes paraît un peu massif.

La chapelle est riche en reliques.

Les fêtes principales qui s'y célèbrent sont : la fête de sainte Angèle de Mérici, le 31 mai ; celle de

(a) Voir P. Ignace ; voir M. Prarond, page 201.

saint Augustin, 28 août ; de saint Pierre, 29 juin ; de sainte Ursule et ses compagnes, le 22 octobre ; enfin, de l'Adoration perpétuelle, le 4 juillet. Cette dernière, surtout, est célébrée très-solennement et attire toujours un grand nombre de personnes par la beauté des chants, l'éclat des illuminations et un charme particulier de piété et de dévotion.

Espérons qu'ici encore la divine Providence continuera à veiller sur les pieuses filles de sainte Ursule, et à protéger leur œuvre qui est, ainsi que nous le verrons plus loin, une des ressources les plus précieuses de cette ville, une des gloires de la paroisse du Saint-Sépulcre.

CHAPITRE IX

Etablissements d'instruction de la paroisse Saint-Sépulcre.

COLLÉGE LIBRE ECCLÉSIASTIQUE SAINT-STANISLAS. — Parmi nos établissements d'instruction, nous devons placer en première ligne le collége Saint-Stanislas, jeune encore et déjà d'une grande notoriété parmi nous, par le nombre de ses professeurs, par le nombre de ses élèves, leur bon esprit et leurs succès constants dans les facultés et les académies qui nous avoisinent.

Saint-Stanislas avait été commencé par feu M. l'abbé Patry, sous un autre nom et dans des proportions beaucoup plus modestes. Il l'avait établi dans une vaste et belle maison qui donne sur la chaussée du Bois d'un côté, et, de l'autre, dans la rue du Saint-Esprit.

Mgr Boudinet, évêque d'Amiens, acheta l'établissement de M. l'abbé Patry et le confia à un prêtre, bien capable de lui donner un rapide essor, M. l'abbé Harent, mort supérieur honoraire de la maison qu'il administra pendant plusieurs années.

Ce fut sous le supériorat de M. l'abbé Rohaut, directeur actuel, que Saint-Stanislas transporta ses pénates dans l'ancien couvent des Ursulines qui avait longtemps servi de haras et que Mgr Boudinet acheta en mars 1869.

Mgr Boudinet et M. l'abbé Rohaut eurent bientôt transformé habilement le vieux couvent, et tout en l'appropriant à ses nouveaux usages, ils n'eurent garde de lui enlever ce grand air des communautés religieuses d'autrefois, qui lui donne tant de prix aux yeux de l'archéologue et de tout vrai savant. On peut même dire que l'ancien couvent, sans rien perdre de ce qu'il avait de bien, a gagné beaucoup par l'addition d'un second étage, qui a donné des dortoirs vraiment modèles, par le remaniement des combles, par les diverses consolidations qui ont été faites, surtout du côté de l'est, par la transformation des salles basses de l'ouest en un réfectoire spacieux et suffisamment éclairé.

Le collége Saint-Stanislas a de nombreux élèves, de tous les rangs de la société. Il fait toutes les classes de l'enseignement secondaire, rhétorique et philosophie comprises. Il a aussi des cours spéciaux de français, élémentaires et supérieurs, des cours de langues allemande et anglaise ; aucun art d'agrément n'y est négligé, pas même l'équitation, l'escrime, la gymnastique, les exercices militaires ; la musique vocale et instrumentale y est en honneur et en plein succès.

Mais ce qui donne au collége Saint-Stanislas son plus grand prix, c'est que les jeunes gens y reçoivent une éducation sérieusement chrétienne ; que, notamment, la première communion des enfants y est soignée d'une manière particulière ; c'est qu'il est facile de juger, en voyant ces centaines de jeunes gens à la chapelle, ces jeunes gens dont plusieurs sont déjà des hommes, de les voir, disons-nous, si attentifs, si priants, si heureux, aux jours de leurs fêtes religieuses.

La chapelle de l'établissement favorise parfaitement ces heureuses dispositions, par son ampleur, l'élévation de ses voûtes, son autel dominé par l'image du Sacré Cœur de Jésus, ses autels latéraux, ornés de belles peintures de M. l'abbé Dergny, représentant saint Stanislas, la sainte Vierge et saint Joseph.

On ne saurait le nier, cet établissement est une des gloires de la paroisse du Saint-Sépulcre, et quand, chaque année, aux jours des processions du Saint-Sacrement, ces centaines de jeunes gens viennent nous prêter leur concours, nous édifier par leur bonne tenue, alterner par les sons de leur musique avec la gravité des mélodies grégoriennes, il n'est aucun cœur de paroissien du Saint-Sépulcre qui ne fasse les vœux les plus sincères pour les jeunes gens, pour leurs maîtres et l'établissement.

Les principales fêtes religieuses de Saint-Stanislas sont : l'Adoration du Saint-Sacrement, la fête patronale de saint Stanislas, dont l'établissement possède une relique, le 13 novembre. Les fêtes de famille, et nous savons qu'elles sont bien solennelles à Saint-Stanislas, sont: la fête du Supérieur, les séances de l'Académie et autres, enfin la distribution des prix qui ne le cède à aucune solennité de ce genre.

Daigne le jeune et virginal saint du château de Roscow, en Pologne, protéger toujours ses jeunes serviteurs et leur pieux asile.

CHAPITRE X

Les classes des Frères.

Nous avons, au Saint-Sépulcre, deux classes dirigées par les chers Frères avec tout le dévoûment qu'on leur connaît. Les élèves répartis dans ces deux classes sont au nombre de cent environ. Ces deux classes sont divisées chacune en trois groupes ou divisions. L'instituteur fait la classe à chaque division successivement. Pendant que le maître s'occupe d'un groupe, les deux autres sont enseignés par deux moniteurs, telle est la méthode spéciale des Frères qui est dite, à cause de cela, *simultanée-mutuelle,* et qui, on le voit, renferme les avantages et diminue les inconvénients des méthodes simultanées et mutuelles prises séparément (a). Cette méthode date du bienheureux Fon-

(a) Avant le Vénérable De la Salle, on suivait l'enseignement individuel.

dateur lui-même, et a, par conséquent, la sanction de l'expérience.

Aux deux classes que nous venons de citer, il faut joindre ordinairement, dans la paroisse Saint-Sépulcre, un cours spécial pour les enfants les plus avancés des trois paroisses de la ville, et où un frère, chargé uniquement de cela, les prépare au certificat d'études, au brevet même, s'il s'en trouvait quelqu'un qui le désirât.

Il faut joindre encore la classe d'adultes, qui se fait depuis le mois d'octobre jusqu'à l'époque de l'été.

Les chers Frères enseignent à nos enfants : le catéchisme, la grammaire, l'histoire, la géographie, le calcul, pour lequel l'institut excelle, etc., etc. Les livres de classes sont des traités composés par les membres les plus expérimentés et les plus éminents de l'ordre. Aussi s'opère-t-il, chaque année, des livres des Frères, un débit considérable qui marque bien l'estime que le public éclairé en fait. Les livres de calcul (la partie des élèves comme la partie des maîtres), sont toujours très-recherchés.

Les Frères apprennent aussi à nos enfants : le dessin, l'anglais, les éléments de géométrie, le métrage, levée des plans, etc., etc.

Les Frères, en général, et ceux du Saint-Sépulcre, en particulier, possèdent des témoignages authentiques de leurs succès. Ainsi, quand on est reçu dans leur modeste parloir, on aperçoit avec satisfaction, par exemple : une médaille d'argent, obtenue en 1866, pour les cours d'adultes, encadrée avec un certificat et signé Duruy, ministre de l'Instruction publique ; à côté, on aperçoit une mention honorable, obtenue en 1868, et son certificat, signé encore Duruy, ministre de l'Instruction publique.

On ne s'étonne pas de ces choses quand on connaît un peu à fond l'Institut des Frères des Ecoles chrétiennes, et ceux qui désireraient s'en informer n'ont qu'à lire le célèbre *Traité des douze Vertus d'un bon Maître,* composé par le bienheureux de La Salle, expliqué par le frère Agathon, et l'*Essai de la conduite à l'usage des Ecoles chrétiennes,* par le frère Philippe.

Ah! vraiment heureuses les paroisses dont les enfants peuvent être formés, élevés, instruits par de tels maîtres, si modestes, si éclairés, si vertueux (a).

CHAPITRE XI

Classes des Sœurs de Providence, des Ursulines, de Saint-Joseph.

Nous avons, au Saint-Sépulcre, quatre classes pour les jeunes filles, dirigées par les Religieuses de la Providence. Chaque classe a sa maîtresse. On suit la méthode simultanée.

Il y a une grande classe où on prépare les jeunes personnes aux examens. Chaque année, on présente un bon nombre de candidates au certificat et au brevet de capacité. Cette année, 1879, sept jeunes personnes ont subi heureusement les pre-

(a) *Les douze vertus d'un bon Maître,* Paris, Poussielgue, 1838; *Essai de conduite,* Versailles, Reau, 1862.

mières épreuves; quatre ont affronté les secondes avec un égal bonheur.

Il est de notoriété, à Abbeville, que les maîtresses de la Providence, du Saint-Sépulcre, ont acquis un rang distingué parmi les institutrices du département et de l'arrondissement. Les récompenses, certificats et médailles en feraient foi au besoin.

Il y a un cours de musique gratuit pour toutes les enfants qui ont de la voix, et forment le chœur des cantiques qui est si admiré à la paroisse.

Les Religieuses de Saint-Joseph, de la maison-mère, tiennent, sur la paroisse, un pensionnat libre florissant. Les maîtresses des classes ont toutes le brevet de l'Etat, même celles des classes inférieures. On prépare, chaque année, quelques jeunes personnes parmi les élèves et parmi les novices pour le certificat de capacité. Cinq ont été présentées cette année, 1879, aux facultés de Beauvais, de Rouen, d'Arras et de Douai. Les mêmes Religieuses dirigent une classe de la première enfance qui est fréquentée par les enfants d'excellentes familles, auxquelles on apprend, par manière de conversation, l'anglais, des pièces de poésie française bien choisies et des morceaux en prose analogues à leur âge. On s'applique spécialement à bien soigner la santé de ces petits enfants.

On étudie, à Saint-Joseph, le chant et le piano, ainsi que la langue anglaise. Le travail manuel est enseigné par des maîtresses habiles en cette spécialité, ce qui fait qu'en quittant Saint-Joseph, les jeunes personnes remplissent facilement les emplois de commerce et autres.

Les Religieuses Ursulines possèdent, sur la paroisse du Saint-Sépulcre, un pensionnat dont la réputation est faite depuis longtemps. C'est le plus nombreux de la ville. Il y a cinq classes distinctes qui constituent les cours d'études. Il y a plusieurs divisions dans les classes. Chaque classe a trois maîtresses différentes qui se partagent les heures de la journée : une maîtresse de français ; une de calcul, histoire et géographie ; une de travail à l'aiguille ; on apprend l'anglais avec une maîtresse religieuse anglaise. La musique vocale et instrumentale est très-cultivée. On prépare, chaque année, des candidates aux examens ou plutôt quelques jeunes personnes se préparent elles-mêmes pour les examens, car on ne fait pas de préparation spéciale, ce qui montre le vrai niveau et la force des études.

Pour la piété, l'établissement possède trois Congrégations où entrent librement les jeunes filles qui le demandent, et en faisant leurs preuves de bonne conduite, de travail, etc....

La grande ombre de sainte Ursule et celle de sainte Angèle de Mérici, couvrent évidemment ce pensionnat d'une protection méritée.

CHAPITRE XII

Orphelinat de l'Enfant-Jésus.

Cet établissement, situé rue de la Briolerie, est dirigé par des Sœurs de Saint-Joseph, d'Abbeville. Ces Dames ont environ quarante enfants de tout âge, depuis le plus tendre jusqu'à celui de vingt et vingt-cinq ans.

L'établissement commence à recevoir des orphelines de l'œuvre si belle de l'Adoption qui n'a pas de maisons spéciales et confie ses pupilles aux maisons déjà existantes et de préférence à celles des arrondissements où sont nées et ont été élevées ces enfants. Des dames protectrices prennent aussi, à leur charge, de petites protégées. Enfin, on reçoit des enfants de la main des familles.

Les petites filles de l'Enfant-Jésus sont élevées par les Religieuses avec toute la sollicitude maternelle que la religion inspire. On pourvoit notamment à leur éducation et à leur instruction dans deux classes, l'une pour les plus jeunes, l'autre pour l'âge de la première et seconde communions. On apprend le travail manuel à toutes, et on occupe les plus grandes, dans un ouvroir, à des objets de lingerie, ornements d'église, etc.

Daigne le Divin Enfant protéger toujours cette bonne communauté et inspirer aux familles chrétiennes de lui envoyer des élèves qui y trouveront tout ce qu'il leur est nécessaire de savoir et de faire pour la vie présente et pour la vie à venir.

CHAPITRE XIII

Salle d'asile. — Ouvroir.

Nous avons encore, sur la paroisse, rue Mellan, dans un quartier convenable pour cet objet, un beau et vaste établissement pour salle d'asile.

La classe, proprement dite, est vaste, aérée et munie suffisamment de tous les objets nécessaires (a).

La municipalité abbevilloise s'est imposée, pour cela, des sacrifices.

On se sert, pour les enfants, des méthodes les plus préconisées dans ces derniers temps.

Une association de dames de la ville patronne cet asile et fait distribuer aux enfants, chaque année, des habits et même des aliments à certaines époques et dans de certaines circonstances.

La paroisse a aussi un Ouvroir spécial, rue des Capucins. On y confectionne tous les ouvrages de lingerie ; on rémunère les jeunes travailleuses les plus intelligentes par des primes mensuelles ; on fait une gratification pécuniaire à celles qui quittent l'ouvroir pour s'établir dans le monde, quand le moment marqué par Dieu est arrivé ; on distribue, chaque année, des vêtements, etc.

Cet ouvroir est patronné par des dames composant l'œuvre dite : *De la Providence.* Il est dirigé par les Sœurs de la Providence du Saint-Sépulcre.

(a) Tout dernièrement, à la suite de l'introduction des nouvelles méthodes, à l'asile Mellan, le gradin a été supprimé, la grande salle coupée en deux, et des tables ont été établies pour les enfants.

CHAPITRE XIV

Institution de Mademoiselle Diguet.

Nous consacrerons ce dernier chapitre du quatrième livre à l'institution de Mlle Diguet.

Ce pensionnat est situé place Saint-Sépulcre, n° 5, dans de bonnes conditions hygiéniques.

La directrice actuelle, Mlle Diguet, a succédé à Mlle de Wavrin de Villers au Tertre, dont la ville et le département se rappellent encore la famille, les grandes qualités, et qui a élevé un bon nombre de jeunes personnes devenues des épouses et des mères irréprochables.

L'établissement possède à la fois un internat et un externat.

Les études sont sérieusement dirigées et les élèves qui le désirent sont préparées au diplôme, comme nous l'avons encore vu cette année.

La maison ne laisse rien à désirer sous le rapport des sentiments religieux des maîtresses et des élèves, pas plus que sous le rapport des habitudes chrétiennes, et c'est ce qui a porté Mgr Bataille, l'évêque d'Amiens, celui-là même qui vient d'être si prématurément enlevé au diocèse, à permettre, dans l'établissement, l'érection d'une association des Enfants de Marie.

Cette association, qui date de l'année 1876, a déjà porté d'heureux fruits, non-seulement dans le pensionnat, mais ailleurs, et plusieurs fois, chaque année, c'est un beau spectacle, surtout bien consolant pour les maîtresses, de voir revenir d'anciennes élèves, pour les principales fêtes de l'Association.

Ces réunions pieuses ont lieu dans l'oratoire de l'établissement qui est petit, mais élégant et riche. On y remarque un très-bel autel en chêne apparent finement sculpté, offert par une ancienne élève, des candélabres, des lampes, des statues, une belle verrière, dons généreux et reconnaissants de plusieurs autres.

Les fidèles et les prêtres de la paroisse font des vœux sincères pour que ce pensionnat, si édifiant, continue le grand bien qu'il a déjà fait parmi nous et auquel nous le croyons même appelé à donner encore plus de développement (a).

(a) Voir aux pièces l'acte d'érection canonique de l'association des Enfants de Marie, par Mgr Bataille, évêque d'Amiens, note XXIV.

LIVRE CINQUIÈME

Coutumes paroissiales

———

Il nous a paru que ce serait faire chose agréable et utile que de placer sous les yeux de nos chers paroissiens, un ensemble de nos coutumes religieuses, les personnes pieuses et sérieuses aimant à se rendre compte des choses auxquelles elles concourent et à en avoir sous la main un détail facile à consulter.

Nous avons extrait ces coutumes paroissiales de nos registres d'annonces pour le prône, ainsi que du coutumier que nous croyons avoir été rédigé autrefois par Mgr Porchez, et que nous avons revu et actualisé nous-même (1869) en un volume in-8° manuscrit, avec approbation de Mgr Boudinet, évêque d'Amiens.

Nous diviserons ce livre en deux parties : l'une exposera les coutumes générales, c'est-à-dire celles qui s'appliquent à toute l'année, comme, par exemple, ce que l'on fait chaque jour, chaque semaine, à chaque enterrement, mariage, baptême, etc.; l'autre, qui exposera les coutumes spéciales à chaque fête ou cérémonie particulière, selon qu'elles se présentent à nous dans l'année.

C'est en bien connaissant toutes ces choses que nous les goûterons mieux et que la paroisse telle que la sainte Eglise l'a faite, nous paraîtra une admirable institution.

PREMIÈRE PARTIE

COUTUMES GÉNÉRALES

CHAPITRE PREMIER

Service de chaque jour.

L'*Angelus* est sonné, avec la grosse cloche, le matin à cinq heures et demie, du premier lundi de mars au 2 novembre, et à six heures, du 3 novembre au premier dimanche de mars. Un quart d'heure après, on sonne la première messe avec la plus petite cloche. Il y a ordinairement une deuxième messe à huit heures et une à neuf heures. Quand il y en a une de plus, elle se dit à sept heures. Les autres messes fortuites sont dites aux demi-heures et ne sont pas sonnées.

Les messes basses et les obits des trépassés se disent ordinairement à l'autel de la sainte Vierge (a).

Le Saint-Sacrement est ordinairement à l'autel

(a) Aux octaves des deux fêtes du Saint-Sépulcre, on dit les basses messes à l'autel du Tombeau et on baise la relique après la messe. — Dans l'octave du Sacré-Cœur, les messes se disent à la chapelle du Sacré-Cœur.

de la sainte Vierge. On reconnaît sa présence à un autel, au pavillon ou voile qui enveloppe le tabernacle et à la lampe qui brûle continuellement devant Lui.

A midi précis, on sonne l'*Angelus*. Vers la chute du jour, on annonce le chapelet et la prière par quelques coups de la petite cloche: on récite ces prières du haut de la chaire. Les jours de dimanches et de fêtes, elles se font immédiatement après les vêpres du Saint-Sacrement ou le salut: on récite trois dizaines le lundi et deux les autres jours.

CHAPITRE II

Service de chaque semaine.

Le Dimanche. — A dix heures du matin, aspersion de l'eau bénite, bénédiction du pain. On distribue à la grand'messe, aux différentes parties de l'église, tour à tour, le pain bénit que les paroissiens offrent volontairement, par ordre de rues. La grand'messe est à dix heures, un prêtre y quête pour l'église, conduit par le suisse, le bedeau quête pour la messe hebdomadaire des trépassés. Il y a aussi quête pour la Confrérie de Notre-Dame des Malades et pour la Congrégation de la sainte Vierge par deux jeunes filles. On fait les mêmes collectes aux fêtes à dévotion. Après la grand'messe, les enfants de chœur, dits bénéficiers, portent l'eau bénite dans les quartiers qui leur sont assignés. A midi précis, messe basse à laquelle le bedeau fait la quête pour l'église et un prêtre celle pour les pauvres (a). A deux heures et demie, vêpres, quête pour l'église par un prêtre que conduit le bedeau, puis complies, quête pour les pauvres par un prêtre que le suisse conduit; quête aussi pour Notre-Dame des Malades.

Après les vêpres, réunion de la Congrégation aux jours et lieu d'usage. A six heures, ou plus tôt, selon la saison, vêpres du Saint-Sacrement. Il y a quête pour l'église par un prêtre que conduit le suisse, quête aussi pour Notre-Dame des Malades.

Le Vendredi. — Après la première messe, bénédiction avec le saint Ciboire, ainsi qu'au salut qui a lieu à l'autel du Sacré-Cœur. Au salut, on chante les litanies du Sacré-Cœur, et le premier vendredi du mois, on y ajoute une amende honorable. A la messe et au salut, le bedeau quête pour la Confrérie du Sacré-Cœur. Cette messe et le salut se tintent avec la grosse cloche comme tous les exercices semblables.

Le vendredi, à trois heures, on tinte le trépas de Notre-Seigneur avec la grosse cloche; l'agonie des mourants, quand on le demande, se tinte avec la petite cloche.

CHAPITRE III.

Service de chaque mois.

Premier Dimanche. — La première messe est dite pour la Congrégation de la sainte Vierge.

(a) Quand les deux vicaires sont libres, l'un quête pour l'église et l'autre pour les pauvres.

Premier Vendredi du mois. — La première messe est dite à l'intention de la Confrérie du Sacré-Cœur; au salut, il y a, comme on l'a dit plus haut, amende honorable. Si, par quelque circonstance, le salut se faisait au grand-autel, l'amende honorable se lirait dans la grande chaire par un prêtre sans étole, le flambeau à la main.

Deuxième Dimanche. — Le deuxième dimanche, quand il n'est pas empêché par quelque grande fête, et le carême et le temps pascal exceptés, au lieu des vêpres du Saint-Sacrement, on fait l'exercice du Chemin de la Croix. Il est suivi d'un court salut.

Le quatrième Dimanche. — En ce quatrième dimanche, même quand il y en a cinq dans le mois, la première messe est dite pour la Confrérie de Notre-Dame des Malades, suivie de la bénédiction avec le saint Ciboire.

Le soir, aux vêpres du Saint-Sacrement, il y a (quand elle n'a pas eu lieu un autre jour du mois) procession avec station à la chapelle du Saint-Sépulcre, où l'on chante l'antienne patronale : *Introeuntes in monumentum.* Le Saint-Sacrement est recouvert par l'ombrellino que porte un enfant de chœur.

Nota. — Tous les offices, messes et exercices de piété, sont annoncés par la cloche, un quart d'heure juste avant qu'ils commencent. Quand il doit y avoir plusieurs volées, elles sont séparées par un quart d'heure d'intervalle, en sorte, toutefois, que la dernière commence toujours un quart d'heure avant l'office.

CHAPITRE IV

Les Offices.

Féries et Fêtes du rit simple. — Les chantres sont sans chape, aucune décoration d'autel, quatre souches (cierges à gaines de fer blanc) sont allumées pour la grand'messe, mais les chandeliers ne sont pas découverts. Aux saluts de Carême, au grand autel, on allume quatre cierges disposés sur des chandeliers placés sur la table de l'autel ; aux saluts de chaque vendredi, à l'autel du Sacré-Cœur, on allume quatre cierges sur l'autel même.

Office semi-double. — A la messe comme aux offices simples ; au salut, s'il y en a, un seul chantre sans chape, on n'allume que quatre souches, mais on découvre les chandeliers. La messe et le salut sont annoncés par une seule volée de la 3e cloche. Si cette messe est un obit, les chantres psalmodient le *De Profundis* après la messe (a).

Office du rit double, ou de quatrième classe. — Le diacre et le sous-diacre portent ordinairement la dalmatique et la tunique. Aux vêpres, la première antienne et celle de *Magnificat* sont entonnées par le célébrant, les autres par les ecclésiastiques du chœur, par ordre de dignité, la cinquième est toujours réservée à M. le Curé (b). Le

(a) Aux Dimanches semi-doubles, la sonnerie est toujours double-mineure. — (b) Quand l'Officiant est étranger, il se place au lutrin ou au fauteuil du sanctuaire.

célébrant donne, après complies, la bénédiction avec le saint Ciboire.

Aux processions du Saint-Sacrement dans l'église, l'ombrellino est précédé immédiatement de deux prêtres portant flambeaux et d'un thuriféraire ; il est suivi immédiatement des deux prêtres les plus dignes avec flambeaux, puis viennent les bedeaux et les laïques tenant des cierges.

Les chantres portent la chape à la grand'messe et aux vêpres, jusqu'aux complies ; ils préentonnent les antiennes. Le cinquième psaume et le *Magnificat* sont chantés en faux bourdon, c'est-à-dire en chant harmonisé.

On ne porte la croix qu'aux processions. Dans ce cas, deux acolytes l'accompagnent avec leurs flambeaux ; il y a également deux acolytes à l'évangile et depuis le *Sanctus* jusqu'après la deuxième élévation. Des enfants, dits versiculaires, chantent les versets *Benedicamus* et *In manus tuas*. Le bedeau est toujours revêtu de la robe de chœur pendant les offices. Le suisse conduit M. le Curé à la stalle, le célébrant à l'aspersion, au commencement de la messe. Il conduit le diacre à l'évangile, le prédicateur à la chaire. Aux bénédictions du Saint-Sacrement, il vient se placer au milieu du chœur avec la hallebarde et se découvre. Il marche à la tête des processions, etc., etc....

Décorations. Aux fêtes du rit double, il y a garniture à l'autel, chandeliers découverts, lampe, etc., petit ostensoir pour l'exposition, s'il y a lieu, et pour le salut.

Illumination. On allume les souches des quatre chandeliers à l'autel, pendant la grand'messe et les vêpres ; on les éteint pour les complies et on les remplace par les deux appliques des coins de l'autel. Pour la bénédiction, après complies, on allume quatre flambeaux sur l'autel même. Pour les vêpres du Saint-Sacrement, on allume le cierge de la lampe et six cierges aux deux côtés de la sainte Hostie.

Sonnerie. Pour la grand'messe et pour les vêpres, on sonne trois volées à un quart d'heure de distance. La première avec la 4e cloche, la deuxième avec la 4e et la 3e, et la troisième volée avec la 2e, la 3e et la 4e. Pour le sermon, une volée de la 2e cloche pendant le cinquième psaume. Pour les vêpres du Saint-Sacrement, le carillonneur joue des airs pieux, une demi-heure avant l'office, durant un quart d'heure, puis une volée de la 2e cloche avec accompagnement de carillon.

S'il y a procession, quand elle sort du chœur, on sonne une volée de la 2e cloche avec carillon. Quand la procession fait station à un autel, la cloche cesse et reprend quand on se remet en marche.

Office double-majeur. — Comme aux autres du rit double, plus ce qui suit : à la grand'messe, après *Et Homo factus est,* le sous-diacre, accompagné du cérémoniaire, va faire baiser le livre des évangiles à M. le Curé, aux chantres et aux prêtres qui sont aux stalles.

Aux vêpres, on entonne le *Deus in adjutorium* en faux bourdon. Les chantres portent les bâtons cantoraux.

Le cérémoniaire, accompagné des deux acolytes, conduit le célébrant à sa stalle, va le saluer également avec les acolytes pour le capitule, puis pour l'antienne du *Magnificat* et l'encensement de l'autel.

Il tient le côté gauche de la chape du célébrant, il le salue quand il y a des inclinations à faire, ou quelque chose à chanter, ou encore quand il doit quitter sa place. A l'offertoire, les deux thuriféraires encensent le clergé à commencer par M. le Curé. Même chose aux vêpres.

Décorations. L'autel est décoré comme pour la classe précédente et plus encore.

Illumination. On allume les grandes souches pour la grand'messe et les deux vêpres.

Sonneries. A cette classe et aux suivantes, il y a carillon à toutes les volées, à moins que le contraire ne soit marqué au coutumier. Le carillonneur commence un quart d'heure avant la première volée, puis il accompagne la cloche qui sonne avec celles qui restent libres. L'intervalle d'une volée à l'autre est également rempli par différents airs analogues à la fête, exécutés sur les cloches.

La veille au soir, une volée de la 2ᵉ cloche.

Pour la grand'messe et les vêpres, trois volées : la première avec la 4ᵉ cloche, la deuxième avec la 3ᵉ cloche, la troisième avec la 2ᵉ. Il n'y a pas de carillon avant la procession ni le sermon.

Si les vêpres du dimanche doivent être les premières vêpres du lendemain, les vêpres du dimanche seront pour tout du rit de la fête suivante.

Pour les fêtes double-majeur et au-dessus qui n'ont jamais été chômées, on fait tout double-majeur, sauf la sonnerie qui est de quatrième classe et sauf aussi les changements marqués aux coutumes spéciales pendant l'année.

Office double de deuxième classe. — Comme au double-majeur, et, de plus, l'épitre et l'évangile se chantent au bas du chœur. Après l'*Homo factus est,* le diacre et le sous-diacre vont ensemble à la crédence prendre la bourse et le missel, et pendant que le sous-diacre va faire baiser le livre des évangiles aux prêtres des stalles, le diacre étend le corporal sur l'autel. A l'offertoire, les thuriféraires encensent le diacre et le sous-diacre, puis vont encenser le clergé au chœur, puis les fidèles à la balustrade de la grande nef.

Au *Magnificat,* le célébrant va encenser l'autel où est le Saint-Sacrement, puis le maître-autel, puis les reliques ou les statues des saints dont on ferait la fête.

Le premier et le cinquième psaumes des vêpres sont chantés en faux bourdon; à *Magnificat,* le thuriféraire encense le célébrant, le clergé et le peuple comme à l'offertoire. Aux vêpres les acolytes conduisent le célébrant à la stalle.

Décorations. Le maître-autel est entièrement découvert : quatre statuettes ou reliquaires sur le gradin, les plus beaux canons, une plus belle garniture, le petit tapis, grand ostensoir pour l'exposition du Saint-Sacrement.

Sur la crédence, on place le beau missel, le calice avant la messe jusqu'à l'offertoire et ensuite après les ablutions. Les petits autels ont une garniture, croix à rayons pour la gloire et la procession, s'il y a lieu.

Illuminations. Huit souches pour la grand'messe et les vêpres, les deux petits lustres du grand tabernacle pour l'exposition ; pour le salut, outre les quatre cierges ordinaires, on allume un triangle devant le Saint-Sacrement ; au salut, on allume aussi trois cierges aux Adorateurs.

De Pâques à l'entrée des prières, on n'allume pas les lustres de la nef.

SONNERIES. La veille de la fête double de II⁰ classe, à midi et au soir, on sonne une volée de la grosse cloche avec carillon.

Pour la grand'messe et les vêpres, trois volées : la première avec la 3ᵉ cloche, la deuxième avec la 2ᵉ et la troisième avec la 1ʳᵉ.

Pour la procession, s'il y a lieu, pour le sermon, pour les vêpres du Saint-Sacrement, on sonne la grosse cloche.

Office double de première classe. — On fait tout comme à la II⁰ classe et, de plus, les ministres portent à la crédence, après l'aspersion, le diacre le calice, le sous-diacre le missel, les enfants les burettes.

Le diacre, à l'offertoire, après avoir encensé le célébrant, va, accompagné du premier thuriféraire, encenser M. le Curé, les chantres, puis les prêtres, puis le sous-diacre ; il est encensé lui-même par le thuriféraire.

Pendant ce temps, le sous-diacre, à qui le diacre avait remis la patène enveloppée dans un voile ou huméral, la tient élevée jusqu'à la consécration, puis, ensuite, jusqu'au *Pater;* à la fin du *Pater*, il la remet au diacre qui la porte à l'autel et il rend l'huméral au cérémoniaire.

Aux vêpres, il y a ordinairement trois psaumes en faux bourdon.

DÉCORATION. Quatre petites statues ou des vases de fleurs sur le gradin du maître-autel, garnitures riches, tapis à la crédence, deux petites statues, fleurs aux petits autels.

ILLUMINATION. A la grand'messe et aux vêpres, on

allume les dix souches du maître-autel. Pour les premières vêpres, on dispose sur l'autel six cierges dans des chandeliers séparés par quatre vases de fleurs, on les allume tous six pour la bénédiction ; après complies, on allume les candélabres des Adorateurs et les lustres. Sur l'autel, différentes illuminations, selon la solennité.

S'il y a vêpres du Saint-Sacrement, on ne fait les illuminations qu'à partir du cinquième psaume.

S'il y a procession, on allume les six souches de la chapelle de la sainte Vierge et du Sacré-Cœur pour le passage de la procession.

Sonneries. La veille à midi et au soir, on sonne une volée des quatre cloches. Pour la grand'messe et les vêpres, trois volées : la première avec la 1re cloche, la deuxième avec la 2e, la troisième avec les quatre cloches ; de même pour les matines quand il y en a. Au *Te Deum,* une volée avec la grosse cloche.

CHAPITRE V

Offices funèbres.

Obit ordinaire. — A cet office, il n'y a ni diacre, ni sous-diacre ; un seul enfant de chœur. On ne chante que quelques versets du *Dies iræ...* On psalmodie le *De Profundis* après la messe. Il n'y a qu'un chantre, pas de serpentiste ni de suisse ; aucune décoration à l'autel de la Sainte Vierge ;

on allume seulement les deux appliques de l'autel. On tinte avec la grosse cloche.

Obit Notre-Dame des Malades. — On procède comme pour le précédent, mais de plus, il y a un second chantre. On chante le *Dies iræ*, puis l'absoute. On allume les six souches.

Obit Congrégation Sainte Vierge. — Comme les précédents. Il se fait à l'autel de la Sainte Vierge; diacre et sous-diacre, pas de serpentiste. Une volée de la 4ᵉ cloche, précédée d'un demi-quart d'heure d'appel.

Enterrements avec présentation simple. — Un seul prêtre, un seul chantre, un enfant de chœur, il n'y a pas de serpent, pas de suisse; le bedeau conduit le deuil (a).

DÉCORATION. Croix de bois, un drap noir à la maison mortuaire et à l'église, drap noir sur le cercueil, quatre cierges au corps. Aucune sonnerie; on tinte seulement quelques coups.

NOTA. — Pour enterrements d'enfants, il n'y a à cette classe pas de tenture.

Enterrement de sixième classe. — A sept heures comme au paragraphe précédent, et de plus, la grand-messe. La famille se charge de faire porter elle-même le défunt, si elle le préfère.

Enterrement de cinquième classe. — Il se fait à huit heures. La messe est simple. Le curé, les vicaires, les chantres, deux enfants, etc., (le suisse et le serpent exceptés), vont chercher le corps; le bedeau conduit le deuil. Pour la messe, il n'y a pas de tuniques, ni de chapes; à l'absoute, un des deux

---

(a) Quand ce mode d'inhumation n'est pas choisi à dessein par la famille, M. le Curé se charge de dire ou de faire dire la sainte messe (pour les indigents).

enfants de chœur fait crucigère, l'autre porte l'eau bénite. Pendant la messe, quête pour les trépassés par le bedeau, ensuite quête pour l'église par un prêtre conduit par le bedeau.

Pour la conduite au cimetière, il y a un prêtre, un chantre, un enfant de chœur et le bedeau.

Décoration. Comme à la classe précédente, quatre cierges à l'autel, quatre au corps, cierge d'offrande.

On sonne la 4e cloche, la veille au soir, un demi quart d'heure d'appel, c'est-à-dire le tintement lent, puis une volée, nommée réveil; après la volée, on tinte la cloche trois fois trois coups, cela s'appelle *Ave Maria*... Le jour, avant l'office, même appel et même volée. Quand le clergé sort de l'église pour aller chercher le corps, même volée; également quand le corps entre à l'église, également quand le corps part pour le cimetière. Quand l'enterrement a lieu l'après-dîner, on sonne trois volées ordinaires, et le lendemain pour la messe une seule avec appel. Quand on chante seulement les vigiles la veille, on sonne une seule volée avec appel et le lendemain on ne sonne que trois volées.

N.-B. — Pour les enterrements d'enfants, on n'emploie que les tentures blanches. Il y a un drap blanc à la maison mortuaire et à l'église. Les ornements sont plus ou moins solennels, selon la classe. Quand il n'y a qu'une présentation (pour les enfants), à cette cinquième classe, tout le clergé assiste.

Quatrième classe. — Comme à la cinquième classe, et de plus messe à neuf heures, épistolier, c'est-à-dire un voile sur le pupitre, chapes et tuniques, trois enfants de chœur; le serpent assiste, le suisse également et il conduit le deuil; le bedeau marche en avant du convoi. Pour la conduite, il y a deux enfants de chœur.

Décoration. On met une devanture noire au maître-autel, on découvre les quatre petits chandeliers et on y en ajoute deux autres sur l'autel; croix d'argent avec hampe de bois.

Illumination. Six cierges à l'autel.

Sonnerie. Deux cloches : la 3e et la 4e, un quart-d'heure d'appel. Pour *Ave Maria...*, on continue de tinter quelques instants la 4e seule.

N.-B. — Aux enterrements d'enfants, on ne sonne que la 3e et la 4e cloche. Troisième ornement.

Troisième classe. — Comme à la quatrième, et de plus il y a un service à trois leçons, sans laudes. Cinq enfants de chœur. Thuriféraire à l'élévation et à l'absoute; acolytes au commencement de la messe, à l'évangile, à l'élévation, à la fin de la messe et à l'absoute. Il y a deux enfants de chœur à la conduite.

Décoration. On couvre en noir les gradins, les reliquaires et le fond derrière l'autel. Croix et la hampe d'argent. Drap noir à la porte principale de l'église. On découvre les six grands chandeliers; aubes unies; chasubles troisième classe; tuniques de la quatrième.

On porte de l'argenterie à la maison mortuaire, si la famille le demande, et alors il y a un droit à payer en sus (c'est un christ et quatre chandeliers); si la famille le demande, le suisse et le bedeau portent des chapeaux de deuil.

Illumination. Six cierges au corps, deux aux acolytes, un à la lampe, deux de plus si les basses-messes sont pour les défunts.

N.-B. — Si l'on dit les messes basses pour le

défunt, elles se disent au maître-autel, si le jour permet la couleur noire.

Sonnerie. — On sonne trois cloches : la 2ᵉ, 3ᵉ, 4ᵉ. Appels d'une demi-heure, *Ave Maria* avec la 3ᵉ. Pour les enfants, on ne sonne à cette classe que la 2ᵉ et 3ᵉ cloches.

Deuxième classe. — On procède comme à la troisième classe, et on ajoute les choses suivantes : on chante un nocturne et laudes ; le célébrant seul est encensé par le diacre ; les acolytes vont à la maison mortuaire.

La messe est à dix heures.

Décoration. On découvre tous les chandeliers ; on tend les côtés du sanctuaire ; on couvre de noir la crédence et les tabourets ; il y a des ornements propres à cette classe. On porte toujours l'argenterie à la maison mortuaire sans payer aucun supplément (un christ et six chandeliers) ; le bedeau et le suisse ont toujours le chapeau de deuil.

Luminaire. Dix cierges à l'autel, bougies aux Adorateurs et aux triangles, deux cierges pour les messes basses à l'intention du défunt.

Sonnerie. On sonne trois cloches : 1ʳᵉ, 2ᵉ, 3ᵉ ; appels de trois quarts d'heure. Pour signal, après le premier quart d'heure, on tinte un coup sur deux cloches, et après le deuxième, un coup sur les trois. *Ave Maria* avec la 2ᵉ cloche.

Pour les enfants, on ne sonne que la 1ʳᵉ et 2ᵉ cloches. La décoration est comme celle des fêtes de deuxième classe et on se sert du troisième ornement blanc.

Première classe. — Comme à la deuxième, et de plus, on chante le premier nocturne et laudes. Le célébrant, en chape, chante la troisième leçon au pupitre et va au lutrin pour le *Libera*... Les chantres portent les bâtons choraux. Il y a six enfants de chœur, un cérémoniaire, un thuriféraire à l'élévation et au *Pater*. Aux services pour les princes, les prêtres et tous les défunts, il y a quatre thuriféraires à l'absoute. Il y a trois enfants à la conduite.

La messe est à onze heures.

Décoration. On tend tout le chœur et même toute l'église quand la famille le demande, on couvre les piédestaux des Adorateurs, on se sert de la croix d'argent à rayons d'or (la deuxième croix sans rayons pour la conduite au cimetière). Il y a des ornements propres à cette classe. Les plus beaux canons d'autel.

Illumination. Il y a des bougies aux Adorateurs du chœur, aux triangles et aux lustres du sanctuaire. Il y a dix cierges autour du corps, deux pour les messes basses à l'intention du défunt.

Sonnerie. On sonne les quatre cloches ; appels d'une heure, signal de quart d'heure en quart d'heure, quelques instants de repos entre chaque quart d'heure ; *Ave Maria* avec la grosse.

Pour les enfants, on ne sonne que les trois plus grosses cloches.

N. B. — Il n'y a jamais de carillon aux enterrements, cependant le jour des âmes et à la mort d'un prêtre, pour les appels, on joue le *Dies iræ*.

CHAPITRE VI

Mariages.

Cinquième classe. — A six heures, à l'autel de la sainte Vierge ; aucune décoration, un enfant de chœur en laïque.

LUMINAIRE. Deux cierges (*ad libitum*) pour les époux, quatre à l'autel.

Les indigents sont mariés gratuitement (a).

Quatrième classe. — A sept ou huit heures ; comme à la classe précédente. Cierges aux époux, carillon d'un quart d'heure, à moins que l'épouse n'ait été notoirement déshonorée ou que les époux aient habité ostensiblement ensemble, n'étant que civilement mariés.

Troisième classe. — Comme à la quatrième et, de plus, messe au grand autel à neuf heures. L'enfant est en habit de chœur, soutane rouge et rochet ; on découvre les chandeliers qui portent les cierges ; deux cierges pour les époux.

Deuxième classe. — Comme à la précédente et, de plus, messe à dix heures ou la nuit (avec dispense). On découvre tous les chandeliers et les reliquaires ; les époux livrent quelquefois le poêle ; il y a deux cierges pour les époux. La nuit, on ajoute des bougies sur l'autel et aux lustres du sanctuaire, ainsi qu'au grand lustre de la nef ; on dé-

---

(a) M. le Curé dit ou fait dire la messe à leur intention.

mande, pour les piliers, des bougies qu'on n'allume pas, mais qui sont remplacées par le gaz de l'église (trois becs dans les nefs et deux dans le chœur au niveau du lutrin). Pas de carillon, la nuit ; honoraires doubles aux ecclésiastiques et employés (paragraphe 3e du tarif, page 29).

Première classe. — Comme à la précédente et, de plus, messe à onze heures ou la nuit.

Décoration. On découvre tout l'autel, les époux livrent le poêle ; les prie-Dieu des mariés sont couverts d'un épistolier.

Luminaire. Dix cierges à l'autel, deux aux époux ; si c'est la nuit, bougies pour les lustres ; pour les piliers, la famille fournit la cire que la fabrique remplace par le gaz et par deux cierges au lutrin.

CHAPITRE VII

Baptêmes.

Assistent aux baptêmes : Un prêtre en surplis, officiant, un autre prêtre en soutane, pour faire l'acte, un enfant de chœur en laïque, le suisse en uniforme, le bedeau en laïque ; on carillonne le *Te Deum* pour les garçons et l'*Inviolata* pour les filles. Aucun carillon au baptême des enfants illégitimes.

La famille est invitée à fournir le cierge du baptême.

CHAPITRE VIII

Relevailles.

Après le baptême, lorsque la mère est remise, elle vient, pour sa première sortie, à l'église faire la cérémonie des relevailles.

La mère a une place réservée au bas de la chapelle de la sainte Vierge ; un cierge est allumé devant elle ; elle le tient à la main pour l'offrande ; six cierges de cire pour l'autel. La mère fait bénir du pain ou du gâteau.

On ne fait les relevailles qu'après que l'enfant a été baptisé ou ondoyé par un prêtre, avec la permission de l'évêché.

DEUXIÈME PARTIE

COUTUMES SPÉCIALES

Nous entendons par ces mots, coutumes spéciales, celles qui ne reviennent pas souvent dans le cours d'une année (comme, par exemple, ce qui se fait chaque jour, chaque dimanche, etc., et ce qui se fait chaque fois qu'il y a lieu d'accomplir des funérailles, des unions chrétiennes, etc.), mais celles qui n'ont d'application qu'une ou deux fois chaque année, à l'occasion des fêtes de Notre-Seigneur, de la sainte Vierge et des Saints. Cette partie pourrait être appelée le calendrier paroissial, puisqu'elle contient, jour par jour, le détail (a) de tout le cycle annuel de notre liturgie ; cependant nous avons préféré l'appeler coutumes spéciales, parce qu'il y est question aussi de plusieurs choses, cérémonies, observances, usages qui ne se rangent pas facilement sous la notion de calendrier ; ainsi une bénédiction de croix, ainsi le détail d'un pèlerinage, d'une retraite, etc., etc.

Cette partie de nos coutumes spéciales est donc très-importante, et on peut dire qu'elle contient une

(a) Il faut remarquer que nous ne faisons figurer que les Dimanches et Fêtes où il y a quelque chose de particulier à la paroisse ; ainsi, nous ne nommons même pas, par exemple, la Sexagésime, les dimanches après l'Epiphanie, etc., etc.

des plus sensibles manifestations de notre vie catholique et paroissiale. Aussi sommes-nous persuadé que de pieux fidèles voudront s'y intéresser, les étudier avec soin, non pas seulement une fois en passant, mais y recourir souvent.

Il faut tenir pour certain que la connaissance de ces choses matérielles, techniques si on veut, peut beaucoup pour soutenir, fortifier et éclairer la piété et c'est pour cela que nous n'avons pas craint de nous y arrêter assez longtemps.

CHAPITRE PREMIER

L'Avent.

N. B. — Nous ne parlerons pas des dimanches ordinaires dans l'année ; ils sont, chez nous, du rit double-mineur, non pour la liturgie qui doit rester ce qu'elle est dans les bréviaires et missels catholiques romains, c'est-à-dire semi-double, mais pour le chant des ordinaires de la messe, etc.

Toutes les messes du dimanche se disent, autant que possible, au maître-autel, pour la commodité de l'assistance et des communions. Il en est de même aux fêtes supprimées, pour la France, par le Saint-Siége, quant à l'obligation du chômage et de l'audition de la messe.

Premier Dimanche de l'Avent.

On annonce ce dimanche, la veille par une volée de la cloche appelée la moyenne. Les diacre et sous-diacre ne portent pas de tuniques à la grand'-

messe de ce dimanche, ni au quatrième dimanche, si ce n'est quand celui-ci tombe la veille de Noël. Pendant tout l'Avent, le tabernacle et les reliquaires du maître-autel sont recouverts de violet.

Les dimanches d'Avent, il n'y a pas d'instruction à la grand'messe, mais il y a sermon après les vêpres.

Aux vêpres du Saint-Sacrement, qui ont lieu à cinq heures et demie, on chante le *Rorate* et le *Sub tuum* (a) (b).

Les lundis, mardis, mercredis et jeudis de l'Avent, il y a une lecture de piété après la prière du soir ; les mardis et jeudis, la lecture est suivie d'une bénédiction simple, avec le saint Ciboire, à l'autel de la sainte Vierge. Le prêtre entonne le *Tantum ergo* et psalmodie ensuite le *De Profundis* avec le thuriféraire, le sacristain et le peuple.

On allume quatre flambeaux sur l'autel.

Quand il y a sermon après les vêpres, on ne chante pas les complies, mais seulement l'antienne à la sainte Vierge.

1ᵉʳ Décembre. — SAINT ÉLOI.

Le jour de saint Éloi ou le lundi suivant, MM. les Cultivateurs font célébrer un office de corporation : la grand'messe à dix heures, instruction après l'évangile si les cultivateurs le demandent ; après la messe, on chante l'invocation : *Sancte Eligi, ora pro nobis.* Le lendemain, à neuf heures, grand'messe pour les cultivateurs décédés.

(a) Aux Dimanches ordinaires, on chante, le soir, les vêpres du Saint-Sacrement, et on y ajoute le *Sub tuum, Introeuntes, Cor Jesu* et *Tantum ergo.* — (b) On trouvera, à la fin des Coutumes (novembre et décembre), ce qui manquerait ici.

Deuxième Dimanche de l'Avent. — Fête patronale de l'Archiconfrérie du Sacré-Coeur de Marie.

La première messe est pour la Congrégation et il y a exposition à cette messe, on fait au chœur l'office de l'Immaculée-Conception (messe et vêpres), du rit de II⁰ classe, on orne l'autel de la sainte Vierge pour toute la journée; au salut, on chante : un répons de l'office, l'antienne *Hodie, Magnificat*, un motet à la sainte Vierge ou le *Sub tuum*.

6 *Décembre*. — Saint Nicolas.

La veille au soir, on sonne une volée de la 3ᵉ cloche avec carillon; même sonnerie le jour pour la messe (basse) de neuf heures qui se dit pour les écoliers des Frères : on y chante le *Veni Creator*. Il y a courte instruction après l'évangile; après la messe, on chante l'invocation : *Sancte Nicolae* (trois fois) (a).

8 *Décembre*. — Fête de l'Immaculée-Conception.

La première messe est dite pour la conversion des pécheurs; on chante, après la messe, le *Sub tuum* et l'oraison.

Troisième Dimanche de l'Avent.

Le diacre et le sous-diacre, à la grand'messe, sont revêtus; on touche l'orgue à la messe et aux vêpres; on met des fleurs à l'autel. Le sermon est sonné avec la grosse cloche.

Quatrième Dimanche de l'Avent.

Le célébrant entonne avant et après le *Magnificat* la grande antienne O. L'orgue joue aux vêpres. Volée du sermon avec la grosse cloche.

(a) Maintenant on chante la grand'messe et les enfants chantent le cantique de saint Nicolas après la messe.

CHAPITRE II

Le temps de Noël.

La veille de Noël, on dispose la crèche au côté gauche de la chapelle de la Sainte Vierge ; il y a une corbeille pour recevoir les offrandes des enfants et autres fidèles.

25 Décembre. — Nativité de N. S.

Fête de Ire classe. Il n'y a point de premières vêpres au chœur, à moins que la veille ne soit un dimanche (dans ce cas, il n'y a pas de sermon aux vêpres, on pourrait le placer à la grand'messe).

La veille de Noël, tombant un dimanche, nous chantons ici l'ordinaire des messes votives doubles (paroissien noté).

A l'office de la nuit, les matines (3e nocturne, *Te Deum* et Généalogie) commencent à dix heures : on les annonce par les trois volées d'usage à cette classe. Les chantres portent les chapes du premier ornement blanc pour matines et la messe de minuit ; pour le jour, ils portent les chapes drap d'or.

Pendant la communion des fidèles, on chante les laudes.

N. B. — Au commencement de la messe de minuit, on allume les Adorateurs-candélabres, les lustres et quatre bougies sur l'autel, mais non pendant les matines.

Le jour, à dix heures, grand'messe avec une instruction. A cinq heures et demie, salut solennel.

Au salut, il y a, pour illumination, un soleil, deux étoiles, quatre pyramides. On chante : *Christus natus est* (invitatoire des matines), répons, prose de l'ancienne liturgie amiénoise, *O quam, Magnificat, Adeste fideles* (quatre versets), *Sub tuum, Tantum ergo.*

26 *Décembre.* — Saint Etienne.

Double de IIme classe pour la liturgie, double-majeur chez nous pour le chant, les sonneries, etc. Grand'messe à dix heures; messe basse à onze heures. Vêpres du Saint-Sacrement à cinq heures. On n'y double pas les antiennes.

Pour le salut, *Adeste, Sub tuum.*

Les autels et toute l'église restent parés comme au jour de Noël.

27 *Décembre.* — Saint Jean l'Evangéliste.

Rit double pour le chant, etc. Grand'messe à neuf heures, la dernière à dix heures.

On retire les garnitures des petits autels; le maître-autel est orné comme au double-majeur. Si c'est le dimanche, tout est double-majeur.

28 *Décembre.* — Les Saints Innocents.

Si c'est le dimanche, double-majeur.

N. B. — *Adeste* se chante jusqu'à la Purification, même quand la Septuagésime surviendrait plus tôt.

Le dernier dimanche de l'année, on chante, au salut, le *Te Deum* d'actions de grâces.

1er *Janvier.* — Circoncision de N. S.

Si cette fête tombe un dimanche, les offices ont lieu aux heures ordinaires. Tout est double-majeur, pour les chants, décorations, etc. La première messe, pour la confrérie du Sacré-Cœur, ainsi que la quête. La grand'messe est à dix heures et elle est précédée du *Veni Creator*. Deuxième ornement blanc, si c'est le dimanche. (M. le Curé y fait ordinairement ses souhaits de bonne année à ses paroissiens.) Il y a une messe basse à onze heures. A cinq heures, vêpres du Saint-Sacrement; on y ajoute *Adeste* et *Sub tuum*. Quête pour la confrérie du Sacré-Cœur.

N. B. — Le lendemain, on recouvre autels, lustres, etc.

CHAPITRE III

De l'Epiphanie à la Septuagésime.

L'EPIPHANIE DE N. S. (La Solennité).

Rit de Ire classe (IIme classe pour la sonnerie seulement). Premier ornement blanc. Le soir, à cinq heures et demie, vêpres du Saint-Sacrement; on allume une étoile sur l'autel, au lieu du triangle. Au salut, on chante la prose *Ad Jesum accurrite*, *Adeste*, *Sub tuum*, etc.

Deuxième dimanche après l'Epiphanie. — FÊTE DU SAINT NOM DE JÉSUS.

Double de IIme classe. Le soir, vêpres solennelles du Saint-Sacrement; on y ajoute *Adeste* et *Sub tuum*.

19 Janvier. — SAINT FEUILLANT (a).

Le jour même, si c'est le dimanche, si non le dimanche suivant, à tous les offices, on allume un

(a) D'après l'*Hagiographie*, saint Foillant et non saint Feuillant, tome IV, page 277.

cierge devant les reliques de saint Fouillant et saint Sperat. Le célébrant les encense après l'autel, à *Magnificat.*

Après le salut, on chante la triple invocation : *Sancti Foillane et Sperate, orate pro nobis.*

2 *Février.*— Purification de la Sainte Vierge (Fête patronale de l'œuvre de la Sainte Enfance).

Tout est solennel au chœur, cependant les sonneries sont de IIme classe, premier ornement blanc.

La première messe avec bénédiction pour la Congrégation.

Bénédiction des cierges à neuf heures et demie. Tout le clergé porte des cierges ; en les recevant, on baise la main du célébrant, puis le cierge ; procession avec les flambeaux (on ne fait qu'un tour), les enfants y assistent, s'ils le veulent, celle du soir est seule obligatoire pour eux. Pendant la messe, les ministres sacrés déposent leurs cierges sur des chandeliers placés sur l'autel ; pendant l'évangile, tous, clergé et fidèles, tiennent leurs cierges allumés. Si la fête est un jour en semaine, il y a une basse messe après la grande. A quatre heures, salut solennel pendant lequel, ainsi qu'à la grand'messe, deux enfants de chaque établissement font la quête pour l'œuvre de la Sainte-Enfance ; après le *Magnificat*, sermon de la Sainte-Enfance, puis procession à laquelle sont invités tous les enfants jusqu'à la première et deuxième communions exclusivement ; station, pour le clergé seulement, à l'autel de la Crèche où on bénit les enfants au fur et à mesure qu'ils passent (on arrête la procession pour chanter la bénédiction du rituel). La procession fait deux fois le tour de l'église et au troisième, elle rentre par la grande nef ; les enfants marchent trois à trois. Quand la Purification tombe le dimanche, on chante les vêpres à trois heures, le sermon après le *Magnificat*, puis salut et procession comme plus haut. Il n'y a pas d'autre office paroissial ce jour-là. Le chapelet et la prière à la chûte du jour (a).

CHAPITRE IV

Le temps qui précède le Carême.

LA SEPTUAGÉSIME.

Le tabernacle et les reliquaires du maître-autel sont couverts de violet ; on chante le *Benedicamus* à la messe, au lieu de l'*Ite Missa est; Laus tibi; Domine* aux vêpres, au lieu d'*Alleluia:* on retranche l'*Alleluia,* entr'autres, à l'antienne de *Magnificat* des vêpres du Saint-Sacrement.

On chante un ordinaire spécial (paroissien noté); on touche aujourd'hui les orgues aussi bien qu'à tous les dimanches et fêtes de l'année, excepté les dimanches d'Avent et de Carême ; encore les touche-t-on au deuxième dimanche d'Avent et au troisième, au quatrième dimanche de Carême, les jeudi et samedi saints et aux fêtes occurrentes (b)(c).

(a) On chante, au salut, repons; prose, *Magnificat, Sub tuum* ; à la procession, *Lumen, Nunc dimittis, Laudate pueri, Lætatus sum.* — (b) Falise, page 500. — (c) Ce que l'on dit ici des orgues doit s'entendre du grand orgue ou orgue concertant, parce que l'orgue du chœur ou d'accompagnement peut jouer toujours, même aux offices pour les morts.

Dimanche de Quinquagésime. — Fête patronale de l'Œuvre de la Providence.

En ce jour et aux deux suivants, le Saint-Sacrement est exposé au grand-autel toute la journée (on l'expose dans le grand ostensoir) ; l'autel est orné aujourd'hui comme aux fêtes solennelles, les deux jours suivants, comme au double-majeur ; il n'y a aucune décoration aux petits autels, sonneries solennelles, musique à l'offertoire et à la communion. Les fidèles qui font partie des différentes associations paroissiales viennent faire, tour à tour, une demi-heure d'adoration au moment indiqué par les billets que leur envoient les Religieuses de la Providence ; les Sœurs de Saint-Joseph viennent aussi avec leurs élèves, ainsi que l'Institution de Mademoiselle Diguet. Les enfants de chœur en soutane et rochet viennent aux heures qui leur sont indiquées, dans le sanctuaire comme les ecclésiastiques de la paroisse. Ce dimanche, nous faisons tout solennel, pour les décorations, chants, etc., à cause de la fête patronale de la Providence.

On voile le Saint-Sacrement pendant le sermon qui a lieu après les vêpres, à trois heures. Il n'y a pas d'office du soir, à la paroisse ; on chante le salut après le sermon.

Le chapelet et la prière à la chûte du jour.

N. B. — La quête est faite aujourd'hui aux offices pour l'œuvre de la Providence, par deux dames protectrices ; pour le salut, après le sermon, *Regina* au plain-chant, morceau de musique (violoncelle, par exemple) ; pendant la quête, motet des demoiselles, *Introeuntes,* prière pour le Pape, *Cor Jesu,* etc.

Lundi de la Quinquagésime (Lundi-gras).

Sonneries, chant, cérémonies, double; grand'-messe à neuf heures : on se sert du petit ostensoir pour l'exposition du Saint-Sacrement. A cinq heures et demie, vêpres du Saint-Sacrement après lesquelles il y a un petit salut ; *Domine, non secundum..., Sub tuum.* Les vêpres du Saint-Sacrement peuvent être avancées d'une demi-heure, selon la saison.

S'il se présente un enterrement ou un mariage, ils se font à l'autel de la sainte Vierge. Si l'enterrement se faisait avec une solennité et des circonstances telles que le grand-autel fût nécessaire, après la grand'messe du jour, on transporterait le Saint-Sacrement, avec le dais, processionnellement à l'autel du Saint-Sépulcre, disposé comme pour le jeudi-saint (on chanterait le *Lauda Sion*); après l'enterrement, on reporterait le Saint-Sacrement sous le dais, en silence, au grand-autel.

Mardi de la Quinquagésime (Mardi-gras).

On expose le Saint-Sacrement dans l'ostensoir d'or, comme la veille, pour la messe. Le salut, à six heures ; il est de IIe classe, tous les enfants de chœur s'y habillent, on y chante le *Pange lingua, Magnificat, Inviolata*. On fait la procession au chant du *Miserere* et du *Parce, Domine*. Il n'y a pas de station, on se sert du deuxième ornement blanc.

CHAPITRE V

Le Carême.

LE MERCREDI DES CENDRES.

Après chaque messe basse, le célébrant donne les cendres aux fidèles, avec des cendres bénites l'année précédente ; avant l'office, le bedeau recouvre l'autel, etc., comme pour les jours ouvrables.

A neuf heures, après une sonnerie de IV classe et la bénédiction, la distribution des cendres est faite par deux prêtres à la fois, à la balustrade du chœur ; on n'allume que pour la messe.

La grand'messe est du rit simple, on ne porte pas de tuniques ni de chapes (le célébrant cependant se sert d'une chape violette pour la bénédiction des cendres). Il n'y a pas d'encens ni de cierges d'acolytes ; il y a une dernière messe basse à dix heures.

N. B. — A dater de ce jour, le catéchisme a lieu tous les jours, excepté le samedi et le dimanche, pour les enfants (garçons et filles) de la première communion.

Le catéchisme de persévérance, pour les jeunes personnes, est fait tous les dimanches, à la chapelle de la Congrégation, par M. le Curé, et à la chapelle des frères, pour les jeunes gens, par celui de MM. les Vicaires qui en est chargé.

PREMIER DIMANCHE DE CARÊME.

La veille, on sonne une volée de la cloche

moyenne ; on ne porte pas de tuniques à l'autel aux trois premiers dimanches de Carême. Aux vêpres, avant le sermon, les demoiselles chantent *Esprit-Saint,* et il est fait de même aux dimanches suivants ; elles chantent également l'*Ave Maria* quand le prédicateur l'indique ; aux vêpres des dimanches de Carême, on chante l'hymne en contrepoint *Audi, benigne conditor.*

Mardis et Jeudis de Carême.

Le salut se fait au grand-autel où l'on place quatre petites et six grandes souches.

Après la prière du soir, au salut, cantique d'invocation au Saint-Esprit, puis sermon, qui est annoncé par une volée de la 3e cloche, et bénédiction.

Aux saluts de carême, on chante, les mardis : *Domine, non secundum ; Inviolata ; Introeuntes.*

Les jeudis : *Miserere mei; Ave Regina; Introeuntes.*

Premier, deuxième et troisième vendredis de Carême, quand on ne fait pas le Chemin de la Croix : *Litanies du Sacré-Cœur; Sub tuum; Introeuntes.*

Premier Lundi de Mars.

On commence à dire la première messe à six heures.

4e, 5e et 6e Vendredis de Carême.

On fait le Chemin de la Croix, suivi d'un court salut : *Stabat;* petit *Sub tuum; Introeuntes.*

Quatrième Dimanche de Carême. — Fête patronale de l'Adoption des petits Orphelins.

Sonnerie double-majeure ; solennel pour les ornements (violets) et les chants ; les offices aux heures ordinaires. Les Dames protectrices assistent au chœur pendant la grand'messe et les vêpres; il y a sermon, aux vêpres, par le prédicateur du Carême. Deux Dames protectrices font la quête aux offices pour l'œuvre. Le soir, à six heures, vêpres du Saint-Sacrement. Le lendemain ou un autre jour, il y a réunion de l'œuvre chez Madame la Présidente, pour entendre le rapport de l'année écoulée.

19 Mars. — Saint Joseph, patron de l'Eglise universelle.

La messe est basse solennelle à huit heures. Le soir, après la prière, petit salut en l'honneur du Saint.

25 Mars. — Annonciation de la Très-Sainte Vierge.

Si cette fête tombe dans la semaine, les sonneries sont de IVe classe, tout le reste est double-majeur.

Le grand-autel est entièrement découvert. La première messe pour la Congrégation, la grand'messe est à dix heures, la dernière est à onze heures; à six heures et demie, vêpres du Saint-Sacrement.

L'autel de la sainte Vierge est orné comme à la IIe classe; si la fête tombe un dimanche ou le lundi de Quasimodo, tout est de IIe classe : quand la fête est le dimanche, les offices sont aux heures ordinaires.

CHAPITRE VI

Temps de la Passion.

Dimanche de la Passion. — Pardons de saint Eloi.

Tout est double-majeur. Le Saint-Sacrement est exposé dans le petit ostensoir; à la grand'messe, on ne chante Gloria Patri ni à Asperges me, ni à l'Introït; au salut, on chante le Stabat en parties: on fait, au sermon des vêpres, l'ouverture de la retraite paroissiale, et il y a, chaque jour de la semaine, jusqu'au samedi exclusivement, une méditation après la messe de six heures, une instruction après la messe de neuf heures et un sermon le soir.

Le Vendredi de la Passion. — FÊTE DE NOTRE-DAME DES SEPT-DOULEURS.

Au salut, après le sermon de clôture de la retraite, on chante le Stabat. Après le salut, on chante un cantique spécial.

LE DIMANCHE DES RAMEAUX.

Le tout est double-majeur, excepté le chant; la sonnerie est une espèce de double-majeur. Dès la veille au soir, on bourdonne sur la grosse cloche, pendant la volée.

On met des rameaux de buis sur l'autel au lieu de fleurs, ainsi qu'à la croix de procession.

A neuf heures et demie, bénédiction des rameaux et aspersion par toute l'église, procession et grand'messe. Les fidèles trouvent aux abords du portail, au dehors, des rameaux gardés par les porteurs de morts qui sont là dès le premier coup de la messe.

Pour la bénédiction, le célébrant en chape violette (le diacre et le sous-diacre en tunique), baise l'autel; après la leçon et le répons, le célébrant, du côté de l'épître, tient les mains jointes pendant les oraisons et la préface; après la cinquième oraison, il bénit l'encens, asperge les rameaux, les encense et les distribue.

Pour la procession, le thuriféraire, faisant fumer

l'encens, marche avant la croix. Au départ, volée des quatre cloches, au retour, la tête de la procession s'arrête à la grille du chœur ; les enfants dans le chœur chantent les deux versets *Gloria Israël* et *Hi placuere*, auxquels on répond. Le sous-diacre frappe la porte avec la hampe de la croix et la procession rentre au chant du répons. On ne chante que les deux premiers et les deux derniers versets du trait.

Pour la Passion (le chant) à quatre chœurs, d'après Palestrina, et orgue d'accompagnement, on place trois pupitres au bas du chœur, à droite, non loin du petit orgue. Les acolytes et thuriféraires viennent pour *Altera autem* ; aux vêpres, sermon ; le soir, vêpres du Saint-Sacrement, *Stabat mater* en parties.

CHAPITRE VII

La Semaine-Sainte.

Le catéchisme de première communion cesse depuis ce jour jusqu'au mardi de Pâques inclusivement.

LE MERCREDI-SAINT.

On prépare le Reposoir-Tombeau dans la chapelle du Saint-Sépulcre ; douze chandeliers sur les gradins, six flambeaux, quatre vases de fleurs, tapis sur le marchepied, petit reposoir sur le tabernacle et corporal dans le fond ; bouquets sur les crédences, draperies blanches au cintre de l'entrée de la chapelle ; on orne le Saint-Sépulcre, on place une crédence avec un christ d'argent près de la balustrade.

A quatre heures commence l'office des ténèbres (1er nocturne); à trois heures et demie, on annonce l'office par une sonnerie de IVe classe. Les enfants de chœur sont en soutane rouge; on n'allume, à cet office, que six cierges à l'autel et neuf au triangle placé derrière le lutrin; chant des lamentations par les prêtres de la paroisse, avec accompagnement d'orgue; le soir, on sonne une volée de la grosse avec carillon.

Le Jeudi-Saint. — Fête des Pardons du Saint-Sépulcre (a).

A cinq heures trois quarts, on sonne une volée des deux grosses cloches; à sept heures, messe basse pour les personnes malades ou faibles, *seulement;* elle se dit au grand-autel; pour la grand'-messe, à huit heures et demie, double-majeur, on y consacre deux hosties.

Au *Gloria in excelsis,* on sonne une volée des quatre cloches (on ne sonne plus jusqu'au samedi-saint); au même moment, le cérémoniaire sonne douze coups avec la sonnette de l'autel (on donne ensuite les signaux avec une crécelle); on ne donne pas la paix au *Pater,* on allume en ce moment au Reposoir-Tombeau; pour les dernières ablutions, le célébrant quitte sa place. Après la messe, le célébrant dépose la chasuble et le manipule à la crédence, les diacre et sous-diacre déposent la dalmatique et la tunique, le prêtre prend la chape, retourne à l'autel, adore, se lève, met l'encens sans

(a) Voir ce que nous avons dit des Pardons, plus haut, page 206.

le bénir, encense, reçoit l'huméral, puis le calice recouvert du voile drap d'or et part en procession sous l'ombrellino, par la grande nef, deux thuriféraires encensent l'un après l'autre continuellement à reculons. Les Frères et les ecclésiastiques portent des flambeaux allumés (MM. les Marguilliers et autres laïques suivent avec des flambeaux aussi); on revient en silence, flambeaux éteints, par le chemin le plus court, on récite vêpres en doublant les antiennes. Pendant ce temps, un prêtre en étole transporte la sainte réserve (petites hosties consacrées) au Reposoir-Tombeau (on profite de ces jours pour nettoyer tous les vases sacrés); on expose au Tombeau des calices, patènes, encensoirs renversés, comme pour indiquer que tout cela est devenu inutile, puisqu'il n'y a plus de sacrifice jusqu'au samedi. Les autels sont dépouillés à la récitation de l'antienne *Diviserunt*, du psaume *Deus, Deus meus respice in me* (ps. 21), et on répète l'antienne *Diviserunt sibi vestimenta mea et super vestem meam miserunt sortem* (Id.) (a). On change les corporaux des tabernacles, on ouvre les tabernacles, on retire les chandeliers des autels, on laisse ceux du grand-autel, mais on les couvre.

A quatre heures, on chante les ténèbres qui sont précédées d'un quart d'heure d'adoration par les enfants de chœur revêtus.

A sept heures ou sept heures et demie, chapelet et prière : au lieu de l'*Angelus*, on dit trois fois *Christus factus est obediens*, avec l'oraison *Respice* et l'acte de contrition au lieu de la bénédiction, et, de suite, on entonne le cantique : *Au sang qu'un*

(a) Ce psaume est le deuxième des matines du Vendredi-Saint (Paroissien noté).

Dieu va répandre. Sermon de la Passion ; le salut a lieu au Tombeau sans bénédiction, ni encensement, ni versets, ni oraisons : on chante seulement *Vexilla, Stabat mater* en parties, puis, du haut de la chaire, on lit l'acte d'amende honorable à Jésus mourant : *De toute éternité, vous avez aimé les hommes,* puis on récite *Miserere* et *Respice.* Les religieuses et autres personnes pieuses passent la nuit avec Messieurs de l'adoration nocturne, on fait le chemin de la croix, etc.

Le Vendredi-Saint.

A six heures, au lieu de messe, il y a un petit salut au Reposoir présidé par un de MM. les Vicaires, on y chante : *Domine, non secundum; Vexilla; Stabat;* puis *Miserere* et *Respice.*

A neuf heures commence l'office du jour, les enfants de chœur font un quart d'heure d'adoration au Tombeau avant l'office ; le célébrant porte un ornement spécial, les diacre et sous-diacre portent l'étole et le manipule du deuxième ornement noir, on ne met sur l'autel qu'une seule nappe blanche, le voile du calice, la palle et le purificatoire. En arrivant à l'autel, le célébrant et ses ministres se prosternent sur les marches ; il prend la chasuble, baise l'autel, lit la Passion *in cornu Epistolæ* ou il la chante avec les ministres au bas de l'autel, du côté de l'épître ; il ne baise pas le livre à la fin. Après les oraisons, le célébrant dépose la chasuble, prend la croix qui est placée sur l'autel, va à l'angle postérieur du côté de l'épître et, tourné vers le peuple, il entonne *Ecce lignum Crucis.*

Le premier chantre chante les versets, les enfants *Agios* et le deuxième chantre et le serpent *Sanctus.*

Pour l'adoration de la croix, on dispose sous la lampe un tapis et un coussin. Tout le clergé revêtu fait l'adoration avec les prostrations (deux à deux). Pendant que le célébrant fait baiser la vraie croix à la grille, côté gauche du chœur, un autre prêtre fait baiser la vraie croix (la rouge), au côté droit.

Pendant ce temps, on allume au grand-autel et au Reposoir-Tombeau; pour la procession, le célébrant reprend la chasuble, met de l'encens sans bénir; les thuriféraires marchent devant la croix, on va du côté de l'autel de la sainte Vierge (la croix découverte), en silence, sans lumières; il y a au Tombeau un corporal, l'huméral et l'ombrellino.

En arrivant, les ministres font la prostration; ils se lèvent pour mettre de l'encens. On revient par la grande nef et on encense continuellement le Saint-Sacrement au chant du *Vexilla Regis;* les Frères accompagnent comme la veille.

Quand le Saint-Sacrement est déposé sur l'autel, le célébrant descend sur le deuxième degré, met de l'encens et encense; à l'*Orate fratres,* on ne fait pas de réponse, le prêtre a les mains étendues pendant le *Libera nos,* il prend une parcelle de l'hostie, la met dans le calice sans rien dire et sans signe de croix.

Il n'y a que l'ablution des doigts, laquelle prise, le prêtre dit: *Quod ore sumpsimus;* il couvre le calice et retourne à la sacristie.

Les vêpres se récitent au chœur. On découvre toutes les croix de l'église.

A trois heures et demie, office des ténèbres, et ensuite on prépare l'eau pour le lendemain à la porte intérieure de l'église, on prépare aussi le grand cierge pascal et son piédestal que l'on met derrière le lutrin.

On fait la prière du soir de la même manière que la veille, puis on fait solennellement le Chemin de la Croix, ensuite, on chante *O crux, ave; Stabat; Christus* et *Miserere*; puis on fait baiser la croix aux deux petits autels ou à la balustrade du chœur.

Le Samedi-Saint.

On se sert encore de la crécelle jusqu'à la grand'-messe. L'office a lieu à neuf heures; le célébrant en chape violette, le diacre en étole de même couleur, se dirigent avec la croix et le clergé sous le porche : on y trouve cinq grains d'encens dans un plat, un petit cierge, trois cierges au bout d'un bâton unique, un cierge pascal en cire, le bénitier, le pupitre avec l'épistolier violet et un missel.

On bénit le feu extrait d'une pierre à fusil, on bénit les grains d'encens, le thuriféraire met du feu du réchaud dans l'encensoir, on allume le petit cierge au feu nouveau.

Le diacre prend les ornements blancs, fait mettre et bénir l'encens dans l'encensoir; on se dirige vers le chœur, les acolytes portent les grains d'encens, le petit cierge et le cierge triangulaire, un autre enfant, avec un voile, porte le cierge pascal (en cire) encore non allumé, on s'arrête dans la nef, à l'entrée, puis à la hauteur de la chaire, puis au chœur pour allumer et honorer le cierge à trois branches (emblème de la sainte Trinité).

Le diacre demande la bénédiction du prêtre, encense et chante l'*Exultet*; après quoi, le célébrant prend la chasuble et le manipule, le diacre l'étole et le manipule violets; les leçons ne se chantent pas en entier, mais seulement pendant le temps nécessaire au célébrant pour les lire ; alors, le célébrant reprend la chape violette et part en procession pour les fonts baptismaux pour bénir la nouvelle eau baptismale (croix, flambeaux, cierge pascal).

Après la bénédiction de l'eau, avant qu'on y mette les saintes Huiles, le diacre ou un autre prêtre fait l'aspersion de toute l'église, conduit par le suisse.

La procession achève le tour et rentre au chœur pour la messe. On ne se sert du petit cierge pascal que pour les processions et pour la Pentecôte.

Grand'messe double-majeur avec *Gloria* ; on sonne la clochette et une volée des quatre grosses cloches ; à *Magnificat,* il y a encensement ; à midi, volée et carillon solennels ; à deux heures trois quarts, volée de la grosse sans carillon ; à trois heures, complies ; à la prière du soir, *Regina cœli,* après l'*Oremus, Gratiam,* et ainsi tout le temps pascal.

CHAPITRE VIII

Les Fêtes pascales.

SAINT JOUR DE PAQUES.

Fête de Ire classe, ornement de drap d'or, le grand tapis : on chante les matines, sans laudes, à six heures, en même temps que l'on dit la première messe. A la grand'messe, allocution de M. le Curé après l'évangile ; pour la procession des vêpres, on dispose les fonts en reposoir (un Christ et deux cierges) ; on porte à cette procession le petit cierge pascal avec un voile blanc devant le célébrant, on encense les fonts et ensuite au cours de la procession, la croix *in navi* (dans la nef) ; il n'y a pas de complies, on chante le *Regina cœli*.

Le soir, à six heures et demie, salut solennel ; on y chante : *Surrexit Dominus*, deux fois ; *Deus in adjutorium ; Hæc est ; Victimæ ;* répons (*Audivi*); *Magnificat ; Regina ; Introeuntes ; Tantum ergo.*

Lundi de Paques.

Rit double-majeur pour les cérémonies, le chant et la sonnerie (excepté qu'on ne sonne pas la veille au soir). A dix heures, grand'messe, deuxième ornement blanc, messe à onze heures ; à deux heures et demie, vêpres sans complies et salut, *Panis angelicus ; O filii ; Regina*. Toute l'église reste ornée comme la veille.

Mardi de Paques.

Tout est double, les autels sont ornés comme au double-majeur, cependant on se sert du troisième ornement ; la grand'messe à neuf heures, on chante le *Kyrie* pascal.

A six heures trois quarts, salut : *Surrexit Dominus*, deux fois ; *Hæc est Dies ; O quam ; Magnificat ; Victimæ ; O filii ; Regina cœli.*

Les autels, la chapelle du Saint-Sépulcre, les lustres, etc., restent ornés et découverts pendant toute l'octave ; le grand-autel conserve sa garniture, on laisse aussi les draperies du Saint-Sépulcre, la croix d'argent reste aussi toute l'octave sur la crédence.

Mercredi de Paques.

On reprend les catéchismes de première communion quand les écoles ne sont pas en vacances.

CHAPITRE IX

Après Pâques.

Dimanche de Quasimodo.

La veille, on sonne une volée de la moyenne sans carillon; chant pascal, troisième ornement blanc, le reste est de IIe classe.

Lundi de Quasimodo.

On recouvre les autels, lustres, etc. Si la fête de l'Annonciation se célèbre en ce jour, tout est de IIe classe dès les premières vêpres; on se sert du deuxième ornement blanc.

Deuxième Dimanche après Pâques.
Première Fête du Saint-Sépulcre (a).

Les prêtres font aujourd'hui, dans leur office particulier, la fête patronale du Saint-Sépulcre, avec octave, mais la plus grande solennité étant réservée pour le dimanche qui suit le 15 juillet, la fête de ce jour n'est que de IIe classe pour le chœur; au prône, il y a instruction, à la grand'messe, sur le Saint-Sépulcre.

(a) On reprend aujourd'hui les catéchismes de persévérance pour les jeunes gens et les jeunes personnes, après la grand'messe, également les réunions de la Congrégation de la sainte Vierge, après les vêpres.

Les vêpres sont chantées avec les complies comme à l'ordinaire ; le soir, il y a salut solennel, procession, station à la chapelle du Saint-Sépulcre et *Te Deum* pour la clôture des Pâques. Une volée de la grosse pour le *Te Deum*. Les sonneries sont de IIe classe ainsi que les ornements et décorations de l'autel. Toute cette semaine, à la chapelle du Saint-Sépulcre, on dit les messes basses et on fait baiser la relique.

Saint Marc, évangéliste et évêque.

A six heures trois quarts, une volée de la 3e, même volée au départ et au retour de la procession ; à sept heures un quart, on chante *Exurge* debout, après quoi, le clergé se met à genoux pour les litanies des Saints, après *Sancta Maria, ora pro nobis* (les invocations se doublent ou non à volonté), la procession sort de l'église par le grand portail et va par les rues du Fossé, des Carmes, Pont de la Ville, rues d'Angouches, des Poulies, se rendant à Saint-Jacques (avertir à l'avance M. le Curé de Saint-Jacques) où le clergé de Saint-Sépulcre officie. En entrant dans l'église, on chante l'antienne et l'oraison du patron ; tous les enfants de chœur assistent ; il n'y a ni chapes, ni tuniques, ni croix à la messe. Aussitôt le dernier évangile, les chantres continuent les litanies des Saints. On revient par les rues de l'Eauette, Médarde, Marcadé, des Capucins, du Fossé.

Les prières de la fin des litanies sont réservées pour l'église.

Il n'y a ordinairement pas, ce jour-là, de messe de huit heures à la paroisse.

Troisième Dimanche après Pâques. — Patronage de Saint-Joseph.

Double de II⁰ classe; on commence à faire, aux complies, la quête pour les enfants pauvres de la première commmunion; cette quête est uniquement destinée aux garçons, la sœur quête à domicile pour les filles. Le soir, salut solennel pour la clôture de l'octave du Saint-Sépulcre, procession à la chapelle; avant la procession, antienne à saint Joseph.

CHAPITRE X

Le mois de Mai.

Mois de Marie.

La veille, 30 avril, on fait l'ouverture solennelle du mois de Marie; on orne, à cet effet, l'autel de la sainte Vierge pour tout le mois.

A sept heures un quart, on sonne une volée de la grosse avec carillon; à sept heures et demie, chapelet et prière, deuxième ornement blanc, les chantres portent des bâtons choraux, grand ostensoir, cantique, sermon; ensuite, salut à l'autel du mois de Marie, on chante: *O Salutaris; O quam; Magnificat;* motet des jeunes personnes; *Cor Jesu,* etc.

Si c'est le dimanche, la cérémonie a lieu au salut (II⁰ classe) du Saint-Sacrement; après *Magnificat,* sermon; le salut se termine à l'autel de la sainte Vierge.

N. B. — Durant ce mois, on allume quatre

cierges durant la première messe. Elle est suivie du *Sub tuum* et de l'oraison *Concede*.

A la chute du jour, chapelet, prière, lecture du mois de Marie après laquelle on réserve la prière : *Demandons à Dieu sa sainte bénédiction,* puis salut à l'autel du mois de Marie, par un de MM. les Vicaires.

On fait la quête pour la sainte Vierge; deux cierges brûlent sur l'autel pendant le chapelet et huit pour le salut : on allume, en outre, les couronnes de lumières.

Les dimanches, aux vêpres du Saint-Sacrement, après le *Magnificat,* on fait la lecture du mois de Marie, motet des jeunes personnes, *Tantum ergo,* cantique.

Après le chapelet et la prière, M. le Vicaire va à l'autel de la sainte Vierge, réciter le *Sub tuum* et l'oraison.

3 Mai. — Invention de la Sainte-Croix.

On annonce cette fête au prône ainsi que l'indulgence plénière pour les associés de la Propagation de la Foi ; il n'y a pas d'office, mais on place la vraie croix sur l'autel, on la présente à baiser après les messes. Quand la fête tombe le dimanche, on suit l'ordre suivant :

On en fait l'office, le tout double-majeur, deuxième ornement. Après la messe ou même avant, si ce n'est pas le premier dimanche du mois, on expose la vraie croix au chant d'un triple *O crux ave,* avec encensement et bénédiction ; après la bénédiction du Saint-Sacrement, à la fin des complies, on descend la vraie croix au chant du *Crucem tuam,* encensement et bénédiction ; puis on donne la croix à baiser au clergé et aux fidèles pendant que l'on chante *Crux fidelis*. Deux prêtres en étole font baiser la sainte croix à la barrière du chœur ; tous les enfants des classes viennent ; enfin, on replace la vraie croix dans la gloire avec encensement. Ce jour est l'anniversaire de l'érection du Chemin de la Croix à la paroisse.

31 Mai. — Clôture du Mois de Marie.

On fait, pour la clôture du mois de Marie, comme au jour de l'ouverture. Le salut est à huit heures moins un quart, excepté quand c'est un dimanche, alors il est à l'heure ordinaire des saluts ; à la fin, on chante le *Te Deum* pendant lequel on sonne la grosse cloche, on chante un cantique de sortie.

CHAPITRE XI

Le Pèlerinage de Notre-Dame de Monflières.

Un des lundis du mois de Marie, à quatre heures un quart, simple volée de la grosse, à quatre heures trois quarts, prière du matin, on indique le sujet de la méditation ; à cinq heures, la procession sort de l'église, on sonne une volée de la grosse sans carillon.

Le *Veni Creator* est entonné au pied du grand-autel ; après la première strophe, départ.

D'abord le suisse, les enfants de chœur avec croix et chandeliers, puis les petits garçons, les jeunes filles en couleur avec leurs maîtresses, les fidèles sur deux rangs ; au dedans des rangs, la sainte Vierge portée par les jeunes personnes en blanc, puis les chanteuses. A la fin de toute la procession, les chantres, M. le Curé, accompagné de MM. les Vicaires et suivi du bedeau qui a soin d'emporter du vin et des hosties grandes et petites, un ornement et une aube des fêtes.

Un de MM. les Vicaires dirige la procession. Après le *Veni Creator*, on chante le cantique *Benedictus*, puis *Triomphez, Reine des Cieux*, puis méditation en silence ordinairement, on chante les litanies du Saint Nom de Jésus, le psaume *Deus, Deus meus, ad te de luce vigilo*, on fait la préparation à la sainte communion, en silence, on suit la grand'-route jusqu'à la hauteur de la croix de fer. A l'entrée du village, on entonne le cantique : *Rassemblons-nous dans ce saint lieu ;* en entrant dans la chapelle, on chante le *Sub tuum*. Les petits garçons se rangent dans la sacristie avec les enfants de chœur, les personnes en blanc dans le sanctuaire ainsi que celles qui doivent communier, s'il y a place, les autres personnes dans la nef ; la statue de la sainte Vierge est placée sur la chaire ou dans la sacristie.

Après l'évangile, il y a instruction ; à l'élévation, on chante un cantique au Saint-Sacrement ; au *Pater*, une prière-consécration est prononcée par une des congréganistes ; pendant la communion, on chante *Lauda Sion*. Quand on le peut, il y a une messe d'actions de grâces qui suit immédiatement. Les personnes qui ont besoin de prendre de la nourriture peuvent sortir ; le clergé prend du lait à la sacristie.

Pour annoncer le départ, on tinte quelques

coups de rappel. Pendant qu'on se rassemble, on chante le cantique : *Mère de Dieu, quelle magnificence;* en sortant, on entonne : *Je mets ma confiance,* puis *Te Deum, Credidi,* en répétant *Quid retribuam* à chaque verset ; ensuite, les litanies de la sainte Vierge. Sur la grand'route, on dit le chapelet par groupes ou en un seul, si le prêtre a la voix assez forte, *Ave, Maris stella* par les demoiselles, *Magnificat, Laudate pueri, Lauda Jerusalem, In exitu.*

Quand on rentre à l'église, la grosse cloche sonne à volée sans carillon, puis on chante *Regina cœli* ou *Salve Regina.* Ce jour-là, il n'y a ordinairement à la paroisse que la messe de huit heures et de neuf heures.

CHAPITRE XII

Le Temps de l'Ascension.

Les Rogations.

On fait comme au jour de saint Marc, excepté ce qui suit : le lundi, la procession se rend à la chapelle des Ursulines par la chaussée du Bois, et on revient par la rue du Fossé (il faut porter, aux Ursulines, une étole et des manipules pour diacre et sous-diacre) ; le mardi, la procession va aux Carmélites par les rues du Fossé, des Carmes, des Pots, elle revient par les rues aux Pareurs, Babos et Briolerie ; le mercredi, à l'Enfant-Jésus par la rue Briolerie, et le retour se fait par le Haut-Mesnil, chaussée du Bois et rue Saint-Sépulcre (il faut porter, aux Carmélites et à l'Enfant-Jésus, les mêmes objets qu'aux Ursulines et, de plus, un missel).

Nota. — On fait, cette semaine, l'examen des enfants de première et deuxième communions ; les postulants cessent de venir au catéchisme, excepté le mercredi quand on le fait en ce jour. Les enfants de la deuxième communion continuent d'être réunis à ceux de la première. On peut admettre, à cette époque, quelques-uns des renouvelants qui n'ont pu, pour de bonnes raisons, assister toute l'année au catéchisme, mais ils n'ont pas droit à l'habillement.

Le mercredi des Rogations, il n'y a pas de catéchisme à cause des confessions.

L'Ascension.

Fête de Ire classe, de IIe pour la sonnerie.

A tous les offices de ce jour, on se sert du premier ornement blanc. Il n'y a pas d'instruction à la grand'messe à cause de la première communion de Saint-Joseph; après l'évangile, on éteint le cierge pascal que l'on n'allume plus que la veille de la Pentecôte.

Les vêpres du Saint-Sacrement sont à six heures et demie : on y chante, après le *Magnificat*, la prose *Solemnis hæc festivitas, Inviolata;* pendant le mois de Marie, on fait comme plus loin au salut de la Pentecôte.

CHAPITRE XIII

Les Fêtes de la Pentecôte.

LA MESSE SYNODALE.

Le mardi après l'Ascension, on fait la distribution des saintes Huiles à toutes les paroisses et communautés du canton. La sonnerie est de II° classe, excepté la volée de la veille à midi, le reste est de Ire classe, la grand'messe est à dix heures et demie.

Une table est préparée au bas des degrés du sanctuaire portant les saintes Ampoules, du coton, de la mie de pain pour purifier les doigts, une aiguière, des serviettes, etc.

Immédiatement avant la distribution, on entonne le *Veni Creator*, puis le célébrant, le diacre et le sous-diacre, tous trois en aubes et en étoles, vont de stalle en stalle porter les saintes Huiles. Le célébrant donne le saint-chrême, le diacre, l'huile des infirmes, le sous-diacre, celle des catéchumènes.

La distribution achevée, le célébrant entonne le *Te Deum*, pendant lequel la procession se fait à l'intérieur de l'église, chaque curé portant ses vases aux saintes Huiles.

LA VEILLE DE LA PENTECÔTE.

Dès la veille, les enfants de chœur préparent de l'eau dans une cuve (il n'en faut pas trop). A huit heures et demie, on fait la bénédiction de l'eau, comme au Samedi-Saint, puis on chante la grand'-messe du rit double-majeur; les sonneries sont de IV⁰ classe et, au *Gloria in excelsis,* on sonne une volée des quatre.

La Pentecôte.

L'office est de Ire classe, couleur rouge pour les ornements. A neuf heures trois quarts, on fait l'aspersion et on chante tierce que le célébrant commence au bas de l'autel; il y reste jusqu'après la première strophe du *Veni Creator,* alors il va se placer au fauteuil.

A la messe, au verset du graduel *Veni, sancte Spiritus,* tout le clergé se met à genoux. Aux vêpres, il est également à genoux pendant la première strophe du *Veni Creator.*

A sept heures, il y a salut solennel: *O Salutaris, Deus in adjutorium,* un répons, l'ancienne prose du jour, *O quam, Magnificat* et la lecture du mois de Marie (s'il y a lieu), motet des chanteuses, *Tantum ergo,* cantiques, prière et chapelet.

Lundi de la Pentecôte.

La sonnerie est de IVe classe; le chant, les cérémonies et décorations sont double-majeur.

A dix heures, grand'messe; à sept heures, vêpres du Saint-Sacrement. Les autels, lustres, tabourets, restent découverts toute la semaine.

CHAPITRE XIV

La Retraite de première Communion.

Le Mercredi de la Pentecôte.

Il faut préparer les salles de retraite pour la première communion, disposer également des places dans le sanctuaire pour les garçons, et dans le chœur pour les filles.

A cinq heures de l'après-midi, la réunion des garçons se fait chez les Frères, et celle des filles, chez les Sœurs : on dispose les uns et les autres par rang de taille, excepté que les enfants de chœur sont en avant. Les filles marchent les mains jointes et les garçons les bras croisés. A cinq heures et demie, ils se rendent à l'église, les garçons montent aux bancs préparés pour eux dans le sanctuaire, les filles sont placées dans le chœur. On chante le *Veni Creator* solennel avec oraison, le *Sub tuum* chanté aussi, puis le sermon d'ouverture, ensuite on retourne aux salles de retraite. A six heures un quart, catéchisme sur la retraite et la communion. A six heures trois quarts, prière, examen, litanies de la sainte Vierge et sortie.

N. B. — On avertit les enfants qu'ils doivent déjeûner chez eux avant de venir à la retraite.

Le Jeudi de la Retraite.

A huit heures, on fait la prière, la méditation, on dit les litanies du Saint Nom de Jésus, on donne des avis sur la manière d'entendre la sainte messe. A neuf heures, on va à la messe, on y chante le *Veni Creator* simple, un cantique ou *Magnificat*, puis vient l'instruction; quand elle est terminée, on retourne aux salles de retraite. A dix heures, il est donné un quart d'heure de délassement. A dix heures et demie, on fait la moitié du Chemin de la Croix et les filles le font dans leur chapelle ou récitent d'autres prières. A onze heures, on fait le catéchisme sur la confession ou sur l'instruction précédente, un cantique expliqué, une lecture intéressante, la récitation des actes de la communion (ce sont les formules du catéchisme), du renouvellement des vœux (Dieu tout-puissant et éternel) au cantique d'Amiens. A onze heures trois quarts, on récite deux dizaines de chapelet, examen sur un point particulier, *Regina cœli*, départ pour le dîner. Les enfants doivent apporter leur goûter, les pauvres trouvent ce goûter aux classes.

A deux heures, on commence par les litanies des Saints et un cantique chanté et expliqué par strophes. A deux heures et demie, on termine le Chemin de la Croix commencé le matin. A trois heures a lieu l'exercice des cérémonies de la première communion à l'église (M. le Curé le fait précéder par une petite conférence sur les cérémonies). A quatre heures et demie, goûter et récréation. A cinq heures, cantique, avis, recueillement et temps libre. A cinq heures et demie, deux dizaines de chapelet, départ pour l'instruction. A six heures un quart, catéchisme sur la communion; on y rappelle l'instruction précédente. A six heures trois quarts, comme hier.

Le jeudi soir, on annonce qu'on fera le lendemain la quête pour les bas-officiers de l'église, le pain béni, les chaises. Les familles aisées doivent donner plus, en dédommagement de ce que les pauvres ne peuvent pas faire. On parle également du cadeau à offrir au vicaire-catéchiste de l'année et prédicateur de la retraite.

Samedi de la Retraite.

Tout se fait comme aux deux jours précédents, excepté ce qui suit : En ce jour, la messe est dite à l'intention d'obtenir la contrition ; la sœur en fournit l'honoraire. L'instruction se fait, le matin, à huit heures et demie, aux salles de retraite pour les garçons, sur un sujet au choix du prêtre qui dirige leurs exercices avec le frère, et pour les filles, par le prédicateur de la retraite, sur la contrition.

Après la messe, les garçons retournent aux classes où ils continuent la retraite, les filles restent à l'église pour se confesser.

L'après-dîner, à deux heures et demie, il y a instruction aux salles de retraite : pour les filles, sur un sujet libre, puis elles continuent la retraite jusque vers cinq heures ; pour les garçons, sur la contrition ; ensuite on les conduit à l'église, dans la chapelle du Saint-Sépulcre, où on les entretient par des lectures et des prières et d'où on les envoie les uns après les autres se confesser. A cinq heures, les enfants goûtent en silence, puis on continue la retraite. Avant de renvoyer les enfants dans leurs familles, M. le Curé leur donne, à l'église, quelques derniers avis sur la bénédiction des parents, le jeûne, le cierge, etc. (on peut faire faire l'adoration du crucifix).

CHAPITRE XV

La sainte Trinité.

Première Communion des Enfants.

Le dimanche de la sainte Trinité, les enfants arrivent aux classes de sept heures à sept heures et demie; prière du matin, méditation, avis sur la communion.

Outre la sonnerie ordinaire aux I^{res} classes, on sonne une volée de la grosse avec carillon quand les enfants entrent et sortent (aux trois offices). Les enfants doivent être à l'église avant huit heures et demie. A huit heures et demie, on fait l'aspersion, on allume les cierges des communiants. Les enfants se tiennent debout quand le clergé sort du chœur ou qu'il y rentre; à genoux, au commencement de la messe; assis, quand le prêtre monte à l'autel; à *Homo factus est*, ils s'inclinent seulement sur leurs siéges; à la fin du *Credo*, ils quittent leurs gants, prennent leur cierge et ils s'avancent pour l'offrande, les garçons au pied de l'autel où ils donnent le cierge, ils baisent l'*osculum pacis* et retournent à leur place, les filles au degré du sanctuaire où elles font les mêmes choses. Pendant l'offrande, on peut chanter *Laudate pueri*; l'offrande terminée, les enfants s'asseient; à *Hanc igitur*, ils se mettent à genoux; au *Pater*, on les fait asseoir, au *Domine, non sum dignus*, à genoux. Pendant l'instruction, les enfants sont assis; ensuite, ils se mettent à genoux, excepté les cinq garçons qui doivent dire les actes avant la communion et qui viennent ensemble s'agenouiller au degré du sanctuaire.

Le premier dit l'acte de foi, le deuxième l'acte d'adoration, le troisième l'acte d'amour de Dieu, le quatrième l'acte de désir, le cinquième l'acte de confiance. Ils font la génuflexion et reprennent leurs places. Alors tous se rangent en demi-cercle, en faisant le moins de déplacement possible, ils se lèvent quand ils ont communié et reprennent leurs places.

Pour les filles, quand les deux premières lignes ont communié, elles se lèvent, avancent d'un ou deux pas, se mettent à genoux au milieu du chœur pendant que le célébrant communie les deux secondes lignes qui, elles, restent à leurs places.

Quand le saint Ciboire est renfermé dans le tabernacle, les enfants s'asseient pour l'instruction, après laquelle les filles disent les actes après la communion. Elles avancent au bas du sanctuaire. La première dit l'acte de remerciement, etc., la quatrième l'acte de bon propos: *Vous êtes en moi...*, et elles retournent à leurs places.

Les enfants sont à genoux à la bénédiction du prêtre, debout à l'évangile de saint Jean et quand le clergé sort, puis ils s'asseient et reçoivent un morceau de pain bénit. Alors commence une messe d'actions de grâces à laquelle les enfants assistent jusqu'après l'élévation.

Après l'élévation, prière et sortie. Aux classes, il y a examen, *Angelus* et retour aux familles.

A deux heures, litanies des saints; cantique

expliqué. A deux heures et demie, vêpres. Les enfants s'asseient après l'intonation de la première antienne ; ils se lèvent quand le célébrant passe en chape dans le chœur; debout à *Magnificat* et à *Salve, regina.* Il n'y a point de complies. Après les vêpres, il y a récréation et goûter.

A cinq heures, on donne aux classes des avis sur la rénovation des vœux du baptême, la consécration à la Sainte Vierge, la prière pour les parents, etc. On exerce une dernière fois ceux qui doivent réciter les actes.

A cinq heures et demie, on chante le salut, il se compose de *Ego sum, Magnificat*, prose de la Trinité. Avant l'instruction, on chante le *Laudate* pendant que les garçons quittent le chœur et vont s'asseoir dans l'allée de la grande nef, vis-à-vis la chaire, puis le cantique *Esprit-Saint*; après l'instruction, le célébrant entonne le *Credo,* et la procession se met en marche pour les fonts.

Il n'y a de cierges à la procession que pour les enfants qui récitent les actes. Tous les enfants ôtent leurs gants. Les deux garçons qui doivent dire les actes s'avancent vers la chapelle des fonts. Le premier dit: *Au nom du Père, Notre Père, Je vous salue, Marie, Je crois en Dieu*; le second prononce l'acte de rénovation, puis *Au nom du Père.*

Alors les enfants, deux à deux, viennent mettre la main droite sur l'Evangile, la main gauche est sur le cœur, et ils disent: *Je renonce, etc.*; puis ils vont se remettre à la suite de la croix de procession.

Quand les dernières des filles sont à l'autel de la Sainte Vierge, tous se retournent; alors deux filles viennent à l'entrée de la chapelle et la première dit l'acte de Consécration à la Sainte Vierge, la seconde la prière à Notre-Seigneur Jésus-Christ.

Après un motet à la Sainte Vierge, est entonné le *Te Deum*, et la procession s'achève.

De retour à leur place, les enfants se tiennent debout, pendant qu'on achève le *Te Deum*, ils se mettent à genoux au *Tantum ergo*. Après le *Laudate* final, on dit *Pater* et *Ave* et on s'en retourne. Aux salles, il y a quelques courts avis. On annonce l'heure de la réunion du lendemain. La messe est ordinairement à huit heures; il y a offrande; courte prière du soir, examen et sortie.

Lundi de la Sainte-Trinité.

Messe basse solennelle. Instruction après la messe.

Après la cérémonie, les garçons et les filles remercient M. le curé, qui distribue des cachets aux enfants de la première communion et des images ordinaires à ceux de la deuxième.

L'après-diner les sœurs se chargent des filles et le clergé des garçons, quand les circonstances le permettent.

Les catéchismes ont lieu désormais le mercredi jusqu'à l'Assomption.

CHAPITRE XVI

La Confirmation.

Ordinairement la Confirmation a lieu à Saint-Wulfran, le lundi de la Sainte-Trinité (lendemain de la première communion), à dix heures. Le départ s'effectue à neuf heures un quart, et la messe d'actions de grâces est un peu avancée.

Il faut exercer les enfants d'avance sur la manière de se présenter et de se tenir à la confirmation. Les enfants se rendent à Saint-Wulfran avec leurs bandeaux et leurs billets signés. Les filles sont voilées. Pour l'imposition des mains et l'onction du Saint-Chrême, tous sont à genoux (ou droits pour l'onction, selon le désir de l'Evêque). Un prêtre de la paroisse, accompagné d'un enfant de chœur portant une corbeille, essuie le front de nos enfants. Après la cérémonie, un prêtre, sur l'indication de Monseigneur, récite avec les enfants : *Credo, Pater, Ave Maria.*

Le soir, après la promenade, comme il a été dit, on peut indiquer à l'église quelqu'exercice : la prière, chapelet, salut et même *Te Deum*, si on veut.

N.-B. — 1º Quand la confirmation se donne à Saint-Wulfran, on sonne une volée de la grosse cloche, sans carillon, au moment où la procession, croix, acolytes part en silence, précédée du suisse, suivie du bedeau, et lorsqu'elle rentre à l'église.

Si la confirmation est donnée à l'église Saint-Sépulcre, la réunion à l'église dépend de l'heure fixée par Monseigneur. Si les enfants communient de la main de Monseigneur, ils le font après avoir baisé son anneau et on doit les exercer sur la manière de se présenter et de se retirer.

2º On prépare la veille ou le matin un trône dans le sanctuaire, un prie-Dieu, une aiguière et de la mie de pain. On va recevoir Monseigneur à la porte de l'église avec eau bénite, encens, livre des Evangiles, en chapes et tuniques. En entrant, on chante : *Sacerdos* (*Paroissien* noté, page 7) : ceci est pour une première réception ; pour les autres, quand elles ont lieu, on va chercher Monseigneur au presbytère, sans croix ni chandeliers, chapes pour les chantres (drap d'or), le célébrant ne met la sienne qu'à l'entrée de l'église (sans étole), où il présente à Monseigneur le goupillon et l'encensoir. On ne chante rien. Les quatre porte-insignes doivent avoir des gants.

Pendant la messe basse de Monseigneur, s'il y a lieu, les chantres en chapes chantent le *Veni Creator* ou la prose *Veni, Sancte Spiritus* et à l'élévation *O Salutaris*.

Si la confirmation est donnée à une autre époque que celle de la première communion, soit à la paroisse, soit ailleurs, il y a un jour de retraite préparatoire ; la veille à cinq heures les enfants se réunissent à leurs salles respectives pour aller à l'instruction à l'église comme à la retraite de première communion.

Le lendemain, jour de retraite, tout se passe comme au samedi de la première communion, excepté ce qui suit : après la messe et l'instruction, on confesse les filles ; l'après-midi, on exerce rapidement pour la cérémonie du lendemain, on fait l'instruction aux garçons et on les confesse.

N.-B. — Pour la confirmation, les enfants peuvent se procurer chez les Frères et les Sœurs les bandeaux nécessaires, moyennant une petite offrande pour l'église.

CHAPITRE XVII

Le temps du Saint-Sacrement.

Le jour du Saint-Sacrement.

Il y a grand'messe à neuf heures, salut à sept heures; on y chante: *O Salutaris, Deus in adjutorium, Pange lingua, O Sacrum, Magnificat, Lauda Sion, Salve, Cor Jesu*, etc.

Quand c'est le mois de Marie, le salut est à huit heures au lieu de sept (la lecture du mois de Marie se ferait après le chapelet et la prière du soir).

Le Dimanche du Saint-Sacrement.

Le rit de cette solennité est de Ire classe. On a soin de faire préparer le dais dès la veille; on expose le Saint-Sacrement dans le grand ostensoir après la messe de six heures pour toute la journée; on envoie des billets d'invitation, marquant les demi-heures, aux confrères et consœurs de toutes les Confréries.

Pendant les vêpres, les fleuristes sont placés sur des chaises en avant du lutrin; les filles en blanc, Madeleines, etc., sur des bancs le long de la nef; après vêpres sans complies, la procession se fait (la première fois dans la ville, la deuxième dans le faubourg), dans l'ordre suivant :

1° La croix, portée par un homme en chape blanche et quatre acolytes portant tour à tour deux chandeliers.

15

2° Les garçons des écoles et des catéchismes.

3° Les communautés de Saint-Joseph (avec leurs bannières et leurs corbeilles).

4° Les filles des écoles et des catéchismes, au milieu desquelles est un groupe de petites fleuristes, les Madeleines, etc...., puis un grand panier de fleurs effeuillées, porté par deux enfants de chœur en rouge.

5° Le collège Saint-Stanislas, avec ses directeurs en habit de chœur et ayant à ses derniers rangs tous ses musiciens.

6° Vient le clergé, c'est-à-dire deux petits sonneurs qui s'arrêtent aux reposoirs, les chapiers, tunicaires, chantres, les thuriféraires et fleuristes qui exécutent différentes évolutions devant le Saint-Sacrement.

7° En avant du dais sont : le porte-encens, le diacre et le sous-diacre; aux coins, pareillement en avant du dais, sont deux falots allumés et que portent tour à tour quatre enfants.

8° Enfin le dais porté par des invités revêtus de tuniques blanches; les cordons sont tenus par MM. les marguilliers *(matricularii),* ainsi nommés parce que ce sont eux qui administrent les biens immatriculés, les biens enregistrés de l'église.

Autour du dais, sont des porteurs de flambeaux; derrière le dais suit le bedeau, puis les Frères des écoles chrétiennes et les MM. de Saint-Vincent de Paul et de l'Adoration nocturne.

S'il y a deux ou trois prêtres en chasuble pour porter le Saint-Sacrement, ils marchent sous le dais ou derrière les chantres.

Au départ et au retour de la procession, tout est allumé sur l'autel.

« Au retour de la procession : *Tantum ergo*, verset, oraison et bénédiction.

Il n'y a pas d'autre office. Le chapelet et la prière sont dits à la chûte du jour.

Les autels, lustres, tabourets, etc..., demeurent découverts pendant toute la semaine. Les petits lustres restent au grand tabernacle pour servir pendant l'octave.

Octave du Saint-Sacrement.

« Pendant toute l'octave, il y a exposition du Saint-Sacrement depuis la première messe jusqu'à la dernière qui est chantée à neuf heures. Le rit est double ; on chante le *Lauda Sion* en entier. Le salut est à sept heures ; on y chante : *O quam*, *Magnificat*, *Lauda Sion*, *Salve*.

Au dernier jour de l'octave, les vêpres du Saint-Sacrement prennent la place du salut.

Les offices sont annoncés par une seule volée de la 3e cloche. Les enfants sont en soutanes rouges et rochets.

CHAPITRE XVIII

Le temps du Sacré-Cœur.

La Fête du Sacré-Cœur (Vendredi).

Le lendemain de l'octave du Saint-Sacrement, on fait la fête à dévotion du Sacré-Cœur de Jésus. La première messe est pour la Confrérie. Le soir, à sept heures, on fait le Chemin de la Croix ; au salut, on chante la prose du Sacré-Cœur, *Venite* et

Salve. Les messes de l'octave sont dites à l'autel du Sacré-Cœur ; la messe du samedi qui suit l'octave, également.

Pendant l'octave du Sacré-Cœur, on récite les litanies du Sacré-Cœur, au lieu de celles de la sainte Vierge, et on fait une courte lecture de l'opuscule de saint Liguori, imprimé par M. l'abbé Carpentier, en 1853.

La Solennité du Sacré-Coeur.

Le dimanche qui suit le vendredi de la Fête, on célèbre la solennité du Sacré-Cœur. Les sonneries et décorations sont de II⁰ classe ; exposition dans le grand ostensoir dès la première messe ; ornement blanc.

On fait la procession solennelle au faubourg ; en quittant le dernier reposoir, on chante le *Te Deum*.

24 Juin. — Nativité de saint Jean-Baptiste.

Si elle tombe le dimanche, tout est de II⁰ classe, sinon fête à dévotion, double-majeur, sonnerie de IV⁰ classe, la grand'messe à neuf heures, vêpres du Saint-Sacrement à sept heures.

Fête patronale de la Confrérie du Sacré-Coeur.

Le dimanche qui suit les processions, solennité de I⁰ classe. A six heures et demie, exposition du Saint-Sacrement, billets d'adoration ; deux quêteuses en blanc, conduites par le suisse pour les offices, sont remplacées par deux autres aux messes du matin. Ces demoiselles quêtent à la porte de l'église à l'entrée et à la sortie des offices.

Après vêpres, sermon ; à six heures et demie, salut solennel, on y chante : *Pange lingua, Ego sum, Magnificat*, prose, *Inviolata ;* à la procession, on chante les litanies du Sacré-Cœur auxquelles on répond toujours par *Cor Jesu, miserere nobis.*

Dès que le Saint-Sacrement est arrivé à l'autel du Sacré-Cœur, la cloche cesse. Un prêtre en chaire fait l'amende honorable (Rituel, 262), puis le répons *Transite* ou un chant des jeunes personnes et le *Te Deum.* La cloche reprend et la procession continue, puis bénédiction. Pour la station à la chapelle du Sacré-Cœur, on allume tout, les souches et les quatre flambeaux.

Le lendemain, à huit heures, on dit la messe pour les confrères et consœurs décédés, elle se dit à la chapelle du Sacré-Cœur. Il y a diacre et sous-diacre et deux chantres, serpent, suisse et deux enfants de chœur, on allume les six souches, il y a absoute après la messe, ornement de IIIe classe; pour la messe, il y a un quart d'heure d'appel et une volée de la grosse.

SOLENNITÉ DE SAINT PIERRE ET SAINT PAUL.

Tout est de Ire classe, la sonnerie de IIe; c'est la fête du clergé de la paroisse. Le soir, vêpres du Saint-Sacrement.

CHAPITRE XIX

Le Mois du Saint-Sépulcre.

VISITATION DE LA SAINTE VIERGE.

La première messe est pour la Congrégation; à la chûte du jour, salut simple à l'autel de la sainte Vierge (cet autel a ses ornements de IIe classe).

La Solennité patronale du Saint-Sépulcre.

Le dimanche qui suit le 15 juillet, où le 15 juillet lui-même, quand c'est un dimanche, est la solennité patronale de la paroisse. Ire classe, ornement de drap d'or ; la veille, à midi et au soir, cinq volées : une de la 1re, puis de la 4e, de la 3e, de la 2e, et enfin des quatre cloches. Les mêmes sonneries pour la messe et les vêpres du jour. A deux heures et demie, premières vêpres et *Salve* annoncées par trois volées : une de la grosse, une de la moyenne, une des quatre ; on orne le crucifix et la chapelle du Saint-Sépulcre, comme à Pâques, pour toute l'octave.

Le jour de la fête, à six heures moins cinq minutes, exposition pour toute la journée (il faut avoir soin que la grande hostie soit consacrée dès la veille) ; l'adoration est faite par tous les paroissiens sur billets. Aux matines, à six heures, on chante le troisième nocturne, laudes pendant la communion ; grand'messe en musique ; vêpres avec chants harmonisés ; à deux heures et demie, sermon ; à sept heures, salut solennel avec procession, station au Saint-Sépulcre ; fleurs et candélabres sur tous les autels.

Le salut est fait comme à l'ancien office du Saint-Sépulcre, c'est-à-dire : Répons *Radix Jessé*, prose, antienne *Subsecutæ mulieres*, *Magnificat*, *Inviolata* ou chant en latin des jeunes personnes ; à la station, *Consepulti*, *Stupete*, *Te Deum*.

Lundi du Saint-Sépulcre.

Le lundi de la solennité patronale du Saint-Sépulcre, on chante la grand'messe au maître-autel à neuf heures ; on l'annonce par un quart d'heure d'appel et une volée de la grosse cloche ; les ornements sont de II⁰ classe. Le maître de chapelle, le serpent et les petits chanteurs y assistent ; il y a six enfants de chœur, six souches allumées, encensement à l'offertoire et à l'élévation, tenture devant l'autel ; les lustres restent découverts pendant toute l'octave.

CHAPITRE XX

Le Mois d'Août.

Fête de l'Assomption.

Iʳᵉ classe, drap d'or. Quand la fête tombe le lundi, la statue de la sainte Vierge est exposée dès les premières vêpres, sans être accompagnée par les Congréganistes. Pendant les offices, la statue est placée sur une crédence derrière les chantres et les Congréganistes sont deux à deux le long du chœur.

A la fin des vêpres et pendant le salut, un enfant de chœur, conduit par le bedeau, fait la quête pour saint Roch, dont la statue a été exposée sur l'autel du Sacré-Cœur avant les vêpres. Après le *Fidelium*, *Salve* et procession dans la paroisse, avec station aux Ursulines, aux Carmélites ou aux Augustines, avec l'image et la bannière de la sainte Vierge.

Quand il pleut, on fait trois tours dans l'église et il y a station au deuxième tour à l'autel de la sainte Vierge, une volée de la grosse avec carillon au départ et à la rentrée ; bénédiction. A sept heures, salut solennel. Tout reste découvert jusqu'au dimanche dans l'octave.

Le jour de l'Assomption, les catéchismes cessent.

N. B. — Depuis cinq ans (1875), on fait la procession générale des quatre paroisses, chaque curé la préside à son tour et le reposoir de station est élevé par ses soins sur le territoire de sa juridiction. — On chante les vêpres à deux heures et demie à la paroisse, sans complies, et on se dirige vers Saint-Vulfran où on est réuni à quatre heures moins un quart. Après la bénédiction, on retourne à la paroisse, et il n'y a pas d'autre office ce jour-là. Le chapelet et la prière à la chûte du jour.

Fête patronale de la Congrégation.

Le dimanche qui suit l'Assomption, on fait la fête patronale de la Congrégation; le rit est de Ire classe, ornement blanc. A six heures, messe suivie de l'exposition du Saint-Sacrement pour toute la journée; l'adoration est faite par les Congréganistes. Les demoiselles de la Congrégation, précédées du suisse qui va les chercher et les reconduire à tous les offices, apportent la bannière et la statue de la sainte Vierge; elles les placent comme au jour de l'Assomption. Deux jeunes filles en blanc, conduites par le bedeau, quêtent aux offices et à la messe de midi; à l'entrée et à la sortie des offices; elles sont aux portes de l'église afin de recueillir les offrandes pour la Congrégation. Après le *Magnificat*, il y a sermon. A six heures et demie, salut; il y a quatre vases de fleurs et quatre candélabres sur les petits autels, beau tapis à l'autel de la sainte Vierge, procession avec le Saint-Sacrement et l'image de la sainte

Vierge, on y chante le *Lauda Sion ;* il y a station à l'autel de la sainte Vierge, on y prononce un acte de consécration, ensuite les demoiselles chantent un motet, verset et oraison, et on entonne le *Te Deum* pendant lequel on achève la procession.

Pour le salut, on chante le répons *Dilectus, Hodie, Magnificat,* prose *Plaudamus cum superis,* verset et oraison *Pro Papa.* Pendant la procession, on allume les cierges et candélabres des autels de la sainte Vierge et du Sacré-Cœur.

Le soir, M. le Curé reconduit la Congrégation, distribue le testament de la sainte Vierge et dit un mot d'encouragement.

Le lendemain, à huit heures, après un quart d'heure d'appel et une volée de la grosse, on chante un obit pour les défunts de la Congrégation, rit de de IIIe classe ; cependant il n'y a que deux enfants de chœur. Cette messe est chantée à l'autel de la sainte Vierge qui reste découvert jusqu'à la fin de l'octave de l'Assomption.

24 *Août*. — L'Adoration perpétuelle.

Tout est solennel, on envoie des billets d'adoration, on place autour de l'autel des fleurs naturelles. Première messe à six heures, suivie de l'exposition pour toute la journée ; grand'messe à dix heures ; vêpres du Saint-Sacrement à deux heures et demie ; salut solennel à sept heures : *Deus in adjutorium, O sacrum, Magnificat,* Esprit-Saint, sermon, *Sub tuum, Oremus Pro Pontifice, Lauda Sion,* procession, station au Sacré-Cœur, motet, amende honorable, *Te Deum.*

N. B. — On envoie des annonces au prône des autres églises.

Les prêtres et les enfants de chœur font l'adoration, tour à tour, en habit de chœur.

On chante la messe de saint Barthélemy, *Credo*, mémoire du Saint-Sacrement, *Sub unica conclusione*.

N. B. — Quand les Messieurs de l'adoration nocturne doivent passer la nuit qui précède l'Adoration, on expose le Saint-Sacrement à neuf heures et demie du soir, et il y a un petit salut pour eux par un vicaire.

CHAPITRE XXI

Le Mois de Septembre.

1ᵉʳ Septembre. — Entrée des Prières.

Les sonneries sont de IIᵉ classe, excepté la veille à midi ; décoration de Iʳᵉ classe pour le chœur seulement. Le jour, à neuf heures, grand'messe de saint Firmin de IIᵉ classe, quant au cérémonial et aux chants ; petit ostensoir pour l'exposition.

A sept heures précises, vêpres du Saint-Sacrement, on chante : *Inviolata* et *Cor Jesu*, etc. ; grande illumination, on allume au cinquième psaume les lustres, adorateurs, etc. ; les vêpres ne sont annoncées que par une seule volée.

N. B. — Si le 1ᵉʳ septembre tombe un dimanche, on découvre les petits autels ; la grand'messe est solennelle ainsi que les vêpres de deux heures et demie, salut solennel à six heures.

Si le jour de la clôture ou sortie des prières

tombe un dimanche, les vêpres du soir sont à cinq heures et demie.

Pendant les six semaines de la durée des prières, il y a tous les jours bénédiction avec le saint Ciboire à la première messe et salut simple à la chûte du jour, à l'autel de la sainte Vierge, on y chante : *Domine, non secundum, Sub tuum, Introeuntes, Tantum ergo.*

8 Septembre. — Nativité de la sainte Vierge.

Si c'est en semaine, la sonnerie est de IVe classe, le reste est double-majeur. Grand'messe à neuf heures, vêpres du Saint-Sacrement à six heures et demie.

L'autel de la sainte Vierge est également découvert, une garniture, rien à l'autel du Sacré-Cœur.

Notre-Dame des Malades.

Le jour de la Nativité, si c'est un dimanche, sinon le dimanche suivant, fête patronale de la Confrérie de Notre-Dame des Malades (Saint Nom de Marie) (a).

Le tout est de Ire classe. A six heures et demie, exposition du Saint-Sacrement pour toute la journée ; l'adoration est faite par les associés. Les demoiselles de la Congrégation, conduites par le bedeau de Notre-Dame des Malades, assistent à tous les offices dans le chœur, autour de l'image de la sainte Vierge ; il y a deux quêteuses que conduit le bedeau de l'Association. C'est lui aussi qui précède le prédicateur à la chaire après *Magnificat.*

A six heures, salut (un M au lieu de triangle

(a) Quand la fête tombe le 14 septembre, on fait l'office de l'Exaltation.

pour l'illumination de l'autel et six cierges), on chante : *Homo quidam, O sacrum, Magnificat, Pro Pontifice, Introeuntes, Tantum ergo,* on fait la procession avec le Saint-Sacrement et l'image de la sainte Vierge et la bannière, on y chante *Lauda Sion*, il y a station à la chapelle de la sainte Vierge, motet des demoiselles, *Te Deum;* il n'y a pas de bouquets, etc., à l'autel du Sacré-Cœur, mais on allume les six souches pour le passage de la procession.

Le lendemain, à huit heures, après un quart d'heure d'appel et une volée de la grosse, obit pour les trépassés de la Confrérie, à l'autel de la sainte Vierge, rit de IIIe classe, deux enfants de chœur.

2e ou 3e *Dimanche de Septembre.* — Notre-Dame des Sept-Douleurs.

Double-majeur ; on fait le Chemin de la Croix et ensuite on chante *Stabat mater*.

La Solennité de saint Firmin.

Le dimanche qui suit le 25 septembre. Ire classe, sonneries de IIe classe. Au salut, pour l'illumination, il y a, sur l'autel, une croix au lieu d'un triangle : on chante, au salut : *O Salutaris*, répons *Non recedet, O quam, Magnificat,* prose *Triumphanti, Inviolata, Introeuntes, Tantum ergo.*

CHAPITRE XXII

Le Mois d'Octobre.

Le saint Rosaire.

Rit de Ire classe ; on met des fleurs sur l'autel de la sainte Vierge, on se sert du premier ornement blanc, la statue de la sainte Vierge est apportée par la Congrégation avant la messe ; il n'y a pas d'exposition du Saint-Sacrement, sermon aux vêpres, après le *Salve,* procession avec l'image de la sainte Vierge dans le contour extérieur de l'église, volée de la grosse cloche avec carillon ; au retour, bénédiction avec le saint ciboire. A la procession, on chante les litanies de la sainte Vierge. A six heures, vêpres du Saint-Sacrement sans procession, un M au lieu de triangle pour illumination.

Le lendemain, à six heures, messe basse pour les défunts de la Confrérie.

Messes du Saint-Esprit.

Un des premiers jours d'octobre, à neuf heures, au grand autel, on dit la messe du Saint-Esprit pour la rentrée des écoles de la paroisse. Dans le courant de ce mois, messe pour la rentrée des pensionnats au jour de leur choix, à neuf heures, à l'autel de la sainte Vierge. Ces messes sont servies par deux enfants de chœur en soutanes rouges ; elles sont précédées du *Veni Creator,* suivies du *Sub tuum* chantés avec versets et oraison ; les enfants vont à l'offrande.

Sainte Brigitte.

Le 8 octobre, la première messe est dite pour la Confrérie du Rosaire ; il y a indulgence plénière.

A dater du deuxième dimanche d'octobre, les vêpres du Saint-Sacrement sont ordinairement à cinq heures et demie.

Sainte Theudosie.

On fait la fête de la sainte Amiénoise le 12, si c'est un dimanche, ou le dimanche suivant (quand la fête de saint Vulfran ne coïncide pas) ; double-mineur.

15 Octobre. — Sortie des Prières.

Comme au jour de l'entrée, 1er septembre. Dès ce jour, il n'y a plus de bénédiction du saint Ciboire à la première messe (messe de saint Vulfran). Les vêpres sont à six heures, *Te Deum* au retour de la procession.

Solennité de saint Vulfran.

Le dimanche qui suit le 15, petit solennel.

CHAPITRE XXIII

Le Mois de Novembre.

1er Novembre. — La Toussaint.

Tout est du rit de Ire classe, ornements de drap d'or, grand tapis. Après les vêpres des morts, *Salve, Regina* et bénédiction ; le cierge de la nef brûle à tous les offices (a). Si la Toussaint est le samedi, salut solennel à cinq heures et demie.

Après les vêpres, on tend l'autel et le chœur comme pour les enterrements de Ire classe, on dresse la représentation des morts derrière le lutrin, cinq cierges de chaque côté. Pendant les vêpres des morts, le bedeau fait la quête pour les trépassés.

A cinq heures et demie, vigiles solennelles. Tous les lustres sont allumés. A la prière, on dit le *De Profundis* pour les défunts.

N. B. — Outre les sonneries d'usage à cette classe, au cinquième psaume des vêpres, on sonne une volée des quatre cloches pour annoncer les vêpres des morts ; à cinq heures, un quart d'heure d'appel (on carillonne le *Dies iræ*) ; à cinq heures un quart, une volée des quatre pour les vigiles ; même volée pour la sortie, à sept heures. Durant la soirée, on sonne de distance en distance, différentes volées, entremêlées d'appels, de manière à imiter successivement les sonneries de toutes les classes d'enterrements, la dernière volée des quatre cloches est à neuf heures.

2 *Novembre.* — Les Morts.

A cinq heures et demie, *Angelus* servant d'appel ; à cinq heures trois quarts, volée des quatre et, de là à l'office, mêmes sonneries que la veille au soir. Toutes les messes sont sonnées par une de ces volées et dites au grand-autel.

La dernière volée est à huit heures trois quarts pour annoncer la grand'messe. Avant de com-

(a) Cet usage n'a plus lieu depuis plusieurs années.

mencer cette messe, il y a procession dans l'intérieur de l'église au chant du *Libera;* la procession s'arrête aux quatre coins de l'église, les chantres s'interrompent pour réciter le *De Profundis,* une volée des cloches au départ de la procession. Après l'évangile, il y a sermon, annoncé par une simple volée de la grosse, on ne sonne pas au *Dies iræ;* il n'y a pas d'absoute, volée des quatre cloches pour la sortie.

A cinq heures et demie, salut solennel, *Magnificat,* un répons, prose, *Introeuntes, Libera.* Si la Toussaint tombe le samedi, le salut n'a pas lieu. Les autels, etc., restent découverts jusqu'au dimanche suivant.

Pendant l'octave, salut simple, *Domine, non secundum* ou les litanies du Sacré-Cœur, *Jésum* (lente) de la prose, bénédiction, *De Profundis* solennel, *Kyrie, Pater,* oraison.

Le mardi de la première semaine d'Avent commencent les distributions de pains aux pauvres jusqu'à la première semaine de Carême exclusivement.

Le dimanche dans l'octave de la Toussaint, à cinq heures et demie, vêpres du Saint-Sacrement, prose et *Libera.*

3 Novembre.

A partir de ce jour, la première messe se dit à six heures et demie.

La Dédicace.

Rit de Ire classe, sonnerie de IIe, premier ornement blanc. Vêpres solennelles du Saint-Sacrement à cinq heures et demie. Un soleil au lieu du triangle sur l'autel (prose et *Sub tuum*).

Les autels, etc., restent découverts pendant l'octave. Au dimanche de l'octave, office du rit double, on encense à *Magnificat*.

21 Novembre. — Présentation de la sainte Vierge.

Si elle tombe le dimanche, double-majeur. A la première messe, dite pour la Congrégation, il y a exposition du saint Ciboire; à la chûte du jour, salut simple à l'autel de la sainte Vierge. Cet autel est comme aux fêtes de IIe classe, on allume les six souches pour la première messe et le salut.

25 Novembre. — Sainte Catherine.

Le jour de la fête, s'il tombe un lundi ou le lundi le plus proche, on en fait la fête comme patronale des jeunes personnes de la paroisse. Grand'messe à neuf heures ; avant l'office, il y a offrande au bas du chœur, pain bénit.

A cinq heures, vêpres du Saint-Sacrement, *Inviolata*, trois fois *Sancta Catharina, ora pro nobis*. Le lendemain, à six heures et demie, messe basse pour les jeunes personnes trépassées.

N. B. — Le dimanche qui précède le premier de l'Avent, à la fin des vêpres du Saint-Sacrement, on chante trois fois l'invocation *Sancte Eligi, ora pro nobis*, au lieu de *Laudate*, comme souvenir de l'ancienne paroisse Saint-Eloi.

LIVRE SIXIÈME

L'église Saint-Sépulcre

Les choses dont nous avons traité jusqu'ici ont certainement un grand intérêt pour de bons et fidèles paroissiens : nos dévotions, nos œuvres, nos associations et même nos coutumes, sont des choses auxquelles nous n'aurions garde de rester indifférents, cependant, on peut dire que ce sixième et dernier livre n'est pas de nature à provoquer une moindre attention de notre part, puisqu'il doit y être question de l'église paroissiale.

La valeur d'une église paroissiale catholique ne saurait échapper à personne ; c'est là qu'est la maison de notre Dieu ; c'est là qu'Il réside, qu'Il nous appelle, qu'Il nous attend, quand nous sentons le besoin ou que nous avons le devoir de l'adorer.

C'est là que nous trouvons aussi : lumières dans nos doutes, constance dans nos épreuves, force dans nos défaillances, grâces et secours divins dans toutes nos nécessités, sans oublier la plus douce des jouissances, la paix de Dieu qui surpasse tout sentiment : *Pax Dei quæ exsuperat omnem sensum* (a).

(a) Aux Philip., 4-7.

Que ne pourrait-on pas dire et sans exagération de paroles, sur d'autres excellences de l'église paroissiale, qui a une si grande valeur sociale, puisque c'est là et là seulement peut-être que nous apprenons efficacement la vraie égalité, celle qui est devant Dieu, la vraie fraternité, la vraie liberté qui est celle que nous a conquise le Christ en nous affranchissant du péché : *Quâ libertate liberati sumus* (a).

Et puis, l'église paroissiale c'est la maison de tous et de chacun ; le riche et le pauvre peuvent y entrer librement ; l'ignorant et le savant s'y inclinent également sous la discipline de Dieu, sous son enseignement, et le vieillard avec l'enfant y viennent puiser le même lait, celui de leur tendre et incomparable mère : la sainte Eglise.

Oui, elle est bien digne de nos respects et de notre amour, la maison de la famille chrétienne ! Il est bien digne de notre intérêt le temple, le sanctuaire paroissial !

Aussi, voulons-nous l'étudier avec toute l'attention dont nous sommes capable, dans une suite de chapitres dont nous énoncerons seulement ici quelques-uns, par exemple : *la fondation de notre église, sa restauration, sa description à l'extérieur et surtout à l'intérieur, son mobilier, ses verrières,* etc.

On comprendra certainement, sans que nous nous y arrétions, que notre but n'est pas ici de traiter des choses de notre chère église historiquement ou scientifiquement, d'autres l'ont fait avec talent, même jusque dans ces dernières années (b) ;

(a) Aux Galat., 4-31. — (b) M. l'abbé Théodose Lefèvre, ancien vicaire du Saint-Sépulcre, *Essai sur l'église Saint-*

pour nous, nous aimons à le répéter, nous avons voulu écrire en curé du Saint-Sépulcre, ce que nous avons à écrire sur ces sujets.

Ainsi, par exemple, quand, dans la description intérieure de l'église, nous rencontrerons sur nos pas le beau tableau de la Résurrection, de Hallez, nous ne manquerons pas, sans doute, de le signaler avec ce qui le recommande; mais nous le considérerons surtout d'une manière morale et d'édification, si nous pouvons ainsi parler, et ce qui nous arrêtera le plus, sera de considérer la fidélité, l'exactitude évangélique, la religion, la piété avec lesquelles l'artiste s'est attaché à rendre cette grande et glorieuse scène de la résurrection de Jésus-Christ, qui est si importante pour prouver la divinité de la religion chrétienne. Il en sera de même des autres choses.

Après cet avertissement, il ne nous reste qu'à prier les personnes qui liront les détails qui vont suivre, de vouloir s'encourager pour les parcourir vaillamment ; il ne nous reste qu'à nous encourager nous-même, en nous rappelant, comme le dit la sainte Ecriture, que Dieu qui nous a fait entreprendre ce travail, nous aidera pour le terminer : *Qui cœpit opus ipse perficiet* (a).

Sépulcre d'Abbeville, Amiens, Lenoël-Hérouart, 1872. — M. Ernest Prarond, auteur des *Rues d'Abbeville* et de beaucoup d'autres ouvrages.— *L'église Saint-Sépulcre*, 1872, Briez, C. Paillart et Retaux. — (a) Aux Philip., 4-6.

CHAPITRE PREMIER

Topographie de l'église du Saint-Sépulcre.

Situation, Emplacement, etc.

Notre église paroissiale est située sur le versant sud-est de la petite rivière du Scardon qui délimite la paroisse de tout un côté : le bas du faubourg du Bois, les rues Dauphiné, d'Avignon, aux Pareurs et des Teinturiers.

L'église est bâtie à mi-côte, sur une portion des terrains qui, de plateaux en collines, d'ondulations en ondulations, s'élèvent jusqu'aux environs de Vauchelles-les-Quesnoy et encore plus loin.

Cet emplacement a été avantageusement choisi par nos pères pour y élever un temple paroissial, un temple qui dominât suffisamment les quartiers adjacents, comme l'idée religieuse l'emporte sur tout; un temple aussi auquel les petits enfants, les infirmes et les vieillards pussent accéder plus facilement qu'on ne le fait à certains sanctuaires, bien pittoresques d'ailleurs, comme ceux de Long, Tréport, etc.

Cette position ainsi suffisamment élevée au-dessus des prairies humides du Scardon, de la Sautine et de l'Hermitage, était bien de nature à assurer la conservation d'un monument destiné à durer, à conserver intacts tous les objets du culte et à bannir le froid lourd et humide qui compromet la santé des fidèles dans tant d'églises.

Il faut joindre à l'élévation convenable de son

sol la proximité de notre église, de toutes nos habitations, ce qui est si capital ici. Or, à l'exception de quelques maisons seulement, le moulin des Chartreux, par exemple, toutes nos maisons sont près de l'église. Il n'y a, de l'impasse de l'Écu de France, une des extrémités de la paroisse, que trois cent soixante-douze marches ordinaires ; de l'extrémité de la rue Pados par la rue Planquette, que cinq cent cinquante pas ; du milieu de la rue aux Pareurs par la rue Babos, que sept cents pas ; du pont du Scardon par la rue des Capucins, place Saint-Pierre et la rue du Fossé, que six cent vingt-deux pas. Quant au faubourg du Bois, il a été évidemment et sciemment favorisé par les fondateurs de l'église qui l'ont placée à l'extrémité de la partie urbaine de la paroisse. Ainsi le faubourg, par la nouvelle avenue, n'est-il qu'à une distance très-acceptable (huit cent cinquante-deux pas), ce qui nous permet de ne jamais passer une seule année sans y faire la procession du Saint-Sacrement.

Un des avantages religieux de cet emplacement, c'est qu'il occupe le milieu de la superficie que prenait autrefois le cimetière paroissial (a). Ainsi, dans notre église, il nous est facile d'évoquer le souvenir de nos parents, de nos ancêtres, dont beaucoup des ossements sacrés sont encore gisant, à cette heure, sous les premières couches du sol, et chaque fois que nous entrons dans cette église ou que nous en sortons, il monte naturellement à

(a) Le terrain qui entoure l'église ne nous servit pas originairement de cimetière : il ne le devint que plus tard. M. l'abbé Lefèvre dit que ce fut en 1400 que le prieur de St-Pierre permit un cimetière particulier, et qu'avant cette époque nos fidèles étaient enterrés dans le cimetière commun de la place actuelle St-Pierre (L'abbé Lefèvre, p. 10).

nos cœurs et à nos lèvres une prière, une supplication pour tous ceux que nous avons perdus.

Hélas ! cet antique cimetière, cet âtre Saint-Sépulcre, comme on l'appelait, a disparu, et maintenant nos chers morts ne reposent plus près de nous ; nous ne pouvons plus les visiter que de loin en loin et, par conséquent, tend à s'effacer comme on l'avait bien prévu, ce culte si catholique du cimetière et par conséquent est aussi perdue cette admirable poésie de la maison de prières des vivants, placée au milieu de la maison des morts, l'enveloppant tout entière d'une ceinture de tombes, de croix et de verdure.

Notre église a perdu cet avantage qui lui avait été dévolu quelques années après sa fondation, par la piété éclairée des Bénédictins prieurs de Saint-Pierre ; mais il le faut reconnaître aussi, pour rendre justice aux idées modernes sur les sépultures, la Providence a permis que, si nous avons perdu en piété pour les morts, en consolation pour les vivants, par l'éloignement de nos cimetières, néanmoins nous recevions aussi de cet éloignement quelque compensation : celle d'une surveillance plus complète, plus facile, plus sévère, étant faite par les agents du pouvoir civil, celle d'un entretien meilleur et plus complet du cimetière général, celle aussi d'une hygiène meilleure, que pouvait compromettre quelquefois peut-être, des chemins et des allées à peu près nuls, dans ces sépultures intérieures trop exiguës, un terrain trop souvent remué et par conséquent des évaporations, des émanations capables de nuire aux vivants (a).

(a) Notre intention néanmoins n'est pas de justifier, pour le fond, le système des sépultures catholiques, *extra muros*, surtout quand elles sont très-éloignées.

Quoiqu'il en soit, élevée comme elle l'est, dégagée comme elle l'est, saine comme elle l'est, l'église du Saint-Sépulcre, d'Abbeville, est certainement dans les conditions matérielles les plus favorables.

Ce n'est pas à dire cependant, qu'il ne manque absolument rien à ces conditions favorables, pour que notre église soit complètement ce qu'elle doit être ; non, sans doute ; ainsi, nous aurions à désirer encore un niveau de sol abaissé de plusieurs décimètres, du côté de l'abside ; nous aurions à désirer un meilleur système d'écoulement pour les eaux pluviales, que nous avons vues, il y a un an, faire irruption jusque dans la sacristie à une hauteur de plusieurs centimètres ; nous aurions à désirer des grilles de bois ou de fonte qui entourassent les murailles et les défendissent des dégradations et des souillures ; nous aurions aussi à désirer enfin un pavé quelconque aux abords du parvis afin que la boue entraînée par nos pieds ne vint pas salir trop souvent la maison de Dieu.

Voilà bien des choses, mais hâtons-nous de dire que quelques-unes ont été mises en voie d'exécution par les administrations édiliennes de M. Courbet et de M. Sauvage ; que la place vient d'être plantée par les soins de M. le Maire actuel, d'arbres qui nous donneront un jour, à nous leur ombrage, et à l'église ce silence et ce sérieux des alentours, qui est si nécessaire à un temple.

Ajoutons aussi que M. Albert Carette a bien voulu nous promettre le pavage des abords de l'église et une barrière pour l'entourer et l'isoler.

Ainsi se développera peu à peu le bien en tous genres, le bien jusqu'à sa perfection, dans les choses matérielles de la religion, comme nous travaillons tous avec tant d'ardeur pour qu'il se développe dans les âmes, pour que, selon le mot du prophète, qui est saint devienne encore plus saint : *Qui sanctus est sanctificetur adhuc* (a).

Origines de l'Église Saint-Sépulcre.

C'est une tradition bien établie à Abbeville que l'église (b), que le saint Sépulcre actuel avec son tombeau a remplacée, remontait à la première croisade, à la croisade de Pierre l'Hermite et de Godefroy de Bouillon. Les deux écrivains cités plus haut (c) trouvent cette tradition très-sérieuse, très-acceptable. S'ils font quelque réserve, c'est seulement sur le fait que toute l'armée croisée du Nord de la France se serait rassemblée au pied de nos murailles, mais pour le dessein que nous nous proposons, qui est d'inspirer la vénération et l'amour de notre église paroissiale, encore plus que de rechercher notre instruction, nous devons ici rappeler de préférence le témoignage de M. l'abbé Jean-Baptiste Crimet, curé de la paroisse, dans l'avant-propos de son office du Saint-Sépulcre dont nous nous servions avec tant d'édification et de profit spirituel avant l'établissement de la liturgie romaine (d).

Or, M. Crimet résumant les traditions locales, écrites et orales, nous dit sans hésitation dans cet avant-propos que l'origine de la paroisse, et par conséquent de l'église paroissiale du Saint-Sépulcre, doit son établissement à la première croisade « qui

---

(a) Apocal., 22-11. — (b) Il y a même peut-être eu plusieurs reconstructions successives qui ont précédé l'église actuelle. — (c) MM. Lefèvre et Prarond. — (d) *Office Saint-Sépulcre*, imp. Boulanger, 1836.

fut résolue au Concile de Clermont, en Auvergne, en 1095, que peu de temps après ce Concile, les principaux chefs croisés, par la convocation du duc de Lorraine, Godefroy de Bouillon, s'étant rassemblés en un château bâti sur l'emplacement où fut élevé depuis le couvent des Bénédictins de Saint-Pierre, on y arrêta que la réunion de l'armée du Ponthieu et des environs aurait lieu près d'Abbeville et qu'elle s'y rendit, en effet, dans un camp tracé aux portes de la ville, dans le lieu où fut bâtie, de suite, ou peu après, et sous le titre et en l'honneur du Saint-Sépulcre, une église paroissiale, qui, dans l'enfoncement d'une chapelle latérale, renferme une représentation de la sépulture du Sauveur. »

Telle est l'opinion de M. l'abbé Crimet et des personnes éclairées auxquelles il la soumit certainement avant de publier son livre du Saint-Sépulcre (a).

Mais, voici toujours sur les origines de notre église paroissiale, un témoignage encore plus grave et plus considérable pour nous, c'est celui de notre ancienne liturgie qui a été approuvée le 14 mars 1836, par l'autorité ecclésiastique du diocèse d'Amiens, sous l'épiscopat de Mgr de Gallien de Chabons; on peut voir l'approbation de ce saint évêque, munie de sa signature et de son sceau, à la tête du livre de M. Crimet. Or, dans l'office même ainsi approuvé, au deuxième nocturne des Matines, on lit que, d'après la décision des chefs de la croisade, « on établirait, près d'Abbeville, un camp pour les guerriers qui devraient concourir à la grande entreprise, et que, pour ne point perdre

(a) Voir tout le passage, note XXV.

le souvenir de cet évènement, on éleva dans l'emplacement même de ce camp, une église du Saint-Sépulcre de notre divin Sauveur » (a).

La légende sacrée ajoute que, pendant plusieurs siècles, il y eut un grand concours de dévotion à cette église, quelque chose comme un pèlerinage national ou au moins régional ; que la ville suffisait à peine à loger la foule des pèlerins et qu'on dut élever un grand nombre de tentes autour de l'église, où a été plus tard le cimetière, pour pouvoir les loger (b).

Ainsi donc nous devons penser quelquefois, souvent même, pour nous animer à la ferveur, que notre paroisse possède de lointaines, d'antiques origines, et que, par conséquent, elle doit être pour nous, comme l'est pour des enfants bien nés, dans le monde, une noble mère, qui n'a pas seulement les qualités personnelles de l'esprit, du cœur et de l'éducation, mais qui aussi peut énumérer une longue suite d'ancêtres qui lui ont légué un sang généreux et des traditions vénérables de fidélité, de christianisme, de sainteté.

Nous devons penser souvent aussi, devant Dieu, à toutes ces générations innombrables qui ont composé avant nous et successivement cette paroisse. Que de générations ! que de siècles ! que d'infortunes ! que d'infirmités ! que de vertus ! Hélas ! que de fautes aussi, sans doute, et par

---

(a) L'opinion de M. Lefèvre est formelle à ce sujet : « Il est vraisemblable, dit-il, qu'il y a eu, dans le château du comte de Ponthieu, une réunion de seigneurs appartenant, pour la plupart, au pays ; on a pu même, à cette occasion, élever une chapelle commémorative de l'évènement. *Essai sur l'église Saint-Sépulcre*, page 10. — (b) Voir tout le passage, note XXVI.

conséquent quelle source féconde de bonnes et utiles et sages pensées sur la vie, la mort, le temps, l'éternité, les châtiments, les récompenses.

Ah! qu'elle est bien digne d'être exploitée, creusée, méditée toujours par nous, la grande idée de la paroisse, de la famille chrétienne!

Commencement de l'Eglise actuelle du Saint-Sépulcre.

Quoiqu'il soit probable, d'après ce que nous venons de voir, qu'il y ait eu dès les temps de la première croisade, c'est-à-dire vers la fin du Xe siècle, une paroisse et une église du Saint-Sépulcre; quoique ce fait soit, selon nous, moralement certain, néanmoins on ne trouve pas de preuve écrite explicitement de cette existence avant le commencement du XIIIe siècle (a).

C'est seulement à cette époque (1206), que nous est montrée la paroisse du Saint-Sépulcre avec son église en parfait exercice, comme il ressort d'une donation faite par Guillaume de Vismes, *curé du Saint-Sépulcre et doyen d'Abbeville*, mais il est juste de remarquer qu'une église, dont le culte fonctionne ainsi en 1206, a pu et a dû, par là même, exister depuis un temps peut-être déjà long.

On croit généralement que cette antique église du Saint-Sépulcre était faite en charpente et de placage, c'est l'opinion de l'ancien et célèbre bibliothécaire, M. Louandre, dans son histoire d'Abbeville; c'est l'opinion de M. l'abbé Buteux, dans les

(a) On pourrait inférer cependant, d'après une authentique de la relique de saint Chrysole, citée par M. l'abbé Cauchye, qu'il y avait déjà une paroisse du Saint-Sépulcre au VIe siècle. Voir la note XXXI, aux pièces.

notes qu'il nous a laissées ; c'est celle de M. Crimet et de la légende de l'ancien office; c'est également celle de M. l'abbé Lefèvre, qui dit « *l'adopter d'autant plus volontiers que les auteurs anciens qui ont écrit sur Abbeville sont favorables à ce sentiment* » (a).

Quoiqu'il en soit, et nous ne nous occupons pas d'autre chose, *notre église actuelle*, qui a succédé à celle de bois et de placage, semble avoir pris sa place au commencement du XVe siècle.

Alors terminait son règne si avide, si violent, si dur pour l'Eglise et le Souverain Pontife, si accusé par l'opinion publique qui donna au roi le nom de faux-monnayeur, alors finissait son règne, Philippe le Bel, qui à son lit de mort eut bien préféré avoir mérité celui de bon, puisqu'aux derniers moments il fit appeler ses serviteurs et ses enfants, fit ouvrir ce lit sur lequel il mourait de maigreur et de langueur, à l'âge de quarante-six ans, et leur disait : Regardez ce que vaut le monde, voici le roi de France.

Ce fut sous ce roi ou sous quelqu'un de ses premiers successeurs, que l'église actuelle du Saint-Sépulcre fut bâtie. Les vieux registres nous ont conservé deux preuves écrites manifestes de cette date. C'est d'abord une pieuse libéralité faite, en 1458, à l'église, par Jean Leroy, *bourgeois d'Abbeville*, qui fait les frais d'une chapelle (b); c'est ensuite une donation considérable, pour le temps, de Jean de la Warde, qui donna mille livres tournois, en 1459, pour achever le chœur et l'autel.

L'église du Saint-Sépulcre porte du reste, si l'on

(a) M. l'abbé Lefèvre, *Essai sur l'église Saint-Sépulcre*, p. 12.
— (b) Non pas celle du Saint-Sépulcre, mais une autre.

peut parler ainsi, l'acte authentique de sa naissance dans le genre de son architecture et de ses principaux ornements.

En effet, à la première inspection de notre saint temple, il est impossible de ne pas reconnaître une construction du xve siècle, cette époque où l'architecture chrétienne, devenue classique au xiiie, devient ensuite plus capricieuse, plus maniérée, où les fenêtres s'élancent, où tout semble prendre plus d'essor, où les ornements commencent à devenir plus recherchés, plus bizarres, où les voûtes se compliquent de mille nervures ; et cependant, malgré ces défauts du xve siècle, qui menacent de se développer encore plus au xvie, qui n'admirerait l'élégance, la forme gracieuse, les proportions légères de tout le système architectonique du xve siècle, dont l'église du Saint-Sépulcre nous offre un échantillon si bien réussi, si nous pouvons le dire, dans sa magnifique chapelle du Saint-Sépulcre.

Nous devons faire attention aussi, en passant, à la qualité de la matière employée par nos pères, pour cette église qui en remplaçait une ou plusieurs autres faites de simple charpente et de liniment, et qui, par conséquent, nécessitaient tous les jours de nouvelles réparations et rendaient même en peu d'années une ruine totale inévitable.

Les piliers de notre église actuelle, dans les parties conservées, dans les nefs surtout, sont d'un calcaire très-serré, très-dur, d'un grain presqu'aussi tenace que celui du grès, et nous devons remercier la prévoyance de nos pères puisque ce qu'ils ont ainsi fait avec prudence et avec de grands sacrifices, nous le possédons encore en bon état de conservation, après quatre siècles écoulés.

Enfin, rendons-nous compte aussi de l'orientation de notre église paroissiale, disposition qui n'est pas de règle absolue ni invariable dans les constructions chrétiennes, mais qui cependant a toujours tenu une grande place dans les préoccupations des architectes du moyen-âge.

On sait que cette orientation des églises se faisait à différentes époques de l'année ; tantôt on choisissait le point du ciel où le soleil se levait au jour de la fête patronale de l'église qu'on voulait bâtir ; tantôt on orientait telle église à l'époque du solstice, tantôt à l'époque de l'équinoxe, tantôt dans la saison d'été, tantôt en hiver, c'est ce qui explique les différentes lignes d'orientation que l'on remarque dans les diverses églises.

Or, nos pères n'ont eu garde de manquer à la règle de l'orientation pour notre église ; ils avaient d'ailleurs des raisons toutes spéciales pour cela, puisque cette église étant dédiée au saint Sépulcre du Sauveur, il était bien indiqué que son autel regardât la sainte cité de Jérusalem (a) et que notre Christ, dans son tombeau, fût exactement tourné comme le fut Jésus-Christ dans le sépulcre du Golgotha.

Eh bien! pour toutes ces raisons, notre chère église devait être orientée et elle l'est en effet ; son abside maintenant circulaire et son autel qui en occupe le point milieu, regardent l'Orient, et le clergé au sanctuaire et au chœur et les fidèles dans les nefs sont tournés tous vers l'Orient.

(a) Ceci ne doit pas être entendu avec une précision géométrique, mais largement. Voir pour l'orientation des églises et ses raisons, Bergier, *Dict. de Théologie*, t. III, page 1147 ; dom Calmet, tome III, page 840.

Ah ! nous devons nous rappeler souvent ces choses quand nous sommes à l'église et elles entretiendront notre piété. Nous serons plus fervents quand nous penserons que nos prières sont dirigées vers cette sainte Sion dont on a toujours raconté tant de merveilles : *Gloriosa dicta sunt de te, civitas Dei* (a). Vers cette Sion, dont les Israélites fidèles aimaient, chérissaient les pierres elles-mêmes : *Quoniam placuerunt servis tuis lapides ejus* (b) ; vers cette sainte montagne où fut plantée la croix du Sauveur, où son sang, selon les traditions, coula sur la tête d'Adam, père et représentant de toute l'humanité, pour nous sanctifier ; vers ce saint Tombeau enfin, qui reçut le sacré dépôt du corps de l'Homme-Dieu, ce Tombeau qui a été vénéré, disputé dans tous les siècles, ce Tombeau qui est à jamais vide et glorieux : *Et Sepulcrum ejus erit gloriosum* (c).

CHAPITRE II

Restauration et agrandissement de l'église Saint-Sépulcre.

Il était intéressant pour nous, sans doute, de connaître, autant que nous le pouvons du moins, ce qui a rapport aux origines, au passé de notre église, mais il ne le sera pas moins, assurément, d'étudier son état présent.

Le détail en sera un peu prolixe peut-être, mais

(a) Ps. 86-3. — (b) Ps. 101-15. — (c) Isaïe 11-10.

il est utile néanmoins que nous ne craignions pas d'y consacrer un temps convenable, car c'est là que nous trouverons la preuve palpable de la fidélité grande et persévérante des paroissiens du Saint-Sépulcre, c'est là que nous pourrons admirer, en nous les rappelant mieux, les dévoûments de chacun à l'œuvre paroissiale, les démarches des uns, les responsabilités que n'ont pas craint d'assumer les autres, enfin les sacrifices que tous ont voulu généreusement s'imposer pour mener à bonne fin une entreprise si chère à tous. Et ce qui nous frappera le plus quand le développement de ce récit nous y conduira, ce sera certainement le spectacle de l'union qui n'a pas cessé d'exister entre tous les fidèles, ce sera le spectacle des riches donnant leur or, des pauvres leur monnaie, tous, leurs sacrifices abondants pour restaurer et agrandir la maison de Dieu qui est aussi la nôtre.

C'est donc le récit de la restauration de notre église que nous allons lire ici, tel qu'il se trouve éparpillé çà et là dans les registres et pièces diverses et dont nous l'avons extrait non sans quelque travail, mais aussi non sans beaucoup d'intérêt.

Premières ouvertures. — Les préliminaires de la Restauration.

Déjà depuis longtemps, dans sa piété, son zèle pastoral et son expérience, M. l'abbé Carpentier, curé de la paroisse du Saint-Sépulcre, était frappé de la nécessité de restaurer et d'agrandir le temple paroissial que les âges lui avaient légué; mais ce ne fut qu'après dix ans environ de l'exercice de son ministère qu'il fit, le 17 décembre 1861, au conseil de Fabrique, les premières ouvertures de ses intentions.

M. le curé exposa donc que l'église actuelle était trop exigüe pour la population aux jours des solennités, qu'elle l'était même pour les autres temps de l'année puisque souvent on se trouvait dans la nécessité de refuser les nouveaux abonnements de chaises.

M. le curé ajouta que l'agrandissement et la restauration de l'église ne pourraient être qu'une chose glorieuse pour la religion, la paroisse et la ville, et par conséquent sympathique à tous; que dans cette persuasion il avait fait dresser un plan de restauration dont les frais étaient estimés à 77,089 francs, non compris les honoraires de l'architecte.

Le Conseil de Fabrique accueillit cette communication avec intérêt, il reconnut la justesse des motifs allégués par M. le curé pour la grande utilité d'une restauration de l'église. Il prit connaissance immédiatement des plans et projets et il approuva le tout.

Mais, on le conçoit, ce qui retenait, ce qui était bien de nature à inquiéter un conseil aussi prudent, c'était le chiffre de la dépense qui déjà, pour un simple aperçu était bien considérable, environ 80,000 francs, sans compter avec l'imprévu venant s'imposer toujours plus ou moins dans une construction importante.

Heureusement, M. le Trésorier put faire connaître que, depuis quelque temps, la fabrique avait encaissé des économies assez respectables, qu'il serait possible aussi de restreindre, pendant quelques années, en se gênant un peu, les dépenses ordinaires, et que, par là, on parviendrait à disposer de sommes assez considérables.

Mais ce qui influa surtout heureusement sur le Conseil, ce fut le dernier mot de M. le Curé qui exprima, avec une conviction basée sur sa connaissance de la piété de ses paroissiens et de leur générosité, qu'une souscription pouvait être entreprise dans sa paroisse et que, certainement, tous se feraient un devoir, un pieux honneur, d'y concourir largement, suivant leurs moyens ; alors, le Conseil chargea M. le Curé de faire un appel dans ce sens à ses paroissiens, ce qui fut fait presque de suite et réussit admirablement, avec le secours de Dieu, selon les prévisions de M. Carpentier et les vœux de ses dignes coopérateurs, MM. les Fabriciens ; car, en quelques jours, la souscription fournit la somme importante de 38,000 francs en numéraire, ce qui promettait même qu'on pourrait facilement aller jusqu'au-delà de 50,000 francs.

Les choses avaient été arrangées très-habilement pour ne pas grever les paroissiens. On donna, à chacun, la facilité de s'acquitter en cinq annuités et les habitants du faubourg furent admis, d'après leur offre généreuse, à concourir à la sainte œuvre par des dons en nature, c'est-à-dire par des prestations, charriages de matériaux, etc.

Adoption définitive du projet de restauration par le Conseil de Fabrique.

C'était le 24 février, deux mois environ après les premières ouvertures, le Conseil de Fabrique, en vertu d'une autorisation épiscopale, fut réuni ; il était composé de M. le comte de Saint-Pol, président ; de M. le Curé ; de M. Warnier de Wailly, secrétaire ; de M. Berneval, trésorier ; de MM. Frédéric-François Sangnier et Adolphe Flouest.

Invité à le faire par M. le Président, M. le Curé donna connaissance, à ces Messieurs, du beau résultat de la souscription qui avait, pour ainsi dire, dépassé même les espérances ; M. de Saint-Pol et M. le Curé voulurent bien se porter personnellement responsables de la somme totale de la souscription ; alors, tous ces Messieurs, complètement décidés à la reconstruction, prirent une connaissance détaillée des plans de M. l'architecte Delefortrie, approuvés d'abord dans leur ensemble par M. Viollet-le-Duc, inspecteur des édifices religieux pour le Gouvernement, puis, modifiés en quelques points, sur ses observations ; ces Messieurs étudièrent aussi le devis estimatif des travaux à exécuter et le cahier des charges, puis on dressa la délibération officielle qui constatait la décision fabricienne, pour être communiquée à qui de droit.

Il y est dit en substance : 1º Que l'église a besoin absolument d'être restaurée et agrandie ; 2º Que l'église, telle qu'on la voit, est évidemment inachevée ; que le chœur est beaucoup trop court, la grande nef sans voûte, etc., etc., et que le plan nouveau ferait du Saint-Sépulcre une église, sinon monumentale, au moins complète et d'un bon effet ; 3º Que l'on a la confiance, l'assurance même que le Conseil municipal d'Abbeville, ayant déjà fait des frais considérables pour le dégagement du portail de l'église et se proposant d'en faire encore de nouveaux, verra, avec faveur, la restauration et l'agrandissement du monument d'après les plans nouveaux ; 4º Que la population toute entière attache un très-grand prix à la restauration de son église, témoin le chiffre de la souscription, 53,000 francs, chiffre bien beau pour une paroisse de 3,600 âmes (a).

La délibération dit encore: 1° Que le devis définitif et rectifié des travaux à exécuter porte la dépense, non comprise la restauration du portail (b), à 91,000 francs ; 2° Que le chiffre de la souscription est actuellement de 38,000 francs en numéraire et qu'il montera encore ; 3° Que les matériaux à reprendre sont estimés 4,000 francs ; 4° Que les charriages à exécuter par les cultivateurs du faubourg sont évalués, pour l'entrepreneur, à 4,000 francs au minimum ; 5° Que l'encaisse de la fabrique, au 1er janvier 1863, sera d'environ 12,000 francs ; 6° que la fabrique, en restreignant ses dépenses, compte économiser, chaque année, 5,500 francs ; 7° Que les différentes sommes réunies donnent un total égal à celui des dépenses projetées et que la fabrique pourra donc se libérer en six années.

En conséquence, le Conseil décide, à l'unanimité, que l'église paroissiale Saint-Sépulcre sera restaurée et agrandie, conformément aux plans de M. Delefortrie, approuvés par M. Viollet-le-Duc, que M. le Président est chargé de faire toutes les démarches nécessaires, particulièrement auprès de M. le Maire, à l'effet d'obtenir de la Ville, la concession de la partie du terrain entre le chevet de l'église actuelle et la place Saint-Sépulcre, du côté de la rue du Saint-Esprit.

M. le Président du Conseil de la fabrique devra donner, en même temps, à M. le Maire, l'assurance

---

(a) On verra plus loin qu'il y avait ici une erreur d'évaluation en trop. — (b) Il a coûté 6,000 fr. environ.

que le dit Conseil s'engage à ne demander, à la municipalité, aucune subvention relative à la restauration de l'église.

Les Autorisations.

Le zèle de M. le Curé et de MM. les Fabriciens était plein d'ardeur et les pièces furent transmises par eux, sans délai, à leur destination, c'est-à-dire à la Mairie d'abord. Mais cette dernière ne tarda pas à présenter de justes observations, en particulier sur le devis des dépenses projetées (a) ; dès le 22 mai, M. le Curé fut mandé à la Mairie par la Commission municipale chargée de l'examen de l'affaire, et il fut stipulé que le chapitre des dépenses imprévues ayant été omis par l'architecte ou oublié, il y avait lieu d'y pourvoir immédiatement.

M. le Curé demanda à en référer au Conseil qui reconnut, en effet, la justesse des réclamations du Conseil municipal et statua que l'excédant actif des budgets de 1869, 1870, 1871, 1872, 1873 et 1874, serait affecté à solder les dépenses imprévues que l'œuvre pourrait occasionner.

Ainsi, aux 91,000 francs primitifs et aux 6,000 francs du portail, il fallait tout d'un coup ajouter 33,000 fr. ; au moment de l'adjudication, il fallut encore ajouter 13,500 francs pour erreur du chiffre des charriages du faubourg qui n'étaient pas de 15,000 francs, mais de 1,500 francs, soit 143,500 francs et puis ce n'était plus six années seulement qu'il fallait à la fabrique pour se libérer, mais douze qui devaient

(a) Rapport remarquable de M Courbet-Poulard au Conseil municipal d'Abbeville, et extrait de la délibération du Conseil concédant deux parcelles de terrain et exonérant les matériaux des perceptions d'octroi.

se terminer en 1872 ou 1873. Au reste, nous savons qu'il n'a pu en être ainsi et que devait être justifiée, une fois de plus, l'instinctive répugnance qu'éprouve tout homme d'expérience à entrer dans la voie des constructions.

Malgré ces difficultés, nous devons être très-reconnaissants à M. le Curé et à ceux qui ont secondé ses intentions, puisque nous possédons une église suffisante et convenable et que la fabrique, après quelques années encore de gêne, finira par se libérer entièrement, nous l'espérons.

Tout était donc maintenant convenu ; les pièces rectifiées, elles furent envoyées, comme de règle, à la préfecture, à l'évêché, et examinées à loisir par les différentes administrations. Cet examen administratif dura depuis la fin de février 1862 jusqu'au 31 juillet de la même année, où M. Carpentier et les dignes Administrateurs de l'église eurent la consolation de voir le nom de M. Cornuau, Conseiller d'Etat, Préfet de la Somme, apposé au bas de son autorisation sur les plans et devis de leur architecte.

Il ne s'agissait plus, à présent, que d'accomplir la dernière formalité légale, c'est-à-dire de procéder à l'adjudication des travaux et c'est ce que l'on fit avec toute la célérité possible.

Adjudication des travaux de l'Église.

Il fallut, malgré toute la diligence employée par M. le Curé et le Conseil, plus de cinq semaines, depuis le 31 juillet jusqu'au 9 septembre, pour arriver à l'adjudication tant désirée.

Le Conseil s'assembla donc ce 9 septembre et croyait ouvrir le concours des entrepreneurs sans nouvelles difficultés, mais il n'en fut pas ainsi.

En effet, les prétendants entrepreneurs commencèrent par déclarer que les annuités de paiement annoncées aux devis et délibérations étaient trop peu considérables, les mèneraient trop loin, retiendraient leurs fonds trop longtemps engagés dans une œuvre si importante ; ils déclarèrent, par conséquent, ne pas vouloir soumissionner dans ces conditions.

Le Conseil voulut bien faire droit à cette demande et déclara, après délibération, qu'il solderait la dépense entière aussitôt la réception définitive des travaux.

Les entrepreneurs introduisirent alors une autre demande ; ils déclarèrent que le délai de neuf mois marqué au devis, était beaucoup trop restreint, qu'il était inacceptable pour eux, et le Conseil se vit obligé de concéder neuf autres mois, en tout dix-huit mois, une année et demie pour l'achèvement des travaux.

Enfin, nouvel ennui trop connu de tous ceux qui ont besoin de construire ; après avoir obtenu ce qu'ils avaient demandé, MM. les Entrepreneurs qui étaient sortis pour rédiger, sans doute, leurs soumissions, revinrent pour déclarer qu'ils se retiraient, et ainsi l'adjudication était aux mains du seul M. Folie, qui se déclara prêt à accepter l'œuvre et ses conditions, mais sans aucun rabais et au prix de série, c'est-à-dire au prix courant pour chaque genre de travail, maçonnerie, charpente, etc.

M. Folie, ayant justifié des garanties pécuniaires et de la capacité nécessaire pour mener à bonne fin l'œuvre de la restauration et agrandissement de l'église, le Conseil le déclara adjudicataire des travaux.

Ainsi fut accomplie la première partie et la plus laborieuse peut-être (le paiement excepté toutefois) d'une œuvre jugée très-utile et, par conséquent, digne que ceux, à qui Dieu l'inspira, passassent par-dessus les ennuis, les dérangements et les sacrifices qu'elle pût leur causer ; aussi, nous n'en saurions douter, ce fut Dieu lui-même qui leur envoya, d'en haut, le courage et la persistance nécessaires.

Les plans de l'Église nouvelle.

Avant d'aller plus loin, il sera bon, pour nous faire une idée plus complète de l'importance du travail que la paroisse Saint-Sépulcre entreprenait à la gloire de Dieu, d'énumérer brièvement les changements ou les additions que les plans nouveaux allaient apporter à l'ancienne église.

Et d'abord, ce qui a été conservé de l'ancienne église, nous aimons à le dire, est considérable, et cela prouve que les personnes qui ont présidé à la restauration de l'église comprenaient le prix et la valeur de cette construction du XVe siècle, due certainement à un habile architecte.

Ainsi, au simple aspect du plan nouveau, où les parties conservées sont teintées à l'encre de Chine, on voit (a) que toute la tour du clocher a été conservée avec sa masse imposante, solide et rendue légère par les contreforts le mieux étudiés et à la masse le mieux dissimulée.

A été conservée, complétement aussi, la belle chapelle du Saint-Sépulcre, dont le riche bourgeois

(a) Ce plan est conservé dans l'Album paroissial, avec les originaux de toutes les pièces citées dans ce volume.

d'Abbeville, Jean Dubos, voulut faire les frais avec une pieuse libéralité vers le milieu du xve siècle (a). Ce morceau, par la délicatesse de ses ornements, le fini de la sculpture, suffirait, à lui seul, pour faire la réputation méritée de toute une église.

Conservés encore complétement, les deux nefs latérales, plusieurs baies ou ouvertures à gauche du portail central, le portail du midi, les murs, baies et contreforts du septentrion ; conservé le bel escalier de la tour réparé à ses frais et rendu très-commode par un digne conseiller de fabrique (b), il y a peu d'années.

Conservé le massif intérieur de la grande nef, qui est un des soutiens de la tour, massif rendu vraiment élégant surtout dans sa partie inférieure.

Enfin, conservés, la porte du clocher et celle qui conduit au magasin des chaises, tous les piliers de la grande nef, au nombre de sept, avec leurs retombées de nervures qui suspendaient, pour ainsi dire, les voûtes anciennes dans les airs et donnaient aux piliers une forme très-svelte et légère en supprimant les colonnettes.

Quant aux parties nouvelles teintées en rose sur le plan de l'église à restaurer, elles sont très-importantes. Elles consistent, tout d'abord, en douze piliers ou pilastres, en comptant les deux du transsept qui ne sont neufs que du côté oriental.

Elles consistent en un chœur nouveau avec sept fenêtres, avec un entre-colonnement du côté sud et nord des deux chapelles, en un sanctuaire nou-

---

(a) Notes de l'abbé Buteux dans l'*Essai* de M. Lefèvre. Ne pas confondre la donation de Jean Dubos avec celle de Jean Leroy, faite à la même époque. — (b) M. Edmond de Hauteclocque.

veau avec son abside semi-circulaire ; les deux chapelles de la sainte Vierge et du Sacré-Cœur avec leurs fenêtres, sont nouvelles aussi ; nouvelles également, la sacristie, la cour de sortie ; nouvelle, l'élévation des murs qui relient les piliers de la nef, ainsi que les rosaces qui les percent à jour ; nouvelle aussi, toute la charpente du grand comble avec ses contreforts de chêne à l'intérieur.

Parmi les choses nouvelles, il faut mentionner ici le calorifère auquel on accède extérieurement et qui est si utile surtout pour les enfants et les personnes délicates, ce qui a procuré aussi l'assainissement et la parfaite siccité de notre église (a).

Enfin, quant à la grandeur de l'ancien et du nouvel édifice, on peut dire qu'elle ne se peut comparer ; nous estimons, néanmoins, que la restauration a agrandi l'église de la moitié environ, ce qui fait que nous possédons maintenant un vaste local suffisant pour nos plus grandes solennités. Huit cents chaises peuvent tenir facilement dans la grande nef, deux cents dans chaque collatéral, deux cents dans le chœur sans le sanctuaire, cinquante dans chacune des trois chapelles, ce qui porte le nombre total de nos places au chiffre très-important de quatorze ou quinze cents au minimum.

Un tel résultat suffirait pour nous faire bénir à jamais le prêtre et les administrateurs qui ont donné un tel instrument de succès à la religion parmi nous, car il faut se garder de croire que les éléments matériels n'aient pas la plus grande influence même sur les résultats moraux à obtenir.

(a) Le calorifère a coûté environ 4,500 fr. à ajouter à la somme de 143,500 fr., soit la somme totale de 148,000 fr., sans compter d'autres dépenses encore.

Ventes et Démolition.

L'adjudication des travaux de restauration et agrandissement avait été faite le 9 septembre 1862 et le commencement des démolitions de parties anciennes à remplacer ne paraît pas avoir eu lieu avant le 15 janvier 1863 ; il se passa donc là un grand laps de temps qui dut contrarier beaucoup M. le Curé, MM. les Administrateurs et les paroissiens, cependant le temps nécessaire, sans doute, pour accomplir les formalités de l'enregistrement et d'autres peut-être, ne fut pas complétement perdu, on l'employa à discuter les mesures préparatoires à l'exécution bonne et accélérée des grands travaux qui allaient s'ouvrir.

Au 29 novembre, nous trouvons une délibération du Conseil où on prend des décisions importantes.

Ainsi, il y est porté que les boiseries du chœur, des chapelles et autres seront vendues sur place, que le pavé de la chapelle de la sainte Vierge où le Rosaire est encastré dans des dalles de marbre blanc, aussi bien que le pavé du sanctuaire seront levés avec soin par le marbrier ; que l'orgue de chœur sera déplacé et rangé pour être rétabli en temps opportun (a).

Depuis ce moment, le Conseil s'occupa de réaliser les ventes décidées. M. le Curé cède pour la somme de 80 francs le beau sujet: *Triomphe de la Religion*, qui décorait le vide du mur au-dessus de l'arc du chœur.

(a) Il semble qu'on ne prit aucune décision touchant les deux petits autels en marbre des chapelles ; ils furent vendus néanmoins. L'un, de très-belle forme, est dans la chapelle de l'orphelinat de l'Enfant-Jésus; l'autre, à la maison-mère Saint-Joseph, mais sans emploi.

La paroisse de Caux est, depuis ce temps, en possession de ce beau morceau de sculpture où, au milieu d'un immense soleil aux rayons dorés, on voit la statue en pied de la Religion, tenant son étendard d'une main, c'est-à-dire la croix, et de l'autre un calice surmonté d'une hostie d'or. Tout ce groupe, avec ses anges qui l'accompagnent, est d'un excellent effet et nous porte à regretter vivement son absence.

Les belles boiseries du chœur et des chapelles n'ayant pu être vendues sur place de gré à gré, l'ont été à prix médiocre aux enchères publiques et on en retrouve les fragments dans les demeures particulières.

Une seconde sculpture en plein relief sur bois fut également vendue et nous a été remise, il y a quelques années (a). Nous l'avons fait replacer dans le nu du mur au-dessus de l'arcade de la chapelle du Saint-Sépulcre; cette belle pièce représente la résurrection de Notre-Seigneur.

Deux bonnes toiles, et représentant, l'une saint Pierre, l'autre saint Jean l'évangéliste, ont été également vendues et achetées; à la mort du premier acquéreur, M. l'abbé Dairaines, elles sont venues en la possession d'un des hommes qui font le plus d'honneur à cette paroisse par leurs talents et les hauts emplois qu'ils ont occupés (b).

Les lambris de la chapelle de la sainte Vierge ont été achetés par M. l'abbé Caron, actuellement curé-doyen de Saint-Valery.

Nous aimons à espérer que les honorables per-

(a) Par M. Eugène Godrant, ancien mécanicien. — (b) M. Courbet-Poulard, ancien maire d'Abbeville, ancien député de la Somme, etc.

sonnes qui ont acquis très-légitimement et non sans un motif religieux, sans doute, des choses du Saint-Sépulcre aliénées dans des temps difficiles, voudront, quand les circonstances le leur permettront, ce dont elles restent juges, les voir replacer dans les endroits qu'elles occupaient avant la reconstruction. Il est un prêtre, assurément, qui leur en serait bien reconnaissant pour sa paroisse comme pour lui.

Les choses ainsi accomplies, le Conseil, dans sa séance du 2 janvier 1863, put procéder enfin aux préliminaires de la démolition. On transporta les ornements, vases sacrés et autres objets de la sacristie; on enleva les plus riches tableaux; un membre fut chargé de s'entendre avec l'architecte pour toutes les questions de détail, on nomma un surveillant des travaux; il ne restait plus, comme autrefois les Juifs fidèles, qu'à mettre d'une main le pic dans les vieux murs et à manier, de l'autre, la truelle, pour édifier les murs de la Sion nouvelle.

La Reconstruction.

Nous voyons, par le registre des délibérations de la fabrique, au moins d'une manière indirecte, que la reconstruction, commencée en janvier 1863, était à peu près accomplie au commencement de 1865.

En effet, dans la réunion de *Quasimodo* de cette année, 23 avril 1865, le Conseil fait certains règlements qui indiquent bien que la nouvelle église était, dès ce moment, ouverte au culte catholique.

Ainsi, le Conseil fait un règlement sur le tarif des chaises d'abonnement, également sur l'usage du calorifère, dont les fidèles pourront se servir dans des mariages et enterrements au prix de 20 francs, compris le salaire du chauffeur.

Le Conseil, à cette date, décide la vente de trois grands tableaux, de la Résurrection, de l'Apparition à saint Thomas, et de celle d'Emmaüs, par le motif que la nouvelle église n'offre aucun endroit susceptible de les recevoir. Nous savons, au reste, que l'autorisation, pour cette vente, n'a pas été obtenue et nous sommes heureux aujourd'hui de ce qui a pu être un fâcheux et désagréable contre-temps dans l'origine.

A la date d'avril 1865, le Conseil introduisit aussi la question (qui ne pourra avoir que plus tard ses derniers effets) d'aliéner un immeuble de six hectares environ que la Fabrique possédait au terroir de Friaucourt pour concourir à l'extinction de la dette de la nouvelle église.

Enfin, dans la réunion d'octobre 1865, le Conseil décide l'aliénation de rentes sur l'Etat et de quatre obligations du chemin de fer Grand-Central.

Ainsi, l'œuvre si utile et tant désirée par tous de l'agrandissement de l'église du Saint-Sépulcre était accomplie ; les paiements s'exécutaient dans les conditions et clauses stipulées entre les Entrepreneurs et MM. les Marguilliers, on marchait, malgré de graves contre-temps (a), malgré des difficultés sérieuses quelquefois, dans la voie de la libération, quand une nouvelle épreuve, plus grande que toutes les autres, fut envoyée par la divine Providence à cette paroisse si fidèle, si généreuse, si attachée à son pasteur ; une grave maladie, suite

(a) Une notable partie de la souscription fut perdue par suite d'un placement malheureux, comme cela arrive si souvent dans les temps où nous vivons.

peut-être des préoccupations et des fatigues de tout genre, fondit tout-à-coup sur M. le Curé et malgré son âge encore peu avancé (57 ans), malgré sa forte constitution, le terrassa en quelques jours. M. l'abbé Carpentier rendit sa belle âme à Dieu le 8 septembre 1866, en la fête de la sainte Vierge qu'il avait tant aimée pendant sa vie, de la sainte Vierge qu'il avait tant priée pour sa grande œuvre du Saint-Sépulcre de son fils, de la sainte Vierge dont il avait fait décorer l'autel avec tant de soin, de la sainte Vierge dont il avait béni solennellement, quelques semaines avant sa mort, les statues de l'Epoux et de la Mère.

M. le Curé n'était plus ; ce fut un deuil immense qui est porté encore dans cette paroisse, mais, enfin, le Seigneur avait donné au moins à son prêtre dévoué une immense consolation, il avait vu cette sainte Sion bâtie de ses mains, il avait tout réédifié, tout réinstallé, il lui avait été donné d'offrir, pendant plusieurs mois, la sainte Victime dans ce sanctuaire qu'il avait élevé lui-même, orné de ses riches verrières ; ce fut une de ces félicités que le Seigneur lui accorda en attendant une plus grande récompense au ciel.

Nous en avons l'espérance, la conviction, cette récompense aura été grande ; elle est grande, car elle a été achetée par de bien grands soucis, de bien grands embarras, et quelquefois d'amers chagrins pour cette église dont nous jouissons maintenant, grâces à lui ; oui, grande fut la peine, grand le combat, brillante est la couronne : *Non coronabitur nisi qui legitime certaverit* (a) ; il n'y aura

---

(a) II Thim., 2-5.

de couronne que pour celui qui aura dignement combattu.

CHAPITRE III

Description de l'église actuelle Saint-Sépulcre.

L'ÉGLISE SAINT-SÉPULCRE A L'EXTÉRIEUR.

Notre église paroissiale, telle que les derniers agrandissements nous l'ont faite, est certainement d'une masse imposante.

La longueur de sa ligne droite prise sur le plan des deux côtés nord-est et sud-ouest est de 50 centimètres, par conséquent à l'échelle d'un centimètre pour mètre, de 50 mètres ou 150 pieds anciens environ. Cette ligne, en suivant les angles principaux des nefs, des chapelles, de l'abside et du clocher, est de 62 mètres minimum, environ 186 pieds anciens ; soit un développement périmétrique total de 124 mètres, 372 pieds anciens, auxquels il faut joindre le développement de la chapelle du Saint-Sépulcre (24 mètres), ce qui donne un total périmétrique de 148 mètres ou 444 pieds environ, ensemble assurément fort imposant.

Cette masse de murs et de contreforts est percée tout autour par dix-sept ouvertures ou baies qui font pénétrer, dans les diverses parties de l'église, la lumière et l'air au besoin. Les ouvertures du grand portail et du clocher, qui donnent lumière, son et accès aux fidèles, sont au nombre de onze ; les rosaces de la grande nef et du chœur, qui prennent le jour au-dessus des entre-colonnements en manière de triphorium, sont au nombre de huit, plus celle du grand orgue.

L'aspect général, au point de vue artistique et religieux, est satisfaisant ; le grand comble forme une croix latine bien dessinée.

L'église présente trois côtés principaux qui font trois vues, dont deux surtout très-belles. C'est d'abord, le côté méridional qui est le plus intéressant, parce que tous les bâtiments de service, sacristies, enceintes de cours, magasins pour les chaises, etc., ont été sagement placés par l'architecte au côté septentrional, moins exposé aux regards et que, par conséquent, rien ne vient arrêter ni offusquer la vue de ce côté du midi ; or, le panorama des fenêtres de la nef, de la chapelle du Sacré-Cœur et de celles du chœur, vu de ce côté du midi, forme un bel ensemble divisé à peu près au milieu par le mur du transsept qui se termine en triangle et qui est percé d'une très-grande fenêtre qu'il suffirait d'abaisser un peu plus pour faire un portail latéral tout-à-fait semblable à celui des cathédrales. Le triangle du transsept était accompagné, avant la dernière grande tempête, de deux élégants clochetons et d'un bouquet terminal, que le Conseil de fabrique fera replacer aussitôt que ce sera possible ; il porte aussi dans le nu de la maçonnerie, un cul de lampe et un pinacle qui attendent encore leur statue.

Le côté septentrional présente le même aspect, mais il est un peu obstrué par les toits de la chapelle du Saint-Sépulcre et par les cours et sacristie de l'église.

Reste la grande façade qui offre aussi un très-beau coup d'œil, à cause des trois murs des nefs formant trois triangles qui se dessinent à d'inégales hauteurs.

Il est vrai qu'un de ces trois triangles, le plus élevé, celui de la tour, est tronqué depuis l'époque de la Révolution, mais s'il nous est donné un jour de le voir restitué tel qu'il figure au plan général de M. l'architecte Delefortrie, la flèche triangulaire répondant aux deux autres et les dominant, produira le plus bel effet.

Il ne faut pas oublier non plus, dans cette description des surfaces extérieures, le sanctuaire avec son abside percée du haut en bas par de très-longues et larges fenêtres ornées de vitraux peints et qui, recevant tour à tour, si nous pouvons le dire, tous les soleils, celui de l'orient, celui du midi et de l'occident, étincelle sans cesse de mille feux qui en font comme une pierre orientale.

Quant aux décorations de l'extérieur de l'église, à la sculpture, elle n'y est employée qu'avec sobriété, mais avec un goût parfait. Tous les dessus de fenêtres sont décorés de belles accolades ; tous les contreforts sont élégants et leurs étages ou retraits se terminent par des pinacles engagés qui ornementent convenablement. Les meneaux des fenêtres sont légers et solides à la fois, et ils s'épanouissent dans le côté terminé de la basse nef méridionale et dans tout le pourtour du chœur et du sanctuaire en ramifications gracieuses.

Mais ce que l'église offre, à l'extérieur, de plus remarquable comme ornementation, c'est toute la façade occidentale, surtout la partie du milieu avec l'entrée principale.

Cette façade forme un grand parallélogramme terminé, dans sa partie supérieure, par un triangle.

Les rampants du triangle sont ornés de six chicorées contournées avec grâce par le sculpteur ; au milieu du triangle est la rosace centrale à quatre compartiments, aux moulures gothiques ; au-dessous de la rosace est la grande fenêtre de l'orgue à quatre meneaux, à l'intrados rempli par des cœurs allongés ; puis, au-dessous encore, et comme au rez-de-chaussée, se trouve le grand portail où l'architecte semble avoir voulu mettre tout son talent ; les deux pieds droits de ce portail sont ornés de six colonnettes prismatiques, fortement incisées, avec de petits socles, mais sans chapiteaux et qui, se prolongeant indéfiniment, vont se rejoindre en une voussure élégante.

L'arc de la porte est surbaissé et presque droit, à la François Ier ; il est surmonté d'un tympan qui remplit la grande ogive de six ramifications en cœurs très-allongés et du meilleur effet ; au milieu est un piédestal armorié qui attend encore sa statue ; le dais est richement sculpté ; l'ogive du portail est enveloppée d'une accolade ornée d'une chicorée appliquée sur la pierre et faisant dentelle et aussi de six grandes chicorées espacées et parfaitement taillées (a). Le morceau entier, c'est-à-dire le centre de la façade principale, est terminé par une croix antéfixe foliacée qui affecte la forme de bouquet et correspond aux deux croix patées de l'extrémité des collatéraux.

Telle est, en abrégé, l'esquisse de l'extérieur de l'église du Saint-Sépulcre, qui serait certainement d'un très-bel effet si la restauration était complète

(a) Au-dedans de la voussure, règne tout autour une charmante arcature trilobée du plus délicat travail. Au sommet de l'ogive du portail, l'accolade est surélevée à la manière flamboyante.

et si l'ancienne construction ne montrait pas, çà et là, quelques dégradations, auprès de réparations mal accomplies.

Quoi qu'il en soit, en étudiant ces choses, nous nous sentons pénétré d'un respect que nous voudrions faire partager, pour l'homme de foi qui, plus encore que les artistes eux-mêmes, a agrandi et restauré en notable partie, avec cette foi et son zèle, ce sanctuaire qui, un jour, il faut l'espérer, sera rendu plus digne encore de l'Hôte divin qu'il est destiné à abriter.

L'Église Saint-Sépulcre, a l'intérieur.

Si les artistes chrétiens ont tout combiné de leur mieux pour donner, à la maison de Dieu, l'extérieur de richesse et de grandeur qui lui convient à tant de titres, que ne feront-ils pas pour que l'intérieur de cette maison soit vraiment le palais du Seigneur, la cité du grand Roi, *Civitas magni regis* (a).

C'est ce qui a été fait pour l'intérieur des églises catholiques où les architectes ont réservé tout ce qu'ils pouvaient avoir à leur disposition de ressources et de talent, comme nous l'allons voir, pour notre propre église.

D'abord, en entrant par le grand portail, une magnifique vue frappe nos regards, c'est, tout d'abord, la grande croix latine que dessine la nef.

On ne peut, non plus, qu'être frappé de la belle perspective qui s'étend du dessus de la tribune du grand orgue, aux deux fenêtres qui accompagnent la fenêtre centrale de l'abside ; c'est, de chaque côté, une ligne imposante de neuf piliers ; ils n'ont pas

(a) Ps. 47-3.

tous la même forme, les uns sont octogones et à bases entaillées aux angles, les autres carrés et cantonnés de colonnettes, les uns avec chapiteaux, les autres sans, et, cependant, ils font, pris ensemble, un tout harmonieux ; cette belle perspective est produite aussi par les nervures de la voûte, croisées simplement à la manière du xiiie siècle et reposant sur des culs-de-lampes bien réussis.

La longueur dans œuvre est de 47 centimètres sur le plan, soit, sur le terrain, 47 mètres ou 141 pieds anciens ; la largeur dans œuvre de pilier à pilier est de 20 centimètres, soit 20 mètres (60 pieds anciens). La grande nef a 9 mètres de largeur, soit 27 à 30 pieds anciens, ce qui constitue une des plus belles nefs que nous connaissions dans les églises d'une importance secondaire.

Le chœur, pour ne plus revenir aux choses de dimension, porte environ 13 mètres, soit 39 pieds anciens. Nous croyons qu'il est certainement le plus beau chœur de toutes les églises d'Abbeville, comme proportion et élégance. Les entre-colonnements des piliers sont de 4 mètres, celui du transsept, de 7 mètres, ce qui donne aux arcs une très-grande hardiesse.

Les basses-nefs ont, jusqu'à la naissance des chapelles, une longueur de 30 mètres (90 pieds) et une largeur de 5 mètres.

Les chapelles mesurent 6 mètres de profondeur sur 5 de large, leur hauteur est de 7 mètres ou 20 pieds environ, comme celle des voûtes collatérales ; et celle de la grande nef est de 15 mètres (45 pieds) sous voûte ; nous pouvons regretter l'absence d'un peu d'élévation dans nos nefs, surtout dans la nef principale ; deux mètres de plus eussent donné un essor tout particulier aux voûtes, ce qui eut permis de les éclairer davantage, mais cette surélévation de deux mètres eut nécessité des arcs-boutants extérieurs et augmenté considérablement les frais, c'est ce qui retint, sans doute, M. Carpentier et ses honorables collègues.

Mais à la hauteur près, les voûtes de notre église sont bien établies, maçonnées en briques creuses qui donnent de la légèreté et une ténacité plus grande que celle des pastoureaux en moëllons, mais qui, aussi, ont peut-être moins de sonorité. Les colonnettes qui, à partir de la naissance du chœur, soutiennent les voûtes, sont sveltes et les supportent avec légèreté.

Une des choses que nous devons admirer le plus dans notre église, ce sont les voûtes des collatéraux ; ce sont des voûtes à compartiments, avec arcs-doubleaux, liernes, tiercerons et formerets, ce qui produit de jolis faisceaux de nervures sur les retombées de voûtes.

Nous décrirons, dans des articles à part, les chapelles de la sainte Vierge, du Sacré-Cœur et du Saint-Sépulcre, mais nous devons nous arrêter quelques instants aux différentes fenêtres, ouvertures, chapiteaux, etc., où l'art du sculpteur déploie ordinairement les ressources de son ciseau.

Les deux plus grandes baies de l'église sont celles du transsept. Les fenêtres qui les remplissent ont quatre meneaux très-longs, supportant de riches épanouissements ; il est à regretter que ces fenêtres n'aient pas pu être exécutées, faute de ressources, en vitraux peints qui auraient produit, en cet endroit, un grand effet. Nous espérons qu'un jour, il sera donné aux paroissiens de voir, dans ces deux vastes cadres, les principaux évènements et personnages des Croisades, reproduits par le même pinceau qui a décoré le reste de l'édifice.

Viennent ensuite les sept admirables fenêtres, à deux meneaux élancés, du chœur et du sanctuaire, puis les deux fenêtres plus basses, mais toujours bien belles, larges, à quatre meneaux et jetant sur les autels, les rayonnements de teintes fantastiques, surtout à certains moments de la journée.

Il y a encore, aux deux côtés des nefs, cinq grandes fenêtres, dont deux seulement contiennent des verrières, les trois autres attendent leur achèvement de meneaux et de vitraux.

Entre les cinq portes, trois grandes et deux petites qui donnent accès dans l'église ou dans ses différents locaux, il ne faut pas négliger de remarquer les deux petites dont l'une, qui conduit à l'escalier de la tour, est richement sculptée et ornée d'une accolade avec surélévation qui semble annoncer déjà la troisième époque de l'architecture gothique; l'autre qui conduit à un magasin de chaises, a été restaurée en dedans de l'église, dans les derniers temps, mais elle mérite surtout d'être examinée du côté enfermé dans le magasin et que l'architecte avait voulu orner parce qu'elle donnait, en ce temps primitif, accès aux fidèles entrant dans l'église.

Les chapiteaux de notre église, retombées de voûtes, pendentifs nombreux et hardiment détachés des voûtes, méritent d'être examinés et loués, mais nous nous contenterons d'en donner rapidement quelqu'idée dans le paragraphe suivant, cela sera suffisant pour rappeler à tous que, puisque la sainte Eglise a voulu que tant de dépenses fussent faites à l'intérieur de nos temples, outre les bénédictions par lesquelles elle les consacre, nous devons nous y tenir avec un profond respect, une âme ardente et priante, un cœur plein de confiance comme il convient dans la maison de Dieu.

Les Chapiteaux, Retombées de voutes et Pendentifs.

Voici des choses qui sont de nature à donner la plus haute idée de la richesse sculpturale de notre chère église, à quiconque aura le loisir et le goût de les étudier.

Nous avions fait un tiers de cette intéressante étude, mais force nous a été de la laisser, parce que nous avons compris, de suite, qu'il aurait fallu un volume pour détailler convenablement ces admirables choses; nous nous bornerons à en donner seulement une idée.

Les chapiteaux, retombées de voûtes et arcs-doubleaux, sont au nombre de dix-huit, rien que pour le bas-côté droit de l'église; les pendentifs des voûtes sont au nombre de cinq par chaque carré de voûte, deux sur la longueur, deux sur la largeur aux intersections des nervures, le cinquième et le plus grand au milieu des quatre autres. Or, en comptant deux carrés de voûtes ou entre-colonnements, puis celui de la voûte de la chapelle du Sacré-Cœur, on trouve un nombre respectable de quinze pendentifs, plus un, dans le transsept de ce bas-côté droit. C'est donc un total de trente-quatre sujets décoratifs, composés et sculptés avec beaucoup de soin par les artistes qu'ont employés nos pères.

Dans le bas-côté gauche, il y a cinq pendentifs de plus et autant de retombées de voûtes et de chapiteaux, ce qui donne un total de trente-neuf sujets à ajouter aux trente-quatre premiers, soit soixante-treize sujets.

Enfin, il y faut joindre encore les pendentifs, clefs de voûtes de la nef et du chœur, ce qui donne en tout un nombre de quatre-vingts à quatre-vingt-dix sujets de sculpture.

Quelle richesse pour une église comme la nôtre qui, après tout, n'est que de deuxième grandeur et de deuxième importance! que doit-ce donc être qu'une église principale, cathédrale, etc.? C'est à en être frappé du plus vif étonnement.

Ce qui est vraiment admirable dans tout ceci, c'est, outre le nombre des morceaux de sculpture dont nous parlons, c'est, outre l'habileté de ciseau de l'artiste chrétien, c'est sa fécondité ; ces sujets, en effet, sont des plus variés et dans les trente-quatre que nous avons étudiés, nous n'en avons trouvé que deux ou trois qui se répétassent.

Nous décrirons ici, en particulier, les huit chapiteaux et retombées de voûtes sculptés au côté droit du collatéral de l'église, côté du midi, ce sera assez pour donner une idée de tant de variétés, de richesse et de talent :

1º Gros pilier du clocher, chapiteau ceinture de 20 centimètres de haut environ, petit tailloir pentagone, feuilles de chicorée, le tout assez bien conservé ;

2º Retombée de voûtes, tailloir presque rond très-petit, feuilles de vigne et d'acanthe, demi-boule au bas du cul-de-lampe, belle et bien conservée ;

3° Retombée de voûtes, tailloir pentagone, mais à côtés inégaux, composition originale évidée à jours, cœurs allongés gothiques entre trois montants, bien conservée;

4° Petite retombée de voûtes, tailloir rond, des raisins: elle a un peu souffert et le cul-de-lampe paraît fendu;

5° Grande retombée de voûtes parfaitement pentagonale, feuilles de tournesol avec son disque de graines en-dessous, feuilles de chicorée, belle composition;

6° Chapiteau, vigne vierge à deux étages, tailloir à sept pans, neuf;

7° Le suivant semblable, mais plus petit, neuf également;

8° Chapiteau composé de branches et d'animaux, feuilles très-bien traitées, neuf.

Telles sont quelques-unes de ces sculptures du côté méridional du collatéral à droite en entrant. Elles sont dignes d'être remarquées et cependant ne sont pas comparables aux pendentifs qui les dominent par la hauteur où ils sont placés et par leur richesse plus grande de composition.

Enfin, nous terminons ce chapitre en disant que ce qui doit nous surprendre, nous édifier le plus, c'est de voir surtout quel esprit de foi animait nos artistes qui ne craignaient pas de placer les compositions les plus gracieuses, les plus finement sculptées dans des endroits où l'œil du chrétien ordinaire ne porte, pour ainsi dire, jamais son attention.

Quelle était aussi la foi de nos pères qui leur faisait payer avec générosité ces mêmes choses dont l'absence ne serait presque pas remarquée! — Ah! c'est que le vrai chrétien, le chrétien intelligent, le chrétien digne de ce nom, travaille avant tout pour Dieu et qu'il sait que son Père céleste voit les choses qui échappent à tous, qu'il voit, comme dit l'évangile, dans le secret : *Pater vester cœlestis qui videt in abscondito* (a).

CHAPITRE IV

L'Eglise à l'Intérieur. — Descriptions particulières (b).

Nous devons notre église paroissiale, si commode et si sérieuse, à M. l'abbé Carpentier et à ses dignes collègues du Conseil de fabrique, mais il est cependant certaines personnes et certaines choses spéciales dont il faut nous souvenir toujours, qu'il faut apprendre à nos enfants et pour lesquelles ce ne sera pas trop de notre part d'une éternelle reconnaissance.

Ainsi, par exemple, comme on l'a vu plus haut, c'est M. le comte de Saint-Pol, président de la Fabrique, et M. le Curé, qui ont répondu à leurs risques et périls d'une somme très-importante, et sans cet engagement généreux, désintéressé, il est possible, il est probable que l'œuvre n'eût pu être entreprise, et encore moins achevée.

Quant à M. Carpentier particulièrement, outre la part d'honneur qui lui revient pour cet engagement, nous devons à son initiative personnelle et exclusive

(a) Saint Matth., 6-4. — (b) La description générale de l'intérieur de l'église a été faite précédemment, page 288.

plusieurs choses qui sont bien dignes d'être notées, d'être décrites à part, par exemple : l'autel de la Sainte-Vierge, l'autel du Sacré-Cœur, les verrières du chœur, du sanctuaire et des chapelles, œuvre de grand prix et humainement au-dessus de la portée des moyens d'un pauvre prêtre ; nous lui devons aussi notre orgue de chœur, etc., etc.

Oui, quand nous considérons ces prodiges véritables de zèle pastoral de M. Carpentier, nous nous prenons à regretter profondément de n'avoir à notre disposition ni plus de talent, ni plus de force de santé, ni plus de temps, employé qu'il est presque tout à notre ministère, pour que ce pauvre livre puisse faire mieux apprécier encore qu'ils ne le sont, si c'est possible, tous ces prodiges de dévouement et de confiance en Dieu. Parmi les choses dues à M. le Curé, nous décrirons dans ce chapitre : la chapelle de la Sainte-Vierge, celle du Sacré-Cœur et celle du Saint-Sépulcre.

La Chapelle de la Sainte-Vierge.

La première dévotion catholique, après celles de la sainte Trinité et du Saint-Sacrement, c'est la dévotion à la sainte Vierge ; aussi n'y a-t-il pas un temple catholique où on ne rencontre une statue, un autel, une chapelle de Marie.

Un des premiers soins de M. Carpentier fut donc dans son église, agrandie et restaurée, de songer à la chapelle de la Sainte-Vierge. Il voulut pour ainsi dire en faire son œuvre personnelle, non pas sans doute qu'il n'ait été aidé puissamment par des personnes que leur modestie connue ne nous permet pas de nommer, mais dans ce sens que M. Carpentier n'a pas jugé à propos de recourir pour cette œuvre à son administration fabricienne et qu'il l'a réalisée par lui-même.

Son premier soin fut de se procurer un artiste renommé pour ce sanctuaire de Marie, mère et protectrice des arts, et c'est à l'atelier connu de Busine, de Lille, qu'il s'est adressé. C'est de là qu'est sorti ce bel autel gothique, dont le tombeau est formé de panneaux de chêne, sculpté de branches de lys, de branches de roses, en un mot, de fleurs appartenant toutes à la flore Marianique. Ces branches de fleurs, entaillées dans des fonds d'or à la manière byzantine et encadrées dans des bordures de chêne apparent, sont simples et d'un bel effet. Toutes les moulures de l'autel sont du pur et vrai gothique, sans aucune de ces compromissions entre les genres, si communes aujourd'hui. Là, le chanfrein règne sans conteste à tous les angles des solives de chêne, etc.

La porte du tabernacle est charmante : c'est un bon pasteur avec sa brebis, sur un fond d'or résillé de rouge.

Mais c'est surtout le rétable qui doit fixer le regard du chrétien et de l'artiste : il est divisé en quatre parties-tableaux représentant les principaux mystères de la vie de la sainte Vierge. Ici, à droite, est la jeune Vierge à genoux, en prière et recevant la visite et la salutation de l'ange Gabriel. Ici, à gauche, est la scène touchante de la maternité de Marie ; elle découvre avec respect le divin Enfant à des bergers, qui l'adorent à genoux. Le vénérable Joseph, contemple, un peu à l'écart. Ici, à droite, est représenté le mystère de l'Assomption. Ici enfin, le couronnement de Marie. Ces différents médaillons sont sur fond d'or.

La grande statue de la sainte Vierge domine l'autel et le tabernacle. C'est une Vierge reine, le sceptre à la main, reine et mère, portant l'enfant dans ses bras. Cette statue, à laquelle nous avons fait donner un costume plus riche que celui qu'elle avait d'abord, inspire le respect, la confiance et la piété.

Près de l'autel et du rétable, de chaque côté, sont deux statues de sainte Anne et de saint Joachim, avec de fortes bases sculptées. Ces deux groupes sont de M. Cana, artiste de la paroisse; ils ont été placés après coup et ne font pas partie de l'œuvre de Busine.

La chapelle possède une magnifique et grande verrière de Didron en l'honneur de la sainte Vierge. On ne pourrait trop en louer le dessin, la couleur et la composition des groupes. Le sujet du vitrail, dont une blanche statuette de Marie dans des feuillages, occupe le milieu, est l'art rendant hommage à Marie, travaillant pour Marie. Le fond du tableau est bleu; mais, nous parlerons de cette chose plus en son lieu, en décrivant les verrières de l'église.

La chapelle de la Sainte-Vierge possède encore d'autres objets dignes d'être remarqués, ainsi, par exemple, deux élégants candélabres en chêne sculpté, de Duthoit, avec base gothique, fût de colonne tordu et élégamment travaillé, le tout surmonté d'un plateau à plusieurs étages pour recevoir les cierges des fidèles.

Il faut noter aussi une très-élégante balustrade qui ferme l'entrée de la chapelle dans toute sa largeur. C'est un charmant ouvrage du XVIIe siècle. Les deux portes pleines du milieu doivent être regardées attentivement, car on ne saurait rien trouver, en ce genre, de plus délicat et de plus beau. Le chiffre entrelacé, S. Th., dans une couronne de feuillage donnerait à croire que cette balustrade nous vient de l'église des Carmélites, démolie lors de la révolution.

Mais une des choses qui ne doivent pas être oubliées dans notre sainte chapelle de Marie, c'est sa voûte bien remarquable. Elle a six compartiments en cœurs très-allongés produits par les arcs, nervures, etc.

Aux principaux points de jonction se trouvent six pendentifs sortis très-hardiment, bien fouillés et d'un heureux effet.

Il faut le reconnaître par tous ces détails, le vénérable pasteur nous a légué et à nos descendants, un sanctuaire à Marie qui est bien digne de notre admiration et de notre respect. Aimons à y donner les marques de notre piété, prions-y souvent, assistons-y à la sainte messe; aimons à la faire dire à cet autel pour nos parents, nous souvenant que cet autel est privilégié, c'est-à-dire qu'on peut y gagner de nombreuses indulgences plénières pour les défunts (a).

La concession qui nous en a été faite à perpétuité par Sa Sainteté le pape Grégoire XVI, le 11 juillet

---

(a) Notre autel de la sainte Vierge n'est pas un autel fixe dans le sens rigoureux du mot, mais il l'est dans ce sens qu'il n'est pas destiné à être porté de place en place dans l'église, comme un autel du mois de Marie, par exemple, ce qui suffit pour le privilége (*Dictionn. liturg.*, page 532).

Les conditions nécessaires pour gagner l'indulgence de l'autel privilégié sont les suivantes : 1° application de l'indulgence à un défunt en particulier ; 2° l'application de la messe à celui pour qui on désire gagner l'indulgence ; 3° la messe de *Requiem* quand cela est permis (*Id.*, page 335).

1839, a été reconnue et appliquée par Mgr Mioland à l'autel de la Sainte-Vierge (a) (b).

Chapelle du Sacré-Coeur de Jésus.

Cette chapelle, dont nous devons également décrire les parties les plus intéressantes du mobilier, est pour la construction, les colonnes, les chapiteaux, la voûte, absolument dans les mêmes conditions que la précédente. Elle paraît un peu moins profonde, mais cela tient à ce que l'orgue d'accompagnement en occupe une partie.

Le buffet du petit orgue forme rétable en arrière de l'autel de la chapelle. Il est d'un bon dessin gothique avec clochetons, etc. Au milieu, il supporte un socle sculpté, sur lequel repose une belle statue du Sacré-Cœur polychromée (genre Munich); au-dessus de la statue est un riche pinacle à jour ; les deux objets base et pinacle sont du sculpteur Cana.

Il y a aussi, de chaque côté, des places disponibles pour recevoir deux reliquaires qui viendront bientôt s'y reposer.

L'autel est en chêne apparent, simple, surmonté d'un petit tabernacle sculpté.

Le vitrail que nous décrirons plus loin en détail est fort beau et représente les œuvres de la charité corporelle. On pourrait l'appeler le vitrail du bon Samaritain.

La balustrade de la chapelle est semblable à celle de la Sainte-Vierge pour le dessin et le genre des ornements. Ces deux morceaux viennent assu-

---

(a) Quand un autel privilégié est reconstruit et remplacé dans le même lieu, il ne perd pas le privilége (*Dict. lit.*, page 335). — (b) Voir la note XXVII.

rément de la même main, ils avaient été destinés au même lieu.

Il n'y a qu'une légère différence pour les insignes des deux portes, l'une est ornée deux fois, du chiffre de sainte Thérèse, l'autre a celui de sainte Thérèse d'un côté et de la sainte Vierge de l'autre. Au reste, nous avons lieu de penser, à cause des inscriptions des quatre panneaux, qu'il y a eu quelque confusion imputable à l'ouvrier qui a placé ces balustrades chez nous après la restauration de l'église.

Les chiffres de sainte Thérèse et de la sainte Vierge sont couronnés et ils reposent les uns, sur des flammes, les autres sur un cœur embrasé. C'est une allusion au cœur de sainte Thérèse, si enflammé d'amour pour Dieu et les flammes terminées en fer de lance pourraient bien être aussi une allusion, au dard acéré dont un ange vint percer un jour le cœur de la grande restauratrice du Carmel, comme nous le lisons dans ses diverses biographies et aussi sur les tableaux, notamment au côté droit de l'église du Carmel actuel d'Abbeville.

La chapelle dont nous nous occupons, portait avant la reconstruction le nom de saint André, en souvenir probablement de l'ancienne paroisse, dont les nouvelles circonscriptions nous ont donné une partie, avec l'église elle-même peut-être, au moins le côté qui longeait la rue des Pots.

La chapelle est nommée aujourd'hui chapelle du Sacré-Cœur, et elle est le centre de notre dévotion paroissiale à ce divin Cœur, connu dès les commencements de l'Eglise, indiqué par saint Jean l'évangéliste, médité par sainte Brigitte, mis ensuite plus en lumière par le vénérable Jean Eudes (a), plus tard par la Bienheureuse Marguerite-Marie et proclamé enfin par les Souverains Pontifes, comme l'objet de la dévotion de l'Eglise catholique toute entière.

Nous viendrons souvent devant ce sanctuaire et pour le dire en passant, en dehors des offices publics, c'est une sainte pratique quand on se trouve à l'église de faire de petites stations aux différents autels.

La Chapelle du Saint-Sépulcre.

Cette sainte chapelle qui renferme le Tombeau vénéré de Notre-Seigneur est, sans contredit, le morceau le plus précieux et le plus achevé de l'église Saint-Sépulcre. On pense, nous l'avons dit, qu'originairement et probablement à une époque voisine de la première croisade, elle était construite en matériaux légers, bois et placage (b), comme le fut aussi, croit-on, l'église primitive.

Cette belle chapelle mesure six mètres environ en largeur et autant en profondeur. Elle porte à peu près six mètres sous voûte.

L'aspect général est celui de la finesse, de l'élégance dans les parties sculptées, et le premier sentiment qui s'impose à l'âme religieuse en y entrant, c'est celui du recueillement et de la piété.

Les parties primitives, c'est-à-dire celles qui n'ont pas été retouchées depuis le xv° siècle, sont d'abord la grande arcature qui est à l'entrée et dont l'écartement des pieds droits peut passer pour n'être pas sans hardiesse.

En entrant, le pieux visiteur a sur sa tête une

(a) Ouvrage du Père Ange Le Doré, supérieur général des Eudistes, in-12, Paris et Rennes. — (b) M. Louandre, cité par M. Lefèvre, page 14.

voûte d'un travail compliqué. Ce sont huit nervures qui, par leurs entre-croisements, produisent seize compartiments et quatre pendentifs aux quatre points principaux d'intersection. Si on ajoute les quatre nervures des formerets des fenêtres du saint Tombeau et de l'arcature d'entrée vue à l'intérieur, on aura sur un petit espace de dix-huit à vingt mètres carrés, un lacis véritablement compliqué de vingt nervures très-bien sorties, très-bien évidées qui ornementent parfaitement la voûte.

La voûte est reçue à ses quatre angles par quatre culs de lampes à figures grimaçantes, accompagnées de cornes d'abondance, sur lesquelles reposent les quatre gerbes des vingt nervures.

Une porte, en cintre surbaissé, et remplie en pierre, indique sans doute l'ouverture par laquelle on entrait autrefois dans la chapelle sans passer par l'église. Un autre remplissage à gauche du Sépulcre en rentrant indiquerait aussi peut-être une autre entrée, mais celle-là très-étroite.

La baie de la fenêtre occidentale n'a rien de remarquable maintenant à l'intérieur : elle n'a plus de meneaux. Mais, à l'extérieur, elle est décorée de belles moulures profondément fouillées et son ogive est couronnée par une accolade de même style.

La fenêtre orientale est bien conservée, ses meneaux s'épanouissent en trois ouvertures festonnées, et à l'extérieur elle répète parfaitement sa sœur de vis-à-vis.

Mais ce qu'il convient que nous examinions de plus près, c'est sans contredit le saint Sépulcre de Notre-Seigneur, que nous avons montré ailleurs [a]

---

[a] *Novendiales,* page 95. Abbeville, C. Paillart.

avoir beaucoup de ressemblance avec celui de Jérusalem, par la hauteur de sa base, aussi bien que par sa largeur (deux mètres).

Le Christ en bois de chêne est couché, la tête appuyée à l'Occident et les pieds à l'Orient. Il a au-dessus de sa tête une charmante voûte polychromée dans sa partie supérieure jusqu'à quelques centimètres des retombées des nervures. Ces retombées au nombre de trois seulement à la partie postérieure du tombeau, car elles n'ont jamais existé à la partie antérieure, sont elles-mêmes des plus gracieuses, ce sont des folioles de chicorées, taillées et disposées avec une recherche des plus grandes.

Le crucifix passe à bon droit pour un chef-d'œuvre et on remarque surtout la face, les lèvres sur lesquelles semblent errer encore, comme les derniers souffles de la poitrine de Jésus.

Le devant du Tombeau ne laisse rien à désirer comme dessin et sculpture du genre XVe siècle. C'est au bas une galerie à jours qui défend, pour ainsi dire, le crucifix, contre une curiosité trop grande, puis de chaque côté ce sont les pieds droits de deux ogives dont les côtés opposés retombent gracieusement et hardiment sur une colonnette monolithe.

Les ornements des tympans de ces deux ogives sont si multipliés, si menus, si compliqués qu'il serait impossible d'en donner une idée parfaite à celui qui ne les aurait pas vus.

Contentons-nous de noter les exhaussements foliacés de deux ogives qui se terminent chacune par un bouquet terminal. La colonnette centrale porte un piédestal et un pinacle auxquels manque la statue du saint. Le piédestal est orné d'un écu sans marques ni insignes.

Voici pour les parties anciennes.

En 1855, M. l'abbé Carpentier conçut le projet de faire restaurer et remettre à neuf cette belle chapelle que le XVe siècle nous avait léguée.

En février de cette année, l'*Abbevillois* inséra dans ses colonnes un article de M. Dusevel, le savant archéologue, inspecteur des monuments historiques de la Somme. M. Dusevel y rappelait le mérite artistique aussi bien que le prix historique de cette construction du moyen-âge. Il émettait en même temps le vœu que l'on restituât bientôt ce monument de l'habileté architectonique de nos pères, et il semblait même pressentir déjà les restaurations et les compléments qui seraient dus au ciseau connu des frères Duthoit (a).

Ces paroles de M. Dusevel, du 7 février, durent faire rapidement leur chemin, car nous trouvons dans le registre des délibérations fabriciennes une communication du président qui annonce que M. le Curé va faire restaurer et compléter la chapelle du Saint-Sépulcre; qu'il le fera sans le concours de la fabrique et qu'il la prie seulement de vouloir prendre à sa charge la dépense d'une grille ou clôture en chêne sculpté pour fermer le devant de la chapelle.

M. le Curé se mit donc à l'œuvre; MM. Duthoit lui fournirent un devis que nous avons (b) et qui porte les dépenses totales à environ 7,000 francs. On l'exécuta, sauf quelques changements, par exemple, la peinture des voûtes, les fresques des

(a) Voir aux pièces la note XXVIII. — (b) Voir le devis de MM. Duthoit, aux pièces, note XXIX.

nûs de muraille, un lambris sculpté, etc., etc., il est bien à regretter que les travaux n'aient pu être exécutés, faute de ressources, car la maquette de MM. Duthoit que nous avons retrouvée est du plus bel effet. Pourrions-nous espérer qu'un jour, quand les bons paroissiens de Saint-Sépulcre auront achevé d'acquitter l'énorme dette de leur église, ce qui ne sera plus long, ils reprendront les plans des deux habiles sculpteurs et voudront les faire exécuter dans leur intégrité.

Quoiqu'il en soit, M. Carpentier fit restaurer les charmantes sculptures de l'ogive d'entrée de la chapelle, guirlande de pampres de vignes, espacées d'animaux fantastiques et de guerriers de la croix portant leurs écussons.

Il fit exécuter l'autel de chêne sculpté à droite en entrant, le bas-relief en pierre qui le domine, faisant rétable et qui représente une *Mater dolorosa* sur le devant et sur les arrière-plans, les guerriers croisés, à genoux au saint Sépulcre. Ces deux objets, autel et rétable, ont coûté seuls 3,500 fr. (a).

M. le Curé fit refaire les meneaux de la fenêtre orientale ; il fit confectionner deux charmantes piscines de pierre sculptée, de chaque côté de l'autel ; il fit placer deux verrières, l'une offerte par Mme de Franssu, *Jésus en Croix, Marie et saint Jean,* l'autre offerte par M. le comte de Riencourt et qui représente Godefroy de Bouillon, haranguant les chefs croisés sous les murs d'Abbeville ; nous parlerons de ces deux ouvrages au chapitre des verrières.

A la vue de tous ces efforts faits par un regretté

(a) Voir note précédente.

pasteur à l'aide de ses paroissiens pour la restauration et l'achèvement de la chapelle du Saint-Sépulcre, nous voudrons certainement nous-mêmes ouvrir notre cœur à une grande dévotion pour ce saint Tombeau. Nous aimerons à contribuer à son achèvement, à son entretien, et en cela nous ne ferons que continuer les traditions de nos devanciers.

Pour exciter notre ardeur, nous nous rappellerons de temps en temps, outre le souvenir du restaurateur de la chapelle, celui de son fondateur, Jean Dubos (a), le riche bourgeois d'Abbeville qui fit construire (1458) la chapelle, de ses deniers, comme nous le rapportent les chroniques, ouvrage qui a dû demander une grande somme, si nous réfléchissons que sa restauration seule coûte huit ou neuf mille francs de notre monnaie.

Que les âmes de Jean Dubos et de M. Carpentier jouissent, par la grâce de Dieu, du rafraîchissement, de la lumière et de la paix des Cieux (b) !

CHAPITRE V

Les Reliques.

Nous avons traité dans le livre premier, chap. v des dévotions, des saintes reliques dont nous possédons les authentiques, c'est-à-dire les certificats

(a) M. l'abbé Lefèvre, d'après l'abbé Buteux, page 16. Ne pas confondre Jean du Bos et Jean Leroy qui ont fait chacun les frais d'une chapelle spéciale à peu près à la même époque. — (b) Canon de la messe.

officiels; ils sont déposés dans l'album paroissial qui restera au presbytère pour notre service comme pour celui de nos successeurs; nous les avons, du reste, transcrits en partie dans les pages consacrées aux pièces (à la fin du volume).

En cet endroit, nous devons parler des autres reliques nombreuses que nous possédons et qui sont contenues dans douze caisses ou châsses que nous partagerons en trois groupes et que nous décrirons rapidement.

Ces nombreuses reliques, nous le répétons, n'ont pas d'authentiques écrites. Ces instruments ont été égarés dans la suite des temps et en particulier dans les derniers remaniements de l'église, mais néanmoins, à cause de la longue possession que nous en avons, à cause du respect que l'on a toujours eu pour elles, à cause du bon ordre que ces ossements sacrés ont conservé dans leurs châsses, nous devions, nous aussi, les mentionner avec dévotion comme une des richesses de notre église paroissiale.

Chasses du grand Autel.

Ces reliques sont renfermées dans les socles des deux anges adorateurs, aux deux coins du grand autel. Le tout est dans un état satisfaisant de conservation, sauf quelques petites dartres blanchâtres sur l'étoffe rouge du fond.

Il reste aux quatre coins de la planche qui clôt la châsse (socle) par dessus, quatre cachets de cire brune, marqués aux armes de Mgr Mioland, nous croyons.

Dans la châsse de gauche, du côté de l'évangile, nous avons vu à travers la glace quatre reliques avec leurs banderolles et leur nom. Ce sont :

1º RELIQUES DE SAINT RIQUIER, abbé du célèbre monastère bénédictin, fondé par lui (a) à dix kilomètres nord-est d'Abbeville, dans la ville de Centule (la ville aux cent tours), qui changea plus tard ce nom en celui de Saint-Riquier.

Cette relique est un fragment assez considérable de trois centimètres de long sur deux de large. Nous célébrons la fête de saint Riquier, dans le diocèse d'Amiens, le 27 avril.

2º RELIQUES DE SAINT WILBROD, on l'appelle aussi VILLEBROD, VILLIBROD, VILBROD, WUILBROD, etc., etc. Il était archevêque régionnaire des Frisons ; d'après les historiens du Ponthieu, le comte Roger, pendant la guerre de Flandre, en 952, aurait enlevé le corps de saint Willibrod, du prieuré du Vuen Capel, en Zélande, et l'aurait apporté à Saint-Vulfran d'Abbeville, où se trouve encore une certaine partie de ses ossements (b). C'est sans doute, de Saint-Vulfran que proviennent diverses reliques de saint Willibrod, conservées au Saint-Sépulcre et à Saint-Paul, à Notre-Dame de la Chapelle et aux Ursulines d'Abbeville. Dans l'ancienne liturgie amiénoise, on célébrait sa fête le 10 novembre. — Cette relique n'est pas la même que celle dont nous avons parlé au livre des Dévotions.

3º RELIQUE DE SAINT FIRMIN. — La banderolle qui enveloppe la relique ne porte pas l'abréviation M ou C qui nous montrerait clairement si notre relique appartient à saint Firmin le Martyr ou à

(a) On sait que cette abbaye bénédictine, si célèbre dans notre histoire, est occupée maintenant par le petit séminaire du diocèse d'Amiens ; c'est un des plus florissants de France et des plus beaux comme architecture. — (b) *Hagiog.* de M. l'abbé Corblet, tome IV.

saint Firmin le Confesseur ; mais nous ferons remarquer qu'aucune relique du saint Confesseur n'est notée, par les auteurs, comme étant à Abbeville, tandis qu'ils n'oublient pas de mentionner, au Saint-Sépulcre, la relique de saint Firmin, premier évêque d'Amiens, martyr (a).

Cette relique n'est pas considérable comme volume ; elle mesure deux centimètres de longueur sur un de large.

Le diocèse d'Amiens, dont saint Firmin est, avec saint Jean-Baptiste, un des patrons, célèbre sa fête natalice le 25 septembre et l'Invention ou découverte de son corps, par saint Salve, un de ses successeurs, le 14 janvier.

4° Relique de saint Maxime. — Ce saint est honoré à Boulogne, à Saint-Omer et à Abbeville, sous les noms de *Mans, Masse, Maxime de Wime, de Boulogne, de Riez et Mans d'Abbeville*. La relique que nous avons de lui est considérable, six centimètres sur un demi ; malheureusement ici encore, comme pour saint Willibrod, il y a quelques difficultés assez sérieuses, ce qui fait dire à notre *Hagiographie diocésaine* que l'église Saint-Sépulcre d'Abbeville possède une relique de saint Maxime, mais duquel ? Quoi qu'il en soit de cette incertitude des savants, nos prières à nous sauront bien trouver leur chemin pour s'adresser au véritable saint Maxime, dont nous possédons la relique, et tout en regrettant ces incertitudes, notre piété ne doit point s'en inquiéter, ni se décourager.

5° Relique de saint Vulfran. — C'est une autre relique que celle dont nous avons parlé au livre

---

(a) *Hagiog.*, tome II, page 169.

des Dévotions. Elle est renfermée dans un petit médaillon métallique, ce n'est d'ailleurs, qu'une parcelle peu considérable des ossements du glorieux archevêque de Sens, apôtre de la Frise.

Dans la châsse, à droite, du côté de l'épitre, nous avons les reliques :

1º DE SAINT MAURICE. — Il était un des chefs de la légion thébaine qui fut massacrée en haine de la foi ; nous faisons sa fête le 22 septembre. Notre sainte relique est mentionnée dans l'*Hagiographie diocésaine* (a) ; le fragment que nous possédons est considérable, trois centimètres de longueur sur deux de largeur.

2º SAINTE ANGÈLE DE MERICI ou de BRESCIA. — Elle était de Decenzano, près du lac de Garde, dans le territoire de Brescia ; elle fonda l'ordre des Ursulines pour l'éducation des jeunes filles au XVIe siècle ; elle ne fut canonisée qu'en 1807, (24 mai) ; on célèbre sa fête le 31 mai. La relique que nous possédons est renfermée dans un médaillon métallique. c'est une particule en croix.

3º RELIQUE DE SAINT SEVOLDE ou SEWOLD. — On ne connaît pas parfaitement ni son pays natal, ni sa qualité de saint. Etait-il évêque ? abbé de monastère ? religieux seulement et, par conséquent, simple confesseur ? on en doute. Une grande partie de ses reliques était conservée à l'abbaye de Saint-Valery, ce qui a permis à un poëte, dans ses *Versus panegyrici*, d'écrire : *Videmus et sanctos Scevoldi martyris artus*. Une autre partie des reliques de saint Sevolde est à Saint-Vulfran dans une châsse spéciale. « Nous avons vu un ossement du même

---

(a) *Hagiographie*, tome IV, page 520.

Saint dans l'église Saint-Sépulcre d'Abbeville »
(J. Corblet, III, page 490).

On le fêtait le 17 septembre ou le 16, selon les petits Bollandistes; le fragment que nous possédons porte trois centimètres sur un demi.

4° RELIQUE DE SAINT HONORÉ. — C'est une seconde relique de ce saint évêque d'Amiens, que nous possédons. Nous avons décrit la première au livre des Dévotions (saintes reliques dont nous avons les authentiques), la deuxième est une particule d'un demi-centimètre de largeur et d'un demi-centimètre de longueur, épaisseur peu considérable.

5° RELIQUE DE SAINT WILLIBROD. — Cette seconde relique du Saint consiste en un beau fragment de trois centimètres carrés environ (voir plus haut pour les détails).

Quel bonheur pour nous de posséder les restes glorieux de tant de Saints, appartenant à toutes les catégories : aux pontifes, comme saint Vulfran ; aux vierges, comme sainte Angèle de Merici ; à nos saints évêques locaux, comme saint Honoré, saint Firmin, etc.... Mais rappelons-nous que ces restes des saints ne seront complètement glorifiés et autant qu'ils doivent l'être que si nous les connaissons, prions et visitons souvent dans cette église si riche par les reliques de ses Saints.

CHASSES DU CHOEUR ET DU SANCTUAIRE
(à droite, côté de l'épitre).

Les trois châsses dont nous devons nous occuper dans cet article, sont loin d'être sans mérite artistique ; elles ont été convenablement restaurées, ainsi que les trois du côté gauche, par M. Cana, sculpteur, qui a composé, tout exprès pour les recevoir, des socles richement sculptés, placés sur les larmiers des fenêtres. Mais notre but est surtout de décrire les saints ossements qui garnissent ces châsses à droite du chœur et du sanctuaire.

Première châsse à droite. — Saint Césaire. — Il y a deux saints qui portent ce nom et qui ont été invoqués dans le diocèse d'Amiens : saint Césaire, diacre et martyr et saint Césaire, évêque d'Arles. « Nous ignorons, dit l'*Hagiographie du diocèse d'Amiens,* auquel des deux saints appartiennent les reliques conservées sous ce nom au Saint-Sépulcre d'Abbeville et à Saint-Pierre de Roye(a) ». Le fragment est assez important, deux centimètres sur un demi.

Saintes Reliques. — Nous trouvons, sous cette simple et insuffisante désignation, un beau fragment de trois centimètres de long sur un de large.

Relique de saint Maximin. — Saint Maximin, évêque de Trèves, d'après les *Annales hagiographiques du diocèse,* tome IV, page 580, a été honoré dans le diocèse d'Amiens ; cependant, les mêmes *Annales* pensent qu'il y a ici une confusion entre saint Maximin de Trèves et saint Maxime de Riez. Quoi qu'il en soit, elles ne mentionnent pas même notre sainte relique, longue de deux centimètres et large de deux centimètres également.

Relique de saint Valentin. — Il y a plusieurs saints de ce nom et l'on ne pourrait dire sûrement auquel d'entr'eux appartient notre sainte relique ; l'*Hagiographie du diocèse d'Amiens* la reconnaît néanmoins comme celles d'Amiens, de Saint-Riquier, etc., mais sans pouvoir préciser. Dans une

---

(a) *Hagiographie,* tome IV, page 202.

campagne, près d'Abbeville, nous avons trouvé une dévotion populaire pour saint Valentin ; quelques personnes l'invoquaient contre les oiseaux granivores qui font souvent du tort aux moissons (a). Notre relique de saint Valentin est un fragment de trois centimètres de longueur sur trois de largeur environ.

Sainte Relique. — C'est une deuxième relique comme celle que nous avons mentionnée plus haut; elle est composée de deux petits fragments.

Relique de saint Ultan. — Ce saint était Irlandais; il était frère de saint Furcy et de saint Foillan, dont le culte est si célèbre à Péronne; il ne vint en France qu'après la mort de saint Furcy; il était abbé du monastère de Fosses ; il était fils d'un roi d'Irlande exilé et fut reçu avec ses parents dans l'hôtellerie d'un monastère où il fit ensuite profession. Notre relique est considérable et nous paraît une vertèbre entière avec ses apophyses. *L'Hagiographie d'Amiens* ne mentionne pas cette relique.

Sainte Relique. — C'est encore ici un reste précieux d'un saint inconnu; l'ossement porte deux centimètres carrés.

Relique de saint Olimpiani. — Ce saint personnage, avec le nom écrit absolument de cette manière, est inconnu. Ce pourrait être le même, peut-être, que saint Olympe, dont on voit des reliques à Amiens, à Roye et à Saint-Vulfran d'Abbeville. La nôtre n'est mentionnée nulle part que nous sachions; elle a trois centimètres sur un.

Relique de saint Remi. — Cet illustre saint était

(a) Au Plessiel, près Drucat.

évêque de Reims à l'âge de vingt-deux ans ; ce fut lui qui baptisa Clovis et convertit une grande partie des Francs ; il mourut à quatre-vingt-quinze ans, vers l'année 593. La relique que nous possédons au Saint-Sépulcre n'est pas mentionnée par M. l'abbé Corblet, dans l'*Hagiographie du diocèse d'Amiens* ; le fragment est à peu près de deux centimètres carrés. On célèbre sa fête le 1er octobre.

Dans la deuxième châsse, à droite, nous trouvons quatre saintes reliques, celles :

1º De Saint Valentin, dont nous avons parlé plus haut et qui consiste en un fragment d'os assez considérable (c'est une deuxième relique).

2º De Saint Paulin. — Quoique notre relique de saint Paulin ne soit pas mentionnée dans les catalogues, nous n'hésitons pas cependant à l'attribuer au saint évêque de Nole, parce que la banderole qui l'entoure porte, après le nom, l'initiale N, et puis, parce que nous savons qu'il y en avait à Montreuil, à Amiens et à Saint-Riquier, d'où nos pasteurs ont pu facilement tirer la nôtre ; Saint Paulin était né à Bordeaux, en 353, et il est mort évêque de Nole, en 409 ; il était poëte et orateur ; on lui attribue l'invention des cloches pour appeler les fidèles aux offices divins. Le fragment que nous possédons de saint Paulin est assez considérable.

3º *Relique au nom illisible.* — Cette sainte relique porte une banderole, mais le temps et l'humidité l'ont effacée complètement à l'exception d'un grand M qui désignait, sans doute, un saint martyr. Le fragment d'ossement est assez considérable.

4º Relique de saint Jules. — C'est un des plus précieux restes de saints dont puisse s'enorgueillir notre église. Elle consiste en un gros os entier de la jambe. Cette relique est mentionnée dans l'*Hagiographie diocésaine* (a); elle doit nous être d'autant plus précieuse qu'il n'y en a nulle part ailleurs; on cite seulement à Tertry, paroisse du diocèse d'Amiens, une statue de ce saint martyr. Nous ne savons ni le pays, ni l'époque de la vie de ce saint.

Troisième châsse du côté de l'épître (à droite de l'observateur). — RELIQUES DE SAINT SPÉRAT ET DE SES COMPAGNONS, martyrs. — Ce sont les douze saints que l'on appelle ordinairement les martyrs scillitains, ainsi nommés de la ville de Scillite, en Afrique. Ces douze martyrs, dont les noms sont bien dignes d'être redits toujours, étaient: Spérat, Nazzal, Cittin, Véturius, Félix, Acyllin, Lœtance, Januaria, Générose, Vestine, Donate et Seconde; six hommes et six femmes; ils souffrirent au commencement du IIIe siècle dans la persécution de Septime Sévère. Leurs reliques sont considérables; elles sont renfermées dans une caisse de chêne parfaitement close de quatre sceaux intacts de cire rouge. La châsse qui renferme cette caisse et qui en est indépendante est très-belle; c'est un édicule à quatre colonnes par-devant, supportant un toit à lames imbriquées; au milieu est un cartouche avec les initiales S. Sp. Ce toit est bordé de six fleurs de lys par-devant et surmonté d'une crête à ballustre d'un bel effet; entre les colonnes de l'édicule sont des médaillons: l'un représente un personnage portant une équerre; l'autre, tenant une scie; un troisième, portant une palme.

(a) *Hagiographie*, tome IV, page 370.

Chasses du Chœur et du Sanctuaire
(côté gauche de l'évangile).

Les trois châsses du chœur renferment un nombre assez considérable de saints ossements, mais malheureusement les inscriptions de plusieurs, quoique placées sous verre, ont subi l'atteinte de l'humidité et d'une poussière qui, à la longue, trouve le moyen de s'insinuer partout. Quelques-unes aussi sont incomplètes et nous serons obligé de marquer seulement les lettres qui sont restées lisibles.

On est péniblement affecté en constatant les sévices du temps sur des objets aussi précieux, aussi nécessaires que des inscriptions, et on reconnaît, une fois de plus, que c'est la parole parlée ou écrite qui donne la vie à tout. Quoi qu'il en soit, nous devons constater que si les choses faites par la main de l'homme, inscriptions, etc., périssent, les ossements des saints, selon la promesse de Dieu, survivent à tout et ne périssent pas : *Deus custodit ossa sanctorum, unum ex his non conteretur* (a).

Dans la première châsse du chœur et du sanctuaire (à gauche du côté de l'évangile), nous avons trouvé, non sans émotion, le 3 octobre 1879 :

La relique de saint Just, martyr. — L'histoire de ce jeune enfant, martyr, est très-intéressante. Il subit le supplice à l'âge de dix ans environ, en revenant d'Amiens avec son père et son oncle qu'il avait délivré (l'oncle) de la captivité d'un marchand d'esclaves. Le cruel Rictiovare qui résidait à Beauvais, le fit décapiter comme chrétien sur le territoire de la province du Beauvaisis.

(a) Ps. 33-21.

Saint Just est patron de la ville de ce nom et du diocèse de Beauvais et de Saint-Just-Desmarest, canton de Beauvais. Les Bollandistes marquent sa fête au 18 octobre.

Notre sainte relique porte trois centimètres carrés environ ; elle est mentionnée avec celle de l'Hôtel-Dieu, de Saint-Charles et des Clarisses d'Amiens. Cependant le savant abbé Corblet déclare qu'il pourrait peut-être y avoir ici confusion entre saint Just, l'enfant-martyr de Beauvais et un autre saint Just, martyrisé à Monchel. (*Hagiographie*, III, pag. 156.)

Sainte Relique. — Nous ne pouvons que nous référer à ce que nous avons dit plus haut. Ce fragment est environ de trois centimètres sur un.

RELIQUE DE SAINT FURCY. — C'est ici un des riches trésors de cette église. Saint Furcy, missionnaire irlandais, frère de saint Ultan, comme nous l'avons dit plus haut, après avoir évangélisé le Ponthieu et l'Artois, vint établir sa résidence à Péronne. Le maire du palais Erchinoald, dont il avait baptisé le fils Leudes, lui donna par reconnaissance la terre de Lagny-en-Brie, sur les bords de la Marne, pour y bâtir un monastère dont il fut abbé. Plus tard, ayant entrepris un voyage en Angleterre, il fut surpris par la maladie et mourut à Mézerolles où le roi Clovis II et son ministre Erchinoald vinrent le visiter. Saint Furcy est honoré à Péronne, dont il est le patron ; on le fête le 16 janvier (Bollandistes). Notre sainte relique est mentionnée parmi celles des églises de Bernaville, Frohen, Mailly et Mont-Saint-Quentin.

Nous ne devons jamais oublier, dans cette paroisse, que cet illustre saint est un de ceux qui ont prêché la foi dans notre Ponthieu et nous devons l'honorer particulièrement et mettre en lui toute notre confiance.

Sainte Relique. — Encore un précieux reste de saint inconnu des hommes, mais connu de Dieu, *Quorum nomina scripta sunt in cœlis* (a); trois centimètres sur deux.

Relique de saint Pie. — Il y a plusieurs saints illustres portant ce nom, mais celui dont nous possédons la relique vénérable est saint Pie Ier, pape et martyr. Il tint le siége de saint Pierre, de 142 à 157; il combattit les hérésies de Valentin et de Marcion. On a quelques lettres de lui; il fut nommé Pie à cause de sa piété. Notre relique est désignée avec celles d'Amiens, de Roye, de Montreuil; il est fait mention aussi d'une relique de saint Pie Ier chez les religieuses Minimesses d'Abbeville, mais nous ne savons pas ce qu'elle est devenue; on le fête le 11 juillet (Petits Bollandistes). Notre relique porte trois centimètres sur deux.

Sainte Relique. — Encore un fragment innommé; fragment notable de cinq centimètres sur trois.

Relique de saint Valère, martyr. — Elle n'est pas notée dans l'*Hagiographie diocésaine.* Cependant comme ce saint a souffert le martyre non loin de nous, comme il est honoré à Saint-Riquier, il est probable que notre relique se rapporte à saint Valère, martyr. Le fragment que nous possédons porte sept centimètres sur trois.

Sainte Relique. — C'est un ossement de cinq centimètres sur trois; mais le nom et la qualité du saint sont inconnus.

(a) Apoc., 13-8.

Relique de saint Piérion. — Enfin, cette châsse renferme une dernière relique, fragment d'un os de deux centimètres carrés ; mais nous n'avons trouvé ce nom ainsi écrit sur aucun catalogue de saints. Le nom qui s'en rapproche le plus est celui de saint Piérius, prêtre d'Alexandrie et confesseur, dont les petits Bollandistes marquent la fête au 4 novembre.

La deuxième châsse de ce côté gauche du chœur et du sanctuaire contient cinq reliques, celles de :

Saint Félix, évêque. — Nous ne pouvons déterminer exactement auquel des trois saints Félix, évêques, appartient notre sainte relique : est-ce à saint Félix, évêque en Angleterre ? à un second saint Félix, évêque aussi en Angleterre comme le premier ? enfin, à saint Félix, évêque de Bourges ? nous ne savons. Ce qui est certain, c'est que notre saint Félix était évêque, comme le porte l'inscription de la relique et que, par conséquent, elle ne saurait appartenir ni aux deux saints Félix, papes et martyrs, ni à saint Félix, prêtre de Nole, ni à saint Félix de Cantalice, capucin ; nous inclinons pour saint Félix, évêque de Bourges au vi[e] siècle, dont la fête se célèbre au 1er janvier. La relique porte dix centimètres sur deux.

Relique inconnue. — Elle se compose de deux ossements : l'un de quatre centimètres ; l'autre de dix de longueur.

Autres Reliques inconnues. — Leur inscription ne permet plus de lire que les lettres S. M. Il y a deux ossements, l'un de neuf sur neuf, l'autre de vingt sur deux.

Relique inconnue. — Elle consiste en un seul ossement de neuf centimètres de longueur sur six de largeur.

Relique inconnue. — Nous n'avons pu déchiffrer que deux ou trois lettres avec lesquelles il nous a été impossible de recomposer aucun nom connu de saint; l'ossement a dix centimètres de long.

Relique inconnue. — C'est un bel ossement de neuf centimètres sur quatre, dont l'inscription qui l'enveloppe est complètement effacée.

La troisième châsse du sanctuaire (côté de l'évangile, à gauche du spectateur). — RELIQUES DE SAINT FOILAN ou FOILLAN ou FEILLAN. — Ce saint était Irlandais d'origine, de race royale; il était frère de saint Furcy, patron de Péronne, et de saint Ultan. Foillan embrassa la vie monastique; il vint en France, annonça l'évangile à Cambrai et aux environs et il résidait, pour cela, au monastère de Sainte-Gertrude, près Nivelles. Un jour qu'il se rendait au monastère de Fosses que dirigeait son frère Ultan, il fut assassiné, près de Soignies, par des scélérats, dans la forêt de Charbonnières en Hainault (657).

L'Hagiographie du diocèse d'Amiens mentionne nos reliques du Saint-Sépulcre; elles sont contenues dans une caisse de bois parfaitement close de quatre cachets épiscopaux intacts (a). La châsse Renaissance qui les contient est très-belle et fait pendant à celle de saint Spérat que nous avons décrite plus haut.

Venons souvent prier devant cette châsse qui renferme les ossements sacrés d'un saint qui a été toujours cher à nos pères. Demandons, par son entremise, lumière, courage et persévérance que ce

(a) Il faut remarquer que l'*Hagiographie* diocésaine, dans la synonymie nombreuse des noms de saint Foillan, ne l'appelle pas saint Fouillan (*Hagiog.*, tome IV, page 277).

saint nous obtiendra certainement, si nous le prions avec ferveur. N'oublions pas que c'est au 19 janvier, quand c'est un dimanche ou le dimanche suivant, que nous avons toujours honoré saint Foillan et saint Spérat, que nous ne séparons pas dans nos hommages, en allumant des flambeaux et en faisant brûler de l'encens devant leurs saintes reliques.

Chasses de la Sacristie (*à la gauche du Christ*).

Les quatre dernières caisses qui renferment les restes sacrés de nos saints, sont placées dans la sacristie sur le meuble à gauche, faisant autel ; elles sont de chaque côté de la croix qui surmonte ce meuble, deux à droite, deux à gauche.

Dans le premier reliquaire, à gauche de cette croix, nous trouvons :

La relique d'une des compagnes de sainte Ursule. — Tout le monde connaît la légende merveilleuse du martyre de sainte Ursule et des onze mille Vierges, ses compagnes. Quelques auteurs (a) prétendent que c'est à une ignorance de copiste qu'il faut imputer le nombre onze mille, substitué à celui de onze Vierges seulement, parce que le copiste aurait traduit le chiffre onze et les deux MM et les deux VV, signifiant vierges martyres par la phrase onze mille Vierges ; mais cette explication a contre elle le grand nombre des ossements de sainte Ursule et ses compagnes qu'on rencontre partout (par exemple : seize châsses remplies d'ossements dans une seule localité). Aussi l'*Hagiographie d'Amiens* se borne-t-elle à donner simple-

---

(a) Desobry, *Hist. et Géog.*, tome II, page 2689.

ment, sans la contredire ni l'expliquer, la légende des onze mille Vierges massacrées à Cologne par les Huns, au v⁰ siècle, avec leur Supérieure, sainte Ursule.

Nos reliques (car nous en avons plusieurs) des Compagnes de sainte Ursule, sont mentionnées avec celles des Carmélites d'Abbeville et d'autres localités.

La première de ces reliques dont nous parlons ici, a douze centimètre de long sur deux de large ; on fait la fête de sainte Ursule et de ses compagnes, le 21 octobre.

Saint Innocent. — Cette relique n'a pas d'autre désignation et n'a pu être attribuée, par conséquent, à aucun des nombreux saints qui portent le beau nom d'Innocent. Néanmoins, ayons dévotion à ce reste précieux et aimons à y faire penser nos enfants, nos adolescents, nos jeunes personnes, afin qu'ils se réclament de ce saint, et que les mères ne négligent pas de lui recommander l'innocence de leurs chers enfants. Notre relique mesure six centimètres sur huit.

Relique de saint Wulgan, Vulgand, Wigan, Vulgain, sont les différents noms que lui donnent les historiens. — Il vivait au vii⁰ siècle, était venu d'Angleterre en France pour s'y former à la vie monastique ; il remonta l'Authie et vint s'établir avec un solitaire, saint Mauguille, dans un petit hermitage, en un lieu appelé Monstrelet, dans notre Picardie. Saint Vulgan, étant tombé gravement malade, saint Mauguille lui procura, par les moines de Saint-Riquier, les consolations de la religion et le saint viatique ; il mourut probablement le 2 novembre 684 et il fut enseveli près de saint Mauguille, dans l'hermitage de Monstrelet. On conserve, au Saint-Sépulcre d'Abbeville, une partie du bras de saint Vulgan et un fragment aux Ursulines de cette ville (a) ; l'os de notre relique a trente centimètres de long à peu près. On célèbre sa fête le 2 et 3 novembre (b).

Relique des Compagnes de sainte Ursule. — C'est un autre fragment que celui dont nous avons parlé plus haut et placé à part dans la châsse ; c'est un os de vingt-cinq centimètres de long.

Relique de saint Vilbrorde. — Nous possédons plusieurs autres ossements de ce saint Evêque missionnaire, mais celui-ci est le plus grand ; il mesure trente centimètres environ de longueur. On peut voir plus haut, page 275, la notice du saint.

Relique de sainte Lucille. — Cette relique n'est pas mentionnée comme existant à l'église du Saint-Sépulcre. Il nous paraît probable que nos pères auront obtenu le fragment de cette sainte martyre, lors de la translation de ses reliques du cimetière Saint-Calépode, à Rome, à la Communauté des Minimes d'Abbeville, en 1650 environ. L'ossement a quinze centimètres sur huit.

Relique de saint Rédemptus. — Il était évêque de Férentino ; c'est une ville de l'ancien Etat de l'Eglise, à soixante kilomètres environ de Rome ; elle est le siège d'un évêché, sa population est de six à sept mille âmes. On le fête le 8 avril ; sa relique est un fragment de quatre centimètres carrés environ.

Relique inconnue. — C'est un petit os de six centimètres sur quatre.

(a) *Hagiog.*, tome III, page 328. — (b) *Petits Bollandistes,* table générale, dernier volume.

Deuxième relique inconnue. — C'est un os rond de cinq centimètres sur quatre.

Relique de sainte Agathe. — Cette illustre martyre était née à Palerme, en Sicile (a) ; elle mourut par suite des tortures que lui fit souffrir Quentianus, gouverneur de Sicile, vers l'an 250. L'Eglise fait sa fête le 5 janvier. Notre relique consiste en un beau et assez considérable fragment. On invoquait et on invoque encore sainte Agathe pour les maux de poitrine.

La châsse qui renferme toutes les reliques qui viennent d'être citées, mérite d'être remarquée ; elle est faite en forme de tombeau, comme beaucoup d'autres, mais elle est recouverte par une statue de sainte Marie-Madeleine. La sainte est couchée sur une natte de paille ; on la reconnaît à sa parure mondaine, à ses cheveux soignés et pendant sur ses épaules ; on la reconnaît surtout au vase de parfums qui est près d'elle, ainsi qu'à un instrument de pénitence. Cette petite composition ne manque pas de mérite artistique.

La deuxième châsse du côté gauche du Christ, à la sacristie, est une boîte en chêne vitrée et surmontée du buste de saint Jacques-le-Majeur, apôtre, qu'il est facile de reconnaître aux bâtons et coquilles qui décorent son chapeau de pèlerin.

Dans cette châsse se trouvent :

Les reliques de sainte Elisabeth. — Il y a plusieurs saintes Elisabeth, comme on sait, mais celle dont nous possédons les reliques est sainte Elisabeth, fille d'André II, roi de Hongrie, mariée à l'âge de quatorze ans à Louis IV, Landgrave de

(a) La ville de Catane prétend aussi lui avoir donné le jour. (Voir Br. R., 5 février.)

Thuringe. Elle était née en 1207 et mourut en 1231; elle donna, sur le trône, l'exemple de toutes les vertus.

Les deux magnifiques ossements que nous possédons d'elle sont mentionnés par l'*Hagiographie* (a) comme ayant été, avant la Révolution, à la Chartreuse d'Abbeville. Nous les possédons, d'après concession faite à M. Cauchye, curé du Saint-Sépulcre, en 1807, et qui les plaça lui-même dans cette châsse, avec un extrait de procès-verbal dressé par lui et que nous possédons (b). Ces deux ossements peuvent mesurer chacun environ douze centimètres de long.

C'est de cette sainte que M. de Montalembert a écrit une vie qui se lit avec tant d'intérêt et de profit spirituel. L'Eglise la fête le 19 novembre.

RELIQUES DE SAINTE AGATHE. — Voir plus haut, une autre relique de l'illustre sainte dans la châsse de sainte Madéleine, côté gauche du Christ; nous avons, en cet endroit, deux ossements de sainte Agathe: l'un desquels a huit centimètres de long; l'autre a, au moins, le double. On remarque facilement au volume de ces ossements que la martyre était jeune; aussi, doit-elle être invoquée souvent par les Vierges chrétiennes comme une de leurs meilleures protectrices et de leurs plus beaux modèles.

RELIQUES DE SAINTE AGNÈS. — Agnès, comme la vierge sainte Agathe, souffrit le martyre à l'âge de l'adolescence; elle avait treize ans; elle s'était formée, sur les exemples de la Vierge de Palerme, son illustre compatriote, à l'amour de Dieu, à la

---

(a) *Hagiog.*, tome IV, page 235. — (b) Voir la note XXX.

pureté, à la force chrétienne; elle mourut en 304. Les deux ossements que nous possédons sont longs: l'un de cinq centimètres, l'autre de huit. On voit aussi à ces ossements, quelle était la jeunesse de la sainte martyre.

Reliques de sainte Victoire. — Comme il y a plusieurs saintes Victoire, vierges et martyres, nous ne saurions désigner précisément à laquelle de toutes appartiennent nos reliques. L'*Hagiographie diocésaine* nous donne, ici encore, l'exemple d'une sage hésitation ; une chose, néanmoins, est certaine, c'est que nous nous trouvons ici de nouveau en présence d'une sainte martyre d'un âge peu avancé probablement ; cependant les deux ossements que nous possédons indiquent un âge plus avancé que celui de sainte Agnès et de sainte Agathe. Ces os mesurent l'un vingt centimètres, l'autre vingt-deux ou vingt-trois.

Relique de saint Jacques-le-Majeur, apôtre. — C'est une de nos plus riches reliques, non à cause du volume des ossements, ce sont trois petits fragments, mais à cause de la haute dignité du saint : saint Jacques-le-Majeur, fils de Zébédée, frère de saint Jean l'Evangéliste, un des disciples privilégiés de Notre-Seigneur.

M. l'abbé Cauchye déclare que cette relique, contenue dans un petit médaillon à double verre, vient du couvent des Minimes d'Abbeville.

Relique de sainte Catherine. — Sainte Catherine, qu'on appelait Dorothée, c'est-à-dire don de Dieu, et qui fut appelée Catherine, c'est-à-dire couronnée, du mot syriaque cethar, ou la pure, du mot grec catharos, sans doute, parce qu'elle remporta la couronne de la virginité et du martyre.

Tout le monde sait qu'elle était née à Alexandrie, d'Egypte, au commencement du ive siècle; qu'elle fut très-remarquable par sa sainteté, sa science, ses supplices aussi variés que cruels et, enfin, par ses miracles. Le bréviaire romain nous dit, qu'en récompense de son innocence, sans doute, de sa pureté, elle mérita que son corps virginal fut inhumé, de la main des anges, sur la montagne du Sinaï.

L'ossement de sainte Catherine que nous possédons est long de deux décimètres; il indique une martyre jeune encore et c'est ce qui nous fait dire que cette châsse, de saint Jacques, est bien la châsse de nos jeunes personnes, puisqu'elle contient les ossements sacrés des Agathe, des Agnès, des Victoire, des Catherine.

Un Sachet de poussière de reliques. — Ce sachet, fait d'une toile très-fine, porte l'inscription remarquable, en lettres gothiques: *De plurimis sanctis quor. s. D. nom. novit,* qui doit se traduire ainsi, avec les abréviations : De plusieurs reliques dont Dieu seul sait les noms.

Un second Sachet. — Il est pareil au premier, un peu plus volumineux et sa banderole gothique porte: *De fragmentis ossium, et pulvis reliquiarum et alia quæ pro reliquiis habenda sunt,* c'est-à-dire fragments d'ossements, poussière de reliques et autres qui doivent être regardés comme reliques.

Qui n'admirerait le soin maternel avec lequel la sainte Eglise rassemble la moindre poussière du corps de ses enfants, qu'elle a engendrés à la vie spirituelle par le baptême et les autres sacrements et dont elle a fait par là, sur la terre, les temples du Saint-Esprit. Ah! c'est à nous à imiter la sainte Eglise, à nous, prêtres, à étudier, à soigner toujours le dépôt sacré, le *hierogazophylacium*, comme on disait aux premiers siècles, c'est-à-dire le trésor sacré ; et aux fidèles, de penser souvent à ces chères dépouilles des saints et de les invoquer dans tous leurs besoins.

CHASSES DE LA SACRISTIE (*à la droite du crucifix*).

Ce qui nous reste à dire sur les reliques précieuses de nos saints ne sera plus long.

Dans la première châsse, à la droite de la croix. — Châsse, pour le dire en passant, toute dorée et sculptée, d'une forme élégante et peu commune (a), nous trouvons seulement trois reliques :

LA RELIQUE DE SAINTE COLOMBE. — Il y a eu plusieurs saintes Vierges martyres de ce nom. M. l'abbé Corblet nomme notre sainte relique, mais sans se prononcer sur celle de ces saintes à qui elle appartiendrait, cependant il nous paraît probable qu'elle est de sainte Colombe, martyre des Catacombes, dont le corps entier a été envoyé, à Abbeville, par le Pape Benoit XIV, en août 1749.

L'ossement que nous possédons est considérable, c'est un os rond et plat ; il mesure à peu près dix centimètres carrés.

RELIQUE DE SAINTE HILIADE. — Elle était abbesse à Trèves. La partie de son bras que l'on conserve au Saint-Sépulcre, dit l'auteur de l'*Hagiographie*, provient de l'ancien couvent des Franciscains. Nous ne connaissons pas la date de sa fête.

RELIQUE DE SAINT THIBAUD. — Ce saint personnage menait la vie érémitique en Champagne ; il est

(a) C'est un tombeau porté sur un pied et surmonté d'une appendice qui donne à tout le meuble une apparence de croix.

honoré dans le diocèse de Beauvais et particulièrement dans le doyenné de Grandvilliers ; il était aussi dans nos anciens bréviaires d'Amiens. Notre relique du Saint-Sépulcre est mentionnée par l'*Hagiographie diocésaine* (a). On le fête au mois de juillet.

Deuxième châsse, à droite du crucifix. — Elle renferme sept restes vénérables des saints, ce sont :

Relique de saint Barthelémi, apôtre. — Le culte de ce saint apôtre a toujours été très-célèbre dans le diocèse d'Amiens. L'élection des maires d'Abbeville se faisait le jour de sa fête (24 août). Notre relique, un fragment considérable de la mâchoire du saint, n'est pas mentionnée par l'*Hagiographie*, mais la mention qui est faite de la relique de ce saint aux Chartreux d'Abbeville nous fait penser que la nôtre vient de chez ces religieux.

La relique de saint Innocent. — Voir une autre relique du même saint plus haut (châsse de la sacristie, à gauche du crucifix). Le fragment dont nous parlons ici mesure trois centimètres carrés.

Relique de saint Robert. — Il y a un grand nombre de saints qui ont porté ce nom et nous manquons absolument de données pour attribuer à l'un d'eux notre relique. Cependant le bienheureux Robert d'Arbrissel, fondateur de l'ordre de Fontevrault, avait, sous son vocable, le prieuré Notre-Dame de Moreaucourt, à quatre lieues d'Abbeville. Ce bienheureux Robert pourrait bien être le saint de notre châsse. L'ossement que nous avons est long et fort.

Relique de saint Vénérandus. — Il y a deux saints de ce nom dans les petits Bollandistes : l'un subit

(a) *Hagiog.*, tome IV, page 621.

le martyr à Acquigny, en Normandie, 25 mai ; l'autre, à Troyes, en Champagne, sous Aurélien, 14 novembre. Lequel des deux est le nôtre ? Nous l'ignorons.

Reliques du sépulcre des Saints. — Il eut été intéressant pour nous de savoir à quels sépulcres avaient été enlevés ces précieux fragments : au tombeau célèbre de saint Firmin ? à celui de saint Honoré ? à celui de saint Martin, de Tours ? Ici encore, ignorance complète de notre part.

Relique de saint Nicaise, martyr. — C'est probablement saint Nicaise, archevêque de Reims, dont le culte est très-connu dans le diocèse. Il y avait de ses reliques en beaucoup de lieux, notamment aux Chartreux d'Abbeville, mais notre relique n'est pas mentionnée. L'os de saint Nicaise que nous possédons est long de deux décimètres.

Relique de saint Chryseuil ou Chrysole. — C'est l'effigie de ce saint qui surmonte la châsse qui, de là, a pris son nom. Il était évêque d'Arménie ; il est venu prêcher, vers le IIIe siècle (Godescart), dans nos contrées ; il est l'apôtre de la ville de Commines sur la Lys, en Flandre (département du Nord, à quatorze kilomètres de Lille). Son culte est pratiqué par nos pères, au Saint-Sépulcre, depuis très-longtemps (VIe siècle), comme l'écrit M. Cauchye dans le procès-verbal signé par lui (a). On le fête le 2 février. Les deux petits fragments sont dans un médaillon vitré, scellé par un ruban, au sceau de M. Cauchye, dans la châsse (b).

Relique inconnue. — Enfin, nous terminons ces longues pages sur celles de nos reliques dont nous

(a) Voir la note XXXI. — (b) Voir la note XXXI bis.

n'avons pas d'authentiques, reconnues par l'Autorité diocésaine, ou dont nous n'avons pas trouvé les cachets intègres, aux ouvertures de leurs châsses (a).

Excitons-nous, au moins d'une manière générale, à visiter, prier et imiter tous ces saints et surtout ayons une confiance plus filiale encore pour ceux dont nous connaissons mieux la vie et les actions glorieuses, ou dont la position, le sexe, l'âge ont plus de rapport avec les nôtres.

CHAPITRE VI

Les Verrières.

Une des plus belles décorations des églises et surtout des églises de style gothique, ce sont les vitraux peints.

Il est évident que l'église les a acceptés des mains et du génie de ses artistes, parce qu'elle a reconnu qu'ils donnent à nos temples quelque chose de mystérieux qui porte les âmes au recueillement et à la prière. Ces effets, les verrières les obtiennent, tantôt par la lumière pleine de douceur qu'elles répandent dans nos temples, et tantôt par des cou-

(a) Il faut en excepter les deux châsses de saint Foillan et de saint Spérat et ses compagnons qui ont été reconnues par Mgr Mioland, nous croyons, et scellées par lui de ses armes ; huit cachets de cire rouge intacts. Il en faut excepter aussi les quatre médaillons de saint Jacques, saint Crysole, sainte Angèle de Merici et saint Vulfran ; tous quatre intacts aussi.

leurs aux riches nuances, aux teintes radieuses, presque célestes.

Un autre avantage aussi des vitraux de couleurs, c'est qu'ils sont comme un livre admirable dans lequel tous les chrétiens peuvent lire facilement les faits dogmatiques, moraux, historiques de la religion ; c'est l'avantage particulier que nous offrent les verrières du Saint-Sépulcre où sera exposé, quand toutes les fenêtres seront terminées, un ensemble complet de la science religieuse en images (a).

Les verrières du Saint-Sépulcre ont été exécutées par l'artiste le plus en renom des derniers temps, M. Didron, aîné, que la mort a enlevé il y a quelques années déjà, mais dont la maison et la manière sont continuées par un de ses parents, M. Auguste Didron.

Didron, aîné, n'a pas manqué à sa réputation en exécutant les douze vitraux du Saint-Sépulcre qui viennent de lui; son œuvre est justement admirée des connaisseurs, pour le dessin, les émaux, la distinction des types, l'agencement des scènes sacrées; mais, comme nous l'avons noté plus haut, sans négliger de dire ce qui est utile à être remarqué par les fidèles, au point de vue de l'art et de la science sacrée, néanmoins nous nous attacherons spécialement à notre but qui est d'édifier les fidèles paroissiens du Saint-Sépulcre.

Nous partagerons nos douze verrières en quatre groupes principaux:

Les trois du collatéral de droite, y compris celle de la chapelle du Sacré-Cœur ; les trois du chœur

(a) Voir la note XXXII.

et du sanctuaire du même côté; les quatre du côté gauche du sanctuaire, y compris le vitrail central; enfin, les trois du collatéral gauche, y compris la fenêtre de la chapelle de la Sainte-Vierge et les deux de la chapelle du Saint-Sépulcre.

Verrières de la basse Nef (à *droite*).

Les deux verrières que l'on rencontre en arrivant sur la droite sont les premières que M. Didron a exécutées au Saint-Sépulcre (1856); elles sont déjà d'un bon effet, quoiqu'il soit vrai de dire que le talent de l'artiste paraît avoir grandi au fur et à mesure qu'il accomplissait son œuvre.

La première fenêtre peut être appelée, très-justement, le vitrail de la charité.

Le sujet est divisé en trois étages principaux: le premier étage contient, au milieu, la cène qui est une des grandes manifestations de l'amour divin, le pain et le vin consacrés sont sur la table, tous les apôtres portent leur nom écrit sur leur nimbe; à gauche est représenté l'entretien de Jésus avec la Samaritaine au puits de Jacob, là où la pauvre pécheresse, touchée de la prédication du Messie, s'écriait: Seigneur, donnez-moi de cette eau qui fasse que je n'aie plus jamais soif; à droite de la cène est le miracle de Cana, où l'eau changée en vin, préludait à la transubstantiation eucharistique.

A l'étage intermédiaire, on voit, au centre, les mots: *Deus charitas est*, Dieu amour, gravés sur un cartouche attaché à l'arbre qui semble sortir de la cène et encadrer, de ses rameaux feuillus, les différents sujets de la verrière; au-dessus du cartouche est le symbole de la charité, le pélican du désert avec son nid et sa petite famille qui paraît s'essayer à des excursions sur le bord; à gauche est Notre-Seigneur en Bon Pasteur qui ramène à la vertu un jeune homme pendant que la Volupté, sous les traits d'une femme, tenant d'une main un flacon rempli de vin et de l'autre une coupe (le plaisir), s'éloigne en regardant encore; à droite, ce sont les quatre Vertus qui semblaient rivales avant Jésus-Christ, la Vérité, la Miséricorde, la Justice et la Paix, et qui, depuis, s'embrassent tendrement dans la charité du culte nouveau (a).

Enfin, au troisième étage qui se compose des ramifications de l'ogive, on voit, à gauche, le groupe des misères humaines qui tendent les mains vers Jésus-Christ. C'est un petit enfant qui est nu, un affamé amaigri par les privations, un malheureux sans asile, etc...; de l'autre côté est le groupe des Vierges, filles de la charité de Jésus qui est au milieu d'elles; chacune porte, sur son nimbe, le mot de sa fonction : *Cibat, Potat, Colligit*, c'est l'Hospitalité; *Vestit, Sanat, Liberat*, cette dernière tient une petite prison à la main (b).

Au haut du vitrail, comme dominant tout et inspirant tout, on voit Jésus en croix et la sainte Vierge et saint Jean à la place ordinaire.

Puis, tout au bas, un agneau, immolé par amour pour nous, symbolisant tout le sujet de la verrière: la Charité. On lit : Cette verrière a été placée, en 1856, composée par Didron, dessinée par Ledoux.

La deuxième fenêtre du collatéral droit est consacrée à la Foi.

(a) Psaume 84-11. — (b) Ces six mots font allusion aux paroles célèbres de Jésus-Christ dans la scène du jugement dernier. Saint Matth., chap. 25, v. 35.

Le premier étage est pour le *Credo* ; chaque apôtre est présent, sa banderolle à la main. Pierre, le chef infaillible de la Foi, est au milieu, c'est lui qui dit, sur sa banderolle : *Credo in Deum, patrem omnipotentem* ; il tient les clefs ; saint Thomas vient un des derniers ; y a-t-il là une allusion à sa lenteur à croire ; c'est lui qui dit : *Inde venturus judicare* (a).

Au deuxième étage se trouve, dans les branches de l'arbre de la Foi qui commence à Pierre, au milieu, un cartouche avec ce mot unique: *Credo* ; c'est assez, c'est tout pour une âme qui le dit bien et avec sincérité, tout le reste est là implicitement ; au-dessus de l'inscription est un aigle avec ses aiglons, il leur apprend à fixer le soleil qui darde ses rayons au-dessus de leur nid ; l'aigle regarde le soleil sans sourciller, c'est l'image de l'âme chré-

---

(a) Les Apôtres sont placés sur le vitrail dans l'ordre suivant : au milieu et dans un panneau, seul, se trouve :

Saint Pierre, avec la banderole : *Credo in Deum, creatorem Cœli et terræ.*

A droite de saint Pierre, pour l'observateur, est :

Saint André, avec : *Et in Jesum Christum Filium Dei unigenitum.*

Saint Jacques le Majeur, avec : *Qui conceptus est de Spiritu sancto, natus ex Maria Virgine.*

Saint Jean, avec : *Passus sub Pontio Pilato, crucifixus, mortuus et sepultus est.*

Saint Matthieu, avec : *Credo in Spiritum Sanctum.*

Saint Jacques le Mineur, avec : *Sanctam Ecclesiam catholicam, Sanctorum communionem.*

Saint Simon, avec : *Remissionem peccatorum.*

A gauche de saint Pierre, se trouvent :

Saint Philippe, avec : *Tertiâ die resurrexit a mortuis, descendit ad inferos.*

Saint Barthélémi, avec : *Ascendit in Cœlum, sedet ad dexteram patris.*

Saint Thomas, avec : *Inde venturus est judicare vivos.*

Saint Thaddée, avec : *Carnis resurrectionem.*

Saint Matthias, avec : *Vitam et æternam.*

tienne qui n'est pas offusquée par les splendeurs de la Foi ; à gauche est l'hémorrhoïsse à genoux, baisant l'extrémité du vêtement du Sauveur, on croit entendre la parole du Christ : Ma fille, votre foi vous a guérie, allez en paix (a) ; à droite, est Abraham, on ne le découvrirait pas facilement si son nom n'était pas gravé sur son nimbe ; il est sous le chêne de Mambré, à genoux devant la Trinité qu'il adore, selon la parole : *Tres vidit et unum adoravit* (b) ; il en vit trois et n'en adora qu'un. Au reste, le père des croyants devait bien avoir sa place dans le vitrail de la Foi.

Au troisième étage, dans les expansions de l'ogive, est traité, d'un côté, le drame émouvant de la conversion de saint Thomas. Les disciples sont présents, Jésus lui dit : *Infer digitum tuum et noli esse incredulus,* Thomas est à genoux, il paraît toucher timidement la plaie du cœur de Jésus et il dit : *Dominus meus et Deus meus,* ah ! vous êtes mon Seigneur et mon Dieu ; de l'autre côté est saint Dominique et un personnage symbolique qui tient la sainte Hostie dans un ciboire et porte, gravé sur son nimbe : *Fides ;* en effet, l'eucharistie est le grand mystère de foi. Au haut de la verrière est le Verbe, Jésus Docteur, *Ipsum audite,* écoutez-le.

La fenêtre de la chapelle de droite est consacrée au divin Cœur de Jésus comme la chapelle elle-même ; elle est divisée, comme les autres verrières que nous venons d'étudier, en trois principaux compartiments subdivisés en plusieurs autres.

Au milieu du compartiment inférieur est un groupe de quatre personnes, un vieillard à barbe

---

(a) Luc, 48. — (b) Gen., 18-2.

blanche, un pauvre malade gisant à terre, un jeune homme, un soldat; ils tournent leurs regards suppliants vers Jésus-Christ qui est au compartiment supérieur, avec les deux doigts de la main droite pliés liturgiquement comme pour bénir et semblant dire : Venez à moi, vous tous qui souffrez et je vous soulagerai (a).

A gauche du premier compartiment est la scène charmante des petits enfants conduits par leurs mères à Jésus ; c'est la traduction du mot : Laissez venir à moi les enfants (b) ; cette scène est une des manifestations les plus touchantes de la paternité du Cœur de Jésus.

A droite du groupe des quatre malheureux est la scène de l'enfant prodigue ; le père, un vieux et riche patriarche l'embrasse avec émotion et le relève pendant que le frère aîné jette, en s'éloignant, un regard mécontent sur le dissipateur venu à résipiscence.

Dans le compartiment intermédiaire, on trouve, au milieu, comme nous l'avons dit, Jésus prêchant et montrant sa charité ; à gauche est la touchante histoire de saint Pierre, recevant la charge de soigner les âmes des fidèles aussi bien que celles des évêques et des prêtres ; Jésus lui montre une brebis et un agneau en lui disant : Pais mes brebis, pais mes agneaux (c) ; faisant pendant à celui-ci, dans le rinceau de droite, est retracée la rencontre du pauvre assassiné et du bon Samaritain, c'est un des plus beaux titres bibliques du Cœur miséricordieux de Jésus.

Enfin, dans le compartiment supérieur se trouvent

(a) Matth., 11-28. — b) Saint Matth., 19-14. — (c) Jean, 21-15.

quatre cœurs allongés dans chacun desquels est un ange portant quelqu'un des instruments de la Passion : une échelle, l'éponge, les clous, une couronne d'épines, une croix, etc., etc....

A la pointe de l'ogive est admirablement représentée l'apparition de Notre-Seigneur à la bienheureuse Marguerite-Marie ; elle est à genoux et Jésus lui montre son cœur. (Cette verrière a été placée en 1864.)

Venons souvent contempler ces trois verrières, les étudier, admirer les scènes bibliques ou évangéliques qu'elles nous retracent. Venons même prier devant ces images translucides, car la plupart des personnages représentés sont des saints que l'on reconnaît à l'auréole ou léger cercle lumineux qui entoure leurs têtes. Nous reconnaissons Jésus-Christ à ce signe que, Lui, porte l'auréole crucifère aux croisillons tantôt rouges et tantôt verts, de manière à trancher sur le fond de l'auréole. Venons surtout prier devant l'apparition du Sacré-Cœur, car ce n'est pas seulement à la bienheureuse Marguerite-Marie, mais à nous tous, dans sa personne et cela jusqu'à la fin des âges, que Jésus présente son divin Cœur, en disant : Voici ce Cœur qui a tant aimé les hommes.

VERRIÈRES DU CHOEUR ET DU SANCTUAIRE (à *droite*).

Nous avons éprouvé ici un grand embarras pour savoir dans quel ordre nous décririons les sept verrières du chœur et du sanctuaire. Notre esprit aurait été plus satisfait si nous avions pu découvrir un ordre simple, naturel, une suite historique et rationnelle des sujets traités dans les sept verrières. Mais nous ne l'avons pas trouvé, et nous estimons que l'artiste, tout en suivant largement un fil présent à son esprit, a surtout cédé à des convenances d'emplacement pour les principaux sujets qu'il possédait déjà vraisemblablement.

Quoi qu'il en soit, on trouvera, aux pièces, la synthèse faite par M. Didron lui-même pour les vitraux du Saint-Sépulcre.

Pour nous et pour les fidèles, il nous a paru plus simple de commencer l'interprétation de nos verrières par le côté droit du chœur qui fait suite à la verrière du Sacré-Cœur.

La première verrière du chœur se divise, selon la méthode de M. Didron, en trois étages ou couches superposées, qu'il déclare lui-même dans ses ouvrages (a), devoir être interprétés toujours de bas en haut.

Donc, l'étage inférieur du premier vitrail, à droite, représente le saint Sépulcre de Notre-Seigneur; il occupe toute la largeur du vitrail. Notre-Seigneur a déjà la tête posée dans sa couche de pierre, Joseph place respectueusement ses pieds. La très-sainte Vierge est à droite, un peu à l'écart, on la reconnaît à sa pose droite, *Stabat*, et à sa robe d'hyacinthe et à son nimbe; sa profonde angoisse ne se révèle que par un geste de la main droite. Tout le groupe est composé de dix personnages et quatre seuls sont nimbés, les trois Marie, sans doute, et peut être saint Jean, un peu en arrière.

L'étage intermédiaire représente la Résurrection; cinq soldats s'éveillent en sursaut et semblent renversés par la peur, le reste du tableau est plein de

---

(a) Ces sujets, comme dans les vitraux du moyen-âge, s'ordonnent de gauche à droite et s'échelonnent de bas en haut. Didron aîné, in-4°, Paris, 1854, impr. de Claye.

sérénité et de paix ; l'ange a écarté la pierre et Jésus ne s'élance pas, il sort, il est sorti la croix à la main gauche, la droite sur la poitrine, il porte le nimbe et la robe de pourpre. Le calme de la partie supérieure de ce tableau doit être bien remarqué ; c'est la Puissance, maîtresse d'elle-même, qui fait ce qu'elle veut, *Quæcumque voluit fecit* (a), et qui opère les plus grandes choses sans trouble, *Immotus in te permanens* (b). La Résurrection occupe neuf panneaux de la fenêtre.

A l'étage supérieur, nous croyons reconnaître le cénacle préparé pour la descente du Saint-Esprit ; la sainte Vierge est au milieu des apôtres, *cum Maria matre Jesu et Apostolis* (c) ; saint Pierre a les clefs et il est à droite de Marie, à gauche, saint Jean, peut-être, tenant le livre de son futur évangile ; tous les yeux sont tournés vers le ciel d'où va descendre l'Esprit. Cette scène pourrait aussi convenir à l'Ascension de Notre-Seigneur qui est représenté au haut de la verrière de chaque côté ; au-dessous sont deux anges avec des banderolles muettes destinées, sans doute, à nous rappeler, sans l'exprimer, l'accomplissement des prophéties consonnantes au Saint-Sépulcre, à la Résurrection et à la descente du Saint-Esprit.

La deuxième verrière représente, dans le bas, deux scènes de la vie publique de Notre-Seigneur ; à gauche, ce divin Sauveur reçoit de la main de saint Pierre les deux didragmes du tribut que chaque hébreu devait payer, tous les ans, au temple. On voit aux pieds du Sauveur le poisson dans lequel Jésus fit trouver à l'apôtre les deux didragmes

---

(a) Ps. 113-3. — (b) *Petites Heures* du B. R., hymne. — (c) Act., 1-14.

(environ 30 sous); il en donna un pour lui, au collecteur des impôts et un pour Pierre qui devait être son continuateur, son vicaire et comme un autre lui-même (a). En face de ce sujet est celui de la multiplication des pains; on y voit la foule assise, l'enfant, qui avait les pains, debout près de Jésus, *Est puer unus hic* (b); Jésus bénissant les pains et les poissons et les faisant distribuer à la foule, au nombre de cinq mille, puis, la renvoyant rassasiée et il semble entendre un lointain écho de ce désert qui répète : *Quia hic est vere propheta qui venturus est in mundum* (c).

Le deuxième étage représente le Thabor et la Transfiguration; dans le tympan, on lit, d'un côté: *Tu es filius meus dilectus;* de l'autre: *In quo bene complacui.* L'artiste s'est donné un large terrain. Ici est Notre-Seigneur tranfiguré, il a les bras étendus comme conversant avec ses deux interlocuteurs; c'est, à droite, Moïse avec les tables de la loi sur la poitrine ; à gauche, Elie avec le livre des prophéties messianiques ; au-dessous sont couchés et comme éblouis les trois disciples privilégiés.

Au centre est Notre-Seigneur dans un soleil qui l'enveloppe de ses rayons, mais sans obscurcir le vrai soleil et sans ternir son éclat personnel.

Dans la partie supérieure du vitrail on voit deux scènes évangéliques : d'un côté Jésus guérit l'aveugle né en lui disant: *Vade ad natatoria Siloé,* allez vous tremper dans la fontaine de Siloé, et on croit voir l'aveugle qui se prosterne à ses pieds et l'adore en publiant sa foi, *Credo Domine; et procidens adoravit* (d).

(a) Saint Matth., 17-26. — (b) Jean, 5-9. — (c) Jean, 6-14.— (d) Jean, 9-38.

En face de cette guérison est relatée l'entrée triomphale de Jésus à Jérusalem. Le peuple l'entoure, jette des palmes sous les pieds de son humble monture, et Jésus domine la scène avec une tranquille majesté.

La troisième verrière du chœur à droite, dans sa partie inférieure, nous retrace deux guérisons célèbres de Notre-Seigneur. L'une à gauche est celle de la fille de Jaïre. Le Seigneur la prend par la main, en lui disant: Jeune fille, je vous le dis, levez-vous (a).

Au milieu est un cartouche attaché à la tige de l'arbre dont partent les rameaux qui iront encadrer les différentes scènes de la verrière; il porte écrit: *Lazare, veni foras* et interprète ainsi le sujet central du tableau. A droite est la guérison promise au Centurion pour son pauvre serviteur. Le guerrier est revêtu d'une armure écailleuse et il est humblement aux pieds du Sauveur.

Dans sa partie intermédiaire, le vitrail représente magistralement la résurrection de Lazare qui est encore enveloppé de ses longs voiles blancs. Aux pieds de Jésus est la contemplative Marie avec ses longs cheveux. Le Seigneur et les Apôtres sont habillés avec soin comme pour une visite aux riches habitants du château de Béthanie. Les émaux des étoffes du groupe apostolique sont pleins d'une richesse qui fait ressortir habilement le deuil des personnes de la maison et surtout l'accoutrement funéraire du ressuscité.

Dans la partie supérieure se trouvent encore deux traits évangéliques. A gauche la guérison d'une

---

(a) Saint Marc, 5-41.

femme avec cet exergue : *Surge, amica mea et veni* (a); et à droite la résurrection du fils de la veuve de Naïm avec cette inscription : *Naïm viduæ filius*. Le corps du jeune homme nous apparaît avec sa couleur cadavérique ; on aperçoit la pauvre mère, Jésus semble dire : *Adolescens, tibi dico, surge*, jeune homme, levez-vous (b), et l'Évangile ajoute le mot ineffable dans sa simplicité, presque sa négligence : *Reddidit eum matri suæ*, il rendit l'enfant à sa mère (c). Entre ces deux sujets est l'emblème de la Résurrection : le phénix. Il est sur le bûcher, accomplissant ce grand acte de son rajeunissement, de son immortalité.

Dans le tympan de l'ogive, tout au haut, est Jésus-Christ ressuscité ; on voit la hampe de son étendard, deux légendes de chaque côté portent les sentences scripturales faisant allusion à la résurrection ; d'un côté *mortui qui in Christo sunt* (d), de l'autre *resurgent primi* (e), au milieu des deux sentences est Jésus en bon pasteur.

Que ces trois verrières soient méditées, visitées par nous ; nous y trouverons une grande consola-

---

(a) M. Prarond pense que cette femme pourrait être la belle-mère de saint Pierre dont la guérison est racontée notamment par saint Matth., chap. 8, v. 14.
L'évangile n'attribue pas à Notre Seigneur dans cette circonstance la parole : *Surge, amica* (voir saint Matth., 8-14; saint Marc, 11-39 ; saint Luc, 4-38).
Quoiqu'il en soit, saint Pierre avait été marié. Quelques saints Pères ont appelé son épouse : Perpetua, Concordia, Maria. Elle souffrit le martyre à Rome. — Sainte Pétronille, fille de saint Pierre, après avoir reçu la sainte communion de la main du prêtre Nicodème, mourut dans sa virginité ; on vénère ses restes à Rome dans la basilique de Saint-Pierre. — Molanus, saint Clément d'Alexandrie, lib. II ; Strom., Eusèbe, *Hist. ecclés.*, lib. III, chap. 30. — (b) Saint Luc, 7-14. — (c) *Id., id.* — (d) Saint Paul, I Thes., 4-15. — (e) I Thes., *id.*

tion pour nous soutenir dans les misères de la vie présente, car, si la mise au tombeau du Sauveur nous attriste quelque temps, la vue de sa résurrection glorieuse nous réjouira et nous verrons ce que l'Eglise nous dit si souvent, les garanties de notre résurrection à nous-mêmes dans celle si étonnante de Lazare et celle de la fille de Jaïre et du fils de la veuve de Naïm.

Cette verrière est surtout bien touchante, pour les parents, les bons maîtres et surtout les pères et mères affligés.

Le Vitrail du milieu.

C'est cette verrière qui est considérée ordinairement comme l'ouvrage principal de Didron aîné, c'est elle aussi qui est considérée comme le centre de tout le poème artistique et religieux.

Cette verrière est un tableau résumé de la religion avant Jésus-Christ et de l'Eglise depuis l'incarnation de l'homme-Dieu.

Le vitrail ne doit pas être interprété d'après les principes exposés par Didron lui-même, de bas en haut, mais bien de haut en bas, car les derniers personnages du grand défilé messianique sont placés, si on peut le dire, au rez-de-chaussée du tableau.

L'étage supérieur, le troisième, raconte en abrégé par ses grandes personnalités l'histoire religieuse avant Jésus-Christ. Nous reconnaissons à la droite du tableau, d'abord le patriarche Noé qui porte sur sa tête l'arche, ce flottant édifice qui a conservé toutes les espèces animales et les huit personnes destinées à repeupler le genre humain, après le déluge. A côté de Noé est Abraham portant dans sa main le glaive du grand sacrifice à l'époque patriarchale ; on reconnaît près de lui le jeune Isaac, victime désignée de Dieu pour ce sacrifice figuratif de celui du Messie ; il porte le bois du bûcher sur ses épaules.

Dans le compartiment à la gauche de celui-ci qui était destiné à la religion primitive ou patriarchale, nous découvrons Moïse, l'initiateur inspiré du culte israélite. Il porte dans ses mains les deux tables de pierre, gravées du doigt de Dieu même, il est accompagné de deux personnages dont l'un est Aaron, le grand prêtre ; il porte sur la poitrine le rational aux douze pierres précieuses qui représentent les douze tribus ; et l'autre Josué, le casque en tête, la lance haute et portant sur son bouclier un éclatant soleil, par allusion sans doute, au miracle qu'il obtint par sa prière.

Dans le troisième compartiment est un développement de l'époque religieuse mosaïque, c'est le grand roi, le saint roi David, poète et musicien inspiré qui chante sur son luth, les grandeurs du Messie futur ; il est accompagné de plusieurs personnages, des enfants en avant, un personnage à gauche portant une tête de veau, et à droite une personne jeune. David chante avec eux. Ne serait-ce pas la traduction du cantique : *Laudate Dominum : juvenes et Virgines senes cum junioribus laudent nomen Domini ?* (a).

Selon cette explication, le personnage de gauche serait un prêtre *senes, presbyter*, un sacrificateur, comme semble l'indiquer la tête de veau et la jeune personne, la Vierge tympaniste répondrait

(a) Ps. 143-12.

au mot *virgines*, les enfants seraient ceux dont parle l'Evangéliste à l'entrée de Jésus à Jérusalem et dont il dit : *Scriptum est quia ex ore infantium et lactentium perfecisti laudem* (a).

Dans l'étage intermédiaire et dans des conditions calculées pour placer Jésus-Christ le fondateur de la Religion ou Testament nouveau, au milieu de la verrière, est Notre-Seigneur Jésus-Christ; il porte le nimbe crucifère, il est vêtu d'une robe assez serrée comme une soutane bleue. Il est sur un char de triomphe qu'entraînent et font rouler les quatre Evangélistes désignés par leurs emblèmes : saint Mathieu par un homme ailé, saint Marc par un lion, saint Luc par le bœuf des sacrifices, et saint Jean par l'aigle. Ces trois animaux et cet homme paraissent attelés de front.

Sur le côté du char tourné vers le spectateur on aperçoit quatre personnages que nous pensons être les quatre grands Docteurs de l'Eglise d'Occident, qui forment en même temps la hiérarchie du sacerdoce catholique. Tous les personnages sont nimbés : l'un a le costume papal, la grande chape d'or, la tiare aux trois couronnes; il porte la triple croix; c'est, croyons-nous, le pape saint Grégoire le Grand. Près de lui, à droite, est un prélat qui porte le pallium archiépiscopal, c'est peut-être le docteur saint Ambroise. A côté de lui est un autre évêque tenant un livre sur la poitrine, c'est saint Augustin; nous lisons, écrits sur la couverture de son livre, les trois mots : *De civitate Dei*, la cité de Dieu (b). Le quatrième docteur est saint Jérôme,

---

(a) Saint Matth., 21-16. — (b) Un des ouvrages principaux de saint Augustin.

que l'on reconnaît à la pourpre de son vêtement et à son chapeau rouge (a).

Enfin l'étage inférieur semble destiné à marquer l'évolution à travers les âges de la forme chrétienne, de la vraie et unique religion.

A l'extrême gauche est le précurseur saint Jean-Baptiste avec sa croix banderolée et son vêtement de poil de chameau ; à côté est saint Pierre portant les clefs, et un peu derrière, saint Paul, dont l'épée à la pointe tournée en haut est à peine visible, saint Paul qui, lui aussi, a vu Jésus sur le chemin de Damas et l'a entendu lui dire : Saul, pourquoi me persécutes-tu ? (b).

Dans le deuxième compartiment est l'hercule chrétien, le légendaire saint Christophe qui porte l'Enfant Jésus sur ses épaules et paraît accablé du poids de la divinité ; près de lui est un personnage qui semble un ecclésiastique portant, croyons-nous, une dalmatique, tenant dans la main un petit objet peu visible et qui pourrait être une pierre du torrent : *Lapides torrentis illi dulces fuerunt* (c) ; c'est peut-être bien l'illustre saint Etienne, diacre, premier martyr, dont la foi mérita de voir Jésus à la droite de son père : *Video Jesum stantem a dextris Dei* (d).

Dans le compartiment à droite de saint Christophe, qui vivait en Asie au XIVe siècle, est un guerrier nimbé un peu obscurément, c'est peut-être saint Maurice ou saint Georges, c'est plutôt, selon nous, Constantin, et dans ce cas le côté d'auréole qu'on croit apercevoir ne serait qu'un

(a) Saint Jérôme est représenté souvent en cardinal dans les fresques de la renaissance. — (b) Act., 22-7. — (c) B. r., office saint Etienne. — (d) Act., 7-58.

petit drapeau suspendu à la pique que l'on voit parfaitement, ce serait le Labarum, peut-être.

Quoiqu'il en soit, au troisième compartiment est l'illustre sainte Hélène, croyons-nous, la couronne impériale sur la tête et tenant à la main la vraie croix qu'elle a été assez heureuse pour retrouver; près d'elle est saint François d'Assise, qui a reçu la faveur de cette place à cause des stigmates de la passion que l'on voit sur ses mains, et enfin notre admirable saint Louis, avec son vêtement bleu, semé de fleurs de lis d'or et tenant la couronne d'épines. Ainsi, dans cet étage, ne trouverait-on que des personnages ayant tous eu quelques rapports avec Notre-Seigneur.

Dans le tympan de l'ogive, on voit trois anges, le premier aux ailes de feu, le deuxième aux ailes d'émeraude, le troisième aux ailes aurore. Tous trois portent de longues banderoles avec des exergues relatifs au tableau. A gauche, *triomphatorem morte Christum,* au milieu, *pace terris restituta,* et à droite, *sancti concinunt et Angeli.*

Nous n'avons pas, assurément, la prétention de croire que nous avons rencontré juste dans toutes nos interprétations de ce vitrail, mais nous les donnons telles que nous avons cru les trouver, après un travail attentif.

Les trois Vitraux de gauche.

Le premier vitrail de gauche, en suivant la fenêtre centrale, pourrait bien être appelé la verrière figurative, parce qu'elle contient quelques-uns des types de l'ancien testament, relatifs à la personne et à la vie du Messie futur.

C'est d'abord à l'étage inférieur le prophète

Daniel dans la fosse aux lions. Il y est, en effet, en compagnie d'un lion et d'un léopard qui paraissent jouer à ses pieds. Daniel est en cela le type de Jésus-Christ au milieu de ses ennemis acharnés : *Supra dorsum meum fabricaverunt peccatores* (a); les méchants se sont acharnés sur moi.

A l'opposite sont les trois jeunes hébreux dans la fournaise; ils figurent, eux aussi, Notre-Seigneur au milieu des flammes de l'envie, de la jalousie, de la haine de ses ennemis.

Au centre de ces deux panneaux est un cartouche qui annonce l'ascension, l'enlèvement au ciel du prophète Elie qui est traité à l'étage intermédiaire du vitrail : *Ascendit Elias per turbinem* (Rois, 43). C'est ici une des scènes les mieux réussies des treize verrières actuelles du Saint-Sépulcre.

Tout est animation dans cet admirable tableau. Les chevaux respirent la vie par leurs mouvements et par leurs naseaux enflammés. Le char est très-aérien, un ange soutient le prophète couvert d'une tunique d'azur et déjà loin de la terre.

A ses pieds est le manteau qu'il a laissé tomber pour son disciple Elisée comme le gage de sa succession prophétique, et tout près est celui-ci, sérieux, attentif, les yeux fixés, selon la convention, sur son maître et lui disant : *Pater mi, currus Israël et auriga ejus*, ô mon père, vous étiez le char d'Israël et son guide expérimenté (b).

Cette grande scène qui figure l'ascension de Notre-Seigneur remplit les trois panneaux de l'étage en travers et autant en hauteur.

L'étage supérieur contient trois panneaux et nous montre, dans celui de gauche le prophète

---

(a) Ps. 128-3. — (b) IV Rois, 2-12.

Jonas déposé sur le rivage par la baleine et rendu à la lumière après une captivité de trois jours. C'est un type frappant du sépulcre de Jésus où il a dormi trois jours et pour que cette figure rappelât mieux encore Notre-Seigneur à tous les regards, l'artiste a dépeint le prophète à genoux sur le rivage avec les bras étendus en forme de croix.

A côté est le phénix, symbole de la résurrection. On pourrait reprocher à l'artiste d'avoir répété ce symbole, déjà dépeint dans une autre verrière. Et enfin au troisième panneau est la résurrection par le prophète Elisée du fils de la Sunamite; on lit l'inscription : *Sunamitis filius*.

Dans le tympan de l'ogive se trouve un personnage en pied, presque dépouillé de ses vêtements ; il est nimbé, droit, il a les pieds sur un peu de paille, il a les mains jointes sur la poitrine et semble dire: Dans ma chair, je verrai un jour mon Dieu; cette espérance est dans mon sein. Je reconnais le saint homme Job, le type parfait de Notre-Seigneur. J'aperçois une cruche d'eau près de lui avec un morceau de pain. C'est un homme de douleur et on lit dans les deux compartiments voisins du sien, à gauche : *Scio quod Redemptor* (a); à droite: *De terra surrecturus sum* (b).

Le deuxième vitrail, à gauche, a pour objet des scènes de la vie publique de Jésus-Christ ; en bas, c'est d'abord l'Enfant Jésus au milieu des Docteurs; à côté, c'est la tentation de Notre-Seigneur au désert; le tentateur est habillé de jaune; Jésus, de son geste, repousse le tentateur et des anges viennent le servir.

Dans l'étage du milieu est le baptême de Notre-

(a) Job, 19-25. — (b) *Id., id.*

Seigneur ; il y a une grande foule de peuple attentive à cet imposant spectacle.

Au haut de la fenêtre sont, d'un côté, l'élection des Apôtres, scène touchante où les disciples semblent accueillir avec bonheur, des mains de Jésus, l'apostolat des âmes ; de l'autre côté sont les vendeurs chassés du temple.

Dans le tympan de l'ogive on voit trois anges : l'un en rouge, l'autre en bleu, le troisième en vert ; ils portent des inscriptions : à gauche, *hosanna filio David* (a), à droite, *benedictus qui venit* (b), au milieu, *in nomine Domini* (c).

Le troisième vitrail à gauche, le plus éloigné de l'autel, célèbre la vie souffrante de Notre-Seigneur, sa passion ; là, dans la partie inférieure, est la scène de l'agonie au jardin ; on y voit Jésus en proie à l'angoisse et trois disciples, image de la faiblesse de notre nature, au lieu de soutenir leur Maître, au moins de leurs prières, semblent lutter avec le sommeil. Près de là, Judas s'approche et donne ce fameux baiser des perfides, des traîtres, qui portera à jamais son nom.

Au milieu du vitrail est la grande tragédie du crucifiement. Jésus en croix domine la scène, entouré de nombreux personnages ; là sont les larrons, là sont les bourreaux, mais là aussi sont les saintes femmes, là est Madeleine à genoux, les cheveux épars et tenant la croix embrassée, là est Marie, la mère des douleurs, appuyée sur une sainte femme, mais dont l'artiste aurait mieux fait, peut-être, de retracer la fermeté et la rectitude, *Stabat Mater justa crucem* (d), comme le dit le saint Evangile.

(a) Matth., 21-9. — (b) *Id.* — (c) *Id.* — (d) Jean, 19-25.

Du côté gauche de la croix est un groupe de personnages, Joseph, Nicodémus, et d'autres, peut-être. Dans la partie supérieure du vitrail est, d'un côté, la flagellation ; de l'autre, le portement de la croix qui montre Jésus s'avançant du prétoire au calvaire, c'est-à-dire à la montagne du crâne, parce que, dit-on, la tête d'Adam y fut placée après le déluge par Noé, sorti de l'arche. Du reste l'artiste, selon les traditions chrétiennes, a placé au pied de la croix cette tête du premier homme comme pour que les prémices de la rédemption tombassent sur elle avec les premières gouttes de sang du Sauveur.

Dans les ramifications ogivales se trouve au haut le père Éternel en buste, la tiare sur la tête et le globe terrestre à la main. De chaque côté sont des anges portant des banderoles sans inscription et tenant l'un l'éponge et l'autre la lance de la passion.

D'autres ne manqueront pas, et avec raison, de faire ressortir le caractère saisissant de cette grande composition évangélique ; pour nous, tout en admirant les ressources du talent humain et des arts du dessin, en général, qui parviennent à retracer tant de choses émouvantes et variées, sur un espace de quelques mètres, nous chrétiens, nous contemplerons ce vitrail avec componction, compassion pour Jésus et Marie, les deux victimes de nos péchés et nous nous en retournerons comme les Israélites, en frappant notre poitrine et nous dirons, comme le Centurion : Celui-ci était vraiment le Fils de Dieu (a).

(a) Saint Matth., 27-54.

Vitraux des chapelles. — Sainte-Vierge et Saint-Sépulcre.

Voici, ce nous semble, sous plusieurs rapports, la plus belle œuvre de Didron au Saint-Sépulcre d'Abbeville. La composition des divers groupes, l'expression des personnages, la distinction des types, l'unité et la simplicité de la composition et par suite la facilité de l'interprétation par tout le monde, tout cela nous enchante dans cette dernière composition.

Dans la partie inférieure on voit, à gauche, l'agriculture occupée de ses principaux travaux : la préparation de la terre et la récolte. A droite, au milieu, est un groupe de priants, mère, enfant, guerrier, pèlerin, qui invoquent et saluent Marie. A côté est le symbole de l'éloquence, peut-être, rendant gloire à la sainte Vierge. C'est un moine qui explique, d'après la légende, qu'il porte à la main les priviléges de Marie : *Salve, Virgo singularis* (a). Dans son auditoire se trouvent deux jeunes femmes ou filles et deux jeunes garçons.

Dans l'étage supérieur (il n'y en a que deux dans cette verrière), nous voyons, à gauche, un esquif qui paraît en détresse. La voile est carguée, à cause du vent; le pilote est courbé sur la barre de son gouvernail ; il y a deux nobles personnages, l'un est un vieillard à la longue barbe, au riche turban, aux mains jointes; l'autre est debout, il a des croix du Saint-Sépulcre sur son chapeau ; il a ce chapeau à la main et implore l'étoile des mers.

A côté, à droite, est la statue de Marie, une Immaculée sans l'Enfant Jésus. Elle paraît suspen-

---

(a) B. r., hymne *Ave maris stella*.

due à un arbre, au milieu du feuillage. Tous les personnages du vitrail ont les yeux tournés vers elle et on pourrait l'appeler, ce vitrail, les arts et les métiers faisant hommage à Marie. Enfin, à l'extrême droite du spectateur est le groupe des arts proprement dits; la musique, sous les traits d'une jeune vierge touchant l'orgue primitif; la sculpture avec une statue de Marie en préparation; l'architecture sous les traits d'un vieux maître, une église à la main; puis la peinture, symbolisée par un religieux, tenant le pinceau ou le crayon. C'est au-dessous que se trouve l'éloquence dont nous avons parlé plus haut et que nous rapprochons ici des autres arts, ses nobles compagnons.

Dans le tympan de l'ogive, tout au haut, est la sainte Vierge, en Reine, *in vestitu deaurato* (a), en robe d'or à riche dessin, tenant l'enfant dans ses bras. A ses pieds sont deux religieux, deux saints, saint Dominique recevant le rosaire; de l'autre côté saint Simon Stock, vêtu d'une robe de couleur carmélite et recevant le saint scapulaire.

Au-dessous sont, sur deux rangs, les emblèmes de Marie, tirés des litanies de Lorette. Au premier rang le *Vas spirituale, Fœderis arca, Domus aurea, Speculum*, le miroir de justice.

Au deuxième rang, la tour de David, le *Sedes justitiæ*, la maison d'or, la porte du ciel, *Turris eburnea*, la tour d'ivoire.

Sur les deux banderoles qui sont dans les petits compartiments accompagnant la sainte Vierge, on lit, à gauche, *Ave Maris Stella*; à droite, *Dei Mater alma*. La verrière est signée Didron aîné, 1864.

(a) Ps. 44-10.

Dans la chapelle du Saint-Sépulcre, nous trouvons deux verrières. Au nord-est celle du crucifix avec la sainte Vierge et saint Jean l'évangéliste. Ce petit tableau, offert par Mme de Franssu, a été composé par Couvreur, peintre-verrier d'Amiens (a); A l'ouest, en face du vitrail du crucifix, est une belle verrière de Didron, bien travaillée, bien peuplée de personnages. Au milieu est Godefroy de Bouillon, à cheval ; il est couvert de ses armes ; il part pour la conquête du Saint-Sépulcre. Un évêque revêtu de ses ornements, la crosse à la main, donne sa bénédiction au chef et aux soldats. Sur l'écu de Bouillon, on lit le cri de guerre inspiré à tous les cœurs, au Concile de Clermont et répété par toutes les voix : *Diex y volt*, Dieu le veut. Ce vitrail est de l'année 1855 ; il a été offert, d'après M. C. Louandre (b), par M. le comte de Riencourt.

Nous avons parcouru dans l'examen de nos vitraux une assez longue carrière, et cependant nous n'avons pu nous appesantir comme nous aurions aimé à le faire, dans l'intérêt de notre piété, sur une multitude de détails dignes d'être relevés. Nous avons dû négliger surtout la partie de

(a) C'est à lui que nous avons confié autrefois la décoration de l'église si intéressante de Gamaches. — (b) Nous plaçons ici le passage entier de M. Charles Louandre, cité par M. Prarond, page 20, *Eglise du Saint-Sépulcre*, 1872, Abb., Briez, C. Paillart et Retaux. « Cette verrière repré-
« sente l'un des faits les plus importants de notre histoire
« locale, nous voulons parler du séjour que Godefroy de
« Bouillon fit à Abbeville avant de partir pour la Croisade.
« Parmi les chevaliers qui accompagnaient ce guerrier
« célèbre, se trouvait un sire de Riencourt, et c'est l'un des
« descendants de ce vaillant soldat de la Croix, M. le
« comte de Riencourt, qui a fait don à l'église du Saint-
« Sépulcre de la magnifique peinture sur verre que nous y
« admirons aujourd'hui. »

l'expression religieuse des scènes, des personnes et des choses, mais nous nous en consolons parce que nous savons qu'il sera facilement suppléé par chacun à ce que nous n'avons pu dire.

Il nous reste à exhorter les paroissiens à faire de temps en temps, quand ils le peuvent, quelque partie de cette étude que nous avons essayée, et, nous en sommes sûr, plusieurs seront heureux de trouver des choses, des beautés ravissantes qu'il ne nous a été donné que d'entrevoir (a).

Nous répéterons, en finissant, ce que nous avons dit plus haut, que nous avons préféré faire l'explication des vitraux par ordre topographique. Commençant au bas côté droit de l'église et allant tout autour pour terminer par la dernière verrière du bas-côté gauche dans la chapelle du Saint-Sépulcre. Libre à chacun cependant de suivre un autre itinéraire.

CHAPITRE VII

Les Orgues de la Paroisse (b).

L'orgue, au dire de tous les artistes et de tous les connaisseurs, est le premier et le roi des instru-

(a) Dans la lettre de M. Didron à M. l'abbé Carpentier, lettre que nous avons reproduite à la fin de ce volume, on pourra voir les idées de cet artiste sur les travaux qui restent encore à exécuter au Saint-Sépulcre. On verra aussi sa manière d'expliquer la synthèse et l'unité de son œuvre ; mais nous devons le dire, cette unité, réelle au fond, ne nous a pas paru bien évidente, ni suffisamment obtenue à l'exécution. — (b) Nous avons fait notre possible pour éviter des détails trop longs et trop techniques, qui n'auraient pas

ments. Aucun autre ne saurait lui être comparé comme puissance, variété, complexité, sonorité, combinaisons de tous genres, etc., etc.

Il est difficile à quelqu'un, n'ayant pas vu un grand orgue, de s'en faire une idée. C'est un véritable labyrinthe de couloirs, de circuits, d'étages, d'escaliers, de plate-formes ; c'est une forêt de tuyaux, de fils de transmission, de machines donnant et distribuant le mouvement de tous côtés, ce n'est pas trop dire, un grand orgue est un monde de claviers, de pédales, de soufflets, de réservoirs à air, de busines de conduite qui s'en vont partout distribuer le vent, comme les artères grandes et petites pour le sang de l'homme.

Mais ce qui doit nous toucher surtout, nous autres chrétiens, c'est le caractère spécial, le caractère religieux, sacré, chrétien, de l'orgue.

Quelle beauté il donne à nos offices ! quelle variété ! car il imite à lui seul et toutes les voix et tous les instruments; il rend toutes les mélodies les plus grandioses, les plus éclatantes, les plus suaves, les plus fantaisistes, pourvu qu'elles aient le caractère religieux. Quelle majesté imprime aussi l'orgue, quelle grandeur spéciale à notre culte catholique ! Aussi les hommes qui ont le plus étudié ces choses, le plus philosophiquement et en penseurs, les Nizard, les Choron, les Joseph d'Ortigues, ne font-ils pas difficulté de dire et d'écrire que l'orgue peut être considéré, pour ainsi dire,

été à notre but général qui est avant tout celui de l'édification ; cependant, nous avons cru qu'on nous saurait gré de descendre dans certains détails, dans une paroisse qui témoigne toujours tant d'intérêt pour tout ce qui a rapport aux choses de la religion en général, et pour celles de la paroisse en particulier.

comme faisant partie de nos dogmes catholiques (a).

Il ne faut pas s'étonner, après cela, si nos pères, ici, en particulier, si nos pasteurs, si nos administrateurs de fabrique ont voulu faire tant de sacrifices pour nous doter de deux intruments qui ne nous laissassent rien à envier à aucune paroisse, même mieux dotée que la nôtre sous d'autres rapports.

Nous parlerons successivement de nos deux orgues. Nous couperons ce que nous avons à en dire en autant de points que cela sera nécessaire pour la clarté des choses (b), mais nous nous souviendrons toujours que, pour nous, il est moins question de l'orgue en général que de notre orgue à nous, et que par conséquent c'est surtout à le décrire tel qu'il est que nous devons nous appliquer.

GRAND ORGUE. — SA PHYSIONOMIE EXTÉRIEURE.

Notre orgue est installé à l'entrée de la nef du milieu dans une tribune de chêne qui est portée sur six piliers.

On y accède par un bel escalier de pierre pratiqué dans une tourelle accolée au côté ouest du clocher.

Les deux buffets de chêne de l'orgue sont d'un aspect satisfaisant et d'une architecture qui parait spéciale, classique pour les orgues. Ils sont évasés

(a) L'emploi de l'orgue dans les églises a été consacré solennellement, en l'année 660, par un décret du pape Vitalien (Bouillet, tome II, page 1170). — (b) Les plus belles orgues que l'on connaisse sont celles de Saint-Eustache, à Paris, qui comptent 90 jeux; celles de Saint-Denis, 91; celles de Saint-Sulpice, à Paris; des cathédrales de Beauvais et de Fribourg; celles toutes nouvelles de la cathédrale de Rouen, qui sortent des ateliers de Merklin, comptent 58 jeux faisant ensemble un total de 3,823 tuyaux (Bachelet et Dezobry, page 1350).

sur les côtés, le buffet principal au moins, et reposent par conséquent sur une base rétrécie. Il y a peu de sculptures à ces deux buffets, excepté les culs-de-lampes des petites tourelles et leurs pinacles. Les culs-de-lampes sont décorés de palmettes demi-enroulées sur le haut et terminées en bas par une pomme de pin.

Les pinacles sont de simples corniches sans aucune sculpture. L'aspect de ces deux buffets serait très-beau, mais il est malheureusement tenu ordinairement dans une trop grande obscurité parce que l'on est obligé de fermer la grande fenêtre qui devrait l'éclairer, à cause des différences de la température extérieure qui influeraient fâcheusement sur les tuyaux et les bois de l'orgue.

Le buffet du devant, appelé le positif, mesure un mètre de profondeur sur deux de hauteur et trois de largeur. Il renferme un certain nombre de jeux dont nous parlerons en son endroit. Les tourelles et les pleins portent dix-sept tuyaux en montre. L'organiste est assis, appuyé à ce buffet dit positif et en face du buffet du grand jeu.

Ce grand buffet qui renferme le plus grand nombre de tuyaux, mesure dans sa plus grande largeur cinq mètres, à sa base deux mètres ; il a deux mètres de profondeur et six de hauteur environ, le tout jugé à l'œil. Les trois tourelles portent chacune cinq gros tuyaux d'étoffe et treize dans les pleins. Cette montre aussi bien que celle du positif est parlante, c'est-à-dire que les tuyaux ne sont pas seulement pour la beauté du meuble, mais pour l'utilité de l'instrument sonore.

Outre ces deux buffets principaux, il y en a un troisième qui ne s'aperçoit pas du bas de l'église, parce qu'il est placé au troisième étage de l'orgue et notablement en arrière, c'est le buffet ou caisse du récitatif qui contient les jeux dont l'artiste se sert à sa volonté pour faire entendre certaines mélodies. Ce petit récipient mesure environ deux mètres de large sur un et demi de haut environ. Sa cloison antérieure est composée d'un châssis de onze douves mobiles qui étouffent les sons ou leur donnent de l'éclat à volonté ; c'est ce qu'on appelle la boîte d'expression, et ce châssis mobile est mis en mouvement par une simple pédale placée à proximité du pied de l'artiste.

Outre ces trois groupes principaux, notre orgue renferme aussi deux annexes considérables, l'une à droite, l'autre à gauche où sont logés les plus gros tuyaux de bois ou de métal qui rendent les sonorités les plus intenses et aussi les plus profondes.

Chacune de ces deux annexes mesure deux mètres de large et six de haut, avec une profondeur d'un mètre vingt centimètres environ.

Enfin, dans l'extrême profondeur de l'instrument, le long des murs de la façade de l'église, de chaque côté de la grande ogive qui est au-dessus du portail, sont deux groupes de nos tuyaux géants dont le plus grand, par sa hauteur, donne son nom à tout l'instrument, seize pieds; certains de ces tuyaux contiendraient facilement plusieurs personnes et celui de seize pieds en particulier.

Telle est la première idée à se faire de cet instrument qui ne serait pas déplacé dans les paroisses même les plus importantes.

Les Claviers du grand Orgue.

Une des pièces principales ou plutôt essentielles d'un orgue, c'est le clavier, sorte de petite table formée par des touches blanches et noires qui, par leur abaissement, font ouvrir les tuyaux de l'orgue pour en tirer des sons. Le mot clavier veut dire clef, parce que les touches qui le composent ouvrent tour à tour ou simultanément les tuyaux de l'orgue comme on vient de le dire.

Le clavier est comme la main de l'artiste et les touches sont comme ses doigts qui font parler l'instrument et le font se taire à leur volonté.

Notre grand orgue a d'abord trois claviers à mains ou pour les mains : on peut les toucher un à un, ou deux à deux, ou même trois ensemble.

Les trois claviers sont placés devant la poitrine de l'organiste, en une espèce de gradin de trente centimètres de large environ.

Le premier clavier est composé de cinquante-quatre touches parlantes qui vont éveiller les voix des tuyaux placés par derrière l'organiste, dans le buffet antérieur appelé *positif*. La transmission de l'ordre imprimé aux touches de ce clavier se fait par des fils qui passent au-dessous des pieds de l'artiste.

Le deuxième clavier, l'intermédiaire, est composé de cinquante-quatre touches, dont vingt-deux noires et trente-deux blanches. Les touches de ce clavier font résonner les tuyaux qui sont renfermés dans le grand buffet.

Le troisième clavier à mains est celui du *récit*, dont les tuyaux sont placés tout au haut de l'orgue, au troisième étage, au-dessus du grand buffet. Ce clavier est en tout semblable à ses deux inférieurs; il a cinquante-quatre touches noires et blanches comme eux, mais il n'a que quarante-deux touches parlantes, vingt-cinq blanches et dix-sept noires; aussi les jeux de ce petit buffet supérieur, dit le *récit*, ne sont-ils pas des jeux entiers.

Notre grand orgue a un quatrième clavier, mais il est pour les pieds de l'artiste qui s'en sert comme de doigts pour abaisser de grandes et grosses touches de bois. Ce clavier s'appelle le clavier *de pédales*; il est composé de quinze grandes touches et de dix moins longues et un peu plus hautes, en tout vingt-cinq notes.

Ce clavier fait parler un certain nombre de grands et forts tuyaux, qui sont comme la grosse cavalerie de cette armée de tubes sonores, appelée un orgue.

Nous avons, enfin, une cinquième espèce de clavier, que l'artiste fait aussi mouvoir avec les pieds et qui sert à différents usages, comme, par exemple, à ouvrir quand on le veut l'*appareil expressif*, qui donne beaucoup de charme à l'orgue en diminuant ou en enflant les sons et sert, par conséquent, à nuancer les morceaux. Un autre est pour le *tremolo*, appareil qui, semblable à la glotte du gosier humain, imprime à la mélodie des hoquets, des cadences, qui sont quelquefois d'un excellent effet. Ce grand clavier compte dix de ces pédales que le pied de l'organiste fait agir avec la plus grande facilité.

De chaque côté des trois claviers à mains, sont alignés verticalement, plusieurs de front, des boutons de porcelaine, dont les uns sont entourés d'un cercle de couleur verte, les autres de couleur noire, d'autres de couleur rouge, d'autres de couleur bleue ; ces boutons sont destinés à faire mouvoir, sous les sommiers, de longues planchettes appelées *registres.*

L'emploi du registre est de fermer et d'ouvrir au vent, toute une ligne de tuyaux ou jeux.

Ces registres s'ouvrent et se ferment au moyen de longues tringles de bois qui ne font qu'un avec les têtes de porcelaine des côtés des claviers. Ces mouvements des tringles à registres sont d'un ingénieux mécanisme qui sert à communiquer aux différents registres le mouvement avec précision et simplicité, malgré des angles, des coudes et des changements de niveau assez nombreux.

Les boutons de porcelaine, têtes extérieures des tringles de registres, sont, sur le côté gauche, au nombre de vingt-et-un, et sur le côté droit, de vingt, répartis en quatre groupes (verts, noirs, rouges, bleus).

Ce qui constitue quarante registres pour fermer et ouvrir les jeux que nous allons examiner rapidement dans le point suivant (a).

Mais avant, envoyons nos félicitations, notre admiration même à ces ouvriers chrétiens, à ces facteurs chrétiens qui ont poussé si loin leur art, ont fait vraiment des prodiges de facilité de mouvements dans la plus grande complexité. Ah ! c'est que le Seigneur les aidait de sa grâce et de ses lumières pour perfectionner l'*Organum*, l'instrument par excellence, sur lequel on loue si bien Dieu, *Laudate eum in chordis et organo* (b).

(a) Il n'y a que 40 registres, quoi qu'il y ait 41 têtes de porcelaine, parce que l'une d'elles appelée clochette, sert seulement à agiter un timbre pour avertir le souffleur. —
(b) Ps. 150-4.

Les jeux du grand Orgue en général.

Notre orgue est un seize pieds et il comprend, comme nous venons de le dire, quarante jeux ou instruments différents de noms, de calibre, de timbre ou de qualités de son ; les uns sonnent le violoncelle, par exemple, d'autres la flûte, la trompette, le hautbois, le flageolet, etc., etc.

Un jeu complet se compose de cinquante-quatre notes, comme nous avons compté cinquante-quatre touches au clavier du positif et du grand orgue.

Les jeux sont placés sur le sommier ou table fournissant l'air aux tuyaux; ils sont placés sur une seule ligne, mais dans cette condition que les notes ne sont pas à côté les unes des autres dans l'ordre diatonique. La note la plus grave du jeu est la plus éloignée de celle qui la suit immédiatement en gravité. Ainsi, les deux notes les plus aigues du jeu sont tout-à-fait rapprochées l'une de l'autre et au milieu de la ligne des vingt-quatre tuyaux qui vont ainsi des deux côtés en montant des plus courts aux plus longs. Cet assemblage n'est pas sans agrément pour les yeux et donne au poids total des tuyaux un meilleur équilibre que si tous les tuyaux les plus longs et les plus lourds des jeux étaient tous d'un même côté (a).

Voici les noms de chacun des jeux de notre orgue avec quelques petites observations sur chacun, selon que cela sera nécessaire.

Les jeux du grand Orgue (grand buffet).

Les jeux du plus grand buffet, dit quelquefois

(a) Il y a aussi des raisons techniques qui ont porté les facteurs d'orgue à adopter cette disposition.

simplement grand orgue, sont au nombre de quinze, dont les noms suivent, en allant du devant au fond du buffet, savoir :

Les montres de 16 et de 8. — Ce sont des tuyaux d'étain poli qui escortent les tourelles et se trouvent aussi dans les plates-faces des orgues à l'extérieur. Ces montres de 16 ou de 8 ne sont pas complètes dans leur étalage, elles sont complétées par des tuyaux placés dans les côtés du buffet. Quant à la qualité ou genre de sonorité des montres, elle est du genre des flûtes, c'est-à-dire d'une sonorité douce, ces tuyaux n'ayant pas à leur base de langue vibratoire appelée anche qui donne au son le mordant et l'éclat. Les montres ne reçoivent pas le vent directement des sommiers, mais par le moyen d'un appareil appelé postage.

Grand cornet. — Ce jeu est tout en étoffe (plomb et étain); il n'a que deux octaves d'étendue ; il est posté, c'est-à-dire qu'il n'est pas sur le sommier et qu'il reçoit le vent par des conduits séparés; il est composé de cinq rangs de tuyaux : *bourdon, prestant, nasard, quarte de nasard, tierce.*

Ainsi, quand le registre de ce jeu composé est tiré, chaque touche du clavier fait entendre, d'un seul coup, cinq notes accordées, à la tonique, tierce-quinte, etc. Ce jeu est sonore, bruyant et d'une harmonie primitive.

Prestant. — Son nom vient du latin *præstare*, l'emporter, parce que ce jeu joue un rôle principal dans l'orgue, attendu que c'est sur lui et d'après lui que s'accordent les autres jeux de l'orgue ; le prestant est au ton de la voix humaine ; le prestant a toute l'étendue du clavier.

Gambe de 8 pieds ou jambe, viole de jambe (de l'italion *Gamba*). Ces tuyaux sont faits d'étain ; ils sont de forme cylindrique, c'est-à-dire qui ne va pas en s'évasant vers le haut ; le plus long de ces tuyaux a huit pieds de hauteur. Ce jeu imite la viole, instrument analogue au violon, mais plus gros ; il est remarquable par une espèce de coup d'archet tel qu'on pourrait croire quelquefois à la présence d'un instrument à cordes. Ce jeu n'a pas ordinairement toute l'étendue du clavier, parce qu'il n'est caractéristique que dans un nombre circonscrit de notes.

Kérélophone de 8 (*kérolophone* et *kéraulophone* et mieux il nous semble *kératophone*, c'est-à-dire qui a un son de corne (de cor)). — Ce jeu est une espèce de flûte à entailles ; il rend le son du cor dans quelques-unes de ses notes graves, d'où lui est venu son nom. Ce son de cor est obtenu en pratiquant au haut des tuyaux un trou, tantôt rond et tantôt carré.

Bourdon de 8. — Le nom de ce jeu lui vient d'un certain bourdonnement moelleux et doux semblable à celui que produit avec sa trompe et ses ailes, en volant, l'insecte hyménoptère de ce nom. Les jeux du bourdon donnent à l'orgue ses sons les plus religieux. Les tuyaux sont de bois ; ils sont fermés par le haut, ce qui d'abord voile les sons et ensuite, les fait immédiatement passer à l'octave inférieure. Ainsi le bourdon de 8 pieds dont il est ici question, n'en a que quatre, en effet, mais produisant la même gravité de son que ferait un autre tuyau de huit.

Plein jeu, petite fourniture, grande fourniture, 5 tuyaux de front. — Dans notre orgue du Saint-Sépulcre, on désigne, sous ce nom, deux registres dont l'un contient la petite fourniture (deux lignes de tuyaux), et le deuxième porte la grosse fourniture (trois lignes de tuyaux). Ces cinq jeux peuvent parler réunis ou séparés en deux. Il ne faut pas confondre notre plein jeu tel qu'il vient d'être décrit avec ce qu'on appelle le grand jeu.

Kérolophone de 4. — C'est le même jeu que celui décrit plus haut, mais dont le plus long tuyau ne mesure que quatre pieds.

Bombarde. — Ce nom lui vient du mot grec *Bombos*, éclat, bruit. C'est le plus grand des jeux à anches de l'orgue et le plus éclatant ; maintenant on ne le place guère qu'au clavier de pédale, mais dans notre orgue, il se trouve, par *duplicata,* au clavier à mains du grand orgue. Les tuyaux de ce jeu sont coniques, c'est-à-dire évasés à la manière des trompettes ; le plus grand tuyau a seize pieds. On appelle anche, ainsi que nous l'avons déjà dit, une languette métallique qui est placée au bas des tuyaux et qui, étant mise en vibration par le vent, produit un son très-strident. Les jeux à anches et les jeux à bouches, c'est-à-dire à simple ouverture comme celle de la flûte, forment la grande division des jeux de l'orgue.

Trompette. — C'est un des jeux les plus éclatants de l'orgue. Les tuyaux en sont faits de fin étain ; ils sont coniques, c'est-à-dire vont, comme nous l'avons dit plus haut, en s'évasant ; le plus grand tuyau a huit pieds ouverts. Cependant, quand on place, à la pédale, un jeu de trompette, on a besoin de notes plus graves et on les obtient en ajoutant quelques tuyaux plus longs que dans les jeux de trompettes des claviers à main.

Basson. — Ce jeu est à anche, il a quelque chose de religieux et de sympathique ; son clavier se complète ordinairement par le hautbois; il est fait, dans notre orgue, en manière de trompette et à cause de l'évasement des tuyaux, ne forme pas une ligne bien correcte sur le sommier, mais un ensemble un peu mêlé. Dans certains orgues, la forme des bassons est spéciale, les tuyaux sont renflés au milieu et effilés par les deux bouts.

Euphone, de deux mots grecs qui signifient *belle voix*. — Il est à anche libre, c'est-à-dire vibrant librement au gré du vent qui lui est envoyé par le sommier; c'est le système de l'*harmonium* appliqué à l'orgue à tuyaux. Ce jeu a une douceur particulière; le haut des tuyaux est en cône allongé.

Clairon. — Ce jeu est fait d'étain, il est conique comme le jeu de trompette; c'est, à proprement parler, une trompette plus aiguë que la trompette proprement dite. Comme il n'a pas cinquante-deux notes, on complète les octaves qui manquent en répétant les octaves qui existent dans la partie régulière du jeu. On appelle ces additions : reprises ; elles donnent au jeu de clairon un aspect particulier et qui le fait reconnaître à première vue. Ce jeu ne s'emploie pas seul (a).

Tels sont les jeux du grand buffet de notre orgue; le nombre des tuyaux fournis par ces quinze jeux s'élève à huit cents en chiffre rond : voilà bien des voix graves et élevées, sonores et voilées, douces et vibrantes pour chanter les louanges du Seigneur; sachons mêler nos louanges à ces louanges ; chantons, avec le grand orgue, dans notre cœur, en particulier, quand, à l'offertoire, il concerte sur des modes brillants, quand, à l'élévation, il donne, sur

(a) Il faut joindre à ces 14 jeux, le cromorne de 8, jeu de forme cylindrique, qui rend à peu près le son du violoncelle.

un mode plein de majesté, le salut au Dieu qui est sur l'autel et quand, à la communion, il nous envoie, pour ouvrir nos cœurs et les préparer à recevoir le Dieu de l'Eucharistie, ses accents les plus pénétrants, ses mélodies les plus suaves, ses voix les plus recueillies ; c'est ainsi que choses et personnes, nature et humanité, créatures avec ou sans intelligence, nous célèbrerons le Seigneur : *Cantemus Domino, gloriose enim magnificatus est* (a).

Les jeux du Positif.

On appelle *le positif* dans un orgue, le buffet qui est séparé du grand buffet de l'orgue et qui est placé tout à fait sur le devant de la tribune, en dehors de laquelle même il est en saillie.

Notre positif est la réduction de notre grand buffet ; il a deux tourelles comme lui, des culs de lampes sculptés et des pinacles en moulures de corniches comme lui ; on y accède de l'intérieur de la tribune par deux portes ordinairement fermées, et qui sont comme le haut dossier du banc de l'artiste placé devant ses claviers.

Le clavier inférieur est celui qui fait parler les jeux du positif. Le mécanisme qui met en mouvement ses registres et celui qui abaisse les soupapes de ses notes, passent non sans complexité et néanmoins avec une grande facilité, rendue telle par les perfectionnements remarquables de la mécanique d'orgue.

Nous dirons rapidement quelque chose des différents jeux au nombre de dix, du positif. Nous suivrons l'ordre de leur placement sur le sommier, en allant de l'extérieur à l'intérieur.

(a) Cantique de Moïse.

C'est d'abord *la montre*. — C'est une montre de 8 et pas n'est besoin de répéter ce que nous avons dit sur ces jeux ; on peut s'y reporter page 366.

La *flûte harmonique*. — Il y a un grand nombre de flûtes qui, tout en restant du genre flûte, forment cependant des variétés très-caractérisées, par exemple : la flûte octaviante, la flûte du récit, etc. Telle est aussi la flûte harmonique qui a sans doute, à l'égard des autres flûtes, des sons analogues à ceux que le violoniste et le violoncelliste tirent de leur instrument, en faisant passer l'archet près du chevalet et en n'appuyant le doigt que très-légèrement sur la corde. Les sons produits ainsi s'appellent des sons harmoniques. Notre jeu de flûte harmonique est un jeu de quatre pieds.

Bourdon de 8. — Voir un jeu semblable du grand buffet décrit plus haut, au grand orgue.

Prestant de 4. — Voir la description de ce jeu au grand orgue.

Nasard de 3. — Ce jeu porte le nom de nasard parce qu'il imite, dit Napoléon Landais (a), la voix d'un homme qui parle du nez, mais cette définition ne paraît pas bien exacte, car le nasard rend un son doux et flûté. On ne l'a appelé nasard, dit Joseph d'Ortigues (b), que parce qu'en composition avec d'autres jeux, comme dans le grand cornet, par exemple, il empêche d'autres jeux de rendre un son semblable à la voix d'une personne qui n'aurait pas de nez, ou qui chanterait en se pinçant le nez; dans ce cas le nasard fait vraiment l'office des fosses nasales du nez, d'où son nom. Le nasard est

---

(a) Napoléon Landais, *Dict.*, tome II. — (b) Joseph d'Ortigues, édit. Migne.

fait en étoffe, ses tuyaux sont ouverts et il a toute l'étendue du clavier.

Le salicional de 8 pieds. — Ce jeu emprunte son nom au mot latin *salix*, saule, parce qu'il donne un son analogue à la flûte qui était faite avec le saule. On l'appelle quelquefois *salicet, salcional*, mais on entrevoit toujours la même étymologie. C'est un des beaux jeux de l'orgue.

Octavin de 2 pieds. — C'est une petite flûte que l'on place ordinairement au récit pour donner plus de douceur aux autres jeux; il est employé au clavier de notre grand orgue pour tenir lieu, je crois, d'une doublette.

Le salicional de 4. — Voir, plus haut, au salicional de 8.

La trompette de 8. — Voir le jeu semblable du grand orgue.

Enfin, *la clarinette de 8.* — C'est un jeu à anche, dont le plus grand tuyau a huit pieds de long; il imite parfaitement le son de la clarinette ordinaire; il en a le velouté, la limpidité et l'accent champêtre. C'est un des jeux de l'orgue qui sont le plus populaires et que tout le monde reconnaît le plus facilement avec la gambe, le hautbois, le flageolet, les flûtes.

Quelle admirable chose vraiment que cet organon, cet instrument complet qui réunit à la gloire de Dieu, en quatre groupes pneumatiques, tous les instruments à vent et qui imite même les instruments à cordes.

Combien nous devons savoir estimer ces facteurs d'orgues, véritables artistes, quoiqu'ils puissent n'être pas musiciens exécutants, qui ont tant et si bien perfectionné le clavier microscopique et pourtant justement légendaire de sainte Cécile.

Combien aussi nous devons honorer et encourager ces artistes religieux qui emploient leurs études, leur talent et souvent même leurs ressources pécuniaires (car le vrai artiste ne pense guère à l'argent), afin de doter nos offices de mélodies et d'harmonies qui ne le cèdent en rien à la musique profane et qui ont, sur celles-ci, l'avantage de porter les âmes à Dieu.

Il faut nous efforcer souvent aussi, toujours aussi, de donner à l'orgue la seule chose qui lui manque et qu'il n'aura jamais, la vibration intelligente de nos pensées, de nos sentiments, de nos âmes, par la prière.

JEUX DU RÉCIT EXPRESSIF (42 Notes).

Le récit expressif, c'est le petit buffet, le meuble dans lequel sont placés un certain nombre de jeux dont nous allons donner la description. On donne, à ce petit récipient, le nom de récit, parce qu'il est composé de jeux destinés à exécuter les parties concertantes ou les chants à la manière d'une seule voix ou d'un seul instrument, et on l'appelle expressif, parce que la caisse, boîte ou buffet qui renferme ces jeux est composée de planches mobiles qui donnent de l'expression, en éloignant, étouffant ou faisant éclater les sons. Les jeux du récit expressif sont les suivants (a).

Flageolet de 2 pieds. — Du latin *flagellum*, languette, parce que, primitivement, on faisait le flageolet avec l'écorce d'une branche et à la lumière ou bouche qui est au-dessous du bec, on ne déta-

(a) Le clavier et par conséquent les jeux du récit n'ont que 42 notes.

chait pas entièrement l'écorce qui, alors, faisait languette. Le flageolet de l'orgue est en bois comme les flageolets ordinaires, seulement il n'a pas six trous qui sont remplacés par la longueur différente des tuyaux. Le son de ce petit instrument est très-gai, très-animé.

Gambe de 8. — Voir le jeu pareil au grand orgue.

Bourdon de 16. — Le plus grand tuyau de ce jeu n'a pas seize pieds ouverts, mais seulement huit pieds fermés et il rend le diapason de seize pieds, parce qu'on sait que, quand un tuyau est bouché, le son ne pouvant sortir par le haut, revient sur ses pas après avoir parcouru le tuyau jusqu'au haut pour ressortir par l'ouverture d'en bas, ce qui donne, en réalité, à un tuyau de huit pieds, par exemple, une longueur de seize et un son de tuyau de seize pieds, ouvert. Voir, pour la description du bourdon, aux jeux du grand orgue.

Voix céleste de 8 pieds. — C'est un jeu qui a toute l'étendue du clavier du récit; il est de la nature de la gambe et, quoiqu'il y ait un registre et qu'on puisse le faire parler seul, néanmoins il ne fait vraiment la voix céleste que quand on mêle avec lui le jeu de gambe accordé avec une légère dissonance; il se produit alors une certaine sonorité spéciale qu'on appelle voix céleste.

Flûte octaviante de 4 pieds. — Ce jeu ressemble beaucoup à celui de la flûte harmonique décrite aux jeux du positif; son jeu est métallique, il imite la flûte traversière. Voir la description de la flûte harmonique au positif.

Cor anglais 16 pieds. — C'est un jeu inconnu à l'ancienne facture d'orgue, il est conique, il est à anche libre comme celui des *harmoniums*, il est à l'unisson du seize pieds, mais sa taille est moins élevée. Il a quelque chose de mélancolique et de triste comme l'instrument à vent, dont il a pris le nom et qui ne se joue à l'orchestre que pour quelques solos particuliers.

Trompette de 8 pieds. — Voir le même jeu, aux descriptions du positif, à l'article précédent.

Hautbois de 8 pieds. — Ce jeu est à anche, en fin étain, de forme conique ; il a un son gracieux, il rappelle bien le vrai hautbois et a, par conséquent, quelque chose de champêtre et de sylvestre.

Enfin, *la voix humaine de 8 pieds.* — C'est un jeu à anche et en étain ; il est très-court, ses tuyaux sont un peu fermés pour en adoucir les sons ; il y a peu de bonne voix humaine d'orgue ; la nôtre rappelle cependant le son légèrement étranglé qui sortirait d'un gosier momentanément serré par la main ou un mouchoir. La voix humaine de l'orgue de Fribourg a une réputation européenne.

Il est impossible, en lisant ces choses, que nous ne remarquions pas les efforts constants que font les artistes pour donner à l'orgue des sons pleins de douceur et d'harmonie. C'est pour cela qu'ils ont composé, avec beaucoup de travail, tous ces jeux suaves comme les flûtes, les voix célestes, etc. ; tous ces jeux champêtres comme les hautbois, les clarinettes, etc. ; tous ces jeux aux sons voilés et religieux comme les bourdons, les cors anglais et autres ; eh bien ! apprenons de là à donner, nous aussi, à notre orgue intérieur, à notre cœur (car ce cœur est aussi un merveilleux instrument), apprenons à lui donner l'onction, la suavité, l'innocence des désirs célestes, des louanges angéliques, des prières dignes de Dieu.

Les jeux de la Pédale (25 Notes).

On donne le nom de pédale, comme nous l'avons vu plus haut, à un clavier, c'est-à-dire à un ensemble de touches, grandes et petites, que l'organiste fait mouvoir avec les pieds, d'où le nom de pédale. Ces touches aboutissent, chez nous, à un certain nombre de jeux répartis en deux groupes ou deux espèces de récipients supplémentaires de chaque côté du grand buffet. Nous avons, dans ces deux annexes, six jeux de grande taille ; sans ces jeux de pédale, l'harmonie de l'orgue manquerait de largeur, d'ampleur, de majesté, elle serait, pour ainsi dire, sans base. Nous n'aurons que peu de choses à dire sur ces six jeux, parce qu'ils ont déjà été décrits dans d'autres endroits et nous y renvoyons. Parmi ces six jeux sont :

Le clairon de 4 pieds. — Voir ce jeu au grand orgue.

La trompette de 8 pieds. — Voir au grand orgue.

La bombarde de 16 pieds. — Voir au grand orgue.

Le violoncelle de 8 pieds. — Ce jeu est moderne, il ne date que de quelques années ; il est à bouche, imite l'instrument à cordes de ce nom et quand il est bien réussi, il a des notes qui font une illusion suffisante pour faire croire, quand on n'y prend pas garde, qu'il y a une vraie contrebasse faisant sa partie avec l'orgue.

La flûte de 8 pieds. — On l'appelle, dans quelques auteurs, principale de huit pieds, sans doute, pour montrer le rôle important qu'elle joue dans la composition de l'orgue ; sans le mélange des quatre jeux à bouche à la pédale avec les jeux d'anche, l'harmonie des trois jeux d'anches serait sauvage et presqu'insoutenable, au moins pour les personnes placées non loin de l'instrument.

Enfin, *la flute de 16 pieds*. — C'est le jeu géant de notre orgue ; les tuyaux sont de bois, plusieurs sont semblables à de vraies cheminées ; ils sont dressés tout au fond de l'orgue, le long de la muraille, dans laquelle ils sont scellés. Leur son est un mugissement dont la tonalité est difficile à apprécier, mais qui fait valoir le reste.

En considérant cette variété de tubes sonores dont les uns, presqu'infiniment petits, atteignent à peine une longueur de trois ou quatre centimètres, on admire comment le Seigneur sait tout faire servir à sa gloire, même les plus petites choses ; on se rappelle aussi, involontairement, que Dieu nous dit, dans l'Ecriture, qu'il tire sa louange parfaite de la bouche des petits enfants, même de ceux qui sont encore à la mamelle, *ex ore infantium et lactentium perfecisti laudem* (a), et alors, prêtres, parents, maîtres, on prend la résolution de ne rien négliger pour former les adolescents et les plus jeunes enfants à la prière, à la récitation de Notre Père, de Je vous salue, Marie, et du signe de la croix.

Ce sont des pensées qui viennent naturellement, en considérant les tuyaux microscopiques de l'orgue ; mais quand on se retourne et que, derrière soi, à ses côtés, partout, on aperçoit d'énormes machines dressées comme des spectres menaçants ou comme les arbres d'une forêt, on ne peut aussi que se dire que ces vastes tuyaux, si obéissants, si résonnants, si glorifiant Dieu, sont l'image de ces générations mûres, de ces hommes forts, de ces vieil-

(a) Saint Matth., 21-16.

lards qui, eux aussi, doivent chanter le Seigneur comme les arbres, comme les vents, comme les mers, comme les montagnes, et on se répète naturellement la parole du saint prophète, du musicien inspiré, le roi David : Dieu est admirable dans les hauteurs et les profondeurs, *Mirabilis in altis Dominus* (a).

Le mécanisme de l'Orgue.

Nous avons parlé jusqu'ici de ce qui peut être appelé justement la partie artistique de l'orgue ; nous allons dire quelques mots très-rapides sur la partie plus matérielle, plus mécanique de cet instrument, non pas qu'il n'y ait, dans ces choses secondaires, de belles, ingénieuses et même très-savantes combinaisons, mais parce qu'il faudrait descendre dans des détails trop techniques et, par suite, peu intéressants pour beaucoup d'entre nous. Nous en donnerons, néanmoins, une idée, et comme, pour que l'organiste parvienne à imprimer sa volonté aux tuyaux placés souvent loin de lui, il lui faut nécessairement des appareils pour prolonger son action du clavier jusqu'aux soupapes qui permettent au souffle d'entrer dans les tuyaux, et comme, outre ces soupapes, il faut que les registres soient ouverts et qu'il faut, avant tout, du vent pour un instrument pneumatique, ce sont trois choses dont nous allons traiter rapidement.

Et, d'abord, *l'abrégé*. — C'est un mécanisme assez compliqué qui permet à l'organiste en frappant, en abaissant une des touches de ses claviers à mains, d'atteindre et d'abaisser, en même temps, la soupape qui ferme au vent le tuyau qu'il a l'intention

(a) Ps. 92-4.

de faire parler. La mécanique nécessaire pour cela est composée de règles de bois légères et menues, qui sont articulées, quand cela est nécessaire, avec d'autres règles semblables, au moyen d'équerres et leviers qui changent la direction et le niveau, autant que cela est nécessaire, pour aller atteindre celui des sommiers sur lequel est fixé le tuyau. A l'endroit où la règle est pour entrer dans le sommier ou réservoir du vent, elle est attachée à un fil de fer qui tient lui-même à la soupape et l'abaisse ; un ressort fait remonter cette soupape aussitôt que l'organiste cesse d'appuyer sur la touche du clavier.

Il y a autant d'abrégés que de claviers.

Dans l'orgue du Saint-Sépulcre, l'abrégé du positif descend verticalement, puis passe horizontalement sous un plancher sur lequel est le banc de l'organiste et, de là, va atteindre les jeux et les tuyaux de ce positif.

L'abrégé du grand orgue monte jusqu'aux sommiers qui supportent les jeux élevés à quelques pieds du plancher de la tribune. Quand certains tuyaux ne peuvent pas être posés directement sur le sommier, faute de place par exemple, de petits conduits leur amènent le vent et on dit alors qu'ils sont postés ou en postage.

L'abrégé du récit expressif est non moins compliqué que les deux que nous venons de décrire. Au sortir du troisième clavier, du clavier supérieur, les réglettes montent, rampent horizontalement sous le plancher du grand orgue, puis s'élancent verticalement, non loin du mur, jusqu'à la hauteur du deuxième étage, où est placée la boîte du récit expressif ; là, elles entrent dans le sommier du récit, abaissent les soupapes et sonifient le tuyau, comme il a été dit plus haut.

Enfin, l'abrégé du clavier de pédales mérite aussi d'être décrit. Des touches placées aux pieds de l'organiste, les tringles, après un trajet en ligne droite, rampent diagonalement sous un plancher mobile, arrivent au coin de chaque côté du récipient des jeux de pédales, remontent, à angle droit, au moyen d'une équerre et se rendent aux sommiers sur lesquels sont placés ces jeux. Tel est le mécanisme vraiment beau et relativement très-léger, très-alerte de l'abrégé.

Mécanisme des Registres.

Les têtes de porcelaine qui portent l'indication des registres à tirer et qui sont rangées symétriquement des deux côtés du clavier, à droite et à gauche de l'organiste, ont besoin d'un mécanisme analogue à celui de l'abrégé pour atteindre les registres placés sous les sommiers et les faire agir, afin de fermer ou ouvrir l'accès au vent. Cette mécanique, on le comprend facilement, ne peut pas avoir l'élégance et la légèreté de l'abrégé, parce qu'il lui faut beaucoup plus de solidité et de résistance.

Il y a quatre mécaniques de registres comme il y a quatre abrégés et quatre claviers.

La mécanique, nous appliquons spécialement ce mot au tirage des registres, la mécanique du positif, au sortir des étiquettes de porcelaine, entre immédiatement dans le buffet, va trouver des tringles solides, verticales d'un mètre environ, qui tournent sur des pivots, leur fait faire un tour sur elles-mêmes, ce qui permet à une autre tringle articulée à la base de passer sous le plancher de l'organiste, de chaque côté, en biais, et d'entrer dans le buffet du positif, pour y faire agir tous les registres.

La mécanique du grand jeu, au sortir des têtes de porcelaine, s'étend horizontalement et au moyen de longues bandes de fer mobiles, au bout des tringles, va ouvrir les registres des sommiers. C'est le moins compliqué des quatre mécanismes.

Celui du récit expressif, au sortir des têtes de porcelaine, se dirige sur des tringles verticales de 2 mèt. 50 cent. environ de hauteur, qui tournent sur elles-mêmes et qui, s'articulant à leur sommet avec d'autres tringles, agissent sur les registres du récit expressif.

Enfin, le mécanisme du clavier de pédales consiste en six longues tiges de fer, plantées verticalement, qui roulent sur elles-mêmes et qui communiquent le mouvement aux récipients des jeux de pédales. — Nous ne parlons pas du mécanisme des pédales d'appel et de combinaison, parce que ce qui a été dit nous paraît long déjà pour beaucoup, et suffisant même pour ceux qui ne veulent que se rendre compte.

Enfin, tout ce vaste ensemble de notre orgue se complète par la soufflerie qui est la respiration de la poitrine et, par suite, la voix et la parole de l'instrument.

Notre orgue a, à droite, un premier grand soufflet ; c'est un parallélogramme de 3 mètres de côté sur 2 et capable de 1 mètre de dilatation ou de gonflement. Un énorme poids de pierres, plomb, etc., convenablement distribué presse, sans cesse, sur la paroi supérieure de ce soufflet, et en l'abaissant, sans cesse, chasse le vent dans les tuyaux.

A gauche, en entrant, est un autre soufflet de même forme et de même dimension, à peu près, mais dont le levier est moins compliqué.

Entre ces deux soufflets, poumons colossaux d'un instrument colosse, sont deux réservoirs à vent, superposés, dont l'un porte le souffle au deuxième étage de l'orgue, c'est-à-dire au récit expressif et l'autre, par des conduits diagonaux, entre deux planchers, aux sommiers du positif.

Telle est bien, en raccourci, sans doute, une description de la partie matérielle de l'orgue du Saint-Sépulcre. En l'étudiant, nous nous demandions, avec une sorte de stupeur, quelle devait donc être l'effrayante complication d'un orgue de trente-deux pieds, c'est-à-dire double du nôtre, avec quatre-vingt ou cent jeux au lieu de quarante-deux, avec cinq ou six mille tuyaux au lieu de trois mille ; cependant, nous ne pûmes nous empêcher de remarquer que notre tribune et nos buffets n'ayant été combinés originairement que pour y placer un orgue de quinze jeux environ, il est vraiment étonnant qu'on soit parvenu à y loger quarante-deux jeux et le mécanisme y afférent, et quiconque verra ce qui a été fait pour économiser le terrain, utiliser le plus petit espace, se servir de la hauteur quand la largeur manquait, etc., etc., quiconque le verra aura certainement une grande idée du talent du facteur qui a succédé aux deux premiers (a) et des artistes et amateurs qui ont tout préparé par leurs patientes études et leurs conseils.

En terminant ce que nous avons à dire sur nos

(a) On trouvera à la note XXXIII un détail de l'historique de l'orgue du Saint-Sépulcre, de son état primitif et de son état présent.

grandes orgues, nous nous rappellerons l'ouvrage de ce Curé, Georges-Godefroy Ritther, sur l'orgue, et qu'il intitulait : *Vivum Dei organum*, l'instrument vivant de Dieu. Il avait raison, sans nul doute, ce savant Curé, mais, et il ne l'eût pas nié, sans doute, l'orgue ne sera vraiment l'instrument vivant que si nous lui donnons l'intelligence qu'il ne peut avoir, qu'en accompagnant ses mélodies, de notre piété, de notre vive foi, en un mot, de nos ferventes prières. Oui, que notre orgue loue le Seigneur, mais que nos voix le chantent, que nos pensées le contemplent et que notre cœur l'aime à jamais (a).

Le petit Orgue.

Nous nous bornerons à quelques indications sans rien décrire.

Cet orgue a été fait en 1852 par Ch. Lefèvre, facteur primitif du grand orgue, pour accompagner les chants ; il a été successivement retouché et mis, au prix de beaucoup de soins et de dépenses, en l'état où il est maintenant.

Il a un clavier à mains, transpositeur, de cinquante-quatre notes et trois touches de transposition ; il a onze jeux : *clairon, trompette de 8 pieds, nasard, doublette, prestant, bourdon de 8 pieds, euphone, flûte de 8, salicional de 8 pieds, gambe de 8 pieds, flûte de 16.*

Le clavier à pied a dix-huit notes.

L'organiste a en outre, à sa disposition, trois pédales d'accouplement, etc...

Le buffet est beau ; il est à panneaux sculptés, de manière à pouvoir servir de rétable à l'autel du

(a) Bibliograp. de Lichtenthal ; voir aussi Caraccioli.

Sacré-Cœur. Il n'a pas de tourelles, mais seulement trois motifs droits, à clochetons. Le clocheton central est très-beau.

Ce buffet a quatre mètres de longueur sur deux de profondeur.

La montre est d'un bel effet derrière l'autel et se compose de trente-cinq tuyaux d'étain fin.

Le soufflet est placé en sous-sol et il a à peu près les dimensions du buffet.

Les claviers, placés dans le chœur, font corps avec les stalles, ce qui permet au maître de chapelle d'être près du lutrin et non loin du chœur des cantiques.

Le mécanisme des registres et l'abrégé des soupapes est assez compliqué et cependant fonctionne bien.

Cet instrument nous rend de bons services pour les chants, et on peut dire que bien conduit comme il l'est, il travaille puissamment à la gloire de Dieu, à l'édification de la paroisse et par suite au salut des âmes (a).

CHAPITRE VIII

Le Mobilier de l'église.

Il est évident que nous pourrions faire entrer dans ce chapitre tout ce qui meuble et décore notre église, mais voulant traiter en particulier des

---

(a) Le maitre de chapelle, organiste de l'orgue du chœur, est M. Anatole Delacourt, professeur de musique. — L'organiste du grand orgue est M. Armand Petit, lauréat de l'institution nationale de musique des jeunes aveugles.

objets d'art, statues, tableaux, etc..., nous nous contenterons de parler ici des meubles proprement dits et encore de ceux seulement dont nous n'avons pas eu occasion de parler ailleurs, c'est-à-dire du maître-autel, de la chaire, des confessionnaux, des lustres, lampes et chandeliers, etc., etc.

Le grand Autel du chœur (a).

C'est par l'autel, sans contredit, qu'il convient de commencer la nomenclature de notre mobilier d'église, à cause de l'importance ou plutôt à cause de la suréminence de sa destination. C'est sur l'autel, en effet, que s'accomplit le mystère de la loi nouvelle, le sacrifice du pain et du vin transsubstantiés par les paroles sacramentelles, au corps, au sang de Notre-Seigneur. Rien ne saurait être comparé à la dignité de l'autel chrétien.

Le nôtre est très-beau de matière et de dessin.

Il est en marbre de Sarrancolin des Pyrénées, d'un rouge sombre mêlé de gris et de jaune avec des trainées blanchâtres transparentes. Le vénérable M. Crimet connaissait sa valeur, comme on le voit, par un mot placé dans l'avant-propos de son *Office du Saint-Sépulcre* (b).

Un architecte étranger, qui désirait nous faire confectionner sur ses dessins un autel gothique, nous ayant dit dans la conversation qu'il reprendrait l'ancien pour 4,000 francs, nous nous résolûmes alors à surseoir d'une manière indéterminée aux projets de nouvel autel et nous fîmes réparer,

---

(a) Les autres autels ont été décrits, les deux des chapelles latérales et celui de la chapelle Saint-Sépulcre, en leur lieu. — (b) Page IX, *Office du Saint-Sépulcre*, Abbeville, Boulanger, 1836.

à nos frais, notre marbre sarrancolin. Comme le gradin était d'un simple bois, peint en marbre, nous en fîmes placer un, semblable à celui de l'autel, et le tout coûta un millier de francs environ. Ce gradin paraît très-bien rassorti avec la caisse de l'autel.

L'autel a la forme d'un tombeau, selon l'usage des premiers siècles, où on sait que les prêtres célébraient la messe dans les catacombes, sur les tombeaux des martyrs, et c'est même pour cela que l'Eglise a décidé qu'il n'y aurait pas un seul autel catholique qui ne renfermât quelque relique.

Notre autel est donc, tout à la fois, tombeau et table. Tombeau pour abriter la dépouille des saints; table pour offrir le saint sacrifice, la cène véritable.

Les sculptures de cet autel sont simples, mais très-belles, ce sont :

Un motif central qui reçoit un agneau couché sur le livre aux sept sceaux, deux compartiments antérieurs dessinés par des moulures profondes, deux compartiments plus petits de côté avec des angles ornés de spirales, et enfin un arrière-corps élégamment sculpté qui relie l'autel au gradin.

Le gradin, au milieu, est surmonté d'un tabernacle et d'une gloire, œuvres des habiles sculpteurs Duthoit frères.

L'autel mesure environ quatre mètres de largeur, un de profondeur et de hauteur environ. Le tabernacle et sa gloire peuvent mesurer trois mètres environ.

Près de cet autel, du côté de l'évangile, on remarque une large crédence (un mètre cinquante sur un mètre, aux contours mouvementés) richement sculptée, genre Louis XV et complètement dorée. Une table, de marbre dit brèche d'Italie, de différentes couleurs, fond jaune et coquilles très-nuancées, la surmonte et reçoit les objets nécessaires au saint Sacrifice.

La Chaire. — Elle est en bois de chêne à cinq panneaux sculptés, le sixième adhérent au pilier auquel elle est adossée. Le panneau du milieu représente la résurrection de Notre-Seigneur et indique bien que cette tribune sacrée a été faite tout exprès pour cette église, ce qui ne peut qu'ajouter à son prix. Le saint Sépulcre occupe presque tout le médaillon et Jésus-Christ s'en élance, sa croix décorée d'une flamme, à la main. La scène, comme les quatre autres, est entourée d'une grande couronne d'oliviers ou de lauriers.

Le panneau à gauche de la résurrection, par rapport à l'observateur, représente l'évangéliste saint Jean; son aigle est près de lui et il tient dans son bec un objet qui est, peut-être, un sceau ou une petite écritoire.

Dans le panneau voisin, qui est celui de la porte de la chaire, est sculpté saint Mathieu avec l'homme qui le symbolise et qui fait allusion à la génération humaine de Jésus-Christ que saint Mathieu raconte dès ses premières pages.

A droite du panneau de la résurrection on trouve celui de saint Luc, qu'on reconnaît au bœuf qui est près de lui; et enfin vient saint Marc, assis sur sa chaire de chêne à haut dossier et ayant le lion près de lui, et sur une petite table, une écritoire qui attend la plume que l'Évangéliste tient de la main droite. Les quatre Évangélistes ont les pieds sur de riches culs-de-lampes. L'abat-

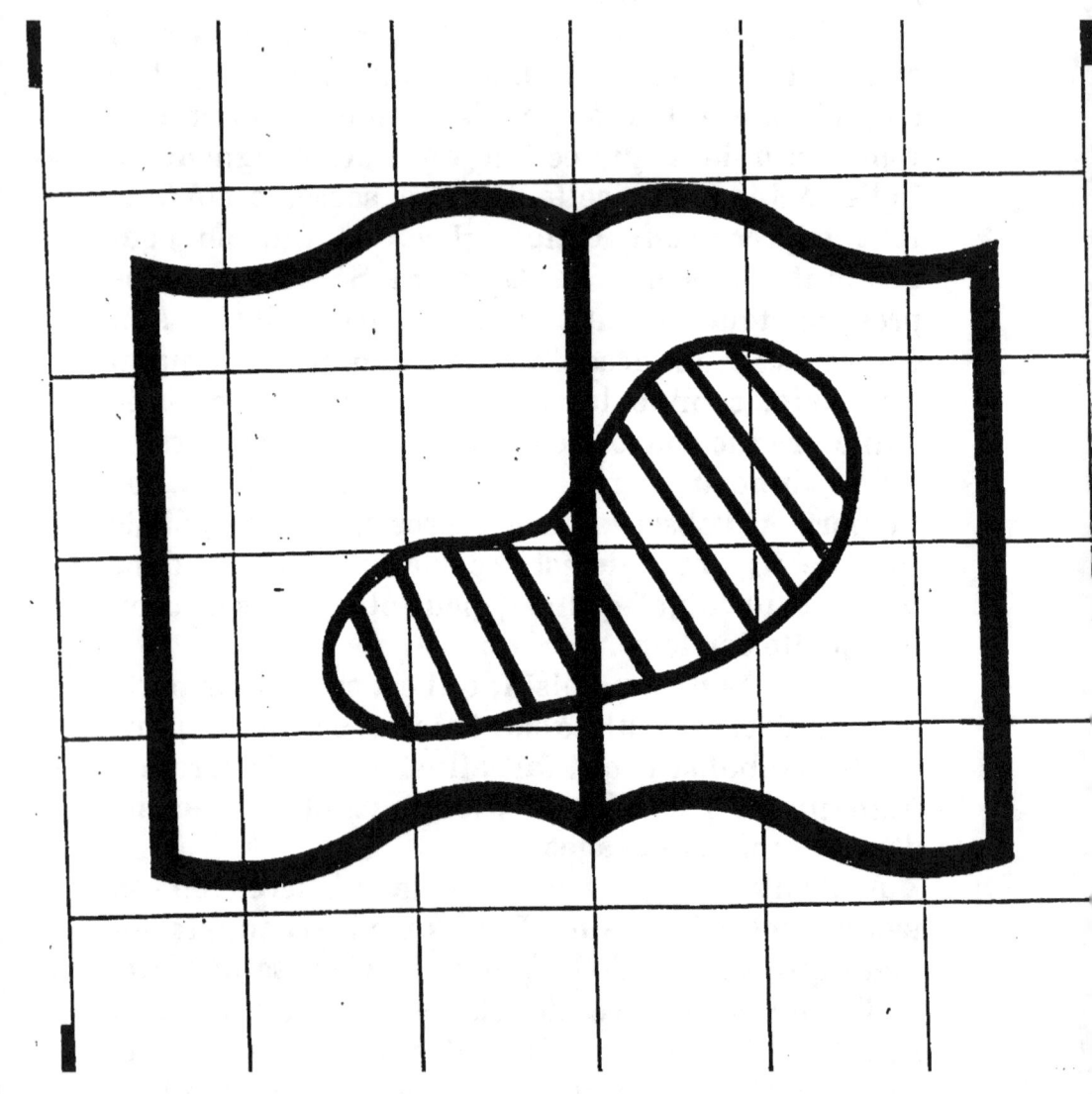

voix, moins le contour qui a été ajouté il y a quelques années, est travaillé aussi avec soin et le dessous porte un triangle Jéhovah, sculpté, entouré de nuages et doré.

En somme, cette chaire est un beau morceau de sculpture et nous avons à regretter seulement qu'au lieu de lui avoir laissé son chêne apparent, qui est d'un si bon effet dans les meubles anciens, on l'ait couvert d'une peinture brun d'église et de dorures inutiles qui empâtent les sculptures et les moulures.

On monte à la chaire par une belle rampe de neuf marches, c'est le pleróma ou nombre parfait appliqué au trône sur lequel s'assied la vérité parfaite, la parole de Dieu.

Les Confessionaux. — Le premier, à droite, en entrant, est en vieux chêne; il est d'un goût antique; il a l'aspect d'un édicule. La façade, quoique simple, est très-belle. La porte est à larges barreaux, surmontée d'une coquille unique; au-dessus de la porte est un fronton avec un arc très-surbaissé et dans le tympan duquel sont sculptées deux branches d'oliviers.

Au-dessus encore est une surélévation qui supporte deux têtes d'anges aux ailes déployées en collerettes et semblant émerger d'un nuage comme les chérubins du propitiatoire.

Les entrées latérales pour les pénitents ont un caractère de portique oblique et cintré qui donne au confessionnal ce cachet d'édicule dont nous avons parlé plus haut. Les grilles latérales représentent chacune un cœur percé par deux flèches et symbolisant heureusement le repentir. Le toit du monument est compliqué à plusieurs étages et à plusieurs versants. En somme, ce confessionnal sort du commun des compositions de ce genre et mérite d'être examiné. Il a dû être d'un prix d'achat assez élevé.

Le confessionnal qui suit est plus moderne : il est du style rocaille dans ses ornements ; il a le toit plat, mais les corniches ou entablements sont relativement très-développés. La porte est richement et minutieusement sculptée. Elle est ornée, comme principal motif, d'une fleur fantastique, au centre ; au bas, est une couronne d'oliviers ; au haut, quelques fleurs ; le tout entrelacé et encadré avec des branches d'oliviers.

Au-dessus de la porte est un premier trophée de la Passion. C'est au centre une coquille fantaisiste qui reçoit un cœur attaché par des cordes à la colonne de la flagellation. Ce sujet central est agencé avec un fouet à molettes d'éperon, avec un autre à vergettes de bouleau ; une grande ancre qui supporte et traverse ces détails, vient rasséréner le regard et rappeler au pénitent que si la mortification est pour lui une vertu nécessaire, l'espérance, la confiance ne doivent non plus l'abandonner jamais au saint tribunal.

A gauche, au-dessus de l'entrée du pénitent, est un autre cœur attaché sur un flambeau qui, symboliquement, sans doute, l'éclaire et le consume, sur une lance qui le blesse de crainte, de mortification et d'amour de Dieu ; et enfin, sur une branche d'olivier, car l'artiste a mis de l'olivier et de la paix tout autour du confessionnal et il l'a fait théologiquement et avec sagesse.

Le panneau, à droite, est rempli par un cœur posé sur des branches de lis et de roses épineuses, et il est entouré d'une bandelette portant l'inscription : J. N. R. J. C'est une figure de l'innocence rendue à l'âme au tribunal de la pénitence.

Le confessionnal, à gauche, en entrant, est exactement semblable à celui qui est son pendant de droite.

A sa suite, en allant vers l'autel de la Sainte-Vierge, on trouve le quatrième et dernier de nos confessionaux. Il est semblable à son vis-à-vis pour la matière, la forme, le style des décorations et pour beaucoup de ces décorations elles-mêmes. Ainsi, la porte du prêtre est absolument semblable à celle du confessional vis-à-vis. Mais celui-ci en diffère par les emblêmes et sujets des panneaux supérieurs.

Le panneau au-dessus de la porte est un trophée de la papauté. La tiare aux trois couronnes est supportée par les clefs, la triple croix, des branches d'olivier et des élégantes ondulations de fanons de la tiare.

Dans le panneau, à droite, sont des cœurs attachés sous une croix supportée par deux roues qui en font une espèce de char. L'un de ces cœurs est enflammé, l'autre est percé. On voit de chaque côté divers instruments : courroies, branches.

Dans le panneau à gauche du spectateur, on voit une balance qui porte dans un plateau les commandements de Dieu gravés sur les deux tables, et dans l'autre un cœur ou une conscience qui paraît un peu légère. L'emblême est entouré de branches d'oliviers.

Somme toute, ces quatre confessionnaux méritent d'être examinés avec soin par l'amateur, et nous regrettons seulement que les emblêmes adoptés par le sculpteur soient un peu difficiles à interpréter.

Il est à regretter aussi qu'on ait fait mettre sur tous ces chênes un vernis qui vaut mieux certainement que la peinture, mais qui a le tort de dissimuler le chêne, en partie.

Les Fonts du Baptême. — Ils n'ont rien de remarquable sous le rapport de l'art, cependant la cuve baptismale, quoique petite et simple, n'est pas sans quelque mérite et le marbre en est beau. Ces fonts étaient autrefois dans la chapelle du Saint-Sépulcre, mais pour observer les prescriptions liturgiques qui veulent que le baptistère soit près de la porte de l'église, afin de montrer que le baptême est le vestibule de la vie chrétienne, nous l'avons reporté où on le voit maintenant, grâce aux générosités de la défunte et regrettée Mme d'Emonville, qui a voulu faire les frais de ce déplacement.

Le Lutrin ou Lectrin (a) est un meuble qui supporte les livres de chant de l'église. Le nôtre est malheureusement empâté d'une épaisse couche d'une peinture blafarde, mais, sauf cela, il est bien sculpté. C'est une colonne qui repose sur une base triangulaire qui elle-même est posée sur les griffes de l'oiseau dont les ailes font l'office du pupitre.

Cet aigle est bien sculpté. Il tourne sur une boule qui est adaptée au fût de la colonne, cannelée, couronnée et banderollée. Les faces de la base triangulaire sont décorées de couronnes et d'autres sculptures.

Nous ne devons pas oublier de mentionner le Dais, vraiment magnifique, dont nous avons fait l'acquisition dans ces dernières années et qui, par la richesse de ses étoffes, ses broderies, son dessin

(a) Voir pour les stalles, l'appendice F.

très-artistique, son dôme, est remarqué avec admiration par tous les fidèles, aux jours de nos grandes processions (a).

CHAPITRE IX

L'Orfèvrerie de l'église.

On comprend sous ce nom tous les objets métalliques composés de cuivre et d'étain ou de cuivre, zinc et autres. L'orfèvrerie d'église constitue une industrie artistique qui a pris un grand essor dans ces dernières années et qui confectionne des objets religieux de toutes sortes, surtout des lampes, lustres, chandeliers, vases et fleurs métalliques pour les autels, etc., etc.

La paroisse possède naturellement un certain nombre de ces objets.

CHANDELIERS. — Parmi les dix du grand autel, il faut nommer les six plus grands en bronze coulé, de forme classique, solides, épais, grands, très-bien établis et ciselés sur les nœuds. Ils ont été dorés au feu l'année dernière. Cette dorure est un cadeau fait à l'église, en partie, à l'occasion d'une première communion.

Les six chandeliers gothiques, dorés, de l'autel de la Sainte-Vierge sortent aussi du commun ordinaire de ces objets et produisent bon effet.

COURONNES DE LUMIÈRES. — L'église en possède six; deux très-grandes dans le sanctuaire à qua-

(a) Une partie de l'argent nécessaire pour le dais a été fournie par les dons de quelques fidèles, remis à M. le Curé; la sœur Ledieu, chargée de faire l'acquisition de ce dais, a complété la somme.

rante bougies chacune, dorées, découpées à jours et ciselées; elles sont d'un prix assez considérable.

Les deux de la chapelle de la Sainte-Vierge viennent d'une fabrique de Rouen et ont été achetées au prix de 500 francs.

Les deux de la chapelle du Sacré-Cœur viennent des fabriques de bronze lyonnais et sont remarquables par les nombreux émaux qui en décorent les compartiments.

Lampes. — La paroisse en possède une à chacune des chapelles de la Sainte-Vierge et du Sacré-Cœur. La première a été offerte par Mme de Franssu, et la deuxième avec les couronnes de lumière qui l'accompagnent par des bienfaiteurs encore vivants et dont à cause de cela nous devons taire les noms.

Vases d'autel. — Nous en avons un certain nombre: candélabres proprement dits, bouquets de lys, bouquets de roses, chandeliers à plusieurs branches qui ornent et illuminent nos autels aux jours de fête.

Nous mentionnons ici, à part, deux objets plus précieux et plus artistiques que ceux que nous venons de nommer, ce sont:

Un Chandelier de Cierge pascal, très-grand, (1^m,40 h., la base 0,45), forme classique, avec de nombreuses ciselures au burin et des sablées sur certaines parties, avec, surtout, des ornements métalliques rattachés au corps du chandelier par des vis. Ce chandelier, entièrement doré, est écussonné aux armoiries de l'abbaye de Valloires, croyons-nous; il porte *trois bandes liserées et sablées diagonales sur un champ d'azur; au chef, une mitre et une crosse; accompagnements, palmes et guirlandes, le tout supporté par une tête d'ange ailé.*

Le second de ces objets, une Lampe suspendue entre le sanctuaire et le chœur, est de même style que le chandelier pascal. Elle doit avoir la même provenance, probablement. Elle porte, comme le chandelier, des ornements métalliques détachés. Cette lampe a été entièrement dorée dans les derniers temps, ce qui fait pour notre sanctuaire et notre avant-chœur un bel et riche ensemble de décorations.

Nous mentionnerons ici, pour ne pas faire un article à part, cinq Lustres de cristal, dont deux très-beaux et très-fins; le premier donné encore par Mme de Franssu, et le second acheté au nom d'un bienfaiteur vivant, par M. l'abbé Théodore Lefèvre, ancien vicaire du Saint-Sépulcre, auteur déjà cité d'une notice sur l'église de cette paroisse.

Les autres lustres de cristal, dont un dans la chapelle du Saint-Sépulcre, sont aussi des générosités de personnes encore vivantes.

On le voit et il en faut bénir le Seigneur, quoique beaucoup de choses accessoires manquent encore pour la décoration de l'église Saint-Sépulcre, néanmoins beaucoup a été fait, surtout dans ces dernières années, et nous ne pouvons que remercier le Seigneur qui a inspiré les largesses de nos bienfaiteurs dont Dieu connaît les noms et récompensera un jour les vertus.

CHAPITRE X

Objets d'art.

Quoique nous ne puissions nous piquer de posséder de grandes richesses artistiques, nous avons néanmoins quelques objets que nos paroissiens seront heureux d'entendre nommer avec honneur.

STATUES. — Nous en possédons une douzaine de grandes, d'abord deux dans le sanctuaire, dont l'une à droite de l'observateur représente *saint Augustin*, l'illustre évêque d'Hippone, en Afrique, Docteur de l'Eglise. Il tient son cœur à la main et semble l'offrir au Seigneur. C'est un symbole de la piété tendre et ardente de ce saint personnage, manifestée dans tous ses écrits et en particulier dans les opuscules appelés : *Soliloques* et *Méditations* de saint Augustin. Ce saint peut être regardé comme un des principaux promoteurs et fondateurs de cette langue de piété, d'ascétisme et de mysticisme qui donne aux âmes tant d'onction avec un charme si touchant.

La grande statue du côté gauche est celle de *saint Athanase*, l'illustre archevêque et patriarche d'Alexandrie d'Egypte, le même qui fut tant de fois acclamé et honni, banni et rappelé pour la foi de Jésus-Christ et qui finit par mourir tranquillement sur son siège dans la ville même qui avait été son berceau (IVe siècle). Saint Athanase foule aux pieds une tête qui est celle de l'hérésie arienne et il porte une double croix à la main, signe de la dignité archiépiscopale.

DEUX ANGES ADORATEURS. — (Don d'une famille qui a bien mérité de la paroisse à plus d'un titre). Aux coins du grand autel, à genoux sur un nuage, vêtus de tuniques légères, les mains jointes et les yeux baissés. Dorées entièrement, ces deux statues sont d'un bon statuaire. Elles sont portées sur un socle carré qui renferme de précieuses reliques dont on a donné les noms en leur lieu. (Voir plus haut.)

DEUX AUTRES ADORATEURS. — Ce sont des Anges, portant des cornes d'abondance d'où s'échappe un candélabre à sept bougies chacun. Ces Anges sont signés d'un nom dont on n'a pas besoin de faire l'éloge (MM. Duthoit frères). C'est la fabrique qui les a commandés. Ils sont très-beaux, mais malheureusement ils ont été sculptés dans un bois tendre, le tilleul sans doute et sont déjà remplis par places de trous de xylophages.

STATUE DE LA TRÈS-SAINTE VIERGE. — Elle est à l'autel de la Sainte-Vierge, au milieu du rétable. Elle est en Reine, porte le sceptre, la couronne, le manteau royal. Elle tient le divin Enfant. Cette statue est du sculpteur bien connu depuis quelques années, M. Busine, de Lille. La polychromie primitive de cette Vierge n'a pas paru assez riche à quelques personnes et le manteau a été refait et la robe dorée avec des fleurs de même, aux frais d'une bienfaitrice étrangère à la paroisse (1867).

STATUE DE SAINT JOSEPH. — Elle est à l'autel de la Sainte-Vierge, au côté de l'évangile ; elle est du sculpteur Cana. La peinture primitive en ayant paru un peu défectueuse, surtout celle de la tête et de la face, un artiste nouveau y a fait des retouches dont on a paru assez satisfait.

STATUE DE SAINTE ANNE. — Elle est en vis-à-vis de celle de saint Joseph ; elle porte, comme à l'ordinaire, un bandeau sur le front et un livre à la main, dans lequel les naïfs artistes du moyen-âge lui faisaient apprendre à lire à la très-sainte Vierge. Quoi qu'il en soit, nous regrettons que l'artiste ait cru devoir priver ces deux statues de saint

Joseph et de sainte Anne de ce qui les fait le mieux reconnaître au premier coup d'œil, c'est-à-dire l'Enfant Jésus près de saint Joseph et la sainte Vierge près de sainte Anne, sa mère.

GRAND CHRIST DE LA NEF. — C'est celui que mentionne M. Prarond, dans son étude sur le Saint-Sépulcre; d'après des notes de M. l'abbé Dufourny, ancien vicaire du Saint-Sépulcre, ce crucifix, destiné à être brûlé sur la place Saint-Pierre avec des statues de Saints, fut sauvé par M. Joseph Cordier, qui le cacha entre un double plancher où il fut retrouvé, il y a quelques années, par M. John Delegorgue, neveu de M. Cordier (a).

Espérons que l'homme de foi qui a été assez heureux pour arracher ainsi la sainte image du Crucifié, à des hommes impies, aura déjà reçu la récompense de sa belle action dans le ciel.

LA STATUE DU SACRÉ-COEUR DE JÉSUS. — Elle est à la chapelle de ce nom ; c'est une statue en bois polychromée et sculptée dans le genre Munich ; elle est fort belle et a un assez grand prix, eu égard à sa taille relativement peu considérable. Le socle sur lequel elle repose et le dais qui la surmonte sont du ciseau de M. Cana.

Pour le CRUCIFIX COUCHÉ DU SAINT-SÉPULCRE. — On peut voir ce qui en a été dit à la description de la chapelle et du saint Tombeau.

BAS-RELIEF DES CROISÉS AU SAINT SÉPULCRE. — Voir également ce qui en a été dit en son lieu.

BAS-RELIEF DE LA RÉSURRECTION. — Il est placé sur la grande ouverture de l'arcade de la chapelle du Saint-Sépulcre. (Voir en son lieu.)

(a) *L'église Saint-Sépulcre*, par M. Ern. Prarond, page 26.

Quatre petites Statues. — Ce sont celles que l'on voit ordinairement entre les chandeliers du maître-autel et quelquefois sur la crédence du sanctuaire quand elles sont remplacées sur l'autel par des fleurs. Elles représentent:

Le Bon Pasteur. — On le reconnaît facilement à son manteau de berger et à la brebis qu'il porte tendrement sur ses épaules.

Saint Jean-Baptiste. — On le reconnaît à son vêtement de poil de chameau et à sa croix banderollée avec ces mots qui sont le témoignage rendu par lui à la divinité de Notre-Seigneur, de son vivant même: *Ecce agnus Dei*, voici l'agneau de Dieu (a).

Un saint Apôtre (1er). — Ce pourrait être l'apôtre saint Barthélemi qui a été écorché vif, par les ordres du roi dont il évangélisait le peuple, mais qui eut aussi la tête tranchée, parce qu'il survivait à son supplice. Le bâton pastoral, sans crosse, semble indiquer un apôtre, et le glaive à lame, en forme de flamme, pourrait indiquer la décapitation de saint Barthélemi.

Saint Apôtre (2e). — Il a également le bâton pastoral d'une main et porte, de l'autre, le livre de la loi, l'évangile, sans doute, ou la bible entière.

Ces quatres petites statues, en vieux chêne, ne nous paraissent pas sans mérite; elles ont, toutes quatre, du mouvement, de la vie et de l'expression.

Enfin, deux Statues, polychromées; l'une de la très-sainte Vierge, tenant l'Enfant-Jésus à gauche et lançant une flèche contre le démon qu'elle foule aux pieds; l'autre de saint Jean-Baptiste, portant

(a) Saint Jean, 1-29.

d'une main, un agneau et, de l'autre, la croix et le petit drapeau. La tête du saint porte une auréole à la façon des ménisques des statues anciennes. Ces deux statuettes de la Renaissance sont très-curieuses.

Enfin, nous rappellerons, en terminant :

LE GROUPE DE NOTRE-DAME DES DOULEURS, à la chapelle du Saint-Sépulcre placée sur le premier plan du bas-relief des Croisés. — Voir ce qui en a été dit dans la description générale de la chapelle.

TABLEAUX.

L'église du Saint-Sépulcre ne possède pas de nombreux tableaux, mais elle en a quatre auxquels les amateurs reconnaissent de la valeur. Le premier, par le sujet, la dimension de la toile, l'exécution et le nom du peintre qui l'a composé, est celui de Claude Hallé, père. Il y a eu deux peintres de ce nom, Claude Gui et Noël, fils de Claude. Notre tableau est de Hallé, père, contemporain de Lebrun (1652-1736). Il décora plusieurs châteaux royaux : Meudon, Trianon, etc. ; il travailla beaucoup pour les églises et on montre à Notre-Dame de Paris et à Saint-Germain des Prés plusieurs tableaux de lui justement estimés.

Le tableau de l'église Saint-Sépulcre est une *Résurrection* ; il était placé, dans l'ancienne église, au-dessus du maître-autel, ce qui était bien convenable, puisqu'au fond, le sujet n'est pas autre chose que ce Sépulcre glorieux, chanté par les prophètes, *Et erit sepulchrum ejus gloriosum* (Isaïe). Le Christ a une grande majesté, un grand éclat, il semble éclipser le soleil lui-même que l'on voit se lever derrière Lui. Les pieds de Notre-Seigneur ne touchent pas le tombeau, il s'élance ; une draperie bleu céleste enflée comme par le souffle provenant du mouvement d'ascension, entoure les épaules, les reins sont toujours protégés par la draperie de la crucifixion. Le Seigneur a les bras étendus comme quelqu'un qui prend son essor ; à la main droite, il a sa croix, semblable à la hampe d'un drapeau, il la tient un peu obliquement. Aux pieds du Sépulcre entr'ouvert, sont des guerriers aux formes puissantes, une terreur divine les a renversés, et l'artiste semble s'être complu à leur donner des attitudes difficiles, comme pour faire preuve de plus de talent et montrer ainsi le triomphe de son art. Par là, au reste, est produit, dans ce tableau, un contraste puissant de trouble, de désordre même, qui fait d'autant mieux admirer la majesté sérieuse et cependant animée du Christ ressuscitant. Il n'est pas nécessaire d'entendre beaucoup les choses de la peinture pour remarquer, dès le premier coup d'œil, le mérite de ce tableau.

Nous avons vu quelquefois des étrangers, regretter que le tableau de Claude Hallé ait dû être installé si haut et en dehors de la portée de la vue ordinaire ; c'est vrai, et nous dirons que l'inconvénient cependant peut être atténué et qu'à l'aide d'une lunette et en se plaçant près de la fenêtre qui précède la chapelle du Saint-Sépulcre, à gauche, dans le bas-côté de l'église, on voit très-bien l'ensemble et le détail de cet excellent tableau.

Trois personnages moins éclairés sont autour du Sépulcre entr'ouvert, outre les deux guerriers principaux ; l'un, à droite du tableau, est levé à demi, il a le casque en tête et ses jambes, placées horizontalement, sont derrière la jambe du guerrier qui semble chercher à fuir ; l'autre, du même côté et un peu au-dessus, a également le casque en tête, il est aussi à demi levé et comme réveillé en sursaut, il porte la tunique romaine bleue et un manteau jaunâtre ; le troisième, qui est à gauche du tableau, a le casque aussi sur la tête, il a sa lance sur l'épaule droite, il paraît encore dormir appuyé sur son avant-bras gauche, il a un manteau couverture. On voit une partie du Tombeau avec le linceul qui pend à un de ses bords ; plus on étudie ce tableau, plus il paraît vivant. On regrette seulement l'absence des anges qui eussent rendu le tableau plus évangélique.

Dans le bras droit du transept, faisant pendant au Sépulcre glorieux de Hallé, se trouve bien haut placé aussi *Jésus et les disciples d'Emmaüs*. Cette toile est grande et oblongue ; on l'avait crue, plusieurs la croient encore, mais à tort, de Nicolas de Poilly, le célèbre graveur d'Abbeville, mais il est certain qu'elle n'appartient à aucun de nos trois célèbres artistes, François, Nicolas et Jean-Baptiste de Poilly. Les deux tableaux médaillons peints par Nicolas de Poilly et qui étaient dans notre ancienne église de chaque côté du grand tableau, ont été achetés, lors de la reconstruction, par M. l'abbé Dairaines et, à sa mort, ils sont devenus, nous l'avons déjà dit ailleurs, la propriété de M. Courbet-Poulard qui les a fait rentoiler avec soin et chez qui nous avons pu les admirer. Au moment de cette réparation, le propriétaire des tableaux a vu lui-même la signature de Nicolas de Poilly. Il est donc plus que probable et moralement certain que le tableau de la cène d'Emmaüs n'est pas de ce peintre et que c'est par confusion qu'on le lui a attribué.

Quoiqu'il en soit, cette peinture n'est pas sans mérite ; elle paraît être du xviie siècle. Les personnages ont des formes un peu fortes à la manière de Rubens ; le Christ est assis en face des deux disciples, Cléophas et Emmaüs, selon saint Ambroise et selon un vieux manuscrit de l'abbaye de Corbie (a), Notre-Seigneur bénit le pain, le fractionne et va le leur présenter ; les disciples sentent leurs yeux s'ouvrir, leurs cœurs s'enflamment d'une ardeur divine, *nonne cor nostrum ardens erat in nobis* (b); et ils reconnaissent le Maître à la fraction du pain, *cognoverunt eum in fractione panis* (c) (d). Les trois personnages ont bien l'expression qui leur convient ; Notre-Seigneur porte dans ses traits et toute sa personne quelque chose d'inspiré et de céleste, il est couvert d'un manteau bleu par-dessus sa tunique rouge, il est à l'âge historique de trente-trois ans, avec des cheveux longs et bruns ; les deux disciples, dont l'un paraît s'être soulevé de son siége dans son ardeur, et l'autre, quoiqu'assis, ouvre les bras dans un geste d'admiration et de dévotion, paraissent d'un âge déjà avancé.

En général, on pourrait peut-être reprocher à l'auteur de ce tableau et de celui de saint Thomas, une prédilection un peu grande pour les têtes dénudées, peu distinguées d'expression et pour des recherches de nu qui ne sont ni justifiées par les circonstances, ni heureuses, comme, par exemple,

(a) Voir dom Calmet, tome ii, page 291. — (b) Saint Luc, 24-32. — (c) Saint Luc, *id.* — (d) Outre les deux disciples et Notre Seigneur, il y a encore, à gauche, un domestique coiffé d'un béret rouge, qui porte un plat, puis un autre personnage.

dans le cas de ce disciple d'Emmaüs qui a la manche de sa robe relevée jusque par-dessus le coude et qui fait voir un bras musculeux comme serait celui d'un forgeron.

Ah! que l'on sent bien ici la Renaissance et ses suites, le xviie siècle, et que, sans méconnaître la supériorité anatomique des maîtres de ce temps, il est bien permis à un chrétien, à un curé de regretter les expressions bien plus pieuses de nos personnages des siècles antérieurs qui, pour être plus habillés, n'en formaient pas moins des groupes charmants.

Jésus montrant ses plaies à saint Thomas (quatre personnages à gauche, trois à droite). — Ce tableau qui est placé dans le transept, en vis-à-vis de celui d'Emmaüs, paraît être du même pinceau; il nous semble avoir beaucoup des mêmes qualités et des mêmes défauts; les types manquent un peu de distinction, ils paraissent choisis, avant tout, pour mettre en lumière les études académiques du peintre; l'attitude et surtout le geste de Notre Seigneur paraissent un peu théâtrals. Au lieu d'écarter seulement sa tunique pour montrer sa blessure au disciple, Jésus-Christ étend son manteau avec exagération, et puis, il n'a pas d'autre vêtement intérieur que le linge du crucifiement. Saint Thomas a une espèce d'ardeur inquisitoriale qui aurait été mieux représentée, ce nous semble, par l'abstention de toucher ce qui était devenu évident pour lui; saint Thomas est dépouillé aussi de cheveux, de vêtements et nous montre des épaules et un torse athlétiques. Les apôtres, comme le dit l'évangile, sont rassemblés quatre à gauche, trois à droite (a), on reconnaît

(a) Nous regrettons l'absence des autres qui sont mentionnés expressément dans l'évangile.

saint Pierre à son type traditionnel; sainte Madeleine est là aussi, car ce ne doit pas être saint Jean avec ces nus exagérés et cette expression ardente. La Madeleine convertie devrait toujours être représentée, dans l'église, avec un costume de femme honorable et sérieuse comme nous savons qu'elle l'était devenue depuis que Jésus-Christ l'avait ramenée à la vertu. S'imagine-t-on sainte Madeleine, pendant les trente ans qu'elle a passés dans sa caverne de la sainte Baume, habillée toujours en personne légère ou même seulement dans le temps qu'elle suivait le Sauveur, Jésus-Christ l'eut-il permis? Ces licences artistiques paraissent un peu fortes, quand il s'agit d'une sainte pénitente.

Quoiqu'il en soit, nous croyons devoir répéter que si le tableau dont nous parlons n'est pas, pour le genre de la composition, de ceux que l'Eglise désirerait le plus voir représentés par les artistes, néanmoins, il montre, au point de vue de l'art, du talent, de l'étude et du savoir-faire de la part de son auteur.

Ce tableau et le précédent ont été donnés à la paroisse, par M. l'abbé Cauchye, curé du Saint-Sépulcre, en 1826, au moment de la bénédiction des cloches (a).

QUATORZE TABLEAUX DU CHEMIN DE LA CROIX. — Ces quatorze tableaux qui représentent les stations de Notre-Seigneur dans la voie douloureuse qui s'étend du prétoire au tribunal de Pilate, à la colline du Calvaire, sont des chromolithographies ou des images obtenues par des procédés matériels quelconques. Ce sont, peut-être, des estampes colo-

(a) Livres de fabrique.

riées par-derrière et collées sur toiles qui donnent assez bien le change, à un premier coup d'œil, à un observateur peu expérimenté. La toile que l'on voit derrière le sujet ne sert pas peu à produire cette illusion.

Nous avons lu sur le tableau de la treizième station, en déchirant certaines enveloppes, l'estampille de la fabrique de ces peintures pseudoléiques ; elle porte : Propriété de la maison Gaspard, fa. (fabricant, sans doute), à Paris, rue Madame, 1.

Quoiqu'il en soit et telles qu'elles sont, ces représentations sont agréables à l'œil, elles suffisent pour édifier les fidèles, éclairer et nourrir leur dévotion et, sous ce rapport, nous ne pouvons que remercier la généreuse Madame de Franssu, donatrice de ces images et des riches bordures dorées qui les encadrent.

Notre-Dame Immaculée de Guadeloupe. — Voir, pour ce tableau, l'histoire abrégée qui en a été donnée, provisoirement, au commencement de ce volume; il paraît être à l'huile, sur une toile très-lâche; il exprime bien, pour nous, le vrai genre de la peinture chrétienne, avec sa naïveté, sa grâce, ses attributs selon la science iconographique et, surtout et par-dessus tout, son expression qui porte à la piété et à la prière (a).

(a) Nous considérons ici le tableau N.-D. de Guadeloupe, comme nous ferions d'un tableau ordinaire, au simple point de vue humain.

CHAPITRE XI

Les Cloches.

Les personnes qui aimeraient à connaître ce que j'appellerai l'histoire ancienne de nos cloches, pourront trouver des détails, à ce sujet, dans l'*Eglise Saint-Sépulcre d'Abbeville,* de M. Ernest Prarond, (1872, pag. 13, 14 et 15), ainsi que dans l'*Essai sur l'église du Saint-Sépulcre,* par M. l'abbé Théodore Lefèvre (1872, pag. 17). Pour nous, qui nous proposons surtout de décrire la paroisse dans son temps présent et de tirer des considérations morales, des choses matérielles que nous trouvons sur notre passage, nous ferons remarquer, de suite, le rôle important que joue la cloche dans l'ensemble religieux ; nous rappelerons que la cloche est comme la grande voix de l'Eglise qui convoque ses enfants au saint Sacrifice et aux autres offices paroissiaux ; enfin, nous disons que, puisque la religion a voulu, par une bénédiction solennelle, appelée ordinairement baptême, assimiler la cloche à la créature intelligente, au chrétien, nous devons considérer nos cloches comme étant séparées des choses profanes, comme consacrées à Dieu et, par suite, obéir avec zèle à leurs invitations ; surtout, quand elles sont mises en branle pour nos frères trépassés, ne manquons pas de mêler notre prière à leurs voix et pensons aussitôt au jour où ces mêmes cloches sonneront aussi, pour nous, leur glas funèbre, sans doute, mais si utile à l'âme des morts, puisqu'il excite la charité et la vigilance des vivants.

Des cloches si nombreuses que possédait la paroisse avant la Révolution (onze, dit-on), il ne nous reste, aujourd'hui, que quatre grosses qui ont été fondues, à Amiens, par Caviller, en 1826.

Ces quatre cloches ont été bénites, le 25 mai 1826, par M. Cauchye, curé-doyen de la paroisse. On lit sur la plus grosse qui est à droite, dans le troisième étage du clocher :

Première Cloche. — L'an 1826, j'ai été bénite par M. l'abbé Victor Cauchye, doyen du Saint-Sépulcre d'Abbeville, chanoine honoraire de la Cathédrale d'Amiens, nommée *Jacqueline-Charlotte*, par Madame Jacqueline-Charlotte Descaules, épouse de M. Charles-Jérôme-César Danzel de Boffles, capitaine de vaisseau de la marine royale, chevalier de Saint-Louis et par M. le comte Jean-Roger-Alexandre de Riencourt, chevalier, page de la feue Reine de France, princesse de Pologne, officier au régiment du Roi (infanterie), président du Conseil de Fabrique. En présence de MM. les Administrateurs de la Fabrique : Bellart, Vasseur, Pierre Firmin, Aimé Verdun, Peuvrel, Homassel, ledit M. le comte de Riencourt a fait don de cette cloche, avec la sanction de Sa Majesté le roi Charles X. Cette magnifique cloche pèse 4,000 livres, a coûté 8,000 fr., elle a 1 m. 50 de hauteur et 1 m. 75 environ de diamètre ; au milieu de la cloche, de distance en distance, sont figurés : un Christ, des anges, un soleil ; au bas, une guirlande ; sur une des pattes de suspension est une figure en relief. On lit, sur la cloche, le fameux verset d'Isaïe : *Et erit sepulcrum ejus gloriosum* (a).

Deuxième Cloche. — Elle se trouve au même

(a) Isaïe.

étage que la première ; elle porte, gravé sur son contour : En 1826, j'ai été bénite par M. Victor Cauchye, doyen du Saint-Sépulcre et nommée *Marie-Adèle*, par Messire Charles-Marie Hubert, marquis des Essarts, chevalier de Saint-Louis, de Saint-Lazare (a) et Dame Marie-Adèle de Brossard de Saint-Léger au Bosc, épouse de M. André-Louis Edouard, comte des Essarts. Sur une des attaches du haut, on voit une espèce de cariatide en bas-relief ; sur la première zone circulaire du haut de la cloche, sont des palmettes continues ; dans la zone inférieure, est une guirlande circulaire et, au milieu, un semis de fleurs de lys et un Saint-Sacrement dans une espèce d'écusson. La hauteur de cette cloche est de 1 m. 40 et son diamètre de 1 m. 30 environ.

Troisième Cloche. — Elle est placée dans le quatrième étage du clocher, dans une demeure aérienne, entre trois fenêtres ogivales, géminées et garnies chacune de deux ouies ou abat-sons (b). On lit sur cette cloche : L'an 1826, j'ai été bénite par M. l'abbé Cauchye, curé-doyen du Saint-Sépulcre, en présence de Messieurs les Administrateurs de la paroisse, nommée *Marie-Thérèse*, par dame Marie-Thérèse Foucques, épouse de M. Pierre Foucques d'Emonville et par Messire le chevalier Panévinon de Marsa, chevalier de la Légion d'honneur et

(a) C'est sans doute le généreux donateur des immeubles des fabriques du Saint-Sépulcre et de Saint-Jacques. — (b) Nous nous sommes rappelé involontairement, en allant rendre visite à nos cloches, pour pouvoir les décrire, les beaux vers du poëte :
    L'airain silencieux, dans sa haute demeure,
    Sous le marteau sacré, tour à tour chante ou pleure,
    Pour annoncer l'hymen, la naissance ou la mort.
        Lamartine, *Méditations poétiques et religieuses*.

membre du Conseil municipal. Cette cloche mesure 90 centimètres de hauteur et, de diamètre, 1 mètre environ. Sont représentés dans son pourtour: un Christ, l'enfant Jésus, un bon Pasteur, de petites cloches dans un cercle auréolé ; en bas règnent circulairement deux lignes de grains de chapelet et, au milieu, des lignes brisées.

Quatrième Cloche. — Elle est voisine de la précédente et sa sœur de chambre ; on lit sur ses contours : L'an 1826, le même jour et avec les mêmes cérémonies de l'Eglise (que pour les trois premières cloches), j'ai été nommée *Thérèse-Bonne,* par dame Thérèse-Bonne Obry, veuve de M. Joseph Cordier et par M. Félix-Marcel Cordier, premier juge au Tribunal civil, membre du Conseil municipal. Suit le verset de l'Ecriture : *Sit nomen Domini benedictum* (a). Cette cloche a 80 centimètres de hauteur, 1 mètre de diamètre. En son milieu, elle a des lignes circulaires de grains de chapelet ; au bas, deux lignes simples ; en sporades, un Christ, la Religion, des clochettes, saint Pierre, etc.

Telles sont nos cloches paroissiales qui, depuis plus de cinquante ans déjà, n'ont pas manqué un seul jour de nous appeler au Temple saint (b).

Dès le premier matin, elles sonnent l'*Ave Maria,* que nous appelons ordinairement, en France, l'*Angelus.* A chaque heure de la matinée, elles nous

(a) Paroles de la bénédiction solennelle. (Ps. 112-12.) — (b) La paroisse possède, outre les quatre grandes, trois petites cloches qui servent pour l'horloge et aussi pour le carillon. Nous avons ainsi huit notes bien graduées, selon les règles de la gamme musicale, ce qui nous permet d'exécuter un grand nombre d'airs pieux, comme préludes ou intermèdes de nos grosses sonneries. — Les trois petites cloches n'ont pas été bénites. Elles ont chacune deux marteaux, un à l'intérieur pour le carillon et un à l'extérieur pour l'horloge.

appellent aux saints Sacrifices; à midi, au soir, elles prennent encore la parole pour nous redire le grand mystère, le grand bienfait de l'Incarnation.

Quant aux dimanches et aux fêtes, ah! elles ont bien d'autres volées, plus joyeuses, plus prolongées; elles s'unissent, elles se dédoublent, elles concertent, elles chantent, elles tonnent tour à tour.

Et puis, elles ne refusent pas leur concours aux événements de la famille; elles les annoncent avec joie quand ce sont d'heureuses nouvelles, la naissance, le mariage; combien elles semblent pleurer pour nous annoncer les funérailles d'un de nos frères; vraiment, tout ce à quoi la religion a mis sa main divine est bien beau, bien saint, bien digne d'être admiré et loué !

CHAPITRE XII

La Sacristie.

La sacristie ou *sacrarium* a toujours fait partie intégrante de l'église et, pendant longtemps, elle n'était même qu'une des chapelles ouvertes.

Aux yeux de la Rubrique, la sacristie a tant d'importance qu'elle ne fait pas difficulté, à certains jours et dans certaines circonstances, le jeudi-saint, par exemple, de permettre le dépôt de la sainte Réserve, c'est-à-dire des espèces consacrées, dans la sacristie. C'est pourquoi il ne faut pas nous étonner de trouver dans notre sacristie, *sacrarium*; quatre belles châsses des reliques des saints, nos vases sacrés, ceux, bien entendu, qui ne contiennent pas le saint Sacrement, les ornements du saint Sacrifice, les registres de catholicité, ces catalogues si importants de notre Etat chrétien.

On trouvera, en son lieu (voir plus haut, p. 329), la description des reliques de la sacristie, mais nous allons donner ici, successivement, celle de nos vases sacrés, ornements, etc.

Vases sacrés. — Grand Ostensoir (a).

Nous avons deux ostensoirs ou monstrances pour exposer le Saint-Sacrement :

Le premier est en vermeil, d'un bon poids, haut de 85 centimètres ; le soleil a quinze groupes de rayons ; la place de la sainte Hostie est environnée de nuages, avec des têtes d'anges à l'endroit et des étoiles à l'envers.

Le pied de l'ostensoir est beau, il est orné d'une table des commandements, d'un Sacré-Cœur et d'un agneau couché sur le livre aux sept sceaux ; au gros nœud du vase est un pélican, un faisceau de pampres et des têtes d'anges en grand relief ; il est très-beau.

Sous la custode, il y a, outre le nuage dont nous avons parlé, des gerbes et des pampres, symbole du sacrifice du pain et du vin, selon l'ordre de Melchisedech.

Notre petit ostensoir offre un intérêt particulier, à cause de son ornementation ; il est en argent, il mesure 62 centimètres de haut ; le rond de la sainte Hostie est entouré d'une guirlande rapportée de

(a) Notre grand ostensoir a été acheté à M. Démarquest, orfèvre d'Amiens, moyennant 1,700 fr., sous M. Cauchye (1er vol. fabriq.).

fleurs composées de pointes de diamants qui ont du prix, sinon, peut-être, pour la finesse des pierres, au moins pour le fini du travail. Il y a surtout, au haut de la guirlande, deux petits paniers en brillants, remplis de fleurs, qui sont d'une délicatesse parfaite ; les fleurons de la guirlande sont alternativement grands et petits. Au-dessus de la place de la sainte Hostie sont neuf pierres fines en trois compartiments, elles sont d'une couleur irisée et encadrée chacune par une bordure de petites pierres ou d'acier taillé en pointes de diamants ; au-dessus est une couronne d'argent, assez grande, ornée de fleurs de lys circulaires et de rivières de petites pierres ; elle est surmontée d'une croix et d'une fleur de lys ; au-dessous de cette couronne et entre les neuf pierres fines (rubis ou opales), est une grande belle étoile diamantée ; sur le pied du vase est un triangle Jéhovah, radié d'un côté et de l'autre un cœur.

Quiconque jettera un simple coup d'œil sur cet ostensoir, sera touché de la foi, de la piété et de la générosité de nos pères et se proposera, certainement, de l'imiter à l'occasion, suivant sa position et sa fortune.

Les Calices.

La chapelle de vermeil. — Cette très-belle chapelle, cadeau fait à l'église à l'occasion du baptême des cloches, en 1826, est une très-belle pièce d'argenterie dorée. Le calice a 33 centimètres de haut ; il est orné, sur son pied, de trois médaillons : le Jardin des Oliviers, la charité de Simon le Cyrénéen aidant Jésus à porter la croix, le crucifiement de Notre-Seigneur ; sur le bas du pied sont des palmes croisées ; au gros nœud du vase sont figurés et gravés trois bustes dans trois médaillons : Jésus, Marie et le Sacré-Cœur ; le calice porte, à sa coupe, trois médaillons : les Vendeurs chassés du Temple, le lavement des pieds des Apôtres avant la Cène, la Cène. Ces médaillons sont séparés, les uns des autres, par des trophées de pampres et de gerbes en haut relief ; la coupe est mobile et roule dans une enveloppe de ciselures.

La patène du calice est ornée, à son verso, d'un grand sujet : la Descente de Croix, d'après Rubens, très-riche et bien traitée.

Le plateau est orné, à ses quatre points cardinaux, de quatre médaillons : raisins, fleurs d'eau, le *sparganium* (roseau de la Passion) (a).

Les burettes portent, sur leur petit couvercle, l'une, une fleur d'eau et dans la partie renflée du vase une guirlande de raisins, l'autre, une grappe à son couvercle et, plus bas, une ceinture de *sparganium*.

Toute cette chapelle est composée et ornementée dans le genre de la première partie de ce siècle et ciselée avec beaucoup de goût.

Deuxième calice. — Il est très-beau, d'un fort poids, en argent fondu ; sur tout le calice, au pied surtout qui est d'une grande richesse, on voit plusieurs trophées : Couronne d'épines, instruments de la Passion, marteaux et tenailles croisés, têtes d'anges très-saillantes ; à la coupe, on voit des trophées ou groupes de verges, fouets, anges, sainte Face, etc. La partie du vase qui repose sur la table est à jours, d'une ornementation compliquée et

(a) Les sparganiums décoratifs nommés dans ces pages, sont plutôt des massettes ou masses d'eau, vulgairement appelées roseaux de la Passion.

très-riche ; le gros nœud est orné de trois têtes d'anges ; la coupe du vase est mobile, tous les fonds sont sablés ; au-dessous du calice, on lit : J'appartiens à la Confrérie de saint Honoré des boulangers, 1683.

La patène ne paraît pas de même style que le calice ; elle est sans ornements, mais elle porte, à son verso, une image gravée en taille douce qui est très-intéressante ; c'est saint Honoré en mître, chape et crosse ; à ses pieds est le fourgon légendaire de sa nourrice et, plus loin, le fameux noyer qui aurait poussé à la place du fourgon fiché en terre par la nourrice ; à droite, on aperçoit une charmante église gothique en croix latine avec flèche. Est-ce l'église de Port-le-Grand? est-ce celle du Saint-Sépulcre? Nous ne le savons ; mais la petite composition est ravissante de simplicité, de bon dessin et de bonne taille.

Troisième calice. — Il est nécessairement moins riche que ses deux émules, devant servir chaque jour et en toutes circonstances, néanmoins il est tout d'argent, un peu léger, avec des ornements gravés au burin, croix, roseaux, vignes, etc....

Saints Ciboires.

Nous en possédons deux qui ont chacun leur mérite.

Le grand ciboire est d'argent, d'une ornementation très-riche, il a 30 centimètres de haut environ, il peut contenir deux cents hosties ; sur le pied sont trois médaillons à grand relief; c'est la Trinité terrestre, comme disent les saints Pères : Jésus, Marie, Joseph ; d'autres médaillons sont en arrière-plan (épis et raisins) ; au nœud médian sont des anges, ailes étendues verticalement et dépassant la tête. La coupe est mobile, trois médaillons d'anges, deux à deux; entre eux, sparganium et pampres. Le couvercle est très-orné, anges en grand relief, autres motifs et la croix qui domine le vase.

Le petit ciboire ressemble beaucoup au premier, moins la taille; il mesure 25 centimètres de hauteur; sa coupe est ornée de trois médaillons: la foi, l'espérance, la charité, sous les traits d'une Vierge entourée d'enfants qu'elle élève; sur le pied sont des anges, accolés deux à deux, des trophées de roseaux et des pampres. Ces deux ciboires sont très-ornés et font un bel effet. Celui-ci peut contenir environ cent cinquante petites hosties pour la communion des fidèles; le grand en contient facilement le double. C'est une grande gloire pour le Seigneur, une consolation pour l'Eglise, un véritable attendrissement pour le prêtre, quand, aux jours de fête, les communions sont si nombreuses que les deux ciboires ne suffisent pas pour contenir les saintes hosties nécessaires aux demandes des fidèles, et qu'il nous faut fragmenter ces hosties, comme, du reste, le permet l'Eglise pour en donner à chacun sa petite part: *Ut quisque modicum quid accipiat* (a).

LES ORNEMENTS.

Les personnes d'entre nous à qui la divine Providence a permis de pouvoir s'instruire et voyager, auront visité, sans nul doute, à Paris, le musée de Cluny, boulevard Saint-Michel, dans les anciens thermes de Julien. Dans ce riche dépôt des choses

(a) Saint Jean, 6-7.

les plus curieuses, se trouvent des ornements sacerdotaux des différentes époques de la monarchie française ; or, on peut dire que nous possédons ici trois ou, tout au moins, deux ornements qui sont dignes de figurer au musée Cluny ; c'est d'abord :

Un ornement blanc. — On sait qu'un ornement complet se compose de plusieurs chapes ou manteaux pour le prêtre et les chantres, d'une chasuble (*casula*) pour la sainte Messe, de deux dalmatiques et tuniques avec leurs accessoires. Or, l'ornement blanc que nous possédons et qui se compose de ces différentes parties a surtout une chape de prêtre bien digne d'être examinée ; elle est brodée en or fin, sur satin, blanc autrefois ; tous les galons sont brodés à la main ; ce sont des losanges unis par la pointe avec un gros pois central ; les orfrois sont brodés or et soie de différentes couleurs, fleurs de lys fantaisistes en or et rocailles de même ; mêmes décorations pour le chaperon.

Les deux chapes des chantres sont du même style mais moins riches et l'étoffe est seulement brodée de soie à fleurs semblables à celles de tout l'ornement (*fleurs de la chasuble, branches de roses, anémones, ancolies*).

La dalmatique et la tunique sont aussi riches et ont presqu'autant d'or que la chasuble. Les accessoires, étoles, manipules, sont du même genre.

Mais l'objet le plus délicat et le plus artistement travaillé, c'est le voile du calice. Le sujet central est un aigle d'argent dans un soleil d'or, on croirait ce motif dessiné et exécuté de la main des anges. *La guirlande brodée en soie est délicieuse.*

Nous dirons, en passant, que cet ornement, déjà ancien, est très-léger, très-souple, très-peu épais, ce qui tendrait à montrer combien les marchands d'ornements avaient fait fausse route pendant les deux tiers de ce siècle, en introduisant à profusion l'horrible bougrand dans les vêtements sacerdotaux qui paraissaient, par là, devenus comme ces fameuses chapes de plomb ou d'autre métal de l'enfer du Dante.

Ornement rouge. — Il est en velours rouge. La chape des prêtres est fort belle, genre de broderie très-artistique, fleurs fantastiques, un sujet au milieu du chaperon ; le voile du calice est riche et beau au-delà de toute expression ; au milieu est une croix de Saint-Louis avec un rond au centre duquel est un chiffre M. A. (Marie). Les quatre coins sont brodés admirablement.

Une quatrième chape rouge semble faire partie de cet ornement, mais il en diffère du tout au tout, non pour l'intérêt, mais pour le genre et l'exécution ; les orfrois sont brodés avec des torsades grosses comme le doigt, en soie, et parsemés à la surface de fil d'or clair-semés ; l'étole pastorale est très-riche et très-remarquable.

Ornement antique. — Il est, dans la chasuble et les tuniques, d'un tissu d'or, relevé lui-même d'argent, étoffe antique, fleurs or fin, curieux ; il ne serait pas déplacé à Cluny. La croix de la chasuble et les orfrois des tuniques en tissu d'or orange, émaillé d'argent, sont très-curieux.

Ornement drap d'or. — Il est complet et très-beau, mais n'offre pas l'intérêt des quatre précédents.

Ornement soie blanche, grains d'orge. — Très-beau, fourni récemment par la maison Vampoule, de Lille ; belles broderies, huméral riche et bien dessiné.

Nous avons, enfin, pour les messes sans diacre ni sous-diacre, des chasubles brodées par de nobles Dames :

Une première, par Mme la B. de G... ;
Une deuxième, par Mme de Franssu ;
Une troisième, par Mme E. M....

Nous avons aussi des fleurs riches avec leurs vases.

Une garniture de quatre vases et corbeilles, faits par les Religieuses de Saint-Joseph, place Navarin, à Boulogne : or à deux teintes.

Une autre, donnée par Mme la comtesse de H... : or et grappes de raisins de même.

Une, faite par les Religieuses de l'Immaculée-Conception, etc., etc.

Nous avons voulu donner ces détails pour qu'une sainte émulation porte un certain nombre de nos bonnes paroissiennes à avoir toujours quelqu'ouvrage commencé pour l'église ; en y travaillant un peu seulement de temps en temps, on arrive facilement à en voir la fin et, alors, c'est pour la personne qui a ainsi travaillé, une consolation et une œuvre qui tourne à la gloire de Dieu.

Les Registres de Catholicité.

Cet important service de la paroisse a toujours été fait ici avec un grand soin comme le prouve l'inspection de nos nombreux registres et nous devons, de suite, donner tous nos éloges au vénérable M. Crimet qui s'est appliqué à former, à compléter notre collection de registres paroissiaux.

Ainsi, en 1847, nous voyons ce vénérable prêtre faire copier, à l'Evêché d'Amiens, toute une année d'actes qui manquaient à sa collection ; c'était l'année 1821 et, sur ce registre, nous trouvons la note de M. Crimet (1847) qui avertit de ce qu'il a fait et qui authentique ce registre de sa signature.

Nos registres de catholicité, pour l'époque anti-révolutionnaire, se bornent aux actes de M. l'abbé Pierre Louchard, ancien chanoine de l'église de Laon, muni des pouvoirs de Mgr de Machault, en tant que prêtre insermenté. C'étaient, comme on le voit, les plus mauvais jours. M. Louchard demeurait d'abord (caché, sans doute), rue Wateprés, dite maintenant rue Pados, section A, n° 226 ; il demeura, ensuite, chaussée Marcadé, section E, n° 500. C'est là, dans un petit oratoire, que ce digne prêtre exerçait, comme il le dit dans ses actes, le ministère sacré. La collection des actes de M. Louchard va du 15 février 1794 au 16 septembre 1796.

La collection post-révolutionnaire s'ouvre au 2 décembre 1802 par le baptême de Louis-Ernest de Malet, fils de M. Jean-Baptiste de Malet, ancien chef d'escadron du régiment de cavalerie d'Orléans. Le ministre du sacrement est M. l'abbé Deunet, qui signe: ancien curé du Saint-Sépulcre.

Dès ce moment, la paroisse paraît bien constituée, elle a deux vicaires qui signent la plupart des actes : MM. de Bry et Hecquet.

A l'inspection de nos registres de catholicité, on voit qu'ils contiennent cinq espèces d'actes :

1° *Actes de baptême ;*

2° *Actes de mariage ;*

3° *Actes d'ondoiement ;*

4° *Actes de supplément des cérémonies du baptême, après l'ondoiement;*

5° *Actes de décès.* — On les commence dès 1802 et on les place sur le registre aux baptêmes et aux mariages qui est, pour cela, comme partagé en deux ; seulement, à partir de 1816, sous l'administration de M. l'abbé Cauchye, une modification est introduite dans ce registre qui est commencé par les deux bouts, l'un est pour les baptêmes et mariages, et l'autre pour les décès. Cette innovation utile, peut-être à un certain point de vue, ne nous paraît pas heureuse sous celui de la collection elle-même qui se compose ainsi de livres bicéphales.

La rédaction des actes de décès n'a plus lieu maintenant dans la paroisse du Saint-Sépulcre, depuis l'année 1836, sous l'administration de M. Crimet qui avait suivi, jusque-là, la coutume ordinaire. Il y eut, sans doute, une note de l'Evêché à ce sujet et, depuis ce temps, on ne fait plus ces actes de décès.

6° *Actes de première communion et de confirmation.* — Ce ne sont que des catalogues de noms, que nous placions à la fin du registre des baptêmes et mariages, et cela même pendant quelques années seulement ; mais, depuis les ordres de Mgr Bataille, les premières communions et confirmations sont relatées dans un registre à part. Cette innovation est heureuse et devrait être partout adoptée ; il en est de même, ce nous semble, de la table alphabétique que nous plaçons, au Saint-Sépulcre, chaque année, à la fin de nos livres et qui facilite singulièrement les recherches ; de même aussi, pour les noms placés en marge, ce que Mgr Porchez, alors vicaire de la paroisse, a fait avec beaucoup de soin et très-justement à notre avis ; il est à regretter que cette manière de faire ait eu, chez nous, de nombreuses lacunes (a).

(a) Il faut nommer aussi la collection des Mandements épiscopaux qui forment, pour chaque église, un dépôt riche et précieux, rendu obligatoire par Mgr Bataille.

Tel est l'état, en somme, très-satisfaisant de nos livres de catholicité proprement dite : baptêmes, mariages, etc., etc.

Et, en voyant ces choses, qui ne voudra penser souvent et parler quelquefois, à ses enfants, de ces annales saintes où sont renfermés les titres de notre vraie grandeur, de notre vraie noblesse, qui est celle de chrétien catholique, puisque c'est elle qui nous assure la paternité de Dieu, la maternité de l'Eglise et le droit à un héritage immense, céleste, éternel.

Rappelons-nous que nos princes, autrefois, aimaient, quand ils visitaient les églises, à se faire apporter les registres de catholicité et à y montrer, à leurs enfants, la place qu'ils y occupaient au milieu de tous les chrétiens, leurs sujets.

Qu'on se rappelle aussi saint Louis, signant Louis de Poissy, parce que c'était dans l'église de cette ville qu'il avait reçu le saint baptême.

Les Registres des Annonces du prône.

Une des choses qui nous paraissent le plus curieuses sous beaucoup de rapports et le plus précieuses, ce sont nos livres des annonces du prône ; nous regrettons que la nécessité où nous sommes de contenir ce volume dans de certaines bornes ne nous permette pas de les étudier à fond, nous y aurions trouvé des choses intéressantes pour les familles et pour la paroisse. Nous nous contenterons d'en donner une idée sommaire.

Nous n'avons plus les livres d'annonces de M. Deunet, ni de M. Cauchye, son successeur. La collection telle que nous la possédons se compose de cinquante années.

C'est M. Guillaume Cauët qui ouvre cette série, le dimanche dans l'octave de l'Epiphanie, de l'année 1829. Nous apprenons par lui qu'en ce jour, on chantait l'office de saint Foillant, dont nous possédons encore les reliques authentiques.

Plus loin, M. Cauët nous apprend que, conformément à la décision de Monseigneur, les vêpres du Saint-Sacrement qui, jusqu'ici, avaient été chantées, chez nous, les jeudis, le seront dorénavant, à cinq heures du soir, tous les dimanches, mais qu'en même temps, pour satisfaire à la piété des personnes qui ne pourraient assister à ces vêpres du Saint-Sacrement, à cinq heures, on donnera, chaque dimanche, après les vêpres de deux heures et demie, la bénédiction du Saint-Sacrement, etc., etc.

On voit, par ce peu de mots, qu'on trouverait l'explication et l'institution de beaucoup de choses en compulsant les registres d'annonces.

Du reste, la Providence ne permit pas à M. Cauët de travailler longtemps au bien de la paroisse. Il ne le fit qu'un an environ, et il mourut le 15 janvier 1830, à l'âge peu avancé de quarante ans; il repose, non loin de ses successeurs, sous un arbre toujours vert, emblème de sa mémoire qui ne périra pas, à cause de sa grande charité pour les pauvres et tous les malheureux.

Après le registre de M. Cauët, nous avons ceux de M. Crimet qui embrassent une période de vingt-deux ans. Ils sont très-intéressants, parce que cet homme simple et vénérable écrivait beaucoup des choses qu'il voulait dire au prône à ses paroissiens.

Nous apprenons, par lui, que son installation au

Saint-Sépulcre eut lieu le 2 mai 1830, le deuxième dimanche après Pâques.

L'année suivante, au jour des Rameaux, l'annonce de M. Crimet nous apprend que c'était la coutume que MM. les Marguilliers allassent, chaque année, à cette époque, faire la quête à domicile pour l'église et il dit à ses paroissiens que cette collecte n'aurait pas lieu, cette année, à cause de la misère, de la cessation du travail (et d'autres calamités).

Plus loin, nous apprenons, par les mêmes annonces, qu'on avait l'habitude de recommander au prône, non-seulement les personnes décédées dans la semaine, mais aussi les personnes malades et celles qui avaient reçu les sacrements.

Ailleurs, nous apprenons que la première communion ne se faisait pas, en ces temps, comme aujourd'hui, au dimanche de la sainte Trinité, car au 1er mai 1831, M. Crimet, vu l'insuffisance d'instruction des enfants, différera la première communion, dit-il, cette année, encore jusqu'au dimanche de la Trinité et, à ce propos de la première communion, le saint homme décharge son cœur en objurgations paternelles à l'adresse « des parents
« qui ne tiennent pas la main à l'exactitude des
« enfants à la messe et au catéchisme et qui ne
« prennent nul souci de les préparer à la première
« communion et qui ont même le malheur de les
« scandaliser en ne pas communiant eux-mêmes,
« etc. »

Les annonces de M. Crimet vont jusqu'à l'année 1852, on y suit, pour ainsi dire, pas à pas, le déclin de ce saint homme. Ainsi, à partir du 3 mars 1850, il ne peut plus rédiger lui-même, c'est

M. l'abbé Porchez qui en est chargé, puis, au départ de celui-ci, 9 février 1851, on voit apparaître l'écriture de M. Carpentier qui est devenu coadjuteur pendant quelques mois, et qui, au treizième dimanche après la Pentecôte, en la fête de la Confrérie des Agonisants, dit aux fidèles : « On recom-
« mande, M. F., à vos prières, l'âme de M. Jean-
« Baptiste-Emmanuel Crimet, curé-doyen de cette
« paroisse, décédé mardi dernier, 2 septembre (1851). »

La collection des annonces de M. l'abbé Carpentier, successeur de M. l'abbé Crimet, commence à cette date, 7 septembre 1851, et va, après quinze ans, se terminer dans le même mois de septembre et dans la même octave de la Nativité de la sainte Vierge. Ainsi s'écoulent, les uns après les autres, les hommes, les années, les choses, comme les ruisseaux et les fleuves, car, vous seul, ô mon Dieu, êtes toujours le même et ne voyez jamais vos années défaillir : *Tu autem idem ipse es et anni tui non deficient* (a).

Quelques semaines sont à peine écoulées et la dernière série de nos livres d'annonces recommence, depuis le 18 octobre 1866, pour se terminer avec le titulaire actuel de la paroisse, quand, comment, plus tôt ou plus tard, Dieu le sait et que d'avance en soit béni son saint nom, *Sit nomen Domini benedictum*.

Les Registres de Confréries.

Nous avons, à l'heure présente, sept registres de Confrérie, dont une lecture patiente fournirait certainement, à qui aurait le temps de l'entreprendre,

---

(a) Psaume 101-28.

beaucoup de détails intéressants au point de vue local et paroissial.

Ainsi, pour en donner un exemple, trouve-t-on dans les deux registres que nous avons de l'ancienne Confrérie des Agonisants, rétablie en 1804, que les confrères accompagnaient le Saint-Sacrement par la ville, quand on le portait aux malades.

Ainsi trouve-t-on que les prêtres, quand ils en étaient requis par les familles, allaient réciter, au domicile des malades, moyennant indemnité, les prières de l'agonie.

C'est là qu'on trouve aussi un fait touchant dans sa simplicité, c'est celui de ce très-digne M. Deunet, ancien curé-doyen de la paroisse, ancien vicaire-général de Mgr de Machault, évêque d'Amiens, prêtre fidèle qui, dans les plus mauvais jours, refusa le serment schismatique, au péril de sa vie, qui, plus tard, ne fera pas difficulté de siéger à la Confrérie, sous les ordres de M. Cauchye, son successeur, qui ne refusera même pas de se laisser nommer syndic de cette Confrérie des Agonisants et de signer comme tel pendant plusieurs années.

On apprend aussi, par ces registres, que ce très-vénérable prêtre, dont on remarque, non sans émotion, que la dernière signature est à peine lisible, est mort à la fin de l'année 1807, et les confrères reconnaissants lui font célébrer, à la paroisse, un service.

On voit aussi M. l'abbé Cauchye, après la mort de son prédécesseur et ami, accepter son humble succession et devenir, lui-même, syndic de la Confrérie.

Que ces choses n'aient rien de commun avec l'histoire des peuples et des empires, non, sans doute, mais ces détails seront toujours touchants, dans leur simplicité même, pour le paroissien fidèle.

Ces deux registres des Agonisants vont de 1804 à 1837, et on y voit, à cette dernière date, les signatures de M. Crimet et de M. Carpentier, qui était encore son vicaire alors.

Ces registres renferment le détail des comptes annuels, les délibérations et les catalogues des associés.

Après ces deux registres, vient celui de la Confrérie du SAINT ROSAIRE, tout entier de la main de M. Crimet et qui commence en 1835. Il offre, dès la première page, un tableau exact du clergé du Saint-Sépulcre, à cette époque, et des principaux religieux et religieuses ; c'étaient : MM. Crimet (J.-B.-Emmanuel), curé-doyen ; Porchez (Louis-Martin), vicaire ; Carpentier (Eloi-Théophile), vicaire ; Calmet (P.-Charles), clerc tonsuré ; F. Antoine Coutau, directeur des Ecoles chrétiennes ; Sœur Félicité Anquetin, religieuse de la Providence ; Sœur Vitaline Grieux, de la Providence ; Sœur Joséphine Paillart, de la Providence.

Ce registre va jusqu'en 1847, c'est-à-dire quatre années avant la mort de M. Crimet.

Ce registre est continué par M. Carpentier jusqu'au 14 septembre 1862, c'est-à-dire quatre ans aussi avant sa mort.

La Confrérie de NOTRE-DAME DES MALADES paraît avoir remplacé celle des AGONISANTS qui avait, en effet, le même but, à peu près, c'est-à-dire le soulagement des malades en danger de mort.

Ce registre débute par de longues pages de lettres pontificales, épiscopales et autres. Les listes d'associés commencent au 12 janvier 1862 et nous donnent le tableau du clergé, à cette époque: M. Carpentier, curé-doyen ; M. Quentin, prêtre habitué, diacre d'office ; M. Tellier, vicaire. Les insertions vont jusqu'en octobre 1866.

Le registre est repris par le Curé actuel à la fin de l'année 1866, pour se continuer jusqu'à la présente année 1879.

Le registre de l'Œuvre de la PROVIDENCE est un des plus intéressants et un des mieux soignés. Il y existe, il est vrai, une grande et regrettable lacune, aussitôt après les premiers actes de la fondation par M. Carpentier, en 1854, mais, à partir de 1867, ce registre n'offre plus traces d'interruption et on consulte toujours, avec plaisir et profit, les redditions de comptes et divers procès-verbaux rédigés par les Dames secrétaires.

Enfin, nous avons deux registres de l'Œuvre de SAINT FRANÇOIS DE SALES. Cette œuvre qui est jeune encore parmi nous, puisqu'elle ne date que du 18 mai 1874, jour où Mgr de Ségur est venu l'instituer au Saint-Sépulcre.

Un des registres est tenu par la Dame secrétaire; l'autre, tenu au courant par Madame la Présidente, renferme les noms des sociétaires; le troisième est rédigé par M. le Curé, directeur de saint François de Sales, pour Abbeville, qui y écrit les choses principales intéressant l'œuvre dans les comptes-rendus, à Amiens, chaque année, à la Direction diocésaine et un croquis des instructions faites au Saint-Sépulcre, depuis 1874, à toutes les fêtes de l'Œuvre ; instructions qui ont pour objet de développer et d'expliquer les règlements de cette Association admirable.

Nous serons toujours heureux de donner en communication ces divers recueils aux personnes qui pourraient le désirer et qui y trouveront, certainement, d'excellents renseignements de toutes sortes, aussi bien pour édifier les âmes que pour en extraire quelques-uns des modestes matériaux destinés à bâtir l'édifice de notre histoire locale.

CHAPITRE XIII

La Fabrique de l'église

On entend par ce mot ancien dans cette acception l'assemblée des personnes notables qui sont chargées d'administrer tout ce qui a rapport au temporel des paroisses, construction ou réparation de l'église, achat d'ornements ou d'autres objets du culte, administration des biens et revenus de la paroisse.

Le Conseil de Fabrique ou des Marguilliers, comme on l'appelle quelquefois, du mot *matricularii*, registres, est composé d'un nombre plus ou moins grand de personnes, selon l'importance des paroisses. MM. nos fabriciens sont au nombre de cinq, de sept en leur ajoutant le Maire et le Curé qui sont membres de droit.

Tout ce qui regarde la nomination des fabriciens et l'objet de leur gestion est organisé et réglé par le décret célèbre dans l'espèce, de 1809, sous Napoléon Ier.

Les Marguilliers rendent compte chaque année à l'Archevêque ou à l'Evêque. Ils lui présentent, pour cela, un compte détaillé de l'année écoulée (dépenses et recettes effectuées) et un aperçu détaillé aussi de l'année suivante (dépenses et recettes présumées), et qu'on appelle budget, du mot anglais budget qui signifie poche, petite poche aux économies.

Nous ne nous étendrons pas en cet endroit pour dire toute la reconnaissance que la paroisse du Saint-Sépulcre doit à son Conseil actuel de Fabrique; il suffit de dire que, à de regrettables exceptions près, exceptions occasionnées par la mort et ensuite heureusement réparées, il est en partie le même que celui à qui nous devons notre église paroissiale, si belle, si convenable pour nous.

Il faudra surtout être toujours reconnaissants à ces hommes qui, sans avoir été aidés par le gouvernement, ni par le département ou par la municipalité, sont parvenus, avec le seul concours des paroissiens et leurs seuls sacrifices, à créer des ressources et à payer les dépenses les plus considérables, presqu'entièrement, sans avoir changé en rien la situation de la Fabrique pour l'avenir, par des aliénations, des ventes ou autres choses qui compromettent à tout jamais une situation de paroisse.

Nous possédons seulement deux volumes principaux des actes de la Fabrique du Saint-Sépulcre. Ils vont de 1815 à 1879, embrassant ainsi une période de 64 ans. Nous savons cependant, par différentes allusions faites au passé de la Fabrique dans ces deux volumes, que les séances étaient tenues exactement bien avant 1815 (a), mais le volume qui en con-

(a) Notamment on fait allusion aux mesures prises par le Conseil de fabrique pendant la cherté de l'année 1812, à la subvention accordée aux médecins des pauvres en 1813, etc.

tenait le détail n'existe plus ou du moins il n'est plus entre nos mains ; nous supposons qu'un registre de délibérations a dû être commencé en 1809, lors du décret de réorganisation de l'administation fabricienne, mais nous ne le possédons plus. L'intérêt qui s'attache aux deux volumes que nous possédons encore nous fait vivement regretter la disparition du premier.

Cet intérêt est réel et ne pouvant ici en donner les preuves en détail, parce qu'il faudrait un volume pour le faire, nous nous contenterons d'en donner l'idée, afin que nos chers paroissiens voient combien de choses importantes touche une administration fabricienne et quels souvenirs utiles elle est appelée à conserver.

Ainsi, nous trouvons d'abord en 1825 la composition du Conseil de Fabrique où sont inscrits les noms suivants : Comte de Riencourt, président ; Cauchye, curé-doyen ; Ph. Ducastel ; Louis Verdun ; Pierre Leroy ; Joseph Cordier. Nous trouvons de longs et utiles règlements par rapport à l'instruction primaire des écoles dites écoles chrétiennes et qui étaient tenues alors (1815) par deux maîtres laïques, le sieur Corbillon, maître de la première classe, le sieur Nicolle, maître de la seconde. Ce règlement, adopté par MM. les Marguilliers et composé par M. l'abbé Cauchye, montre toute la sagesse de celui-ci et le soin constant et même tendre, peut-on dire, que l'Eglise a toujours pris des écoles. Il y a là de longues pages qu'il serait utile de méditer dans le temps présent afin de rendre justice à la vérité (a).

Nous trouvons encore dans nos livres le souvenir de deux premiers grands services pour le roi

(a) Séance du 19 octobre 1816.

Louis XVI, le premier dont les frais furent couverts par la Fabrique (21 janvier 1816), et le second demandé et soldé par les chevaliers de Saint-Louis de tout l'arrondissement (année 1818).

Nous trouvons encore, en 1817, la trace d'une saison extrêmement difficile pour les pauvres et les ouvriers, par des subsides votés et devant être distribués mensuellement par les membres de la Fabrique.

Comme spécimen de détails très-intéressants pour la paroisse, nous mentionnerons l'achat de notre ostensoir d'argent qui a été soldé avec le prix du calice d'argent hors d'usage de M. Deunet, un don de M. Cauchye et un appoint peu considérable (75 fr.) fournis par la fabrique.

Nous avons déjà mentionné plus haut le don fait par le même M. Cauchye à l'occasion de la bénédiction des cloches, des deux grands tableaux : le repas d'Emmaüs et l'apparition de Jésus à saint Thomas.

Egalement l'établissement d'un diacre d'office, M. l'abbé Dequen, avec une indemnité de 300 fr. Il y avait dès lors, à la paroisse, quatre prêtres en comptant M. le Curé.

Nous terminerons en rappelant le souvenir des anciennes délibérations de la Fabrique (décembre 1824) ayant pour objet les rentes et fondations de messes, services religieux et autres. Il y a là des pages et des résolutions qui montreront clairement à tous ceux qui auraient besoin de l'apprendre, avec quel soin scrupuleux les évêques, les prêtres, les fabriques et en un mot l'Eglise tout entière a toujours administré les legs pieux de ses enfants et comment toujours et partout elle s'est appliquée à respecter les intentions des donateurs.

Nous n'irons pas plus loin, parce que c'est assez pour faire pressentir combien de choses vraiment intéressantes doivent se trouver dans des registres qui n'embrassent pas moins de soixante années.

Que, si on joignait à l'étude de nos registres de délibérations, celle non moins importante de la nombreuse collection de notre comptabilité, tableaux de budgets et comptes, celle de nos livres répertoires, livre d'inventaire, etc., on restera persuadé qu'un ouvrage très-intéressant pourrait facilement être fait avec tous ces documents.

Pour nous, paroissiens du Saint-Sépulcre, nous devons bénir Dieu qui n'a pas permis que, malgré tant de vicissitudes humaines, nous soyons privés entièrement des sources fécondes desquelles ont découlé sur nous depuis de longues années, tant de grâces, tant de preuves de charité, de bonne administration, de soins de tout genre pour la gloire de Dieu, l'honneur de l'Eglise et le plus grand bien de nos âmes.

CHAPITRE XIV

Aperçu des choses qui restent à faire à l'église paroissiale.

Nous terminerons cette longue et minutieuse étude des choses de la paroisse du Saint-Sépulcre en jetant un rapide coup d'œil sur les réparations, améliorations, complément qu'attend encore notre chère église et qui ne lui manqueront pas d'ici à peu d'années, il faut l'espérer, après que l'effrayante dette contractée en 1863 sera entièrement soldée.

Ce complément de notre église lui sera donné sans qu'il soit besoin, comme par le passé, de recourir à des sacrifices individuels, toujours bien onéreux à de bons paroissiens, quoique nous n'ignorons pas qu'ils les accomplissent de bon cœur, comme le dit la Sainte Écriture : *Lætus obtuli universa cum simplicitate et animo volenti* (a), Seigneur, je vous ai tout offert avec joie, simplicité et la meilleure volonté.

A l'intérieur. — L'église nous paraît attendre les améliorations suivantes :

1º Une CHAPELLE DES FONTS BAPTISMAUX, dont le projet arrêté depuis longtemps a été soumis à MM. les fabriciens, mais qu'il a fallu ajourner à cause de l'élévation inattendue du devis. Cette chapelle serait élevée à la place d'une des grandes fenêtres du collatéral de gauche, comme la rubrique le demande; les plans qui ont été dressés par M. Coulombel, alors architecte de la ville, sont très-beaux et les devis se montent environ à la somme de 4000 francs.

2º Une CHAPELLE DE NOTRE-DAME IMMACULÉE DE GUADELOUPE qui serait placée dans le mur en face de celle du Saint-Sépulcre. Mgr Blanger qui a bien voulu encourager cette idée qu'il a trouvée de réalisation nécessaire, a promis spontanément une de ces offrandes qu'il sait toujours rendre généreuses, nous le savons déjà à la paroisse par le don de la magnifique verrière centrale: *Le triomphe de Jésus-Christ*, que nous tenons de sa munificence.

Cette chapelle en vis-à-vis avec celle du Saint-Sépulcre donnerait encore plus d'entrain à la dévotion de Notre-Dame Immaculée de Guadeloupe

(a) B. R., office Dédicace.

et concourrait à la bonne régularité et harmonie de l'église.

3° Les grandes Fenêtres du côté gauche de l'église qui ont besoin de recevoir des meneaux ou montants en pierre de taille pour y placer convenablement les vitraux. La dépense totale de ce chef pour la maçonnerie seulement doit s'élever environ à la somme de 5 ou 600 francs par fenêtre, soit 3000 francs environ pour les cinq. Cette amélioration est une de celles qu'il est le moins permis de différer, parce que ces fenêtres telles qu'elles sont maintenant, n'ont ni solidité ni propreté et qu'elles enlèvent au monument une grande partie de son caractère et de son unité architecturale.

4° Les deux Vitraux des grandes fenêtres du transept. La vitrerie blanche, quoique neuve encore, a besoin d'être remplacée par des vitraux de couleur, car il est maintenant reconnu que sans eux, une église comme la nôtre perd beaucoup de son recueillement, de sa piété et de sa majesté. Ces deux verrières, d'après les projets de l'artiste, devraient représenter les scènes de la grande histoire des croisades. Elles relieraient ainsi toute notre église à la chapelle du Saint-Sépulcre avec sa belle verrière de Godefroy de Bouillon et son bas-relief des barons français au Saint-Sépulcre de Jérusalem. Les frais de ces deux verrières sont estimés de 8 à 10,000 francs.

5° Les Vitraux des quatre fenêtres du collatéral gauche, qui, d'après le plan général de M. Didron, doivent continuer les vertus théologales Foi et Charité, traitées dans les deux vitraux du collatéral droit. On y doit joindre la vertu d'Espérance et de Religion et placer à la fenêtre de la façade latérale la scène du jugement dernier à l'occident et près la porte, selon les prescriptions liturgiques.

6° Les Lambris de toute l'église. Nous savons qu'un certain nombre de partisans absolus de l'architecture gothique ne voulaient pas d'abord ces lambris de bois autour des églises, mais l'antiquité, mieux étudiée, a montré que les gothiques les employaient aussi; c'est ce qui a motivé la réapparition de ces lambris, par exemple, dans les églises de Saint-Germain-des-Prés et de Saint-Severin, de Paris.

Au Saint-Sépulcre, nous considérons des lambris comme absolument nécessaires à cause de l'appareil des murailles qui ne leur permet pas de rester à découvert, les assises ne se correspondant pas et les pierres étant d'un trop petit calibre et d'un grain trop friable, ce qui fait que presque toutes ces pierres ont été mal taillées.

D'ailleurs, il est un grand inconvénient dans l'église du Saint-Sépulcre, c'est l'absence à un degré assez considérable de l'écho qui est si nécessaire pour le chant et la parole. Eh bien! de l'aveu des architectes, le meilleur moyen de remédier à ce défaut, ce sont les lambris de bois, parce que ceux-ci entrent en vibration comme la caisse sonore d'un instrument à cordes, violoncelle ou autre...

C'est la connaissance de cette nécessité de placer des lambris sur tous les nus de nos murailles qui a déterminé déjà plusieurs fois M. Busine, de Lille, le célèbre sculpteur, un autre non moins célèbre de Reims, M. Maréchal, à venir nous offrir leurs dessins et leur intelligent concours. Mais il faudra une grande dépense pour réaliser ce projet (a).

A l'extérieur de l'église. — Il y a également des choses très-importantes à faire ou plutôt à refaire.

1° La Flèche du clocher. Sans elle notre église aura toujours plus ou moins l'extérieur d'une ruine. Malheureusement il ne faut pas seulement une flèche nouvelle, mais aussi une réparation capitale du haut de la tour et de son balcon ou galerie à jours.

Plusieurs projets ont déjà été étudiés. Celui de M. Bulot, entrepreneur de la paroisse, s'élève à 14,000 francs environ, tout compris. Celui qui consisterait à rétablir l'ancienne flèche, coûterait environ 45,000 francs. Ce deuxième projet nous serait certainement plus sympathique, mais le premier est le plus et peut-être le seul accessible et il est semblable, du reste, à peu près à celui que l'architecte, M. Delefortrie, avait dessiné dans son plan de restauration générale de l'église. D'où nous concluons qu'il doit être même plus dans le vrai style de l'église.

2° Deux Clochetons à refaire au pignon méridional du transept. Ils ont été renversés par l'ouragan du 12 mars 1876 et ils attendent depuis leurs remplaçants. Tout le monde remarquera le tort que l'absence de ces deux clochetons fait à notre monument.

3° Un Finial, c'est-à-dire un bouquet terminal, lis ou autre, qui prolongeait la pointe du triangle de ce même pignon et que le même orage a renversé.

4° Une Statue à établir sur le socle qui l'attend

(a) Il y a aussi au collatéral droit, une fenêtre à déboucher et à orner de verres de couleur.

au milieu de ce pignon avec un dais et pinacle également prêts à la recevoir ; ce serait, il nous semble, où saint Louis ou saint Bernard ou Godefroy de Bouillon ou Pierre l'Ermite, si les règles de l'Eglise ne s'opposent pas, comme nous le croyons, à ce qu'on place les statues des grands chrétiens non canonisés, au dehors de nos monuments religieux.

5° UN ECCE HOMO à replacer au-dessus du portail méridional et qui est attendu par une niche gothique toute préparée à cet effet. Nous avons retrouvé cet *Ecce homo* de pierre dans le coin d'un magasin et nous le ferions restaurer par un statuaire de préférence à l'achat d'un neuf.

6° AU GRAND PORTAIL, un clocheton à remettre à gauche. Il a été renversé par l'orage dont il est parlé plus haut.

7° RÉPARATION SÉRIEUSE de toutes les murailles où le siècle dernier a placé des briques pour déguiser le défaut ou l'usure des pierres. Triste amalgame qui dénotait bien peu de goût et encore moins de respect pour nos monuments.

8° Enfin RÉPARATION DE LA TOURELLE de l'escalier qui mène à la tribune et au clocher. Cette tourelle en plate-forme et à galerie à jour est très-belle et mérite d'être bien restaurée.

Quant aux autres choses qui manquent à l'extérieur de l'église elles ne dépendent pas du Conseil de Fabrique. C'est le pavage complet de la place du parvis. C'est une barrière, ne fut-elle que de bois, qui entourât tout le monument et le mit ainsi à l'abri des dégradations, des inscriptions et des ignobles saletés.

Espérons que toutes ces choses, celles qui dépendent de nous et les autres, viendront à leur heure avec la grâce de Dieu, et que nous donnerons à notre Jérusalem terrestre tout le lustre et toute la gloire qu'elle mérite à deux titres divers : comme étant la maison de Dieu et comme étant aussi notre maison paroissiale (a) (b).

Gloria in excelsis Deo.

(a) Voir la note XXXIV. — (b) Voir la note XXXV.

APPENDICES

Appendice **A**.

Les Rues de la Paroisse.

I.

Historique. — La paroisse du Saint-Sépulcre, aussitôt après le Concordat (1801), avait reçu de l'autorité compétente une circonscription qui fut respectée pendant vingt-quatre ans, depuis 1802 jusqu'en 1826.

A cette époque de nombreuses réclamations s'étaient élevées du sein des différentes paroisses qui prétendaient avoir été lésées dans leurs justes intérêts et dans des convenances locales évidentes. Saint-Gilles et Saint-Jacques avaient fait entendre de pressantes observations basées, la dernière surtout, « sur ce que sa population était mal équilibrée, que le nombre de ses pauvres n'était pas en rapport avec celui de ses familles aisées, etc... » Alors une délibération du Conseil municipal, en date du 11 décembre 1824, intervient, qui reconnaissait le bien fondé des réclamations paroissiales. Une commission locale fut nommée par Mgr l'Évêque d'Amiens et M. le Préfet de la Somme, et sur les conclusions conformes de son rapport, l'ordonnance royale du 19 mars 1826 autorise la circonscription nouvelle telle qu'elle est contenue dans l'ordonnance épiscopale du 5 juin 1826 (a).

(a) Voir l'Ordonnance aux pièces, note XXXVI.

Or, au n° 1 de l'article premier de cette ordonnance, une partie de la *chaussée Marcadé* (entre les *rues Pados* et *Pont des Capucins*) est distraite de la paroisse Saint-Sépulcre au profit de celle de Saint-Jacques et au n° 4 la paroisse Saint-Sépulcre reçoit à titre de dédommagement le quartier dit de la *Fausse Porte*, du côté nord jusqu'au n° 29 inclusivement, et du côté sud jusqu'au coin de la *rue de Locques*. La compensation était faible, mais on déclarait dans le premier considérant de l'ordonnance épiscopale « que des quatre paroisses d'Abbeville, celle du Saint-Sépulcre, chef-lieu de canton, est celle qui réunit le plus d'avantages à cause du petit nombre de ses pauvres, des ressources de sa fabrique, etc., etc. »

Telle est donc, en y joignant deux maisons dites du *Pont des Bouchers*, la circonscription actuelle de notre territoire paroissial (a).

II.

ETENDUE. — LIMITES. — CONFIGURATION. — Pour mieux nous rendre compte de notre territoire paroissial, nous pouvons le représenter par un carré long ou parallélogramme un peu irrégulier, dessiné par quatre lignes : celle du nord, celle de l'est, celle du sud et celle de l'ouest.

La ligne septentrionale est formée par la *rue aux Pareurs* jusqu'à la *rue des Teinturiers*, et il faut joindre à cette ligne la *rue Planquette* et l'extrémité de la *rue Pados* qui sont en dehors de cette ligne.

2° La ligne de l'est est dessinée par le rempart, depuis la *rue Pados* jusqu'à la hauteur de la *rue Millevoye*, non compris les jardins du côté nord de cette rue.

(a) C'est-à-dire que notre circonscription actuelle est l'ancienne de 1801, sauf les retranchements et compensations sus-nommées. — L'article II détaille cette circonscription actuelle de 1826.

3° La ligne du midi comprend la *chaussée du Bois* dans toute son étendue et une partie de la *rue des Lingers* jusqu'à la *rue de Locques* d'un côté, et jusqu'à l'impasse de l'*Ecu de France*, entre les n°s 29 et 25 de l'autre, comme nous l'avons vu plus haut dans l'ordonnance.

4° La quatrième ligne du rectangle paroissial, celle de l'ouest (en prenant les choses largement) comprend la *rue des Teinturiers*, les deux maisons du *Pont des Bouchers*, touche l'extrémité de la *rue des Pots* et va rejoindre la *rue des Lingers*, au côté nord.

On le voit, cette rue n'est que rationnelle, de la *rue des Pots* à la *rue des Lingers*, parce qu'aucune voie ou chemin ne la dessine. Elle passe à l'extrémité des jardins, des maisons, de la *rue de l'Hôtel-de-Ville*, côté est.

Le faubourg, on le comprend, est excentrique, c'est-à-dire en dehors du carré que nous venons de décrire.

Il comprend, sur une grande étendue, trois quartiers principaux :

1° Les deux lignes d'habitations jusqu'aux *Moulins des Chartreux* inclusivement (a).

2° Le faubourg du Bois proprement dit, *grande rue*, *rue des Chartreux*, *rue du Chaufour*, *chemin de Lheure* (haut) et *chemin de Lheure* (bas).

3° Enfin le quartier de la porte du Bois comprenant l'avenue, le groupe d'habitations nouvelles, casernes, etc., et le groupe d'habitations anciennes, auberges, etc., etc.

III.

Quartier nord. — Parmi les rues qui forment ce que nous appelons le quartier nord de la paroisse, nous

(a) Le Scardon coule entre ces deux rangs de maisons avec lesquels vient confluer la route de Drucat, un peu avant que la rivière de l'Hermitage se jette dans le Scardon. Cette rue s'appelle, croyons-nous, rue de la Bouvaque.

commencerons par celles qui dessinent la ligne de ce quartier ; nous trouvons :

1° La *rue aux Pareurs*. — Elle s'étend sur la rive droite du Scardon. Elle est large, longue, courbe et un peu irrégulière. Le Scardon coule entre ses deux rangs de maisons, jusqu'à la propriété des religieuses carmélites dont il baigne les murailles ainsi que celles de deux ou trois autres maisons (a). La rue s'étend du n° 1 au n° 85. Elle comprend dans ce parcours plusieurs belles habitations, notamment celles des familles de Hauteclocque, du Broutel, Richardot, etc., etc.

2° La *rue Planquette*. — Elle se soude à angle droit à la rue aux Pareurs et se termine avec l'extrémité de la rue *Pados*. Elle comprend cinquante-six numéros de maisons presque toutes petites, plus une impasse innommée. Cette rue est pavée de l'antique et indestructible galet de mer. Les deux maisons de la rue Pados qui font partie de la paroisse Saint-Sépulcre, ont été sans doute considérées comme n'étant qu'un avec la rue Planquette, qu'elles feraient en ce cas déboucher par un coude sur le rempart. La rue Planquette et l'extrémité de la rue Pados sont bâties sur le sol le plus bas de la paroisse.

3° La *rue Babos* paraît être appelée ainsi parce qu'elle était non loin des terrains qui s'étendaient sous le bois de Saint-Riquier ou bien simplement parce qu'elle était en contre-bas de la chaussée plus élevée qui conduisait à ce bois. Elle est longue, suffisamment large, bien pavée, en pente douce du midi au nord ; elle a quarante-cinq numéros.

4° *Rue de la Briolerie.* — Elle court du midi au nord sur une pente très-rapide, depuis le coin de la place

(a) Du jardin des Carmélites jusqu'à la rue Babos, le rang de maisons qui est sur la rive gauche du Scardon est encore appelé souvent faubourg Saint-Éloi. C'est là, près du pont de Grenet, que s'écoule d'une manière intermittente, dans le Scardon, la source de Saint-Pierre qui fournit ses eaux aux jardins de l'hôtel d'Emonville.

Saint-Sépulcre jusqu'au pont qui fait communiquer cette rue avec les rues Dauphiné et Colombier. Elle comprend vingt-quatre numéros (a).

5° *Rue du Fossé*. — Elle s'étend de l'est à l'ouest sur un assez long parcours. Elle forme une courbe allongée et comprend quarante-trois numéros jusqu'à la place Saint-Pierre.

6° *Rue du Bas-Mesnil*. — Elle va de la rue du Haut-Mesnil à celle de la Briolerie sur une grande ligne de l'est à l'ouest. Elle est très-étroite d'un bout, celui vers la Briolerie et ne contient que seize numéros.

IV.

Quartier de l'est. — Parmi les rues qu'il contient, nous nommerons d'abord :

1° La *rue Mellan*, petite rue qui n'a que quelques maisons et qui aboutit au rempart. C'est là que se trouve la salle d'asile de la paroisse du Saint-Sépulcre. Cette rue est encore pavée de galets. Elle a dix-neuf numéros.

2° La *rue d'Avignon*. — Elle n'a qu'un côté, le Scardon occupant l'autre dans toute la longueur. Cette rue va de la rue du Colombier au carrefour du pont Grenet. Elle n'a que des numéros pairs de deux à soixante-huit.

3° *Rue du Colombier*. — Elle commence à l'angle de la rue Dauphiné et va, par son côté droit, rejoindre le côté bâti de la rue d'Avignon. Elle ne compte que quinze habitations. Elle est de configuration très-irrégulière. Quelques-unes de ses maisons possèdent d'assez grands jardins qui s'étendent vers le rempart.

4° *Rue Dauphiné*. — Elle n'a qu'un rang comme

(a) C'est dans cette rue que se trouve l'orphelinat de Saint-Joseph, dit de l'Enfant-Jésus. C'est là aussi que se trouve le moulin dit Gaffé.

celle d'Avignon, le cours du Scardon occupant la place de l'autre. Elle va du rempart à la rue du Colombier, au Moulin Gaffé et à la rue de la Briolerie. Elle n'a que des n°s impairs de 1 à 43. Au bout de cette rue, du côté du rempart, le Scardon forme un abreuvoir assez grand et profond.

5° *Rue Basse du Rempart.* — Elle cotoie, depuis la porte du Bois, tout le rempart de l'est, n'a qu'un rang l'autre étant occupé par le rempart. Elle n'est ni pavée, ni bâtie et n'a que deux maisons, des magasins et des sorties de la rue parallèle. Elle va de l'abreuvoir du Scardon à la chaussée du Bois, près l'ancienne porte.

6° *Rue du Haut-Mesnil.* — Elle descend parallèlement à la rue Basse du Rempart. La pente est rapide et un ruisseau qui occupe le milieu de la rue verse les eaux pluviales dans l'abreuvoir du Scardon. Rue mal pavée, occupée d'un côté par des murs de jardins et quelques petites maisons; elle a cinquante-deux habitations environ.

V.

QUARTIER MÉRIDIONAL. — Il comprend :

1° La *rue* ou *chaussée du Bois*, avec ses fonds, *i fundi*, comme disent les Italiens, jusqu'aux jardins de la rue Millevoye. Cette chaussée court de l'ouest à l'est; ses deux lignes ne sont pas absolument régulières, par conséquent sa largeur est un peu inégale, ce qui n'empêche pas de constituer une très-belle rue, largement ouverte à l'air et au soleil. Elle s'étend du n° 1, impasse de la Commanderie, au n° 111 près l'angle de la rue du Haut-Mesnil.

Cette rue renferme de belles habitations : l'ancien Saint-Stanislas (a), le nouveau, l'établissement de la Maison-Mère de Saint-Joseph, l'hôtel des Essarts, l'hôtel

(a) Il avait appartenu avant M. l'abbé Patry à M. Ducastel.

de Lamothe, etc., etc. Il y a plusieurs impasses et choses notables que nous mentionnerons plus loin.

2° *Rue des Lingers.* — Une partie de cette grande et large rue a été donnée à la paroisse Saint-Sépulcre, comme nous l'avons dit, en 1826, en compensation d'une partie de la chaussée Marcadé. Ce qui appartient maintenant au Saint-Sépulcre comprend, à droite, depuis le café du coin de l'impasse de la Commanderie jusqu'au n° 49 exclusivement, à l'impasse fermée de l'Ecu de France, et du côté gauche, depuis le coin de la rue des Minimes jusqu'au coin de la rue de Locques, n° 42 inclusivement. Presque toutes ces habitations sont des maisons de commerce avec des magasins sur le devant.

3° *Rue des Minimes.* — Cette rue, qu'on appelle souvent place des Minimes, conduit à l'ancien couvent de ce nom, occupé maintenant par les Augustines de la Maison-Mère. Elle comprend huit habitations depuis la rue des Lingers jusqu'à la rue Boucher-de-Perthes.

4° *Rue du Saint-Esprit.* — Elle va de la chaussée du Bois à la place du Saint-Sépulcre. Elle n'a que peu de numéros, deux ou trois peut-être, en comptant l'habitation de la fabrique à restaurer les tapis.

5° *Place Saint-Sépulcre.* — C'est une grande place qui entoure l'église de ce nom et qui s'étend largement au nord et au midi de cette église. Cette place est nouvellement plantée d'arbres, mais, quoiqu'elle soit assez fréquentée, l'herbe coupée de temps en temps par les soins de la municipalité y repousse toujours avec opiniâtreté, vu, sans doute l'absence de pavés. Cette place compte sept numéros, entr'autres l'hôtel de M. Sosthène de Valanglart, l'hôtel de la recette des finances, propriété de M. Courbet-Poulard, le pensionnat de Mlle Diguet, le presbytère, etc.

6° *Rue du Saint-Sépulcre.* — Elle est peu considérable et ne comprend que cinq habitations. Elle va de la place Saint-Sépulcre à la chaussée du Bois.

7° *Rue Charlet*. — Cette rue qui commence d'un côté devant le grand portail de l'église est irrégulière. Elle se soude à gauche à la rue du Saint-Sépulcre et à droite elle se rétrécit et se continue jusqu'à la chaussée du Bois. Elle a vingt-trois numéros. C'est là que se trouvent l'école communale de filles et aussi celle de dessin pour les garçons. A son extrémité, du côté de la chaussée du Bois, est la petite impasse Saint-Sébastien.

VI.

Quartier de l'Ouest. — Il comprend un certain nombre de rues, entr'autres :

1° *Rue des Teinturiers*. — Cette rue devenue très-belle, depuis que le Scardon qui coulait à découvert le long d'un de ses côtés a été voûté, a de beaux trottoirs. Elle décrit une courbe allongée de la rue des Capucins jusqu'au Pont des Bouchers. Elle comprend environ soixante numéros. La petite caserne est vers le milieu de cette rue (a).

2° *Rue du Pont de la Ville* (b). — Cette petite voie qui s'étend de la rue des Teinturiers à celle des Pots, ne contient que trois numéros. Elle était fort étroite, mais maintenant, par suite de constructions, elle est devenue régulière et assez large.

3° *Rue des Pots*. — Elle commence d'un côté à la rue des Capucins et va de l'autre, d'inflexions en inflexions, à la rue de l'Hôtel-de-Ville. Elle est de largeur variable. Elle a trente-cinq numéros et contient de belles habitations, parmi lesquelles celle de Mlle de Beaupré, de M. Edmond Maressal, de M. Dubois, médecin, de M. Eloi, etc., etc.

(a) C'est dans la rue des Teinturiers que la prise d'eau appelée l'Eauette, se détache du Scardon et va se jeter dans la Somme, en compagnie de la Sotine, à l'impasse Coq-Héru. — (b) Elle prend sans doute son nom du pont établi sur le Scardon et du voisinage de la porte de sortie de la mairie (rue des Carmes), peut-être aussi de l'ancienne limite de la ville.

4° *Rue des Carmes.* — Elle s'étend de la rue des Pots à la place Saint-Pierre, sur un parcours qui comprend environ quinze habitations, dont plusieurs importantes : celle de MM. de Mython, de Franssu, d'Anchald, Fréville, Durand, président honoraire, etc., etc. L'Hôtel-de-Ville a une sortie dans cette rue.

5° *Rue des Capucins.* — Cette grande et belle rue forme le commencement de la chaussée Marcadé et s'étend jusqu'à la place Saint-Pierre. Elle comprend vingt-six numéros et quelques habitations remarquables, celles, par exemple, de M. de Beaufort, ancien hôtel de Selve, de M. de Saint-Pol, les Carmélites, etc.

6° *La Place Saint-Pierre.* — Elle est ainsi appelée, sans doute, à cause du célèbre prieuré de Saint-Pierre dont on voit encore quelques bâtiments et la belle église. Cette place est comme le centre et le point de jonction des rues des Capucins, des Carmes, du Bois et du Fossé. Elle renferme de belles habitations comme celles de MM. d'Emonville, de Buigny, de Lanigou, de Berghes, Victor et Ernest Morel, les Ursulines, etc., etc. Le nombre total des habitations est de vingt-six environ.

VII.

Impasses de la Paroisse.

Rue d'Avignon. — Il y a quatre impasses innommées, la première entre les n°s 2 et 4, la deuxième entre les n°s 28 et 34, la troisième entre les n°s 40 et 36, la quatrième entre 66 et 44, c'est la plus populeuse de la rue d'Avignon, elle contient six habitations.

Chaussée du Bois. — Elle n'a qu'une impasse, celle dite la *Halle aux Merciers*, entre la maison de Mme v^e Blondin, papetière, n° 5, et celle de MM. Rèche frères, marchand de brosses, n° 7 ; elle sert d'entrée au Musée d'ornithologie Duchesne de La Mothe.

Rue Charlet. — Elle a une petite impasse : *Saint-*

Sébastien, vers la chaussée du Bois, après la maison n° 1.

Rue des Lingers. — Il y a deux impasses, la première, impasse de l'*Ecu de France*, débouche entre le magasin de M. Pichard, marchand quincaillier, n° 49, et celui de M. Vulliez, lampiste, n° 51 ; la seconde impasse, dite de la *Commanderie*, s'ouvre entre le n° 61 et le n° 63 ; à ses deux angles sont le magasin de M. Touffreville, marchand de meubles, et la maison de M. Dubois-Destry, cafetier. Elle contient sept habitations.

Appendice B

Les Ponts de la Paroisse.

Le *Pont des Bouchers* ou *aux Poirées* (légumes), qui traverse la rue de l'Hôtel-de-Ville.

Le *Pont de Grenel*, qui traverse l'extrémité de la rue Babos et la partie de la rue aux Pareurs dite autrefois faubourg Saint-Eloi.

Le *Pont Gaffé*, qui traverse le Scardon en faisant communiquer ensemble la rue de la Briolerie et du Colombier.

Le *Pont du Scardon*, vulgairement *au Cardon* ou *aux Cardons*, qui traverse la rue des Capucins.

Le *Pont de la tour du haut degré*. Il traverse le Scardon à l'endroit où celui-ci sort de la tour. Ce pont est une voûte d'une seule arche, terminé du côté de la ville par une tête de pont en grès et qui n'est pas sans cachet.

Le *Pont de la Ville*, qui traverse le Scardon et fait communiquer la rue des Teinturiers et celle du Pont de la Ville, entre le n° 12 (Mme v^e Valois, épicière), et le n° 14 (M. l'abbé Macquet).

Appendice C

Quelques souvenirs religieux, historiques, etc., de la Paroisse.

André (Saint-André, église). Elle s'ouvrait sur la rue de ce nom, aujourd'hui rue de l'Hôtel-de-Ville, mais elle s'étendait latéralement le long de la rue des Pots, sur le territoire de la paroisse actuelle du Saint-Sépulcre et c'est pourquoi, sans doute, au Saint-Sépulcre (celui d'avant 1863), on avait érigé, en l'honneur de saint André, une chapelle et un autel qui sont maintenant sous le vocable du Sacré-Cœur de Jésus.

Anne (Sainte-Anne, hôpital), hôpital des pauvres orphelins sous le vocable de sainte Anne. Il était situé rue des Teinturiers. On l'appelait aussi de Saint-Joseph et de Sœur Claude (1711) (a). C'est maintenant une caserne.

Bois (la porte du). Elle a été démolie dans les dernières années.

Bois (le pont de la porte du). C'était une belle construction composée de plusieurs arches et qui donnait accès à la ville du côté oriental.

La Commanderie (d'Abbeville). C'était une ou plusieurs constructions de l'impasse actuelle de la Commanderie qui était probablement à l'état de rue véritable à une certaine époque. La Commanderie d'Abbeville, sous le vocable de saint Jean-Baptiste, avait appartenu d'abord aux Templiers et ensuite aux chevaliers de Malte.

Le Cimetière (du Saint-Sépulcre). Il comprenait toute la place actuelle ainsi que les maisons bâties

(a) Nom de la fondatrice, Claude Foullon d'Abbeville.

maintenant jusqu'à la chaussée du Bois. Autrefois donc on apercevait notre église de cette chaussée même.

Carmes (le Couvent des). Il était situé rue des Carmes; les bâtiments sont à peu près conservés. L'église occupait la place du cercle abbevillois actuel. Les religieux Carmes furent transférés en cet endroit au xviie siècle, sous le roi Louis XIII. L'historien d'Abbeville, le P. Ignace, y résida. Ce couvent était sur l'emplacement de l'hôtel de Gamaches, comme il sera dit plus loin.

Capucins (Couvent des). Il occupait l'extrémité de la rue, vers le Scardon. Leur église, bâtie avec les démolitions du château d'Abbeville fut inaugurée en 1616 et démolie pendant la révolution. Les Carmélites occupent maintenant ce monastère.

Ducrocq (Cimetière). Il était situé à gauche de la route d'Amiens, à peu près à la place de la caserne actuelle. Il prit son nom du premier mort qui y fut inhumé en 1795.

Dom Martin (Refuge de l'abbaye de). Il était situé rue des Capucins, appelée aussi Saint-Eloi. Ce refuge est habité maintenant par M d'Hantecourt.

Europe (Hôtel de l') (a). Tenu longtemps par Mmes Mallet, maintenant couvent de Saint-Joseph. Cet édifice au beau portique donnant sur la chaussée du Bois et visité autrefois par les Anglais de distinction voyageant sur le continent, l'a été aussi par des princes français. En avril 1817, par Louis Philippe, encore duc d'Orléans, et en octobre de la même année par le duc d'Angoulême.

Ecu de France. Quelques chroniqueurs ont pensé que les comtes de Ponthieu battaient monnaie dans ce lieu qui était alors, peut-être, une rue ou ruelle véritable.

(a) C'était auparavant l'hôtel de la famille de Saint-Blimond, fondue par suite de mariage dans la maison des princes de Berghes.

Esprit (Hôpital du Saint-). Il était situé dans la rue de ce nom. Il fut fondé au XIIIe siècle.

Etienne (Eglise Saint-). C'était une dépendance du prieuré de Saint-Pierre. Elle était sur l'emplacement de l'édifice dit : Pavillon du génie.

Saint-Eloi (Eglise). Sur la même place Saint-Pierre ; elle était près de l'hôtel de Senarpont, sur l'emplacement de la maison n° 8, occupée par Mme Anquier et celle du n° 10, occupée il y a quelques années par Mme Bazin-Joly et maintenant par le Cercle de l'Union. On conservait dans le trésor de cette église un petit marteau de saint Eloi, qu'on vénérait comme une relique de l'argentier de Dagobert, devenu évêque de Noyon (a).

Saint-Eloi (Cimetière). Autour de cette église il y avait, d'après le P. Ignace, un cimetière avec des arbres et un mur bas en dessinait les contours.

Fleur de lys (Hôtel de la). Il est situé rue des Teinturiers, à l'entrée, du côté de la place Sainte-Catherine. Il appartenait aux Templiers. Ils y avaient une chapelle qui aurait été démolie en 1812.

Gamaches (Hôtel de). Il était situé place Saint-Pierre, à la maison de la rue des Carmes. Il fut vendu par la famille de Gamaches aux Ursulines, puis par celles-ci aux Carmes déchaussés, au commencement du XVIIe siècle.

Guerlon (Croix de Jean). Elle était située sur un monticule élevé au bout de la grande rue du faubourg du Bois. On y allait en procession le Vendredi-Saint.

Saint-Jacques (Hôpital), rue des Pots. Il fut appelé aussi de *Saint-Joseph*, à cause des sœurs Claude à qui il fut donné et qui portaient aussi ce nom de sœurs de Saint-Joseph.

Leroy de Saint-Lau (Hôtel). Il était situé rue des Teinturiers. Leroy de Saint-Lau était maire d'Abbeville. Les murailles à l'intérieur de la cour sont gothiques et

(a) M. Ern. Prarond, *Rues d'Abbeville*. Nous lui avons emprunté plusieurs de ces détails.

remarquables. Cet ancien hôtel est occupé maintenant par une brasserie.

Monchy Senarpont (Hôtel). En face de la rue des Capucins et qu'on appelle encore quelquefois l'hôtel consulaire, parce qu'il servit de local à la justice consulaire. C'est, nous croyons, la maison occupée par M. Dingeon, architecte.

Merciers (Halle aux). Cette impasse donne accès au magnifique cabinet d'ornithologie légué à la ville par le savant M. Duchesne de la Mothe, digne émule de M. Boucher de Perthes.

Minimes (le Couvent des), rue des Minimes, xvi° siècle, fameux par la consécration de la France à la sainte Vierge par Louis XIII dans l'église de l'Assomption du monastère (1637). M. Prarond n'en parle pas, mais M. l'abbé Corblet en fait mention dans l'*Hagiographie diocésaine*. Les bâtiments du couvent des Minimes ont été conservés, mais ils avaient été rebâtis par eux, sans doute, peu avant la révolution.

Montmorency (Hôtel). Cette habitation bâtie, sans doute par les Montmorency, seigneurs de Gueschard, n'existe plus. Elle est remplacée par l'hôtel de M. Sosthène de Valanglart, de construction moderne. Il porte le n° 4 de la place Saint-Sépulcre.

Saint-Pierre et Saint-Paul (Prieuré). Il était de l'ordre de Cluny. Il avait été fondé par Guy, comte de Ponthieu, sur l'emplacement du château de Philippe Ier, roi de France. Le célèbre liturgiste dom de Vert et le non moins célèbre auteur du *Glossarium novum*, 4 vol. in-f°, dom Carpentier, vécurent dans ce prieuré.

Saint-Quentin (Hôpital). Il est mentionné par le P. Ignace, comme situé dans le voisinage du pont Grenet, rue aux Pareurs, et destiné aux filles repenties.

Saint-Riquier (Refuge de l'abbaye de). Il fut construit au xiii° siècle; c'est la belle et grande maison qui appartient maintenant à M. Courbet Poulard et qui porte le n° 2 de la place Saint-Sépulcre, encore qu'elle pourrait presque aussi bien appartenir comme n° 2 aussi à la rue du Saint-Esprit.

Rubempré (Hôtel). Sur la place Saint-Pierre, après le couvent des Carmes, en allant du côté de la chaussée du Bois.

Selincourt (Hôtel de), en face du Pilori, toujours place Saint-Pierre et qui appartenait, au XVIII° siècle, à M. Manessier de Selincourt.

Ursulines (le Couvent des), maintenant collége Saint-Stanislas, chaussée du Bois. Il fut construit sur les plans d'une des religieuses. On y voit encore tous les bâtiments et la chapelle.

APPENDICE D

Trois Monuments.

1° *La statue de Le Sueur*. Jean-François Le Sueur était né au Plessiel, paroisse de Drucat, près Abbeville. Un calvaire planté par ses soins entre ces deux villages et renouvelé dans ces dernières années portait une inscription qui rappelait Le Sueur, la position qu'il occupait alors de surintendant de la musique du roi, et sa piété. Le Sueur est remarquable surtout comme compositeur de musique religieuse; on chante encore souvent ses messes, son *O salutaris*, le *O cor amoris victima*, etc.

La statue de Le Sueur est sur la place Saint-Pierre.

2° *Croix du faubourg du Bois*. Elle a été plantée dans la rue principale aux frais du sieur Legendre, le 20 juin 1869, en présence d'une foule considérable. Le sermon a été donné par le R. P. Coulanges, dominicain, et la musique de Saint-Stanislas a prêté son obligeant concours à la cérémonie.

3° *La Croix du chemin de Lheure*. Elle a été plantée en 1845, le Ve dimanche après la Pentecôte. Après la bénédiction de la Croix par le vénérable M. Crimet, le sermon a été donné par M. l'abbé Robert, aumônier des Ursulines, chanoine honoraire de Tours.

Appendice E

Calendrier des Saints dont la paroisse Saint-Sépulcre possède les Reliques (a).

Sainte Agathe, vierge martyre	5	janvier.
Saint Félix, évêque de Noles	14	—
Saint Furcy, abbé missionnaire	16	—
Saint Foillan, abbé missionnaire	19	—
Sainte Agnès, vierge et martyre	21	—
Saint Chrysole, missionnaire	7	février.
Bienheureux Robert d'Arbrissel (abbé)	24	—
Saint Rédemptus, évêque de Ferentino	8	avril.
Sainte Lucile	14	—
St Riquier, abb. de Centule, dioc. d'Amiens	27	—
St Ultan, abbé, frère des Sts Foillan et Furcy	2	mai.
La vraie Croix	3	—
Saint Honoré, évêque d'Amiens	16	—
Saint Jules, martyr	26	—
Ste Angèle de Mérici, fondat. des Ursulines	31	—
St Paulin, év. de Noles, poète et écrivain	22	juin.
Saint Paul, apôtre	30	—
Saint Thibaud, abbé	1er	juillet.
Saint Pie Ier, pape et martyr	11	—
Relique du saint Sépulcre	15	—

(a) Nous n'avons mis dans ce calendrier que les saints clairement désignés par nos reliques. Nous en avons un certain nombre d'autres dont le nom et l'état sont douteux, et que nous avons placés simplement à la fin du calendrier, sans désignation d'état ni de date.

Saint Spérat et ses Compagnons, martyrs. 17 juillet.
Saint Jacques le Majeur, apôtre. 25
Saint Bernard, docteur, abbé . . . . . 20 août
Saint Barthélemi, apôtre . . . . 24 —
Ste Colombe, v. et m. des catacombes . 30 —
Saint Sevold . . . . 16 ou 17 septembre
Saint Maurice, soldat . . . . 22 —
St Firmin, 1er évêque d'Amiens, martyr. 25 —
Saint Remi, archevêque de Reims. . . 1er octobre
Saint Wulfran . . . . 15 —
Saint Just, enfant martyr. . . . . . . 18 —
Sainte Ursule (ses Compagnes) . . . . 21 —
St Wulgan, abbé, comp. de s^t Mauguille 2 et 3 novembre
Saint Charles Borromée, cardinal, archevêque de Milan . . . . 4 —
Saint Piérius, prêtre d'Alexandrie . . . « —
Saint Wilbrod, arch. régionn. en Frise . 7 —
Sainte Elisabeth, reine. . . . . 19 —
Sainte Catherine. . . . . 25 —
Saint Eloi, évêque de Noyon. . . . . 1er décembre
Saint Valère, martyr . . . . 10 —
Saint Nicaise, évêque de Reims, martyr. 14 —

Sainte Véronique.	Sainte Olympiane.
Saint Maxime.	Saint Innocent.
Saint Césaire.	Ste Victoire, vierge, mart.
Saint Maximin.	Ste Eliade, abb. de Trèves.
Saint Valentin.	Saint Vénérandus, martyr.

Appendice F

Les Stalles du Chœur.

En donnant un premier coup-d'œil à nos stalles, il nous avait semblé que nous ne devions pas en faire la description, mais plus tard, les ayant considérées de près, nous nous sommes convaincu qu'elles ont un vrai mérite d'antiquité et de sculpture; et voilà pourquoi nous en donnerons ici une description sommaire.

Ces stalles sont au nombre de vingt, dix de chaque côté. Toute la boiserie, qui est un peu massive, mais belle et correcte, pourrait être du temps de la Renaissance.

Chaque stalle, deux exceptées, porte une armoire déguisée parfaitement dans le panneau qui est au-dedans de la stalle, au-dessus de la Miséricorde. Cette armoire était destinée, sans doute, à recevoir les chapeaux et les livres des prêtres et des assistants; presque toutes ont des serrures dont on voit encore les entrées, d'autres ont simplement un bouton tourné. La seule porte que nous ayons pu ouvrir tourne sur de petits gonds invisibles. Cette addition d'armoires dérobées à l'œil, dans chaque stalle, mérite certainement d'être notée à cause de son utilité topique.

Chaque Miséricorde est supportée par un cul-de-lampe élégamment sculpté. Six de ces culs-de-lampes sont à anges aux ailes déployées. Quatorze sont à cartouches accompagnés de chaque côté d'une crosse végétale qui représente le baton pastoral des évêques.

Les cloisons des stalles, au-dessous des museaux de tanches sont bien découpées et ornées de feuilles de palmiers aux pointes enroulées.

Ces stalles sont accompagnées sur le devant de quatorze escabeaux encorbellés pour les enfants de chœur. Huit ont des culs-de-lampes à feuilles et à fruit terminal. Six sont ornés d'anges aux ailes étendues.

La boiserie du devant des stalles qui supportent les escabeaux d'enfants de chœur est à compartiments carrés et ronds, et parmi les angles qui forment les ouvertures d'accès aux stalles, six sont incisés, cannelés et arrondis, deux sont droits et à panneaux.

Somme toute, ces vingt stalles méritent, à notre avis, d'être regardées par l'amateur chrétien et conservées pieusement par les paroissiens du Saint-Sépulcre. Que de prêtres, hommes de Dieu, que de dignes fabriciens, que de fervents chrétiens se sont reposés depuis des siècles sur ces siéges vénérables et y ont laissé, pour ainsi dire, une empreinte de leur foi et de leur ferveur. Heureuses les paroisses qui possèdent de vieilles voûtes, de vieilles murailles, de vieux objets qui leur retracent sans cesse les vertus de leurs ancêtres dans un langage muet mais éloquent. Les chrétiens savent comprendre ces voix mystérieuses : *Non sunt loquelæ neque sermones quorum non audiantur voces eorum* (a).

Omnis consummationis vidi finem (b).

(a) Psaume 18-4. — (b) Ps. 118-96.

NOTES ET PIÈCES

I.

Histoire du tableau miraculeux, sous le titre de l'Immaculée-Conception de la Sainte Vierge, qui est dans le chœur des Religieuses de la Visitation Sainte-Marie, d'Abbeville.

(Ecrite, croyons-nous, par une Religieuse du couvent d'Abbeville, rue des Wetz.)

Un Indien du Brésil, fort dévot à la sainte Vierge, gardant ses troupeaux à la campagne, vit la sainte Vierge, comme il était en prière, toute rayonnante de lumière, qui lui fit commandement d'aller trouver son Évêque, avec ordre de bâtir une chapelle dans l'endroit où elle lui apparaissait, ce qu'il fit ; mais l'Evêque n'en fit aucun cas, croyant qu'il y eut de l'imagination.

La sainte Vierge apparaît une seconde fois à ce pieux Indien, en même état, en lui faisant toujours le même commandement, mais toujours, sans effet, du côté de l'Evêque.

Elle lui apparut une troisième avec une corbeille de fleurs, dans un temps où on n'en pouvait trouver de semblables, n'étant pas la saison, avec ordre de la porter à l'Evêque pour signe certain du commandement qu'elle lui avait fait et de ce qu'elle souhaitait de lui, mais toujours sans exécution du côté de l'Evêque.

Enfin, étant retourné, la sainte Vierge, lui apparaissant une quatrième fois, s'imprima sur son habit, avec ordre d'aller se présenter ainsi à l'Evêque, ce qu'il fit.

Alors, après être revenu de son étonnement et lui avoir rendu ses hommages, le Prélat fit assembler son clergé et son peuple et alla en procession à l'endroit qui lui fut désigné ; un des compatriotes de ce pieux Indien fut si transporté de joie et de dévotion, en même temps, qu'étant retourné chez lui, après avoir vu cette sacrée Vierge (sic) imprimée ainsi sur l'habit de son compagnon, sans avoir jamais appris à peindre ni à manier le pinceau, fit ce tableau que des peintres très-habiles ont déclaré être un tableau de miracle, n'y voyant aucun trait de pinceau.

Le Révérend Père de Gouye, de la Compagnie de Jésus, en fit présent à cette communauté, en l'année 1710, en considération de la sœur Anne-Madeleine de Gouye, sa chère sœur, professe de notre monastère de Dieppe, que nous avions élue, peu avant, pour notre supérieure ; il était, pour lors, procureur des Missions étrangères ; ce tableau lui a été donné par un religieux de son ordre, comme un présent considérable qu'il aurait reçu d'un capitaine de vaisseau qui venait du Brésil faisant rencontre du sien qui était français, lui disant qu'il lui donnait ce qu'il avait de plus précieux dans son vaisseau, lui contant l'histoire comme nous venons de la conter et qui est dépeinte dans les cartouches qui sont aux quatre coins du tableau.

(*Trouvé parmi les papiers de M. CAUCHYE, curé du Saint-Sépulcre. 1729.*)

I bis.

(La même relation écrite par un prêtre, vraisemblablement attaché au monastère.)

Histoire du tableau de la sainte Vierge, sous le titre de l'Immaculée-Conception, qui est dans notre chœur.

Ce tableau peut être véritablement appelé miraculeux, tant parce que l'original en fut apporté du ciel que parce que la copie que nous possédons fut faite par un miracle aussi surprenant que le premier, et que l'un et l'autre attestent combien le culte que nous rendons à Marie sous le titre de toute pure et immaculée en sa conception est raisonnable, la dévotion à cette sacrée Vierge étant si bien établie, qu'on peut dire, avec saint Bernard : que toutes les langues soient muettes sur les grandeurs de Marie, si quelqu'un, l'ayant invoquée dans ses nécessités, n'en a ressenti les effets d'un prompt secours....

Un Indien du Brésil, fort dévôt à la sainte Vierge, gardant les troupeaux à la campagne, comme il s'acquittait de la louable pratique de réclamer le secours de cette Reine des Vierges, avec sa simplicité et sa confiance ordinaires, non-seulement cette Mère de miséricorde enterrina sa requête, mais elle voulut le faire son ambassadeur près de l'Evêque pour lui bâtir une chapelle ; voici comment la chose se passa : Pendant que notre pieux berger admirait les grandeurs de Marie, elle s'apparut à lui avec tout l'éclat et la majesté digne de la Mère de Dieu, commandant au dévôt Indien d'aller trouver son Evêque et de lui dire, de sa part, de bâtir en ce lieu une chapelle en son honneur. Le pieux berger obéit; pénétré de respect et de vénération, il va en diligence trouver son Evêque, lui fait une narration courte, mais sublime et expressive de ce qui venait de lui arriver.

L'Evêque l'écouta avec attention, mais aussi sage que discret, il crut ne devoir point ajouter foi à son discours et le congédia avec bonté....

Cependant le pieux berger reçut un second ordre de la sainte Vierge, pendant sa prière, d'aller trouver son Evêque et de lui faire dire, de sa part, le même commandement ; mais l'Evêque n'en fit encore aucun cas et congédia le berger comme un visionnaire....

Suppliant cette divine Mère de lui faire connaître d'une manière plus distincte sa volonté ; comme le pieux berger adressait encore sa prière à la sainte Vierge, elle lui apparut une troisième fois, lui donnant une corbeille de fleurs, dans un temps où la saison les refuse, avec ordre de les porter à son Evêque, pour marque certaine de son ambassade et du commandement qu'elle lui faisait par sa bouche, de lui bâtir une chapelle ; mais le Prélat n'en fit aucun cas, malgré l'évidence du prodige...

Enfin, ce pieux berger étant retourné à sa prière, selon sa pieuse coutume, la sainte Vierge lui apparut une quatrième fois, toujours fort brillante de clarté, s'imprimant sur son habit, lui commanda d'aller, en cet état, trouver son Evêque et de lui dire, de sa part, ce qu'il lui avait déjà tant dit de fois ; alors, l'Evêque voyant cette souveraine du ciel et de la terre dépeinte sur l'habit de l'Indien, ne douta plus ; il reconnut qu'il avait été trop incrédule. Ebloui, pénétré de crainte et de respect, il se prosterne la face contre terre, en s'écriant : Je ne doute plus, je vous reconnais pour Mère de Dieu et pour Vierge exempte de toute corruption, oui, Dieu se plaît à confondre les superbes, tandis qu'il exalte les petits et les simples....

Ensuite, il fit assembler le clergé et le peuple et alla en procession au lieu où la sainte Vierge désirait qu'on lui bâtît une chapelle.

Tandis que tout ceci se passait, un des compagnons de notre pieux berger le rencontra et tout transporté de joie et de dévotion, de voir la sacrée Vierge dépeinte sur l'habit de son compagnon, se prosterna pour la vénérer et, retourné chez lui, tout épris de cette merveille et de ce tableau auguste dont tous les traits et les linéaments s'étaient gravés dans sa mémoire, sans art ni science et sans avoir jamais manié le pinceau..., peignit le tableau que nous avons dans notre chœur, que des peintres très-habiles ont déclaré être un chef-d'œuvre ou plutôt un tableau miraculeux, n'y voyant aucun trait de pinceau....

Le Révérend de Gouye, religieux de la Compagnie de Jésus, procureur des Missions étrangères, en fit présent à cette Communauté, l'an 1710, en considération de la sœur Anne-Madeleine de Gouye, sa chère sœur, professe de notre Monastère de Dieppe, pour lors, en ce monastère, en qualité de supérieure....

Ce tableau fut donné à ce Révérend Père par un religieux de la Compagnie, comme un présent considérable qu'il avait reçu d'un capitaine de vaisseau français qui venait du Brésil, qui, en lui faisant ce présent, lui dit qu'il lui donnait ce qu'il avait de plus précieux au monde, lui racontant l'histoire comme nous venons de dire, et qui est dépeinte dans les cartouches qui sont aux quatre coins du tableau.

Nous croyons devoir transmettre à la postérité, un prodige arrivé sous nos yeux, concernant l'autel de la sainte Vierge ; voici le fait :

Le deuxième novembre 1774 (a), jour de terreur et d'effroi pour cette ville, par l'explosion funeste du magasin aux poudres, situé à la porte *Marchadée*, qui arriva par un défaut d'attention du sieur Le Bègue, ancien canonnier d'artillerie, actuellement garde-magasin ;

(a) 2 novembre 1773, M. Prarond, *Rues d'Abbeville*, p. 194.

cet accident arriva à quatre heures vingt-cinq minutes du soir, la poudre causa : 1° une commotion souterraine si terrible que les murailles des plus grands édifices se soulevèrent l'espace de trente secondes et puis retombèrent dans leur aplomb ; après ce soulèvement souterrain, l'explosion éclata au dehors, et un bruit comme le canonnement d'une armée se fit entendre, le jet des pierres du magasin, le plus magnifique du royaume, causé par la quantité de poudre, de boulets, affûts et de roues de canon, remplit la ville de sang et de ruines ; d'ailleurs, la commotion de l'air était si terrible, qu'à mesure que la poudre avançait, elle enlevait des couvertures entières ; c'est le sort que nous avons éprouvé ; tous les châssis brisés et quelques pans de lambris, le plancher du chœur soulevé, les diurnaux, sur les formes, rejetés jusqu'au milieu du chœur, le haut du châssis de la grille brisé, la petite porte se fendit et se partagea de côté et d'autre ; il ne resta, sans dommage, que l'autel de la sainte Vierge, des chandeliers, faibles et légers, soutinrent leurs cierges sans changer de place, le gradin resta dans son assiette et, tandis qu'on s'attendait à trouver tout brisé, on eût, au contraire, la joie de voir ce seul endroit de la maison dans sa stabilité ordinaire.   D. S. B.

(*Tiré des papiers de M.* CAUCHYE, *1829.*)

CAUET, *curé du S.-Sép.*

Le tableau qui se trouve actuellement (1832) au-dessus de l'autel de la sainte Vierge, dans l'église du Saint-Sépulcre, d'Abbeville, est le même dont il est parlé dans la relation précédente.

CRIMET, *curé-doyen du S.-Sépulcre.*

II.

Acte d'érection du Chemin de la Croix en l'église paroissiale du Saint-Sépulcre, d'Abbeville.

Nous, Eloi-Théophile CARPENTIER, curé-doyen de l'église du Saint-Sépulcre, chanoine honoraire de la Cathédrale d'Amiens,

Vu la commission à nous confiée par Mgr l'Evêque d'Amiens, en sa lettre épiscopale, en date du vingt-six novembre mil huit cent cinquante-cinq, dont l'original est conservé dans les archives de la paroisse et dont voici la teneur :

Nous, Antoine DE SALINIS, par la grâce de Dieu et du Saint-Siége apostolique, évêque d'Amiens, afin que le culte divin et la dévotion des fidèles s'augmentent de plus en plus dans la paroisse de ce diocèse d'Amiens, dite ordinairement : le Saint-Sépulcre,

Vu la concession à nous faite, par un rescrit de N. S. Père le Pape Pie IX, donné à Rome, l'année 1854, 19 du mois de décembre, accordons la permission, à nous demandée, d'ériger, dans l'église de la dite paroisse, les quatorze stations du Chemin de la Croix.

C'est pourquoi, choisissons et déléguons notre très-cher fils dans le Seigneur, Maître Théophile-Eloi Carpentier, curé-doyen du dit Saint-Sépulcre, à cette fin d'ériger, à notre place, les dites stations du *Via Crucis*, et d'y appliquer toutes les indulgences accoutumées.

Les actes de cette érection, le jour même où elle aura lieu, seront relatés dans un registre, et une copie authentique nous sera envoyée, le plus tôt possible, pour être conservée dans les archives de notre Evêché.

Muni du sceau de notre Evêché, l'an du Seigneur mil huit cent cinquante-cinq. † A., *év. d'Amiens.*

Par mandement de Mgr l'Evêque,

LEFÈVRE, *chan., sec.-gén.*

Avons, au nom de Mgr l'Evêque d'Amiens, érigé cejourd'hui, en la dite église du Saint-Sépulcre, en présence des soussignés, le Chemin de la Croix ou *Via Crucis*, avec toutes les formalités et cérémonies requises. En conséquence, tous les fidèles qui visiteront les stations de la dite église et rempliront les conditions prescrites, pourront gagner, chaque fois, toutes les indulgences que les Souverains Pontifes ont attachées à cette dévotion.

A Abbeville, le deux du mois de décembre de l'an de grâce mil huit cent cinquante-cinq.

Pour copie conforme :

PECQUET,   O. DOBEL,   DARRAS,   CARPENTIER,
 pr. hab.   vic.   vic.   curé-doyen.

PATRY,   DUFOURNY,
 prêtre.   prêtre.

III.

Authentique de la seconde relique de la vraie Croix.

Je, soussigné, ancien Curé de la paroisse du Saint-Sépulcre et doyen de chrétienté d'Abbeville, ci-devant vicaire-général de Mgr de Machault, évêque d'Amiens, certifie, à qui appartiendra, avoir remis entre les mains de M. Jean-Baptiste Crimet, curé-desservant de Villers-sur-Mareuil, une portion de la vraie Croix de Notre-Seigneur Jésus-Christ, incrustée dans une petite croix d'argent sur un fond de lame ou clinquant rouge, pour être exposée, dans l'église du dit Villers, à l'adoration des fidèles. Laquelle portion j'ai extraite de celle que j'ai trouvée dans un reliquaire de l'abbaye de Saint-Riquier et dont j'ai fait moi-même l'ouverture, du consentement de M. Callé, curé du dit Saint-Riquier et en sa présence, comme aussi de celle de M. Le Comte, ci-devant chapelain de l'Hôtel-Dieu de Montreuil.

En foi de quoi, j'ai délivré le présent certificat entre les mains de mon dit sieur Crimet pour être déposé dans le coffre de son église. Fait au dit Abbeville, ce huit novembre mil huit cent quatre.   DEUNET.

Vu le certificat de M. Deunet, ci-devant vicaire-général de ce diocèse, qui atteste l'authenticité de la particule de la vraie Croix, dont il a fait présent à la paroisse de Villers-sur-Mareuil, Nous, vicaire-général de Mgr l'Evêque, permettons d'exposer la dite particule à l'adoration des fidèles, ordonnons, néanmoins, que la portion de la vraie Croix soit placée dans la croix qui servira à l'exposer, de manière qu'on puisse y apposer le sceau de Mgr l'Evêque d'Amiens, pour en constater l'authenticité.

A Abbeville, ce treize octobre mil huit cent six.

FERTEL, vic.-gén.

Par mandement,

GRAVET, secrét.

IV.

Authentique de la relique du saint Sépulcre.

François MARINELLI, de l'ordre des Ermites de Saint-Augustin, par la grâce de Dieu et du Siége apostolique, évêque de Porphyre, préfet de la Sacristie apostolique, prélat de la Maison de N. S. Père le Pape et assistant au Trône pontifical.

Par ces lettres, nous attestons à ceux qui les liront que, Nous, soussigné, pour la plus grande gloire du Dieu tout-puissant et l'honneur de ses Saints, avons fait don de plusieurs sacrées particules du saint Sépulcre de Notre-Seigneur Jésus-Christ, enlevées du monument authentique et que nous avons placées, avec révérence, dans une boîte ovale d'argent qui nous a été présentée, fermée en avant par un verre, scellée à l'intérieur avec un fil de soie de couleur rouge et munie de notre sceau de cire rouge.

Nous avons donné, dans le Seigneur, le pouvoir de retenir ces particules pour soi, de les donner aux autres et de les exposer à la vénération publique dans toute église, chapelle ou oratoire fréquentés par les fidèles chrétiens.

En foi de quoi, nous avons remis le présent certificat signé de notre main et contresigné de notre seing.

Donné à Rome, ce sept du mois d'avril de l'année mil huit cent soixante-neuf.

Accordé gratuitement.   *Le délégué.*

Vu et permis d'user, Amiens, 28 août 1877.

MOREL, *vic.-gén.*

V.

Authentique des reliques de saint Firmin, etc.

Nous, Jean-Marie MIOLAND, par la miséricorde divine et l'autorité du Saint-Siége apostolique, évêque d'Amiens,

A tous et chacun qui verront les présentes lettres, nous faisons foi et attestons que, Nous, pour la plus grande gloire du Dieu tout-puissant et l'honneur de ses Saints, avons reconnu, selon les règles de l'Eglise, les reliques sacrées des ossements de saint Firmin, évêque, de saint Paul, apôtre, et d'un tissu imbibé de sang de sainte Véronique.

Ces reliques extraites de lieux authentiques, nous les avons respectueusement placées dans un reliquaire de bois doré, fermé soigneusement par un cristal et entouré d'un fil de soie de couleur rose et muni de notre sceau et, après avoir imprimé un cachet de cire rouge d'Espagne, comme garantie d'identité, nous avons octroyé la permission de le placer dans toute église, oratoire et chapelle de notre diocèse et de l'exposer à la vénération des fidèles.

En foi de quoi, nous avons mandé à notre secrétaire, soussigné, d'expédier ces lettres testimoniales signées de la main de notre vicaire-général, munies de notre sceau. Ce vingt-huitième jour du mois d'avril l'an de Notre-Seigneur mil huit cent quarante-six.

H. MAILLARD, vic.-gén.

Par mandement de l'illustrissime et révérendissime
Evêque d'Amiens. A. GORET.

VI.

Authentique des reliques de saint Eloi, etc.

Nous, Jean-Marie MIOLAND, par la miséricorde divine et l'autorité du Saint-Siége apostolique, évêque d'Amiens.

A tous et chacun qui verront les présentes lettres, nous faisons foi et attestons que, Nous, pour la plus grande gloire du Dieu tout-puissant et l'honneur de ses Saints, avons reconnu, selon les règles de l'Eglise, les reliques sacrées des ossements de saint Eloi, évêque, ainsi que du cœur de saint Bernard et de la corde de saint Charles Borromée, évêque-cardinal.

Ces reliques, extraites de lieux authentiques, nous les avons respectueusement placées dans un reliquaire de bois doré, fermé soigneusement par un cristal et entouré d'un fil de soie de couleur rose et muni de notre sceau et, après avoir imprimé un cachet de cire rouge d'Espagne, comme garantie d'identité, nous avons octroyé la permission de le placer dans toute église, oratoire et chapelle de notre diocèse et de l'exposer à la vénération des fidèles.

En foi de quoi, nous avons mandé à notre secrétaire,

soussigné, d'expédier ces lettres testimoniales signées de la main de notre vicaire-général, munies de notre sceau. Ce vingt-huitième jour du mois d'avril l'an de Notre-Seigneur mil huit cent quarante-six.

H. Maillard, *vic.-gén.*

Par mandement de l'illustrissime et révérendissime Évêque d'Amiens. A. Goret.

VII.

Certificat authentique de M. Deunet, pour la relique de saint Eloi.

Il est à présumer que la relique de saint Eloi, placée dans le reliquaire en bois doré, entre la relique de saint Bernard et celle de saint Charles (dont il est parlé dans la note VI), est le même fragment que M. Deunet avait donné à l'église Saint-Sépulcre, en 1801.

Cette sainte relique était un morceau du bras de saint Eloi.

M. Deunet l'avait extrait lui-même d'une châsse de l'abbaye de Villancourt.

Voici le certificat qu'il a écrit lui-même sur la provenance authentique de cette relique :

Moi, soussigné, curé de l'église paroissiale Saint-Sépulcre, d'Abbeville, doyen de chrétienté et vicaire-général de Mgr de Machault, évêque d'Amiens, certifions que cette partie d'un ossement du bras de saint Eloi a été retirée par moi d'une châsse, pieusement mise en sûreté au temps de la Révolution française et qui provenait de l'abbaye de Villancourt,

Je déclare l'avoir placée dans la présente châsse, le trentième jour de novembre mil huit cent un.

Signé : Deunet.

VIII.

Très-Saint Père,

Eloi-Théophile Carpentier, prêtre de la sainte Eglise romaine, curé du Saint-Sépulcre, dans la ville d'Abbeville, au diocèse d'Amiens, en France, prosterné aux pieds de Votre Sainteté, demande humblement que tous les fidèles de l'un et l'autre sexe qui prieront aux intentions de Votre Sainteté, devant la chapelle du Saint-Sépulcre de la dite église, puissent gagner :

1° Une indulgence de 100 jours chaque fois ;

2° Une indulgence de sept ans et sept quarantaines, une fois par mois, en se conformant aux règles ordinaires.

Et que le Seigneur, etc., etc.

D'après audience du Très-Saint Père,

Notre Très-Saint Père le Pape Pie IX accorde avec bonté à tous les fidèles des deux sexes, une indulgence de sept ans et sept quarantaines à gagner, une fois chaque mois seulement, à n'importe quel jour du mois désigné une fois pour toutes par l'ordinaire.

Et une indulgence de 100 jours à gagner, une fois seulement, à chacun des jours de l'année, à la condition de visiter la dite église paroissiale, avec un cœur contrit et pieux.

Accordé par ces présentes pour sept années, sans expédition de bref.

Donné à Rome, à la secrétairerie de la Congrégation des indulgences, le 28 février 1853.

F. Asquinius, *préf.*   Colombe, *secrét.*

Nous avons vu et approuvé, pour gagner les susdites indulgences, la férie vi^e de la dernière semaine de chaque mois.

Amiens, 18 mars 1853.

H. Maillard, *vic.-gén. officiel.*

IX.

Très-Saint Père,

Eloi-Théophile Carpentier, prêtre de l'Eglise romaine, curé de l'église Saint-Sépulcre, dans la ville d'Abbeville, en France, prosterné aux pieds de Votre Sainteté, demande humblement une indulgence plénière, applicable aux fidèles défunts, qui puisse être gagnée aux fêtes du *Précieux Sang de N.-S. J.-C.* (le premier dimanche de juillet), du *Saint-Suaire*, de l'*Ascension de N.-S. J.-C.*, au jour de la *Commémoration de tous les Fidèles défunts* et au jour de la *Fête titulaire de l'église du Saint-Sépulcre* et durant les octaves, par tous les fidèles des deux sexes qui, s'étant convenablement confessés et ayant communié, visiteront la dite église, *Servatis servandis* (en gardant les règles ordinaires). Et que Dieu, etc.

De l'audience du Très-Saint Père,

Notre Très-Saint Père Pie IX, Souverain Pontife, accorde à tous les fidèles de l'un et l'autre sexe, une indulgence plénière, à gagner seulement une fois, aux quatre fêtes dont est question dans la supplique, en commençant depuis le jour de la fête et même pendant leurs octaves, jusqu'au soleil couchant du dernier jour de l'octave, pourvu que, vraiment pénitents, confessés et communiés, ils visitent la dite église (Saint-Sépulcre) et y prient quelque temps aux intentions de Sa Sainteté.

Et pareillement, Il accorde indulgence plénière, à gagner une fois seulement aux jours de l'octave de la commémoration de tous les fidèles défunts, si de même que plus haut, convenablement disposés, ils visitent la chapelle et y prient.

Les présentes vaudront à perpétuité sans expédition de

bref et avec faculté d'appliquer les dites indulgences plénières aux fidèles défunts.

Donné à Rome, en la sainte Congrégation des indulgences, le 28 février 1853.

F. ASQUINIUS, *préf.*

Vu et permis d'user, Amiens, 18 mars, 1853.

H. MAILLARD, *vic. gén. offic.*

X.

Très-Saint Père,

Théophile-Éloi CARPENTIER, prêtre de la sainte Église romaine, curé du Très-Saint-Sépulcre dans la ville d'Abbeville, au diocèse d'Amiens, humblement agenouillé aux pieds de Sa Sainteté, demande :

1º Pour la chapelle spécialement dédiée au Très-Saint-Sépulcre de Notre-Seigneur Jésus-Christ, dans l'église paroissiale du même nom, une indulgence plénière à gagner une fois le mois, applicable aux fidèles trépassés, pour tous ceux qui, ayant rempli les conditions ordinaires, visiteront la dite chapelle et y prieront aux intentions du Souverain Pontife.

2º Une indulgence de sept années et sept quarantaines à gagner par tous ceux qui visiteront la dite chapelle, en quelque temps que ce soit, et y auront prié.

Donné à Rome, le 7 janvier 1859, par faveur expresse, sauf les conditions nécessaires,

PIUS P. M. IX.

Vu et permis d'user, Amiens, 8 février 1859.

B. MOREL, *v. g.*

XI.

Confrérie du Sacré-Cœur de Jésus érigée dans l'église du Saint-Sépulcre d'Abbeville et agrégée à l'Archiconfrérie établie à Rome dans l'église de Sainte-Marie de la Paix (a).

> Mon fils, donne-moi ton cœur,
> Voilà le mien.

Billet d'affiliation.

Je soussigné, directeur de la Confrérie du Sacré-Cœur de Jésus, érigée dans l'église du Saint-Sépulcre et agrégée à l'Archiconfrérie établie à Rome, dans l'église de Sainte-Marie de la Paix, ai reçu et par ces présentes reçois M. . . . . et je l'admets à la participation de toutes les grâces spirituelles attachées par les Souverains Pontifes à la dite Confrérie.

Abbeville, ce   de l'an de grâce 18 .

Formule de Consécration.

Moi, pour accroître toujours davantage la gloire de Notre-Seigneur Jésus-Christ, mort pour notre salut sur la Croix, pour correspondre à l'ardent amour dont son divin Cœur brûle pour nous dans le Très-Saint-Sacrement de l'autel et pour réparer les outrages qu'il reçoit dans ce sacrement d'amour, je m'associe, de mon plein gré, aux fidèles reçus dans cette pieuse Confrérie. Je désire participer aux indulgences dont elle est enrichie et aux bonnes œuvres qui s'y pratiquent, tant pour l'expiation de mes propres péchés que pour le soulagement des âmes qui souffrent dans le purgatoire.

(a) Sainte Marie in capella, peut-être (Migne, *Dictionn. des Indulg.*, page 607).

O doux Jésus! renfermez dans votre Cœur sacré tous les membres de cette Association; faites que, gardant fidèlement les préceptes de votre loi et remplissant les devoirs propres de leur état, ils soient de plus en plus embrasés du feu de votre divin amour. Ainsi soit-il.

Indulgences attachées a la Confrérie du Sacré-Cœur.

(Ces indulgences sont ou plénières ou partielles).

1° *Indulgences plénières.*

Les indulgences plénières dont jouit cette Confrérie, sont les suivantes : 1° le jour de la réception ; 2° le jour de la fête du *Sacré-Cœur* ou le dimanche suivant ; 3° le premier vendredi ou le premier dimanche de chaque mois ; 4° un jour quelconque de chaque mois, au choix des Associés ; 5° un autre jour pareillement à leur choix, pourvu qu'ils soient dans l'habitude de réciter au matin, dans le cours de la journée et au soir, trois *Gloria Patri* en l'honneur de la très-sainte Trinité pour la remercier des faveurs accordées à la très-sainte Vierge ; 6° à l'article de la mort, sous la condition d'invoquer, sinon de bouche au moins de cœur, le saint nom de Jésus ; 7° les jours de Noël, du Jeudi-Saint, de Pâques, de l'Ascension, de l'Immaculée-Conception de Marie, de sa Nativité, de l'Annonciation, de la Purification, de l'Assomption, de la Toussaint, de la Commémoration des morts, de saint Grégoire-le-Grand (12 mars), de saint Joseph, de saint Pierre et de saint Paul, de saint Jean l'évangéliste ; 8° chacun des six dimanches ou des six vendredis qui précèdent immédiatement la fête du *Sacré-Cœur.*

2° *Indulgences partielles.*

1° Trente ans et trente quarantaines les trois jours d'après Noël : le jour de la Circoncision, le jour de l'Epiphanie ; les dimanches de la Septuagésime, de la Sexagésime et de la Quinquagésime ; le Vendredi et le Samedi-Saints ; tous les jours de l'octave de Pâques ; le dimanche de Quasimodo ; le jour de saint Marc ; les trois jours des Rogations ; le jour de la Pentecôte et pendant toute l'octave.

2º Vingt-cinq ans et vingt-cinq quarantaines le dimanche des Rameaux.

3º Quinze ans et quinze quarantaines le troisième dimanche de l'Avent, la veille de Noël, à la messe de minuit et à celle de l'aurore ; le jour des Cendres ; le quatrième dimanche de Carême.

4º Dix ans et dix quarantaines les premier, deuxième et quatrième dimanches de l'Avent ; tous les jours de Carême ; la veille de la Pentecôte ; tous les jours des Quatre-Temps.

5º Sept ans et sept quarantaines aux fêtes de la sainte Vierge qui ne sont pas mentionnées ci-dessus ; à la fête des Apôtres, autres que ceux désignés plus haut ; chacun des jours de la neuvaine qui précède la fête du Sacré-Cœur.

6º Sept ans et sept quarantaines, les quatre dimanches qui précèdent immédiatement la fête du Sacré-Cœur.

7º Cent jours chaque fois que l'on récite les trois *Gloria patri* mentionnés à l'article 5 ci-dessus (a).

8º Soixante jours pour chaque œuvre de piété que feront les associés.

AVIS ET PRATIQUES.

1º Toutes ces indulgences sont applicables aux âmes du purgatoire. Pour les gagner, il faut : 1º être inscrit sur le catalogue de l'Association ; 2º être dans l'habitude de réciter tous les jours un *Pater*, un *Ave*, le *Credo* et l'oraison jaculatoire suivante : *Doux cœur de mon Jésus ! faites que je vous aime de plus en plus.*

(a) C'est-à-dire à l'article 5 des indulgences plénières.

2º Pour gagner une indulgence plénière quelconque, il faut : 1º se confesser et communier (en vertu d'un indult, les fidèles du diocèse d'Amiens qui se confessent habituellement, au moins tous les quinze jours, peuvent gagner toutes les indulgences plénières qui se rencontrent d'une confession à l'autre, pourvu qu'ils accomplissent les autres conditions) ; 2º avant la communion se proposer de gagner l'indulgence, mais surtout apporter à la sainte table un cœur dégagé de toute attache volontaire au péché ; 3º après la communion prier quelque temps avec ferveur, selon les intentions de Notre-Saint Père le Pape. L'usage est de réciter cinq *Pater* et cinq *Ave*. On peut dire toute autre prière.

3º Outre les œuvres prescrites dans les articles précédents, il faut de plus, pour les indulgences plénières nºs 7 et 3, visiter l'église du Saint-Sépulcre ; et pour les indulgences partielles nºs 1, 2, 3, 4 et 5, visiter une église ou une chapelle dans laquelle on célèbre la fête du *Sacré-Cœur*. En cas d'empêchement légitime on doit remplacer cette visite par quelque bonne œuvre que l'on se fera imposer par son confesseur.

4º Les associés ne séparent point la dévotion au *Sacré Cœur de Jésus* de la dévotion au *Cœur Immaculé de Marie*. A neuf heures du matin et à quatre heures du soir ils se réunissent en esprit dans les *Sacrés-Cœurs* par le moyen de quelques oraisons jaculatoires.

5º Ils doivent se faire un devoir d'honorer le titre de *Dévots au Sacré-Cœur*, autant par la régularité de leur vie que par la ferveur de leurs prières et par leur zèle à propager cette dévotion, la plus parfaite de toutes les dévotions.

6º Pour témoigner davantage leur amour à Notre-Seigneur Jésus-Christ, ils se mettent en état de communier au moins une fois par mois ; ils ne laisseront passer aucune semaine sans renouveler leur consécration à son *Divin Cœur* et sans lui faire amende honorable pour tous les outrages qu'il ne cesse de recevoir de la part des impies et des mauvais chrétiens.

Nota. — Tous les ans on célèbre solennellement la fête du *Sacré-Cœur* dans l'église du Saint-Sépulcre ; tous les vendredis on chante un salut en l'honneur du *Sacré-Cœur*; le premier vendredi de chaque mois on dit la première messe pour les associés ; au décès de chaque associé une messe basse est célébrée pour le repos de son âme. Les membres de la confrérie sont invités à alléger, par une offrande annuelle, les charges que ces différents offices font peser sur elle.

XII.

Erection canonique de la Congrégation de la Sainte Vierge.

Jean-François DEMANDOLX, par la miséricorde divine et la grâce du Saint-Siège apostolique, évêque d'Amiens, au clergé et aux fidèles de la paroisse du Saint-Sépulcre de la ville d'Abbeville de notre diocèse, salut et bénédiction en Notre-Seigneur Jésus-Christ,

Vu la requête à nous présentée par M. Louis-Victor Cauchye, curé de la paroisse du Saint-Sépulcre d'Abbeville de notre diocèse :

La dite requête expositive que depuis longtemps les fidèles de l'un et de l'autre sexe, de sa paroisse, pratiquent avec zèle et exactitude les différents exercices de piété recommandés par N. S. Père le Pape Grégoire XIII, aux membres ou associés de la Congrégation instituée en l'honneur de la très-sainte Vierge, et auxquels Sa Sainteté, par sa bulle du 9 décembre an 1584, accorde à perpétuité différentes indulgences y relatées, mais que la Congrégation n'ayant pas encore été établie dans sa paroisse, les fidèles n'ont pu jusqu'alors profiter des grâces spirituelles dont jouissent les Congréganistes.

La dite requête concluant à ce qu'il nous plut ériger et établir en l'église paroissiale du Saint-Sépulcre, la dite Congrégation et rendre les fidèles de l'un et l'autre sexe qui y seront associés participants à toutes les indulgences que le Souverain Pontife le pape Grégoire XIII par sa bulle accorde à perpétuité aux Congréganistes, à la charge par eux de remplir fidèlement toutes les conditions que leur sont prescrites par la même bulle.

Considérant que nous devons, par tous les moyens qui sont en notre pouvoir, contribuer au parfait rétablissement de la religion dans toutes les parties de notre diocèse et persuadé intimement que la Congrégation en l'honneur de la sainte Vierge ne peut être établie en l'église paroissiale du Saint-Sépulcre d'Abbeville sans nous donner la consolation de voir augmenter en peu de temps le nombre déjà considérable des fidèles de cette paroisse qui, déjà depuis longtemps, se distinguent par leur conduite édifiante et par leur piété solide et éclairée envers la mère de notre divin Sauveur.

Tout vu, considéré, mûrement examiné et en vertu des pouvoirs à nous accordés à cet effet par Son Éminence Mgr le cardinal Caprara, légat en France de N. S. Père le Pape Pie VII et du Saint-Siége apostolique suivant l'indult en date du 15 mai 1802.

Nous avons pour la plus grande gloire de Dieu établi, et par ces présentes établissons à perpétuité, en l'église paroissiale du Saint-Sépulcre d'Abbeville de notre diocèse, la Congrégation instituée en l'honneur de la sainte Vierge par N. S. Père le Pape Grégoire XIII, d'heureuse mémoire, suivant sa bulle, en date du 9 décembre 1584, avec application à la dite Congrégation établie en la dite église du Saint-Sépulcre, de toutes les indulgences que le même Souverain Pontife accorde aux Congréganistes, et en conséquence avons décrété et décrétons ce qui suit :

Art. 1er. — Toutes les indulgences accordées aux Congréganistes par le Souverain Pontife Grégoire XIII, pourront à l'avenir et à perpétuité être gagnées en la chapelle de la sainte Vierge ou autre chapelle de l'église paroissiale du Saint-Sépulcre d'Abbeville, au choix de M. le Curé, par les personnes de l'un et de l'autre sexe qui seront associées à la dite Congrégation, pourvu qu'elles remplissent soigneusement et avec les dispositions convenables toutes les conditions prescrites par la bulle, dont lecture leur sera faite chaque année, le jour que M. le Curé jugera plus commode.

Art. 2. — Aucune personne ne pourra être admise dans la Congrégation de la paroisse du Saint-Sépulcre d'Abbeville qu'autant qu'il sera prouvé que la même Congrégation n'est pas encore par nous établie dans l'église de la paroisse où réside le postulant.

Art. 3. — La fête principale de la Congrégation sera célébrée chaque année en l'église du Saint-Sépulcre le jour de l'Assomption de la sainte Vierge.

Art. 4. — Les quêtes, offrandes et autres dons faits à la Congrégation seront recueillis et perçus par le confrère ou la consœur, choisi et nommé à cet effet par M. le Curé, et même par toute autre personne non associée qu'il lui plaira de nommer.

Art. 5. — L'emploi des deniers provenant des dites quêtes, offrandes et autres dons, ne pourra être fait que de l'agrément et avec l'autorisation de M. le Curé ; et le compte de la recette et de la dépense sera chaque année présenté et rendu à M. le Curé le jour par lui indiqué, en présence de quatre associés qu'il appellera à son choix, mais seulement pour l'assister de leurs conseils.

Art. 6. — Avons permis et permettons de chanter, chaque année, le soir du jour de la principale fête de la Congrégation, un salut solennel du Saint-Sacrement avec exposition et bénédiction du Saint-Sacrement.

Sera notre présent décret lu et publié au prône de la

messe paroissiale et transcrit sur le registre servant à inscrire les noms et prénoms des Congréganistes.

Donné à Amiens, sous le seing de notre vicaire-général, notre sceau et le contre-seing de notre secrétaire, le samedi trente mai de l'an de Notre-Seigneur mil huit cent six. FERTEL, *vic.-gén.*

Par mandement, etc., GRAVET, *sec.-gén.*

Vu la demande qui nous a été faite par M. le Curé du Saint-Sépulcre de fixer la fête principale de la Congrégation le dimanche après l'Assomption;

Considérant que l'indult de S. E. le cardinal Caprara n'indique pas les jours où les fêtes des Congrégations qu'il permet d'ériger devront être célébrées,

Avons fixé et fixons au dimanche après l'Assomption la célébration de la dite fête.

Amiens, le trente mai mil huit cent trente-quatre.

CANAPLE, *vic.-gén.*

Par mandement,

CLABAULT, *sec.-gén.*

XIII.

Erection canonique de la Confrérie de Notre-Dame des Malades.

Nous Jacques-Antoine BOUDINET, par la grâce de Dieu et du Saint-Siège apostolique, évêque d'Amiens,

Vu la demande qui nous a été adressée par M. le Curé-Doyen du Saint-Sépulcre d'Abbeville, à l'effet d'être autorisé à ériger dans sa paroisse une Confrérie en l'honneur de la Bienheureuse et Immaculée Vierge Marie, Mère de Dieu, sous le titre spécial de *Notre-Dame des Malades*, pour le soulagement spirituel et corporel des malades ;

Vu les statuts de la dite Association ;

Vu les brefs par lesquels N. S. Père le Pape Pie IX a

enrichi cette Archiconfrérie des indulgences les plus précieuses ;

Considérant que cette pieuse Association produit tous les jours des fruits de conversion et de salut dans les paroisses où elles est établie ;

Le saint nom de Dieu invoqué et notre conseil entendu,
Avons ordonné et ordonnons :

Art. 1er. — M. le Curé-Doyen du Saint-Sépulcre d'Abbeville est autorisé à ériger canoniquement dans son église une Confrérie en l'honneur de la Bienheureuse et Immaculée Vierge Marie pour le soulagement spirituel et corporel des malades.

Art. 2. — Les associés devront se conformer aux statuts qui nous ont été soumis et que nous approuvons.

Art. 3. — La fête principale de la Confrérie est fixée au 8 septembre ou au dimanche suivant.

Art. 4. — M. le Curé-Doyen du Saint-Sépulcre d'Abbeville, après avoir érigé la dite Confrérie la fera affilier à l'Archiconfrérie établie dans l'église de Saint-Laurent, à Paris.

Art. 5. — Une copie de la présente ordonnance sera déposée dans les archives de la fabrique, une autre sera affichée dans la chapelle de la sainte Vierge.

Donné à Amiens, le 14 septembre 1861.

Morel, *vic.-gén.*

Par mandement de Monseigneur,

A. Lefèvre, *chan. h., sec. gén.*

XIV.

Confrérie du saint Rosaire.

Nous Jean-Pierre de Gallien de Chabons, par la miséricorde divine et la grâce du Saint-Siége apostolique, évêque d'Amiens,

Aux fidèles de la paroisse du Saint-Sépulcre de la ville d'Abbeville, salut et bénédiction en Notre-Seigneur Jésus-Christ.

Nos très-chers Frères,

Nous avons la consolation de vous apprendre que Sa Sainteté Grégoire XVI, par un indult du 19 décembre 1834, vient d'accorder la faculté d'ériger, dans votre paroisse et de notre consentement, la Confrérie du saint Rosaire, avec l'application de toutes les indulgences qui sont attachées à l'Archiconfrérie du saint Rosaire de Rome.

Pour profiter de cette insigne faveur, il nous suffira de vous rappeler, nos très-chers frères, que c'est l'immortel fondateur d'un ordre qui a rendu à la religion tant de services, le grand saint Dominique, qui reçut des mains de Marie cette arme céleste pour défendre l'Eglise de Jésus-Christ, qu'un déluge de maux mettait peu à peu à deux doigts de sa perte.

Pour parler de tous ceux qui ont embrassé la dévotion du saint Rosaire, qui l'ont pratiquée, il faudrait nommer tous les saints que la religion a, depuis ce temps-là, placés sur ses autels; des hommes, l'ornement de l'Eglise par leurs vertus, leurs lumières et leur doctrine; des têtes couronnées, des monarques puissants, d'illustres guerriers. Certes, après de si grands noms, qui pourrait rougir? qui pourrait ne pas embrasser la dévotion du saint Rosaire? C'est la volonté du Père céleste qui autorise cette dévotion par tant de miracles. Honorons donc Marie, nos très-chers frères, c'est aussi la volonté de l'Homme-Dieu qui l'a honorée sur la terre par trente années d'obéissance, de respect, qui l'honore éternellement dans les cieux en lui remettant, pour ainsi dire, sa toute-puissance entre les mains; c'est aussi la volonté de l'Esprit-Saint qui a toujours inspiré aux fidèles la plus tendre dévotion pour Marie et qui n'a formé aucun saint sans le marquer de ce sceau de salut; c'est enfin la volonté de l'Eglise qui a élevé un si grand nombre d'autels et de temples sous l'invocation de Marie, qui a établi tant d'ordres religieux, de sociétés, de confréries, de solennités en l'honneur de Marie, qui a versé le trésor de ses indulgences sur ses serviteurs, et qui les verse encore tous les jours d'une manière spéciale sur ceux qui embrassent et pratiquent la dévotion du saint Rosaire.

En conséquence de l'indult du Souverain Pontife Grégoire XVI, avons arrêté et arrêtons ce qui suit :

Art. 1er. — Nous reconnaissons l'authenticité de l'indult du Souverain Pontife Grégoire XVI, en date du 19 décembre 1834, adressé à M. l'abbé Crimet, Curé-Doyen de Saint-Sépulcre, à Abbeville, et chanoine-honoraire de notre insigne cathédrale, et autorisons le dit sieur Crimet et ses successeurs à en faire usage, de plus à chanter et réciter l'office du saint Rosaire le premier dimanche d'octobre de chaque année, jour de la fête principale de la dite Confrérie.

Art. 2. — Le premier dimanche de chaque mois il se fera dans la dite église du Saint-Sépulcre, après les vêpres du jour, une procession avec l'image de la très-sainte Vierge, à laquelle on chantera ses litanies.

Art. 3. — La même procession aura lieu aux vêpres, les jours des fêtes de la sainte Vierge soit chômées, soit à dévotion, excepté le jour de l'Assomption de la sainte Vierge, à cause de la procession générale, si elle a lieu; dans le cas contraire, on fera la procession comme aux autres fêtes de la sainte Vierge.

Art. 4. — Les complies ne seront pas chantées les susdits dimanches dans la dite église, mais immédiatement après la procession on donnera la bénédiction du Saint-Sacrement après le chant du *Panis Angelicus*, du verset et de l'oraison à laquelle on ajoutera celle du saint Rosaire de la sainte Vierge.

Art. 5. — Comme il est défendu par les bulles des Souverains Pontifes de rien exiger, pour être admis en la Confrérie du saint Rosaire, il y aura, aux complies des dits jours, une quête spéciale pour les frais indispensables de cette Société et la messe qui sera dite le lendemain de la fête principale pour les associés défunts.

Donné à Amiens, en notre palais épiscopal, sous notre seing, le sceau de nos armes et le contre-seing de notre secrétaire particulier, le treizième jour du mois de janvier de l'an de Notre-Seigneur mil huit cent trente-cinq.

† Jean-Pierre, *évêque d'Amiens.*

Par mandement de Monseigneur, etc.,

L.-F. Lucas, *chan., sec. part.*

Dérogation à certains articles dudit Mandement.

Art. 2. — Il se fera dans la dite église du Saint-Sépulcre une procession avec l'image de la sainte Vierge, le premier dimanche d'octobre, jour auquel s'y célébrera la fête principale du saint Rosaire, les jours de la Conception de la sainte Vierge, de la Nativité, Purification, Annonciation et de son Assomption, le 30 avril pour l'ouverture, et le 31 mai pour la clôture du Mois de Marie, et enfin le jour du pèlerinage à Monflières.

Art. 3. — La dite procession se fera après complies et sera suivie de la bénédiction solennelle du Saint-Sacrement après qu'on aura chanté : *Panis Angelicus* et *Te trinita Deitas*, le verset et l'oraison à laquelle on ajoutera celle du saint Rosaire.

A Abbeville, le neuf octobre mil huit cent trente-cinq.

Voclin, *Vic. gén. archid, d'Amiens.*

XIV bis.

Association en l'honneur de saint Joseph, érigée dans la chapelle des religieuses de Saint-Joseph, à Abbeville, chaussée du Bois, et affiliée à l'Archiconfrérie de Beauvais.

Art. 1er. — Cette Association a pour but de développer la dévotion envers saint Joseph; d'attirer sa protection sur le Souverain Pontife, la France, les communautés religieuses et les familles chrétiennes, enfin d'obtenir à chacun des associés une bonne mort.

Art. 2. — A ces diverses intentions, les associés réciteront chaque jour, en latin ou en français : *Ave Maria* (une fois), *Sancte Joseph, intercede pro nobis* (trois fois).

Art. 3. — Les fêtes de l'Association sont: 1º les fiançailles de la sainte Vierge et de saint Joseph (23 janvier); 2º la fête principale de saint Joseph (19 mars); 3e son patronage (troisième dimanche après Pâques).

Art. 4. — Le premier mercredi de chaque mois, à huit heures, une messe sera dite aux intentions de l'œuvre dans la chapelle de Saint-Joseph, chaussée du Bois. Le soir du même jour, à quatre heures, il y aura salut et instruction. Deux messes seront célébrées, chaque année, pour les associés défunts, le mercredi de la première semaine de Carême et le mercredi qui suivra la Commémoration des Morts.

Art. 5. — Le Directeur de l'œuvre est nommé par Sa Grandeur Monseigneur l'évêque d'Amiens. Pour faire partie de l'Association il suffit de se faire inscrire et de réciter les prières marquées plus haut.

Art. 6. — Les associés s'appliqueront à étendre, autant qu'ils le pourront, la dévotion au glorieux saint

Joseph qui est le serviteur prudent et fidèle à qui Dieu a confié le soin de sa famille et qu'il a couronné de gloire et d'honneur.

Art. 7. — Les associés feront en sorte d'offrir chaque matin, à saint Joseph, les bonnes œuvres, prières, aumônes, mortifications et pénitences qu'ils feront dans la journée ; leur intention sera de les unir aux mérites de ce grand saint et d'obtenir, par sa puissante protection, les diverses fins de l'Association.

Art. 8. — Les associés se souviendront que c'est surtout par la pureté de cœur qu'ils mériteront la protection de saint Joseph. Ils s'efforceront de se la procurer par de fréquentes confessions et communions, surtout aux fêtes de l'Association.

Art. 9. — Le Directeur jouit du privilège de bénir et de donner la ceinture dite *Cordon de saint Joseph*.

Indulgences plénières.

1º Le jour de l'entrée dans l'Association (bref de 1861).

2º A chacune des fêtes principales de Notre-Seigneur, savoir : Noël, Circoncision, Epiphanie, Pâques, Ascension, Fête-Dieu.

3º Aux fêtes principales de la sainte Vierge : Purification, Annonciation, Assomption, Nativité, Immaculée-Conception (rescrit de 1862).

4º Aux fêtes de saint Joseph, savoir : 23 janvier, fête de ses fiançailles ; 19 mars, fête principale ; le patronage, troisième dimanche après Pâques (rescrit de 1862).

5º A toutes les fêtes des Apôtres (rescrit id.).

6º A deux mercredis, par mois, au choix des associés, et à chaque mercredi de mars (19 juin 1862).

7º A l'article de la mort (16 avril 1861).

N. B. — Les indulgences attachées aux fêtes de l'Epiphanie, du Saint-Sacrement, de l'Immaculée-Conception, de saint Pierre et saint Paul, sont transférées au dimanche où se célèbre la solennité de ces fêtes.

Indulgences partielles.

Indulgence de sept ans et sept quarantaines à chacune des fêtes secondaires de Notre-Seigneur (rescrit de 1862).

Indulgence de sept ans et sept quarantaines à chacune des fêtes secondaires de la très-sainte Vierge (id.).

Indulgence de soixante jours pour chaque œuvre de piété ou de charité (avril 1861).

Indulgence de cinquante jours pour la récitation de cinq *Pater* et cinq *Ave* pour les associés défunts (avril 1861).

Indulgence de soixante jours chaque fois que les associés assisteront aux processions du Saint-Sacrement ou aux autres processions permises par l'ordinaire, ou accompagneront le Saint-Sacrement chez les malades, ou en cas d'empêchement réciteront, au son de la cloche, l'oraison dominicale et la salutation angélique (1861).

Entré dans l'Association de Saint-Joseph, le . . . .

Le Directeur,

A. Coyette, *curé du Saint-Sépulcre.*

Vu, approuvé et permis d'imprimer.

Abbeville, le 15 mai 1869.

Jacques Antoine, *év. d'Amiens.*

XV.

Règlement de l'Association de Notre-Dame des Enfants pour assurer la préparation et la persévérance de la première et deuxième Communions.

Art. 1er. — L'Association de Notre-Dame des Enfants est établie dans la paroisse du Saint-Sépulcre d'Abbeville.

Art. 2. — M. le Curé est le Directeur de l'Association et l'un de MM. les Vicaires en est le Sous-Directeur.

Art. 3. — Les enfants des deux sexes sont admis, sur leur demande ou celle de leurs parents, à faire partie de l'œuvre.

Art. 4. — Les enfants sont reçus dans l'Association deux ans avant leur première communion, c'est-à-dire environ à l'âge de neuf ans, et ils y restent deux ans au moins après leur seconde communion, c'est-à-dire jusqu'à environ quinze ans.

Art. 5. — L'Association se rassemble sur la convocation de M. le Sous-Directeur, tous les trois mois, à l'église.

Art. 6. — Dans cette réunion, le Sous-Directeur désigne les dimanches de communion et indique les fêtes qui remplaceront les communions dominicales mensuelles.

Art. 7. — La grande pratique qui fait la base de l'Association, c'est la confession mensuelle pour les deux premières années, la communion des deux mois pour les enfants de première communion et la communion mensuelle pour les autres.

Art. 8. — La réunion de Notre-Dame des Enfants du Saint-Sépulcre sera affiliée, aussitôt que possible, après l'érection canonique de Sa Grandeur Monseigneur l'évêque d'Amiens, à l'Archiconfrérie de Bourges ou de Limoges, pour pouvoir jouir des indulgences et priviléges accordés par les Souverains Pontifes.

Art. 9. — L'Association de Notre-Dame des Enfants sera gratuite.

Fait à Abbeville, le lendemain de la première communion de 1879.

XVI.

Œuvre de la Propagation de la Foi.

Son But.

Propager la Foi, c'est instruire des vérités essentielles de la religion ceux qui les ignorent et leur apprendre à pratiquer les devoirs indispensables au salut ; c'est faire la plus belle des œuvres, puisque c'est préserver les âmes de la damnation éternelle.

Dieu veut que tous les hommes soient sauvés, c'est donc pour chaque chrétien une obligation de travailler suivant ses forces à l'accomplissement de cette volonté adorable. Sans doute, un petit nombre seulement est appelé à quitter la famille et la patrie pour aller porter la foi jusqu'aux extrémités du monde, mais tous peuvent prier pour le salut de leurs frères, et il en est bien peu qui, à leurs prières, ne puissent joindre une aumône pour aider à la conversion des infidèles. Réunir ces prières et ces dons pour les rendre plus efficaces, voilà l'œuvre de la Propagation de la Foi. Pour en être membre, il ne faut que deux choses : 1° appliquer une fois pour toutes, à cette intention, le *Pater* et l'*Ave* de la prière du matin ou du soir et y ajouter chaque fois cette invocation : *Saint François-Xavier, priez pour nous* ; 2° donner en aumône pour les Missions un sou par semaine.

Son Histoire.

Fondée à Lyon en 1822, une œuvre si méritoire et si simple s'est répandue rapidement dans les quatre parties du monde où elle compte aujourd'hui des associés nombreux.

Dès son origine, le Souverain Pontife Pie VII, et après

lui chacun de ses successeurs, l'ont enrichie de précieuses indulgences; les mandements de plus de trois cents évêques ont exhorté les fidèles à y contribuer; par sa lettre encyclique du 15 août 1840, Sa Sainteté Grégoire XVI l'a solennellement recommandée à tout l'univers catholique; enfin, par sa lettre encyclique du 21 novembre 1851, le Souverain Pontife Pie IX la plaçant sous la protection spéciale des évêques de la chrétienté, a attaché les saints priviléges d'un nouveau jubilé à une aumône qui lui serait particulièrement affectée.

Grâce à ces encouragements, l'Association a pu se montrer secourable envers toutes les Missions, sans diminuer les ressources d'aucune autre œuvre de charité déjà établie. Si donc le nombre des Missionnaires est devenu dix fois plus considérable qu'il ne l'était il y a quelques années; si, dans plusieurs pays, l'horrible coutume d'égorger des hommes pour les offrir en sacrifice a cessé, si des milliers d'enfants idolâtres, exposés par la cruauté de leurs parents à une mort certaine, ont reçu le baptême qui leur a ouvert le ciel, c'est à l'aide de nos secours que tout ce bien a été opéré.

Aussi que d'actions de grâces reviennent à cette sainte œuvre, de toutes les contrées de la terre! D'un bout du monde à l'autre, des peuples nouvellement convertis la bénissent, les Missionnaires lui envoient, en signe de reconnaissance, les touchants récits de leurs souffrances, de leurs travaux et de leurs succès. Plusieurs fois les évêques des Etats-Unis d'Amérique, réunis en Concile à Baltimore, lui ont adressé des remerciements, pendant qu'à six mille lieues de là les martyrs de la Cochinchine priaient pour elle et, prêts à tomber sous le fer des bourreaux, promettaient, alors qu'ils seraient dans la gloire, de ne pas nous oublier devant Dieu.

Telle est, en deux mots, l'histoire de l'œuvre de la Propagation de la Foi. Les catholiques de tout âge, de tout sexe et de tous pays, sont appelés à y prendre part.

Elle a été mise à la portée des positions les plus médiocres, mais dans la prévision que le nombre des associés compenserait la modicité de leur offrande. Quand l'hérésie, pour répandre ses erreurs, recueille plus de trente millions de contributions volontaires chaque année, ne ferions-nous rien pour aider à propager notre Foi ? Tous les jours nous disons à Dieu : *Que votre règne arrive;* prouvons, lorsqu'il est si facile de le faire, que cette prière n'est pas pour nous un vain mot. En sauvant les âmes de nos frères nous sauverons la nôtre, car l'Ecriture sainte nous apprend que si nous assistons les Apôtres et les martyrs, nous recevrons un jour la même récompense qui est réservée à leurs travaux.

Son Organisation.

Un associé par dix reçoit les aumônes et les remet, avec la sienne propre, à un autre membre qui a dix collectes semblables à recevoir, c'est-à-dire les aumônes de cent personnes. Celui-ci les verse, à son tour, à un troisième qui rassemble dix recettes de même valeur, c'est-à-dire les aumônes de mille personnes. Il n'y a, du reste, aucune réunion entre les associés. Deux conseils, l'un à Lyon, l'autre à Paris, partagent les sommes recueillies dans les différentes Missions; les fonctions des membres de ces conseils sont entièrement gratuites. Le compte des recettes et des dépenses est publié chaque année; on y désigne les secours envoyés à chaque Mission, les noms des évêques qui les ont reçus; aucune autre bonne œuvre n'offre donc plus de garanties. Les lettres des Missionnaires sont réunies en cahiers, dont un exemplaire est distribué gratuitement, tous les deux mois, à chaque collecteur de dizaine; celui-ci doit le prêter successivement aux neuf autres associés; la propriété lui en revient ensuite. Le nombre des cahiers imprimés dans toutes les langues de l'Europe et distribué ainsi tous les deux mois, s'élève chaque fois à plus de cent cinquante mille exemplaires. L'œuvre de la Propagation de la Foi peut donc être regardée encore comme une œuvre de bons livres des plus importantes.

Ses Indulgences.

Les associés peuvent gagner les indulgences suivantes, applicables aux âmes du Purgatoire.

1º Indulgence plénière, le 3 mai, anniversaire de la fondation de l'œuvre, et le 3 décembre, fête patronale de l'Association, ou un jour dans l'octave de ces deux fêtes.

2º Indulgence plénière deux jours de chaque mois, au choix des associés.

3º Indulgence plénière le jour de l'Annonciation et celui de l'Assomption ou un jour de leur octave.

4º Indulgence plénière, une fois l'an, le jour où se célébrera une commémoration solennelle de tous les associés défunts.

5º Indulgence plénière, une fois l'an, le jour où une série quelconque d'associés célébrera la commémoration des défunts ayant appartenu au conseil, à la division, à la centurie ou à la décurie dont ils sont membres. Pour gagner ces indulgences plénières, il faut s'approcher des Sacrements, visiter l'église de l'œuvre, ou si elle n'en a pas, sa propre église paroissiale et y prier selon les intentions du Souverain Pontife.

6º *Faveurs des autels privilégiés* pour toute messe qu'un associé dit ou fait dire, n'importe sur quel autel, pour les défunts de la Propagation de la Foi.

7º Même privilége personnel, cinq fois par semaine, aux prêtres chiliarques ou chefs de divisions.

8º Indulgence plénière, à l'article de la mort, pourvu qu'animé de bonnes dispositions, l'associé invoque au moins de cœur, s'il ne le peut de bouche, le très-saint nom de Jésus.

9° Indulgence de trois cents jours chaque fois qu'un associé assiste, au moins contrit de cœur, au *triduum* que l'œuvre peut faire célébrer aux fêtes du 3 mai et du 3 décembre.

10° Indulgence de cent jours chaque fois qu'un associé récite le *Pater* et l'*Ave* avec l'invocation de saint François-Xavier ; qu'il assiste à une assemblée en faveur des Missions ; qu'il donne, outre l'obole hebdomadaire, quelque aumône pour la même fin, ou qu'il exerce toute autre œuvre de piété ou de charité.

Ceux que l'infirmité, l'éloignement ou toute autre cause légitime empêchent de visiter l'église désignée, peuvent gagner les mêmes indulgences pourvu qu'ils suppléent à cette visite par d'autres œuvres ou prières indiquées par leurs confesseurs.

Les maisons religieuses, colléges, providences et autres communautés, peuvent gagner les mêmes indulgences en visitant leur propre église ou oratoire public, et, s'il n'y en a pas, la chapelle privée de leur maison, pourvu que les autres conditions soient remplies.

Toutes et chacune des indulgences plénières accordées à l'œuvre pourront être également gagnées par les enfants qui y sont associés et qui, à cause de leur âge, ne peuvent être admis à la sainte communion, si, pénitents et contrits, ils accomplissent fidèlement les œuvres de piété imposées par le confesseur et s'ils remplissent toutes les autres conditions. (Imp. Adrien Leclerc, rue Cassette, 29.)

XVII.

Œuvre de la Sainte-Enfance.
(Passage Sainte-Marie, 2, rue du Bac, 60-62.)

But et Histoire de l'Œuvre.

Elever chrétiennement les enfants, c'est préparer l'avenir des générations futures et des nations. Tel est le but que se propose l'œuvre de la Sainte-Enfance, en procurant aux enfants de la Chine et des autres pays infidèles le baptême et l'éducation chrétienne ; cette œuvre est placée sous l'invocation de l'Enfant Jésus. La très-sainte Vierge en est la première patronne. Les saints Anges gardiens, saint Joseph, saint François-Xavier, saint Vincent de Paul en sont les patrons secondaires.

Tous les enfants baptisés peuvent être membres de l'Association et y sont admis depuis l'âge le plus tendre jusqu'à l'âge de douze ans. Après vingt-un ans, aucun agrégé ne continue d'en faire partie, s'il n'appartient en même temps à l'œuvre de la Propagation de la Foi.

Fondée en 1843 par Mgr de Forbin-Janson, évêque de Nancy, continuée par M. l'abbé James, ancien vicaire-général et chanoine titulaire de l'église de Paris, encouragée d'abord par NN. SS. les Evêques et approuvée ensuite par le Saint-Siége, l'œuvre de la Sainte-Enfance a reçu une consécration plus solennelle encore par un bref de Sa Sainteté le Pape Pie IX, en date du 18 juillet 1856. Par ce bref, S. E. le cardinal Reisach est désigné comme cardinal protecteur, et tous les Evêques de l'univers sont invités à introduire l'œuvre chacun dans son diocèse.

Organisation.

L'Association se partage en séries de douze membres pour honorer les douze années de l'enfance du Sauveur.

Douze séries forment une sous-division, douze sous-divisions forment une division.

Les séries se distinguent entr'elles par un numéro d'ordre correspondant à l'une des années de l'enfance de Jésus, sous le nom de première année, deuxième année de la Sainte-Enfance, etc.

La cotisation pour chaque membre est de cinq centimes par mois.

Chaque série a un collecteur, chaque sous-division un trésorier, chaque division un grand-trésorier.

Le Directeur spirituel de l'Association est de droit M. le Curé de la paroisse dans laquelle elle s'établit, ou un prêtre désigné par lui pour le remplacer.

Pratiques pieuses. — Chaque membre de l'Association doit réciter tous les jours, ou, s'il est trop jeune encore, on voudra bien réciter pour lui : 1° un *Ave Maria* (il suffit d'appliquer à cette intention celui de la prière du matin ou du soir); 2° l'invocation suivante : *Sainte Vierge Marie, priez pour nous et pour les pauvres petits enfants des infidèles.*

Comme lien spirituel entre les enfants bienfaiteurs et les enfants objets de l'œuvre, les noms de baptême à donner aux enfants infidèles sont, autant que possible, choisis parmi ceux de leurs jeunes protecteurs.

Parmi les intentions des prières et des messes de l'œuvre est comprise, en faveur des mères chrétiennes, une intention spéciale pour obtenir que tous leurs enfants arrivent à la grâce du saint baptême. Ces prières et ces messes ont également pour objet d'attirer les grâces de l'Association pour que ces enfants se disposent plus saintement au grand jour de leur première communion et qu'ils persévèrent dans leurs bonnes résolutions.

PROGRÈS DE L'ŒUVRE.

Les recettes de l'œuvre ont été de 23,000 fr. en 1843, première année de la fondation, et se sont successivement élevées jusqu'au chiffre de 1,903,022 fr. 89 qu'elles ont atteint en 1868. Depuis l'établissement de l'œuvre de la Sainte-Enfance jusqu'à ce jour, le nombre des enfants baptisés s'élève à plusieurs millions, et celui des enfants élevés à plusieurs centaines de mille; c'est ce qui ressort du tableau ci-dessous auquel l'exiguité de cette notice ne nous permet pas de donner plus de développement.

	Missions secourues	Enfants baptisés	Enfants élevés
En 1852	26	192,300	3,735
« 1853	28	216,464	4,796
« 1854	37	277,950	5,088
« 1862	65	390,738	13,538
« 1864	63	357,353	21,316
« 1865	59	375,794	37,474
« 1866	61	383,206	41,226
« 1867	61	371,419	42,997
« 1868	62	380,700	45,677
« 1869	62	396,696	54,642

En présence de ces résultats, ne semble-t-il pas qu'en ce moment se réalise cette parole de la sainte Ecriture : « *Ex ore infantium et lactentium perfecisti laudem* » (Ps. 8, v. 3); et cette autre d'un zélé missionnaire : « C'est par les enfants qu'on convertira les nations. »

Voici l'enfance chrétienne sauvant l'enfance infidèle, espérance des générations futures.

Souvenir d'admission.

M. . . . . a été reçu associé de l'Œuvre de la Sainte-Enfance, le . . . 18.

Indulgences accordées a l'Œuvre de la Sainte-Enfance.

Par les Souverains Pontifes Grégoire XVI et Pie IX, dans leurs rescrits du 17 mars et du 2 mai 1846, du 10 janvier 1847, du 12 janvier 1851, du 6 avril 1856, du 5 juillet 1860, du 27 juillet 1856 et des 15 et 20 mars 1870.

I. — Indulgences plénières.

1° Indulgence plénière aux associés qui assisteront, entre Noël et la Purification, à une messe dite pour tous les associés vivants.

2° Indulgence plénière, applicable aux défunts, à gagner par les associés qui assisteront, entre le deuxième dimanche après Pâques et la fin du Mois de Marie, à une messe dite pour les associés défunts.

Nota. — Ces deux indulgences peuvent être gagnées, comme l'indulgence plénière du Jubilé, par les enfants qui n'ont pas encore fait leur première communion. Le Souverain Pontife les dispense à cet effet de la communion, mais non pas de la confession ni des autres conditions.

3° Indulgence plénière aux fêtes des patrons de l'œuvre, savoir : de la Présentation de la sainte Vierge, des saints Anges gardiens, de saint Joseph, de saint François-Xavier, de saint Vincent de Paul, à la condition prescrite par le Souverain Pontife de prier pour l'accroissement de l'œuvre de la Sainte-Enfance.

Les trois indulgences plénières ci-dessus peuvent être transférées par NN. SS. les Evêques, et, avec leur consentement, par MM. les Curés et Directeurs de l'œuvre, à d'autres mois et jours auxquels il leur semblerait plus utile de les transférer.

4° Indulgence plénière applicable aux défunts, à gagner moyennant les conditions ordinaires, au jour de l'anniversaire du baptême de tous les zélateurs et zélatrices, collecteurs et collectrices, directeurs et directrices de la Sainte-Enfance, tant par lesdits zélateurs, etc., eux-mêmes que par leurs pères, mères, frères et sœurs.

II. — Indulgences partielles.

1° Indulgence de sept ans et sept quarantaines à tous les associés qui, dans les fêtes et assemblées générales de l'œuvre, recevront la bénédiction solennelle, si elle est donnée selon la formule spéciale rapportée dans le *Petit Manuel de la Sainte-Enfance* et au n° 50 des *Annales*.

2° Indulgence d'un an pour les membres des conseils et comités de l'œuvre, déjà institués ou à instituer régulièrement à l'avenir en quelque lieu que ce soit, pour chaque réunion de ces conseils ou comités à laquelle ils assisteront.

3° Indulgence de quarante jours à chacun des associés et à toutes les personnes qui s'occuperont de l'œuvre, à quelque titre que ce soit, toutes les fois que, par actions ou par paroles, ils s'appliqueront à accroître, favoriser et défendre la pieuse Association et à procurer par elle l'amour du saint Enfant Jésus et le salut des âmes.

XVIII.

Œuvre de Saint-François de Sales.
A Paris, rue de Verneuil, 32.

I. — Son But.

L'œuvre de Saint-François de Sales a pour but d'aider le clergé à conserver et défendre la Foi et à ranimer la vie chrétienne dans les pays catholiques.

Elle est née, en 1857, d'un vœu exprimé par N. T.-S. P. le Pape Pie IX. Voyant se liguer contre l'Eglise les sociétés secrètes, les francs-maçons, les sectes protestantes et les révolutionnaires de toutes les couleurs, le Pape a manifesté le désir de voir s'organiser sans retard une grande Association catholique, destinée à faire au dedans ce que font au dehors les deux grandes œuvres de la *Propagation de la Foi* et de la *Sainte-Enfance*. « Je voudrais, a dit le Saint Père, une sorte de Propagation de la Foi à l'intérieur. »

Tel est le but de l'œuvre de Saint-François de Sales : Préserver, défendre, conserver, ranimer la Foi partout où elle est menacée.

II. — Sa Nécessité.

La foi, la pratique de la religion, les bonnes mœurs, le respect des lois de l'Eglise dépérissent dans un trop grand nombre de diocèses, non-seulement dans notre France, mais encore en Italie, en Espagne, en Belgique, dans toute l'Europe.

Tout s'unit pour déraciner ou au moins ébranler la foi et dans nos villes et dans nos campagnes : l'enseignement et l'éducation en dehors de la religion, les mauvais livres et surtout les mauvais journaux, l'affreuse multiplicité des cabarets et des mauvais lieux, les progrès effrayants des sociétés secrètes, de la franc-maçonnerie et de l'internationale, enfin la propagande fiévreuse des sectes protestantes.

Partout le clergé est calomnié, vilipendé ; c'est un mot d'ordre universel. Une guerre à outrance est déclarée sur toute la ligne aux ordres religieux et surtout aux congrégations enseignantes. On veut à tout prix soustraire nos enfants et nos populations ouvrières à la divine influence de Notre-Seigneur Jésus-Christ et de son Eglise. C'est une guerre à mort.

Il est indispensable d'opposer à cet immense effort de l'enfer une résistance énergique. Il faut que tous les vrais chrétiens s'unissent, s'enrégimentent pour la défense commune. Le feu est aux quatre coins de l'Europe : si l'on n'y avise promptement, ainsi que le demandait Pie IX, si l'on ne s'organise de toutes parts pour arrêter les progrès de l'incendie, tout finira par être dévoré, les meilleurs pays tout comme les autres.

En outre, l'œuvre de Saint-François de Sales se présente à nous comme la doublure nécessaire de toutes nos grandes œuvres de foi. Si nous laissons disparaître de chez nous la foi et la vie de la foi, que deviendron les œuvres du *Denier de Saint-Pierre*, de la *Propagation de la Foi*, de la *Sainte-Enfance*, etc.? On le voit: l'œuvre de Saint-François de Sales est une œuvre de salut public. A tous les points de vue sa nécessité n'est que trop évidente.

III. — Ses Moyens d'action.

Ils sont au nombre de quatre, expressément bénis et approuvés par le Saint-Père :

1º Fonder, soutenir, développer le plus efficacement possible les œuvres qui ont pour objet l'éducation chrétienne et la préservation de la jeunesse : asiles, écoles, patronages, écoles cléricales, ouvroirs, classes du soir, cercles de jeunes ouvriers et de jeunes commis, œuvres militaires, etc.

2º Fonder, soutenir, développer les bibliothèques paroissiales ou cantonales ; répandre sur une vaste échelle les bons livres populaires et à bon marché ; procurer et faciliter par toutes sortes de moyens les bonnes lectures selon les différents besoins des populations ; en un mot, opposer au déluge de la presse impie et révolutionnaire un antidote efficace, réclamé par tous les gens de bien.

3º Faire prêcher des missions, des retraites populaires, non-seulement dans les campagnes, mais encore et surtout dans les faubourgs de nos grandes villes, si puissamment travaillées par les démagogues et par les agents des sectes protestantes.

4º Enfin, donner des secours d'argent aux pauvres églises de campagne, tellement dénuées de ressources que le culte divin y devient presque impossible, et faciliter ainsi la sanctification du dimanche.

IV. — Son Organisation.

Conseil central. — L'œuvre est administrée par un Conseil central dont le siége est à Paris. Agréé et béni à diverses reprises par le Souverain Pontife, ce Conseil est composé d'ecclésiastiques, de religieux et de laïques, habitués aux œuvres et tout dévoués aux intérêts de l'Eglise et au salut des âmes.

Il se réunit tous les lundis, à une heure, au Secrétariat-général de l'œuvre, rue de Verneuil, n° 32, sous la présidence de Mgr de Ségur.

Il correspond avec NN. SS. les Évêques et avec MM. les Directeurs diocésains, concentre les renseignements et les aumônes, examine les demandes préalablement approuvées par les Directeurs diocésains et y fait droit dans la mesure du possible.

Direction diocésaine. — Dans chaque diocèse où l'œuvre est agréée, un directeur diocésain désigné par l'Évêque est à la tête de l'œuvre. Il s'entoure autant que possible d'un comité qui le seconde pour tout le détail.

Le directeur diocésain s'efforce de répandre l'œuvre dans les chefs-lieux d'arrondissement et de canton. Il reçoit les demandes de secours pour le diocèse, recueille le produit des cotisations et des offrandes, correspond avec le conseil central de Paris, et lui envoie chaque année un compte-rendu de la situation de l'œuvre.

Il se fait seconder dans ce travail par des Sous-Directeurs diocésains et des Directeurs paroissiaux.

Pour entretenir et développer la vie de l'œuvre, MM. les Directeurs et Sous-Directeurs organisent de temps en temps des réunions de piété, où ils exposent les besoins et les progrès de l'œuvre, excitent le zèle, recueillent les offrandes, inscrivent de nouveaux chefs de dizaines, etc... La principale de ces réunions, à laquelle ils s'efforcent de donner le plus de solennité possible, a lieu pour la fête de saint François de Sales.

Associés. — Comme pour la *Propagation de la Foi*, on s'organise par dizaines ; seulement, au lieu d'un sou par semaine, les associés donnent un sou par mois, douze sous par an.

Les chefs de dizaines, groupés autour des Directeurs paroissiaux, recueillent comme ils l'entendent, les cotisations, reçoivent le *Bulletin mensuel* et en propagent le plus possible la lecture.

En leur qualité de zélateurs ou zélatrices d'une œuvre aussi sainte, ils sont engagés à exercer personnellement leur zèle dans les paroisses qu'ils habitent, en menant toujours une vie édifiante, en fréquentant les sacrements, en allant visiter les pauvres et les malades; en un mot, en aidant leurs curés à faire le bien et à sauver les âmes.

V. — Le Bulletin.

Un bulletin mensuel est publié par le conseil central pour servir de trait-d'union entre les associés. Il les tient au courant des nouvelles de l'œuvre, de ses besoins et de ses efforts; il fournit chaque mois à tous les Associés une lecture édifiante, instructive, capable de ranimer leur foi, de consoler leur piété.

On a droit de recevoir gratuitement le bulletin, du moment que l'on réunit au moins une dizaine d'associés.

La lecture et par conséquent la distribution régulière du bulletin est d'une importance capitale pour la vie de l'œuvre. Le Directeur diocésain veille à la régularité de cette distribution, qui se fait par les bons soins des Sous-Directeurs ou des Directeurs paroissiaux. Ceux-ci sont instamment priés de prévenir le Directeur diocésain quand il y a des changements d'adresse, des augmentations ou des diminutions.

On peut aussi s'abonner directement au *Bulletin*, moyennant trois francs par an, en s'adressant soit au Directeur diocésain, soit au Secrétariat-général, à Paris.

VI. — Indulgences et Faveurs spirituelles.

Le Souverain Pontife a enrichi l'œuvre de Saint-François de Sales de nombreuses et magnifiques indulgences.

1° Indulgence plénière le jour où l'on entre dans l'œuvre.

2° Indulgence plénière à l'heure de la mort.

3° Indulgence plénière aux trois fêtes patronales de l'œuvre, savoir : le 29 janvier, fête de saint François de Sales ; le 29 juin, fête de saint Pierre ; le 8 décembre, fête de l'Immaculée-Conception.

4° Quatre indulgences plénières à gagner dans le courant de chaque mois.

Le tout, aux conditions ordinaires, c'est-à-dire moyennant la confession et la communion, et quelques prières pour le Pape à ses intentions et pour tous les besoins de l'Église.

5° Une indulgence partielle de soixante jours, pour toute bonne œuvre de zèle, de charité, de piété.

6° Enfin, par un rescrit apostolique, en date du 1er mai 1873, notre Très-Saint Père le Pape Pie IX a daigné communiquer aux Associés de Saint-François de Sales le magnifique trésor des grâces, faveurs spirituelles, indulgences plénières et partielles, et absolutions générales dont jouissent les enfants de saint François d'Assise, et cela, à la seule condition de recevoir et de porter le cordon de saint François.

En outre, le Très-Saint Père a daigné bénir d'une manière toute spéciale les associés de Saint-François de Sales et chacune de leurs bonnes œuvres.

« Le Pape est avec eux dans tout ce qu'ils font, a daigné dire un jour Pie IX ; et tout ce qu'ils font, ils le font avec le Pape. »

VII. — Obligations.

Pour faire partie de l'œuvre et pour gagner les précieuses indulgences ci-dessus indiquées, il suffit de donner régulièrement la petite cotisation d'un sou par mois ou douze sous par an, et de réciter chaque jour, aux intentions de l'œuvre, un *Ave Maria*, avec l'invoca-

tion : « Saint François de Sales, priez pour nous ! ».
Les pauvres eux-mêmes, les petits enfants des écoles peuvent ainsi s'associer à l'œuvre, coopérer au salut des âmes et participer aux faveurs spirituelles dont le Saint-Père a voulu enrichir une œuvre qu'il a lui-même inspirée.

Les lettres et les demandes doivent être adressées *franco* à M. Lermigny, passage de la Visitation, 11 *bis*, à Paris. Les lettres contenant des valeurs doivent toujours être chargées.

XIX.

Association pour la Sanctification du Dimanche.
(Diocèse d'Amiens.)

I. — But de l'Association.

Cette Association a pour but de faire cesser le scandale public de la violation du Dimanche et des jours de fêtes obligatoires. Notre Saint Père le Pape Pie IX, de glorieuse mémoire, a daigné en approuver les statuts, en écrivant spontanément de sa main, sur la feuille qui les contenait, les lignes suivantes :

7 mai 1873.

Bien chers frères,

« C'est maintenant le moment d'agir : et pourquoi ?
« parce que les hommes ont rompu avec la loi du Sei-
« gneur.

« Que le Seigneur vous bénisse, parce que vous agis-
« sez ! Que le Seigneur vous bénisse encore afin que
« vous agissiez avec persévérance !

« Le mauvais grain a été semé ; mais nous, avec l'aide
« de Dieu, nous devons semer le bon grain afin que
« tous nous puissions dans la joie recueillir une abon-
« dante moisson.

« Enfin, que Dieu bénisse la France, afin qu'en tous
« lieux elle soit à lui selon son cœur.

« Pie, P. M. IX. »

II. — Statuts.

Art. 1er. — Les Membres de cette Association s'abstiendront les dimanches et les jours de fêtes obligatoires de toute œuvre servile et de tout travail défendu (a).

Art. 2. — Ils ne permettront aux personnes placées sous leur dépendance aucun travail qui ne serait pas nécessaire.

Art. 3. — Ils n'ouvriront pas leurs magasins, ateliers, usines, sans une vraie nécessité. Ils ne vendront et n'achèteront que les objets qu'il n'est pas possible de se procurer un autre jour.

Art. 4. — Ils imposeront aux entrepreneurs qu'ils emploieront de cesser tout travail le dimanche et les jours de fête d'obligation.

Art. 5. — Ils sanctifieront les dimanches et fêtes obligatoires en se conformant aux prescriptions et aux intentions de l'Eglise; ils veilleront à ce que leurs enfants, leurs domestiques et les personnes placées sous leur dépendance remplissent fidèlement leurs devoirs.

Tous les associés qui ont véritablement à cœur le succès de cette œuvre non moins patriotique que chrétienne, ne se contenteront pas de satisfaire au précepte d'entendre la messe, mais ils se feront un devoir d'assister aux autres offices de l'église et aux instructions de la paroisse. La parole de Dieu est la nourriture de l'âme. La prière et le bon exemple sont les deux plus puissants moyens de conversion et de sanctification.

(a) Au temps de la moisson, le travail du dimanche peut être nécessaire. Il suffira de demander la permission à M. le Curé.

III. — Organisation.

L'Association pour la Sanctification du Dimanche est dirigée par un comité diocésain et des comités paroissiaux.

Le comité diocésain sert de centre et de lien à tous les comités paroissiaux.

Les comités paroissiaux président à l'organisation et à la direction de l'œuvre dans les paroisses.

Le comité diocésain est constitué comme il suit :
MM. l'abbé Fallières, Vicaire général, *Président*.
    Le Doyen du Chapitre et le Supérieur du Grand Séminaire, *Vice-Présidents*.
    L'Archiprêtre de la Cathédrale ;
    Le Curé-Doyen de Saint-Leu ;
    Le Curé-Doyen de Saint-Jacques ;
    Le Curé-Doyen de Saint-Germain ;
    Le Curé-Doyen de Saint-Remi ;
    Ethelbert de Lebucquière, 3, rue des Augustins ;
    Boistel de Belloy, 29, rue Neuve ;
    Amédée Jourdain, 45, rue des Sergents ;
    De Batz de Cugnac, *Secrétaire*, 2, rue St-Fuscien.

Le comité paroissial a pour président le Curé de la paroisse. Il peut être composé de Messieurs ou de Dames. On choisit dans le comité deux membres pour remplir les fonctions de secrétaire ou de trésorier. Il appartient aux membres du comité paroissial d'organiser, de développer et de diriger l'œuvre dans la paroisse. L'expérience a montré que l'organisation par dizaine, présidée par un zélateur ou une zélatrice percevant une cotisation annuelle de dix centimes pour l'abonnement aux *Annales* de l'œuvre, est le meilleur moyen qu'on puisse prendre pour étendre et développer l'Association (a).

(a) On s'abonne chez M. Briday, libraire à Lyon, 3, avenue de l'Archevêché ; un an, 1 franc.

IV. — Réunions.

Le comité diocésain se réunit toutes les fois que le Président croit nécessaire de le convoquer.

Chaque année, dans le courant de février, il présente à Monseigneur un rapport sur la situation générale de l'œuvre dans le diocèse.

Les comités paroissiaux se réunissent au moins une fois tous les trois mois.

Chaque année, dans le courant de décembre, ils adressent au comité diocésain un rapport sur la situation de l'œuvre dans la paroisse.

Il y a tous les ans une ou deux assemblées générales auxquelles prennent part tous les associés.

V. — Indulgences.

Indulgence plénière le jour de saint Joseph, de saint Philippe de Néri, une fois dans l'année le jour d'une des deux réunions générales de l'Association.

Indulgence de sept ans et sept quarantaines à tous les associés, chaque fois qu'un jour de fête de la très-sainte Vierge ou un dimanche ils visiteront leur église paroissiale avec l'intention de gagner cette indulgence.

VI. — Conclusion.

« Chers ouvriers, dans sa tendresse pour vous, afin de sauvegarder votre liberté, votre dignité, votre santé et votre âme, Dieu a fait une loi qui vous donne sur sept un jour de repos. Aimez donc cette loi, bénissez-la, saluez-la avec reconnaissance, pratiquez-la désormais avec une inviolable fidélité. Pères et mères veillez à ce qu'elle soit religieusement observée par vos enfants ; maîtres, faites-la garder par vos domestiques et vos ouvriers; ni par faiblesse, ni par cupidité, ne permettez jamais qu'aucun travail servile soit exécuté chez vous ou pour vous pendant les heures du dimanche. Faites plus, N. T. C. F., abstenez-vous ce jour-là de toute emplette qui ne serait pas d'absolue nécessité. Dans la plupart des villes, les familles chrétiennes tiennent cet engagement et c'est peut-être le moyen le plus efficace d'arriver insensiblement à faire accomplir par tous le précepte divin. Pourquoi n'entreriez-vous pas vous-mêmes dans cette sainte Association ? C'est chose facile, après tout, et l'*Œuvre du Dimanche* est là qui vous le demande avec Dieu, avec l'Eglise et avec nous… »

(Instruction pastorale de Mgr l'Evêque d'Amiens.)

Vu et approuvé, Amiens, le 18 février 1878.

† Louis, *év. d'Amiens.*

XX.

Œuvre de l'Adoption, reconnue comme établissement d'utilité publique.

(Direction, 43, rue des Tournelles, Paris.)

> Mon père et ma mère m'ont laissé ;
> Mais le Seigneur m'a recueilli.
> (Ps. xxvi, 10).

L'œuvre de l'Adoption a pour but de recueillir, en France, le plus grand nombre possible d'orphelins et d'orphelines de père et de mère. Elle les adopte de *cinq ans commencés à dix ans accomplis;* les garçons jusqu'à dix-huit ans, les filles jusqu'à vingt-un ans. A Paris, on ne les admet qu'à *sept ans accomplis.*

Ils sont élevés par des familles ou par des orphelinats les plus rapprochés du lieu où se fait l'adoption, et doivent être formés surtout aux travaux agricoles. Ils sont placés, aussitôt que possible, et restent sous la surveillance morale de l'œuvre, des chefs d'établissement et des protecteurs.

En demandant une adoption on doit fournir : 1° l'acte de naissance de l'enfant ; 2° l'extrait de baptême ; 3° l'acte de décès du père et de la mère ; 4° le certificat de bonne santé et de vaccine ; 5° l'acte de cession ; 6° un certificat sur la situation de la famille et de l'enfant. A l'admission d'un enfant, les personnes qui l'ont présenté paient cinquante francs pour le trousseau.

L'œuvre, ne possédant ni ne voulant posséder aucun établissement, est protectrice, non rivale, des œuvres particulières qui ont le même but. Loin de leur nuire, elle leur vient en aide, en leur confiant ses orphelins, pour lesquels elle paie une pension.

Les ressources de l'œuvre se composent d'une souscription annuelle de cinquante centimes par associé, de *dons annuels non limités*, de legs testamentaires, de quêtes, de loteries, etc.

Chaque associé reçoit une image ou cachet de l'œuvre.

Tout membre de l'œuvre, qui se charge de réunir dix francs, produit d'une série, est zélateur ou zélatrice.

Parmi les zélateurs et les zélatrices, on choisit les membres d'un comité propagateur pour les paroisses où l'œuvre est établie. Deux fois par an, au mois de février, le jour de la Présentation de Notre-Seigneur ; au mois de juillet, le jour de la fête de saint Vincent de Paul, où dans l'octave de ces fêtes, une messe solennelle pour les associés *vivants et défunts*, doit être célébrée, dans les paroisses où l'œuvre est organisée. Les associés y assistent.

L'œuvre étant aussi sous le patronage des saints Anges gardiens et de saint Joseph, on peut, si on le veut, choisir ces fêtes ou l'un des jours de l'octave pour faire dire les messes réglementaires.

En vertu d'un bref du 7 décembre 1858, les associés peuvent gagner une indulgence plénière : 1° le jour de la Présentation de la sainte Vierge ; 2° le jour de la fête de saint Vincent de Paul, ou bien un jour de l'octave de ces deux fêtes, au choix des associés ; 3º au jour anniversaire de leur baptême. De plus, une indulgence de soixante jours pour chaque bonne œuvre faite par un associé. Ces indulgences sont applicables aux défunts.

L'œuvre publie, tous les deux mois, sous le titre de l'*Ange de la famille,* des annales qui donnent toutes les nouvelles de l'association et traitent les questions qui s'y rattachent. Ces annales sont envoyées aux zélateurs ou chefs d'une série de vingt associés et à toute personne qui souscrit pour 10 francs.

Les évêques d'Amiens, de Rouen, de Nantes, de Bordeaux, de Nimes, de Verdun, etc., etc., ont depuis longtemps reconnu l'œuvre de l'Adoption comme œuvre diocésaine, et le Concile de la province de Bourges, réuni au Puy, vient de la placer au même rang que la Propagation de la Foi et la Sainte-Enfance.

L'œuvre est administrée par un conseil de vingt-cinq membres, moitié ecclésiastiques, moitié laïques :

Conseil d'Administration :

Mgr l'Archevêque de Paris, *Président d'honneur.*
Mgr de la Tour d'Auvergne, arch. de Bourges, *Présid*.
MM. l'abbé Jourdan, curé de Saint-Nicolas-des-Champs,
    et Drouyn de Lhuys, de l'Institut, *Vice-Présid*.
  de Baulny, Maître des Requêtes au Conseil d'Etat,
    Trésorier-général.
Esnault Pelterie, anc. négociant, *Trésor.-Adjoint.*
Emile Béchet, *Secrétaire.*
l'abbé Mailly, procureur général des Lazaristes,
    Secrétaire-Adjoint.
le très-cher frère Exupérien, assistant du supérieur
    général des Frères.
le baron de Baulny.
l'abbé de Beauvoir, Directeur diocésain à Rouen.
Bouillet, juge au Tribunal de Commerce.
l'abbé Chevojon, curé de N.-D. des Victoires.

MM. Cousin, ancien chef d'institution.
Debains, agriculteur près Rambouillet.
l'abbé Degoix, chanoine-honoraire de Soissons.
l'abbé Delanoue, curé de Notre-Dame d'Etampes.
l'abbé Gayrard, curé de Saint-Louis-d'Antin.
Jules Guibout, négociant.
l'abbé d'Hulst, promoteur du diocèse.
l'abbé Léré, curé de Saint-Paul-Saint-Louis;
Merruau, ancien Conseiller d'Etat.
l'abbé Millault, curé de Saint-Roch.
l'abbé Ravailhe, curé de Saint-Thomas-d'Aquin.
Bonniot de Salignac, ancien Conseiller à la Cour d'appel de Paris.
le comte Sérurier, ancien préfet.
l'abbé Jacquet, Directeur général.

Les demandes d'adoption et les sommes recueillies pour l'œuvre, sont adressées : aux membres du Conseil, au Directeur général, rue des Tournelles, 43, à Paris, aux Directeurs diocésains, aux Trésoriers ou à M. . . .

XXI.

Petit règlement de l'Œuvre de la Providence de la paroisse Saint-Sépulcre.

1° Les dames décidèrent qu'elles formeraient entre elles une société destinée spécialement à protéger de jeunes filles pauvres.

2° Que cette société s'appellerait *Association des Dames de la Providence.*

3° Que la cotisation de chaque membre serait de dix francs chaque année.

4° Que l'on s'assemblerait tous les mois.

5° Qu'à chaque réunion on ferait une quête parmi les membres présents.

6° Que les jeunes filles seraient protégées aux frais de la caisse de l'œuvre.

7° Que chaque dame pourrait protéger quelque jeune fille en particulier.

8° Pour être protégées, les jeunes filles devront avoir au moins onze ans.

9° La protection cessera à seize ans.

10° Chaque semaine, quelqu'une des dames de l'œuvre ira visiter l'ouvroir.

(Extraits des délibérations du 13 janvier 1854
et du 17 février 1854).

XXII.

Œuvre de Saint-Vincent de Paul.

Règlement.

Art. 1er. — La société de Saint-Vincent de Paul reçoit dans son sein tous les jeunes gens chrétiens qui veulent s'unir de prières et participer aux mêmes œuvres de charité, en quelque pays qu'ils se trouvent.

Art. 2. — Aucune œuvre de charité ne doit être regardée comme étrangère à la société, quoique celle-ci ait plus spécialement pour but la visite des familles pauvres. Ainsi les membres de la société saisissent les occasions de porter des consolations aux malades et aux prisonniers, de l'instruction aux enfants pauvres, abandonnés ou détenus, des secours religieux à ceux qui en manquent au moment de la mort.

Art. 3. — Lorsque dans une ville plusieurs jeunes gens font partie de la société, ils se réunissent afin de s'exciter mutuellement à la pratique du bien. Cette réunion prend le nom de conférence, qui est celui sous lequel la société a commencé d'exister.

Art. 4. — Lorsque dans une ville plusieurs conférences sont établies, elles se distinguent entre elles par le nom de la paroisse sur laquelle leurs membres se rassemblent.

§ II. — Elles sont unies par un conseil particulier qui prend le nom de la ville où il est établi.

Art. 5. — Les conférences s'assemblent aux jours et heures qu'elles ont fixés.

Art. 6. — Elles s'efforcent de correspondre entr'elles, afin de s'édifier, de se recommander au besoin, soit les membres mêmes de la société, soit d'autres jeunes gens, soit les familles pauvres qui changent de résidence.

Art. 7. — Chaque conférence s'administre par un président, un ou plusieurs vice-présidents, un secrétaire, un trésorier qui forment le bureau de la conférence.

§ II. — Il y a aussi dans chaque conférence, suivant les besoins du service, un bibliothécaire, un gardien du vestiaire ou tout autre fonctionnaire.

Art. 8. — Le président est élu par la conférence. Les autres fonctionnaires sont nommés par le président, de l'avis du bureau. Toutefois, comme il est dit plus loin, dans les villes où il y a un conseil de direction, les président et vice-présidents des conférences sont, ainsi que les autres membres qui le composent, nommés par le président de ce conseil.

Art. 9. — Le président dirige la conférence, reçoit et présente les propositions, fait les convocations, s'il y a lieu, surveille l'exécution des règlements et des décisions de la société.

§ II. — En cas d'absence, il se fait remplacer par un vice-président.

Art. 10. — Le secrétaire dresse le procès-verbal des séances.

§ II. — Il tient registre des noms, professions et demeures des membres, de la date de leur réception et du nom de ceux qui les ont présentés.

§ III. — Il tient une note exacte des familles visitées. Il prend des renseignements sur celles qui sont présentées afin que la conférence puisse, autant que possible, ne visiter que des familles dignes de son intérêt et de ses secours.

§ IV. — Il inscrit les changements arrivés dans les familles ou dans les membres qui les visitent.

Art. 11. — Le trésorier tient la caisse ; il fait la note des recettes et des dépenses, séance par séance.

Art. 12. — Le bibliothécaire rassemble des livres instructifs à la portée des personnes secourues par la conférence et tient note de ceux qui sont donnés ou prêtés.

Art. 13. — Le gardien du vestiaire rassemble les objets d'habillement à l'usage des pauvres ; il en tient également note.

Art. 14. — A l'ouverture de chaque séance, le président récite la prière : *Veni, sancte Spiritus*, suivie d'une invocation à saint Vincent de Paul.

§ II. — On fait ensuite une lecture de piété dans un livre choisi par le président. Chacun est appelé à la faire à son tour.

§ III. — La prière et la lecture doivent être faites avec la plus sérieuse attention, le but de la conférence n'étant pas moins d'entretenir la piété des membres que de soulager les pauvres.

Art. 15. — Le secrétaire donne lecture du procès-verbal de la séance précédente. Chaque membre est admis à faire ses observations sur ce procès-verbal.

Art. 16. — S'il y a lieu, le président proclame l'admission des candidats présentés à la séance précédente et invite ceux qui les ont présentés à leur annoncer leur admission.

Art. 17. — Si de nouveaux candidats sont présentés,

le président fait connaître leurs noms. Les membres qui ont à faire sur les candidatures quelques observations transmettent celles-ci par écrit ou de vive voix au président, dans l'intervalle de la séance de présentation à la séance suivante. S'il n'y a pas d'observation on procède, lors de cette dernière séance, à l'admission des membres présentés.

§ II. — Chaque membre doit veiller à n'introduire au sein de la société que des membres qui puissent édifier les autres ou être édifiés par elle et qui puissent s'efforcer d'aimer leurs collègues et les pauvres comme des frères.

ART. 18. — Le trésorier fait connaître l'état de la caisse et le chiffre de la quête à la fin de la séance précédente, afin que chacun puisse proportionner ses demandes de secours aux ressources de la conférence.

ART. 19. — On distribue alors des bons représentant des secours en nature qui varient selon les besoins des pauvres.

§ II. — Chaque membre est appelé à son tour par le président et dit à haute voix ce qu'il demande et pour combien de familles. Quand il y est invité, il donne des renseignements sur ces familles.

§ III. — Les secours doivent être portés exactement aux pauvres dans l'intervalle d'une séance à l'autre. Le moment, le mode, le nombre de ces visites sont laissés à la prudence de chaque membre, ainsi que les moyens à prendre pour introduire dans les familles l'amour de la religion et la pratique de leurs devoirs.

§ IV. — On écoute avec égard et bienveillance ceux qui demandent quelques règles de conduite ou des conseils dans des cas difficiles, et le président ou tout autre membre fait les réponses que lui suggèrent son expérience et sa charité.

ART. 20. — Si des secours en argent, en vêtements ou en livres sont demandés, les motifs de ces demandes doivent être développés et la conférence vote.

§ II. — Lorsqu'il n'est pas possible d'éviter une allocation d'argent en donnant à la place un secours en nature, le membre qui a reçu l'argent doit en surveiller de très-près l'emploi.

Art. 21. — Après l'allocation des divers secours on s'occupera des places à donner, des démarches à faire pour les pauvres, des familles à faire visiter par les membres nouvellement reçus ou qui en désirent voir d'autres encore.

§ II. — Aucune famille nouvelle n'est acceptée sans un exposé préalable de ses besoins fait par le secrétaire ou par tel autre membre qui a été chargé par le président de prendre les renseignements. Avant le vote de la conférence, chaque membre peut faire sur la présentation toutes les observations qui lui semblent utiles.

Art. 22. — Les membres qui viennent à quitter momentanément ou pour toujours le siége de la conférence en donnent avis au président, qui confie à d'autres les œuvres dont ils étaient chargés.

Art. 23. — La conférence se livre ensuite à toutes les observations qui importent à son maintien, à son accroissement, à la bonne distribution des secours.

Art. 24. — A la fin de la séance et avant la prière, le trésorier fait la quête, à laquelle chaque membre contribue par une offrande proportionnée à sa fortune, mais toujours secrète. Ceux qui ne peuvent sacrifier du temps pour le service des pauvres tâchent de faire un sacrifice pécuniaire.

§ II. — Le produit de la quête est destiné à faire face aux plus grands besoins des familles visitées ; mais les membres ne doivent négliger aucun des autres moyens qui se pourraient présenter d'alimenter la caisse de l'œuvre.

Art. 25. — On termine la séance par l'oraison à saint Vincent de Paul et par les prières : *Pro benefactoribus* et *Sub tuum præsidium*.

Art. 26. — Le conseil particulier d'une ville est composé d'un président, d'un vice-président, d'un secrétaire, d'un trésorier et de tous les présidents et vice-présidents des conférences de la ville, et des présidents et vice-présidents des œuvres spéciales qui les intéressent toutes.

Art. 27. — Le conseil particulier s'occupe des œuvres et des mesures importantes qui intéressent toutes les conférences de la ville.

Art. 28. — Il décide de l'emploi des fonds de la caisse commune.

§ II. — Cette caisse est alimentée par les dons extraordinaires venus du dehors, par les quêtes faites aux assemblées générales de la ville et par les offrandes qu'à chaque conseil les présidents apportent au nom de leur conférence.

§ III. — Elle est destinée à faire face aux œuvres de la ville et à soutenir les conférences les plus pauvres.

Art. 29. — Le président, le vice-président, le secrétaire et le trésorier forment un conseil ordinaire auquel appartient la direction des affaires courantes.

Art. 30. — Le président est nommé par le conseil, d'après l'avis des conférences. La première fois il est nommé par les conférences réunies.

Le président nomme les présidents et les vice-présidents des conférences et des œuvres spéciales, ainsi que le vice-président, le secrétaire et le trésorier du conseil particulier, en prenant pour toutes ces nominations l'avis de ce conseil.

Art. 31. — Le président du conseil particulier dirige ses opérations et présente les propositions, fait les convocations, s'il y a lieu. Il préside les assemblées générales de la localité.

Art. 32. — Le secrétaire dresse le procès-verbal des séances du conseil. Il tient registre des noms, prénoms, professions, demeures des membres de toutes les conférences de la ville, de la date de leur réception et du nom de ceux qui les ont présentés. Il prend aussi note du pays de ceux dont le domicile n'est pas fixé dans la ville.

Art. 33. — Le trésorier tient la caisse commune de la ville.

Art. 34. — Les présidents et vice-présidents des conférences représentent leurs conférences au conseil particulier. Les présidents des œuvres spéciales viennent y soutenir les intérêts de ces œuvres. Les uns et les autres font des rapports, quand ils y sont invités par le président du conseil.

XXIII.

Tableau de l'Adoration perpétuelle du très-saint Sacrement, dans le doyenné du Saint-Sépulcre d'Abbeville.

Saint-Sépulcre, 24 août.
Saint-Jacques, 30 août.
La Chapelle, 1er juillet.
Carmélites, 5 août.
Ursulines, 4 juillet.
Sœurs de Saint-Joseph, 25 juillet.

Sœurs de Saint-Joseph (Enfant-Jésus), 24 juin.
Augustines, 19 juillet.
Bellancourt, 5 février.
Caours, 31 mai.
Drucat, 30 novembre.
Vauchelles, 25 novembre.

Adoration dans les autres localités d'Abbeville.

Saint-Vulfran, 21 août.
Saint-Gilles, 8 mars.
Rouvroy, 15 septembre.
Saint-Paul, 2 septembre.

Hôpital général, 18 août.
Hôtel-Dieu, 17 septembre.
Sœurs de Bon-Secours, 12 septembre.

XXIV.

Copie du bref par lequel Sa Grandeur Monseigneur d'Amiens autorise la Congrégation dans le pensionnat de Mlle Diguet.

Prenant en considération les motifs allégués dans la requête qui nous a été présentée par Mlle Diguet, maîtresse de pension, à Abbeville, à l'effet d'être autorisée par nous, à ériger dans la chapelle de son pensionnat une Congrégation de la Sainte-Vierge, sous le titre de *Congrégation des Enfants de Marie.*

Vu le projet de statuts destinés à la direction de la dite Congrégation que nous avons approuvé ;

Considérant que cette pieuse association ne peut qu'accroître et propager la dévotion envers la très-sainte Vierge, produire d'heureux fruits de salut pour le bien des âmes et procurer aux jeunes personnes qui en feront partie de puissants moyens de préservation et de persévérance ;

Nous avons ordonné et ordonnons ce qui suit :

Art. 1er. — Une Congrégation de la Sainte-Vierge, sous le titre d'Association de l'Immaculée Conception de la très-sainte Vierge, est érigée canoniquement et régulièrement avec l'approbation du souverain pontife Pie IX et l'affiliation à la Congrégation de Rome, dans la chapelle du pensionnat de Mlle Diguet, à Abbeville.

Art. 2. — Cette association sera gouvernée par un Directeur qui doit être prêtre, et dont la nomination devra être agréée par M. le curé-doyen du Saint-Sépulcre, à Abbeville, sur la paroisse duquel est situé le pensionnat dirigé par Mlle Diguet.

Art. 3. — La fête patronale de cette Association est fixée au jour de l'Immaculée Conception de la Sainte-

Vierge. Cette fête se célèbrera avec toute la solennité possible, soit le 8 décembre, soit l'un des jours de l'octave.

Art. 4. — M. l'abbé Coyette, chanoine honoraire de notre insigne église cathédrale et curé-doyen du Saint-Sépulcre, à Abbeville, procèdera à l'érection solennelle de la dite Association.

Art. 5. — En vertu d'un bref apostolique, en date du 19 septembre 1873, nous accordons à cette Association toutes indulgences tant plénières que partielles dont jouit la Congrégation établie à Rome en l'honneur de la Sainte-Vierge.

Art. 6. — Les noms et prénoms des enfants de Marie seront inscrits sur le registre du Directeur et sur un tableau qui sera placé dans la chapelle du pensionnat.

Art. 7. — Les associées devront se conformer aux statuts qui nous ont été soumis et que nous avons approuvés.

Art. 8. — Une copie de la présente ordonnance épiscopale, sera affichée dans la chapelle du pensionnat, une autre sera inscrite sur le registre paroissial de l'église décanale du Saint-Sépulcre, à Abbeville.

Donné à Amiens, en notre palais épiscopal, sous notre seing, le sceau de nos armes et le contre-seing du secrétaire-général de notre évêché, le second jour de février de l'an de Notre-Seigneur mil huit cent soixante-seize, en la fête de la Purification de la Sainte-Vierge.

Pour copie conforme,

† Louis, *évêque d'Amiens.*

Par mandement de Monseigneur,

J. Duclercq.

XXV.

« Maintenant, il reste à vous rappeler l'origine de votre paroisse. L'église du Saint-Sépulcre d'Abbeville, doit sa fondation à la première croisade, qui fut résolue au Concile de Clermont, en Auvergne, l'an mil quatre-vingt-quinze. Godefroy de Bouillon, duc de Lorraine, second fils d'Eustache II, comte de Boulogne, qui devait être un des chefs de cette expédition lointaine, convoqua à Abbeville une assemblée des principaux seigneurs croisés. Elle se tint dans un château, sur l'emplacement duquel furent bâties depuis l'église et l'abbaye des moines de Saint-Pierre, occupées actuellement par les dames religieuses de sainte Ursule. On y arrêta que la réunion des croisés de Flandre, d'Angleterre, de Normandie et du Boulonnais, aurait lieu auprès d'Abbeville, dont l'enceinte était alors bien plus étroite que de nos jours. L'armée, qui allait arracher le tombeau sacré des mains des infidèles, se rassembla en effet dans un camp tracé aux portes de la ville, dans le lieu, où depuis, sous le titre et en l'honneur du Saint-Sépulcre, a été construite une église paroissiale, qui, dans l'enfoncement d'une chapelle latérale, renferme une représentation de la sépulture du Sauveur. Bientôt tous ces guerriers, unis à ceux des autres contrées de l'Europe, partirent animés d'une pieuse et noble ardeur, sous la conduite de Godefroy, et le vendredi 15 juillet 1099, à trois heures de l'après-midi, ils atteignirent l'objet de leurs vœux ; ils s'emparèrent de Jérusalem. Ce fut en mémoire de ce glorieux évènement que l'on fixa la fête patronale de notre paroisse au quinze du mois de juillet. » (*Office du Saint-Sépulcre*, par M. CRIMET, Abb., 1836, p. 7.)

XXVI. (IVe Leçon).

Jam a pluribus sæculis, in Saracenorum manibus datam Civitatem Jerusalem, et sub impiorum potestate facta fuisse Loca religionis nostræ sanctissima, ingemiscebat Orbis Christianus. Exeunte autem undecimo sæculo, in Arvernensi Concilio statuta fuit adversùs Locorum Sacrorum iniquos detentores militaris expeditio Gallici imperii Magnates et Proceres Cruce Signatos, ad conventum in urbe Abbavillensi accedere indixit dux Lotharingiæ Godefridus à Bullione, Eustachii secundi, Boloniensis comitis filius natu minor. Celebratus fuit iste conventus in castello quodam, ubi postmodum extructa fuit sancti Petri abbatia, hodie à divæ Ursulæ Monialibus habitata; ibique hoc fuit statutum, ut propè Abbavillam tunc arctioribus limitibus conscriptam, ad congregandos innumeros ex Angliâ, Normanniâ, Flandriâ et Vicinis regionibus Bellatores, castra pararentur. Cujus quidem facti ne apud posteros excideret memoria, in ipso eorumdem castrorum loco lignea exstructa est in sancti Sepulcri Domini nos-

Depuis plusieurs siècles, le monde chrétien gémissait de voir la ville de Jérusalem entre les mains des Sarrasins, et les lieux les plus sacrés de notre sainte religion, sous la domination des infidèles. Vers la fin du onzième siècle, il se tint un concile à Clermont, en Auvergne, où l'on résolut une expédition militaire contre les injustes détenteurs de ces lieux saints. Le duc de Lorraine, Godefroy de Bouillon, second fils d'Eustache II, comte de Boulogne, proposa aux grands et aux seigneurs croisés de France, une réunion à Abbeville. Cette assemblée se tint dans un château, sur l'emplacement duquel fut bâti dans la suite le prieuré de Saint-Pierre, occupé aujourd'hui par les dames religieuses de Sainte-Ursule. On y arrêta que, pour réunir la multitude des croisés d'Angleterre, de la Normandie, de la Flandre et autres provinces voisines, on établirait un camp près d'Abbeville, dont l'enceinte n'était pas alors aussi étendue que de nos jours. Pour ne point perdre le souvenir de cet évènement, on a élevé dans l'emplacement même du camp des croisés, une

tri honorem Ecclesia. Tantus erat, per aliquot sæcula, ad hanc Ecclesiam Fidelium piorum concursus, ut suscipiendis Peregrinantibus impar propè fuerit civitas, et plurima in dictæ Ecclesiæ cœmeterio parari necesse fuerit tabernacula et tuguria. Hinc, propter frequentes collectas et loci venerationem, circà quintum et decimum sæculum, lapidibus ædificata videtur eadem Ecclesia, in quà, ut Jerusalem æmulam Abbavillam facerent, lapideum condiderunt Sepulcrum, ad quod multi supplices, hodie quoquè concurrunt. Quià autem anno Domini nonagesimo nono suprà millesimum, feriâ sextâ, mensis vero Julii quintâ et décimâ die, horâ post meridiem tertiâ, urbem Solymorum, devictis Turcarum agminibus, ingressi sunt Bellatores Christiani, et nudis pedibus ad Domini Sepulcrum gaudentes et venerabundi accesserunt, ideò ad prædicti mensis diem quintodecimam affixum fuit hujus Parochiæ Festum solemne, quod etiam nunc magno fidelium concursu, et devotissimo Religionis apparatu celebratur.

Église en charpente, en l'honneur du Saint-Sépulcre de notre divin Sauveur. Il y eut, pendant plusieurs siècles, un si grand concours de dévotion à cette Église, que la ville suffisait à peine pour loger les Pèlerins, et qu'on était obligé de bâtir dans le cimetière un grand nombre de chaumières et de tentes. Grâce à de fréquentes collectes et à la vénération des Fidèles pour ce saint lieu, le quinzième siècle, à ce qu'il paraît, vit élever en pierre l'Église actuelle; et pour rendre Abbeville en quelque sorte rivale de Jérusalem, on y a construit aussi en pierre une représentation du saint Sépulcre, où la piété amène encore maintenant beaucoup de Fidèles. En mémoire de ce que le vendredi 15 juillet 1099, à trois heures de l'après-midi, les Guerriers chrétiens, après avoir taillé en pièces l'armée des Turcs, sont entrés dans la ville de Jérusalem, et que, pleins d'une sainte allégresse et de la vénération la plus profonde, ils ont été, les pieds nus, rendre leurs hommages au saint Sépulcre de Notre-Seigneur, on a fixé la fête patronale de cette paroisse, au quinzième jour de juillet, et cette solennité se célèbre encore avec un grand concours de Fidèles, avec une sincère dévotion, et avec toute la pompe des cérémonies de l'Église catholique. (Ancien *office du Saint-Sépulcre*, page 46.)

XXVII.

Concession d'un autel privilégié.

Bᵐᵉ Pater,

Joannes Baptista Crimet, sacerdos et confessor parochiæ vulgo S. Sepulcre in oppido Abbeville Diæcesis Ambianen., ad pedes S. V. provolutus, humiliter supplicat ut declaretur et denuntietur privilegiatum, quotidianum, perpetuum, pro defunctis unum ex altaribus ecclesiæ parochialis dictæ parochiæ, à seipso de licentiâ ordinarii determinandum.

Ex Audientiâ SSᵐᵉ,

S. S. mus D. nus Noster Gregorius PP. XVI in supra enunciatâ Parochiali Ecclesiâ benigné declaravit Privilegiatum quotidianum unum altare ab ordinario semel tantùm designandum, pro Missis, quæ in eodem a quocumque sacerdote in suffragium fidelium defunctorum celebrabuntur, dummodo tamen in ipsâ Ecclesiâ nullum aliud altare simili Indulto jam decoratum existat. Præsenti in Perpetuum valituro absque ulla Brevis expeditione. Datum Romæ ex Secrⁱˢ Congreg. Indulg. die 11 Julii 1839.

C. Card. Castracane P.S.G.

Bienheureux Père,

J.-B. Crimet, prêtre et curé de la paroisse dite du Saint-Sépulcre, dans la ville d'Abbeville du diocèse d'Amiens, prosterné aux pieds de votre Sainteté, vous supplie humblement et vous demande qu'un des autels de l'Église paroissiale de la susdite paroisse, soit déclaré et appelé autel privilégié en faveur des défunts, chaque jour et pour toujours, cet autel sera choisi par le prêtre Crimet, lui-même, d'après la permission de l'Ordinaire.

De l'audience du Souverain Pontife,

Notre très-saint Seigneur, le Souverain Pontife Grégoire XVI Pape, a bien voulu déclarer privilégié pour chaque jour, dans l'Église paroissiale ci-dessus nommée, un autel qui devra être choisi une fois pour toutes par l'Ordinaire. — Or, cet autel sera privilégié pour les messes qui y seront célébrées par tout prêtre en mémoire des fidèles défunts pourvu cependant qu'il n'existe en cette même église, aucun autre autel déjà gratifié d'un semblable indult. Le présent décret

Nos, altare sub. inv. B. Mariæ in Ecclesia parochiali S. Sepulcri designamus, ut ei gratia ut supra applicetur.

Abbav. 9 aug. 1842.

† Joannes Ep. amb.

Vidimus et executioni mandari permittimus.

Amb. die 30 Martii 1842.

Fornier, vic. g.

restera valable pour toujours; donné à Rome, au secrétariat de la sacrée Congrégation des Indulgences le 11 juillet 1839.

Card. Castracane P. S. G.

Nous désignons l'autel qui est sous le vocable de la B. Marie dans l'Eglise paroissiale du Saint-Sépulcre, pour que la faveur ci-dessus accordée lui soit appliquée.

Abbeville, 9 août 1842.

† Jean, évêque d'Amiens.

Nous avons lu le présent indult, et nous permettons de le mettre à exécution.

Amiens, 30 mars 1842.   Fornier, Vicaire-Général.

XXVIII.

Restauration de la chapelle du Saint-Sépulcre à Abbeville.

« Abbeville possède une église qui n'offre ni la magnificence, ni le luxe de décoration des grands édifices religieux de la fin du XVe siècle, mais qui ne mérite pas moins d'attirer l'attention des amis de l'histoire et des beaux-arts. Cette église est celle du *Saint-Sépulcre*. C'est une tradition qu'elle a remplacé vers 1454, celle que Guy, comte de Ponthieu, avait fait élever au lieu même où Godefroy de Bouillon et les principaux chefs de la première croisade, réunis à Abbeville, avaient planté leurs pavillons. L'extérieur de l'église du Saint-Sépulcre ne présente plus rien de remarquable, depuis que la tour qui lui sert de clocher a perdu sa belle flèche à jour et couverte d'écailles en plomb doré; mais l'intérieur rappelle, dans la disposition de ses piliers, de ses voûtes et de ses fenêtres, une certaine élégance, une sévérité de style qui ne se rencontre pas toujours dans les églises du même temps. Presque toutes, en effet, sont chargées de vains et lourds ornements, de décorations confuses et qui annoncent la décadence de l'art. Quelques tableaux intéressants fixent, d'ailleurs, les regards dans l'église du Saint-Sépulcre. Les archéologues qui la visitent aiment à rechercher l'époque à laquelle peut appartenir une curieuse figure de la Vierge qui existe au haut du rétable de la chapelle sous l'invocation de la mère du Sauveur (a); et les amis de l'art moderne contemplent, avec un vrai plaisir, le beau tableau de Claude Hallé, représentant la *Résurrection,* que l'on voit dans le sanctuaire. Cette grande toile est estimée, avec raison, par les connaisseurs; le garde qui fuit rappelle la manière large et le faire hardi de Lebrun, dans les guerriers de ses *Batailles d'Alexandre.* Hallé étant lié d'une amitié étroite avec ce célèbre premier peintre du Roi, a pu l'imiter et même le copier dans cette partie de ses admirables tableaux, et ceci expliquerait, suivant nous, la ressemblance frappante qui existe entre ces diverses figures.

Ce qui excite le plus vivement la curiosité dans l'église du Saint-Sépulcre, c'est le Tombeau du Christ qu'on y remarque, vers le milieu du bas-côté gauche. Cette pieuse représentation attirait jadis la foule dans la chapelle où elle se trouve. Un grand nombre d'abbevillois et d'abbevilloises y venaient prier chaque année le 15 juillet, jour anniversaire de la prise de Jérusalem par l'intrépide Godefroy de Bouillon. Bientôt, nous l'espérons, grâce à la générosité de quelques riches paroissiens du Saint-Sépulcre, le zélé curé de cette église, M. l'abbé Carpentier, pourra rendre au Tombeau du Sauveur des hommes tout l'éclat, toute la richesse qu'il offrait na-

---

(a) Notre-Dame Immaculée de Guadeloupe.

guère. Déjà l'arcade de la vaste chapelle, au fond de laquelle ce pieux sujet est placé, a été restaurée avec beaucoup de goût, d'une manière digne de ce lieu plein de souvenirs. On lui a restitué cette belle vigne courante et les huit soldats endormis, sculptés avec tant d'habileté par MM. Duthoit frères. Nous savons, en outre, qu'un autel en bois de chêne, orné des sculptures les plus fines et les plus délicates, va s'élever contre le mur à droite de cette curieuse chapelle. Au-dessous de la fenêtre, sur le rétable en pierre, paraîtra la Vierge tenant le Christ sur ses genoux. Cette dévote représentation sera accompagnée des figures de plusieurs seigneurs croisés, ayant les mains jointes et prosternés comme ces anciens *priants* qu'on voit encore dans d'autres églises. La vitre peinte du Christ en Croix, due à M. Couvreur, d'Amiens, et celle confiée en ce moment au talent distingué de M. Didron, de Paris, éclaireront de leurs mille couleurs le nu des murs latéraux, de manière, toutefois, à permettre de bien distinguer les divers personnages. Ces murs eux-mêmes seront décorés de peintures à fresque qui représenteront le *départ des Croisés d'Abbeville pour la Terre Sainte*, grand et mémorable évènement, digne d'être rappelé à la postérité la plus reculée.

Une grille, dans le style de la chapelle, en fermera l'entrée. Là encore, nous en sommes persuadé, le ciseau de MM. Duthoit montrera la même dextérité que dans les plus belles décorations exécutées par ces estimables artistes pour l'église de Saint-Wulfran.

Enfin, nous ne pouvons qu'applaudir à l'heureuse idée qu'a eue le vénérable pasteur de la paroisse du Saint-Sépulcre d'Abbeville, de faire restaurer la chapelle qui lui a donné son nom avec autant de soin que d'intelligence. Qu'il place, dans cette chapelle, en regard de la fresque représentant le *départ des Croisés d'Abbeville*, les nobles écussons, les brillantes armoiries des familles illustres, des braves picards qui ne craignirent point de marcher contre les infidèles, de voler à la conquête des Saints Lieux, et les largesses des personnes pieuses et aisées, qui aiment les pompes de la religion et nos glorieux souvenirs ne lui manqueront certainement pas. »

H. DUSEVEL,
(Inspecteur des monuments historiques du département de la Somme, membre de la Société d'Emulation d'Abbeville, etc.)

(Extrait de l'*Abbevillois* du 9 février 1855.)

XXIX.

Devis d'un projet de chapelle à exécuter dans l'église du Saint-Sépulcre, à Abbeville, par Duthoit frères, sculpteurs à Amiens.

Deux fenêtres, l'une au-dessus de l'autel et l'autre en face, ayant chacune 3m10 de superficie, à 200 fr. le mètre	1,240 »
Restauration des meneaux des fenêtres en pierre, les deux	150 »
Coffre d'autel en bois de chêne, menuiserie et sculpture, de 500 fr. à	600 »
Rétable en pierre de Sailly-Lorette, taille de pierre, ornements et figures	1,700 »
Piscine et armoire, décoration en pierre . .	300 »
Pavé en marbre noir et lunel, bordure en carreaux vernis, 30m,50 à 15 fr.	450 »
12m,50 de marche pour le palier de l'autel et l'entrée de la chapelle en marbre de Lunel poli	312 50
Une fenêtre en face de l'autel, ayant de superficie 3m,10 à 200 fr. le mètre, au moins.	620 »
A reporter. . .	5,372 50

Report...	5,372 50
Restauration des meneaux de la fenêtre..	75 »
Clôture en bois de chêne.......	500 »
D° en fer, de 350 à 400.	
Autel et rétable en bois de chêne sculpté..	3,500 »
	9,447 50

XXX.

Notice de M. Cauchye, curé du Saint-Sépulcre.

Dans cette châsse sont renfermés deux ossements de sainte Elisabeth, deux de sainte Agathe, un de sainte Catherine, deux de sainte Agnès, deux de sainte Victoire, vierges et martyres, un linge de poussière de reliques et de fragments d'ossements, un autre paquet de différentes reliques dont Dieu connaît les noms. Le procès-verbal authentique des susdites reliques se trouve dans la châsse surmontée du chef de saint Chrysolius. J'y ai placé une particule des reliques de saint Jacques, Apôtre, dans un reliquaire sous verre provenant de l'église des religieux Minimes d'Abbeville.

A Abbeville, le 20 février 1807.

L.-V. CAUCHYE, *curé du Saint-Sépulcre.*

XXXI.

Procès-verbal de M. Cauchye.

Ad Majorem Dei gloriam et perpetuam sanctorum memoriam.	A la plus grande gloire de Dieu et à la perpétuelle mémoire des Saints.
In hacce capsulâ ligneâ continentur ossa duo sanc-	Dans cette châsse de bois sont contenus deux ossé-

ti Roberti, ossa duo sancti Venerandi, ossa duo sancti Nicasii martyris, Rhemensis archiepiscopi ; quas sacras reliquias Matheus de Handavo domûs montis Sancti Andreæ juxta Tornacum, ordinis Carthusianorum professus, dono dedit domui sancti Honorati Abbavillensis ejusdem ordinis, pontificibus ad hoc, at que pluribus fratribus conventualiter a præfato superiore vocatis in testimonium præmissorum, anno Domini millesimo quadringentesimo septuagesimo decembris vigesimâ tertiâ ; sunt etiam lapides non nulli de Sepulchris sanctorum.

Visitatæ sunt post modum præfatæ reliquiæ a venerabilibus patribus d. d. Rinato Canterel Sacristâ et a Guillelmo de Lannes, religiosis anno 1627 Die Novembris 19[e].

Post fugatos et in exilium missos propter in Galliâ persecutionem presbyteros et monachos, â piis fidelibus francisco Hubert, Victoria Leblond et Franciscâ de Bray, sublatæ omnes istæ reliquiæ, ne ab impiis male tractarentur, in secreto D. Josephi Dutanda Sacello, conservatæ fuerunt et post modum ab eo traditæ sunt nobis qui eas in capsulâ ligneâ effigie sancti Crysolii insignitâ,

ments de saint Robert, deux de saint Vénérandus, deux de saint Nicaise, martyr, archevêque de Reims, lesquelles saintes reliques, Matthieu de Handave, religieux profès de la maison du Mont Saint-André, près Tournai, de l'ordre des Chartreux, a données en présent à la maison Saint-Honoré, d'Abbeville, du même ordre, des Evêques et des frères de plusieurs couvents, ayant été appelés *ad hoc*, par le Supérieur sus-nommé pour certifier ces choses, l'an de N.-S. mil quatre cent soixante-dix, le 23e jour de décembre ; sont aussi renfermés dans cette châsse quelques fragments de pierres des sépulcres des Saints.

Les dites reliques ont été visitées ensuite par les Vénérables Pères René Canterel Sacriste et Guillaume de Lannes, tous deux religieux, l'an 1627, le 19 novembre.

Après le départ pour l'exil, par suite de la persécution en France, des prêtres et des religieux, toutes ces reliques enlevées par les pieux fidèles François Hubert, Victoire Leblond et Françoise Debray de peur qu'elles ne fussent maltraitées par les impies, furent conservées dans l'oratoire secret de M. Joseph Dutanda, remises ensuite par lui à nous, qui les avons placées dans une châsse de

recondidimus, cum pervetusto instrumento, in quo hæc quæ supra, legere est, et quæ tamen ad faciliorem intelligentiam in verso folio galliæ transcripsimus.

In eodem apparent nomina Sancti Bartholomei Apost. et Sancti Innocentii, quorum reliquias exposuimus in eâdem thecâ venerandas.

Leguntur etiam nomina sanctæ Elisabeth, sanctarum Agnetis, Victoriæ, Agathæ, et Catharinæ Virginum et martyrum aliorumque sanctorum atque sanctarum quorum nomina Deus scit, prædictæ Sanctorum reliquiæ in alterâ thecâ ligneâ cui sancti Jacobi effigie a nobis fuerunt collocatæ cum cedulâ Sanctarum istarum nominibus insignitâ. Sunt etiam in hâc ce capsulâ sub vitro duplici particulæ quædam sancti Jacobi Apostoli Ecclesiæ patrum ordinis minimorum.

In alterâ sub vitro simili recluduntur particulæ quædam sancti Crysolii, jam a sexto sæculo in ecclesiâ parochiali SS¹ Sèpulchri pie a fidelibus visitatæ, sicuti apparet Carthulâ signatâ a domino dᵒ Binnet, ecclesiæ sancti Andreæ Abbavillensis rectore et decano intus recondita.

Obsignatæ sunt istæ duæ bois à l'effigie de saint Chrysolius avec une très-vieille authentique où l'on peut lire ce qui a été rapporté plus haut pour en faciliter l'intelligence ; d'ailleurs, nous l'avons traduit en français sur le verso de cette authentique.

Dans la même châsse on peut lire les noms de saint Barthelemi apôtre, et de saint Innocent, dont les reliques vénérables y ont été aussi placées par nous.

On lit aussi les noms de sainte Elisabeth, de saintes Agnès, Victoire, Agathe et Catherine, vierges martyres, et d'autres Saints et Saintes dont Dieu sait les noms. Ces susdites reliques, nous les avons placées dans une autre châsse que la première également en bois et à l'effigie de saint Jacques apôtre, avec un papier portant les noms de ces Saintes. On voit aussi dans cette seconde châsse, dans un médaillon sous double verre, quelques particules de saint Jacques apôtre, qui proviennent de la chapelle des P. Minimes d'Abbeville.

Pour revenir à la première chasse, celle à l'effigie de saint Chryseuil dans un médaillon à double verre semblable au médaillon de saint Jacques apôtre, sont renfermées des particules du dit saint Chryseuil (Chrysolius, Chrysole) pieusement visi-

31*

capsulæ a me infra scripto pastore ecclesiæ SS¹ Sepulchri, et in rei fidem posteris. Hoc ce testimonium dedi die vigesima mensis februarii anni 1807. Abbavillæ. Ludovicus-Victor Cauchye,
    Pastor ecclesiæ parochialis SS¹ Sepulchri.

tées jusqu'ici dans l'église paroissiale de Saint-Sépulcre par les fidèles, depuis le VI⁰ siècle, comme on le voit sur un petit papier signé par M. le docteur Binet, curé de l'église Saint-André d'Abbeville et doyen, papier placé à l'intérieur.

    Ces deux châsses de saint Chryseuil et de saint Jacques, ont été scellées par nous, soussigné, curé de l'église du Très-Saint Sépulcre, et j'ai dressé ce certificat pour nos descendants, le vingtième jour du mois de février de l'année 1807 à Abbeville.

Louis-Victor Cauchye,

Curé de l'église paroissiale du Très-Saint Sépulcre (a).

XXXI bis.

Authentique des reliques de la Chartreuse d'Abbeville, maintenant à la paroisse du Saint-Sépulcre.

(Traduction de M. l'abbé Cauchye, en 1807).

    C'est ici le procès-verbal et l'authentique des reliques de saint Barthélemy, Apôtre, d'une côte de saint Innocent, de saint Robert, de saint Venerandus, du sépulcre des Saints, saint Nicaise, martyr, de plusieurs saints dont Dieu connaît les noms, de sainte Elisabeth, de sainte Agnès, vierge et martyre, de sainte Victoire et de sainte Agathe, vierge et martyre, de sainte Catherine, vierge et martyre. Ces reliques ont été données par Dom Mathieu de Handave, religieux chartreux de la maison de Tournai, à la chartreuse d'Abbeville. Elles ont été

(a) Cette traduction est la nôtre; celle de M. Cauchyé que nous donnons dans la note XXXI *bis*, nous a paru incomplète.

visitées et reconnues en l'an 1627 par le P. René Cantrel, sacristain, et par Guillaume de Lannes, religieux de cette maison. Fixées dans un sac de soie semé de fleurs de lys avec ce parchemin, elles ont été placées dans les dites châsses par moi, curé soussigné, le 20 février 1807.

L.-V. CAUCHYE, *curé du Saint-Sépulcre.*

XXXII.

Lettre de M. Didron à M. l'abbé Carpentier, Curé-Doyen du Saint-Sépulcre.

Monsieur le Doyen,

Je me tiens pour fort honoré du conseil que vous voulez bien me demander relativement au thème iconographique que vous désirez réaliser en vitraux dans votre si intéressante église.

En face des deux fenêtres déjà exécutées de la *Foi* et de la *Charité*, on pourrait mettre dans une baie l'*Espérance*, dans une autre baie les *quatre Vertus cardinales*, et dans la troisième la *Religion*, de laquelle procèdent et à laquelle retournent toutes les vertus cardinales et théologales. On aurait soin de rappeler dans ces trois fenêtres des sujets relatifs au Saint-Esprit, à saint Eloi, aux Minimes, Carmes et Capucins, qui seraient en rapport direct avec l'Espérance, la Force, la Justice, la Tempérance, la Prudence et la Religion.

Dans la grande verrière qui est rapprochée du Sacré-Cœur de Jésus (n° 3), les *Miracles* de Notre-Seigneur qui procédaient de son cœur même. En face (n° 13), les *Vertus* de la sainte Vierge.

Dans la chapelle du Sacré-Cœur de Jésus, tout ce qui est le plus immédiatement le témoignage de l'*Amour* de Jésus pour les hommes. Dans la chapelle de la sainte Vierge les preuves les plus vivantes de l'*Amour* de la Vierge pour l'humanité.

Dans les sept fenêtres du sanctuaire la *Passion* de Notre-Seigneur convergerait vers la fenêtre centrale où serait la *Résurrection*. Toutes les scènes devraient être montrées par la *réalité* et par la *figure*, par le Nouveau Testament ayant un écho anticipé dans l'Ancien.

Enfin, dans la fenêtre dix-sept, à l'Occident, le *Jugement dernier*, là où il est constamment placé d'après la tradition iconographique des deux Églises, latine et grecque. L'église Sainte-Gudule, de Bruxelles, en offre un magnifique exemple.

Voilà un thème comme vous pourrez dire qu'on n'en a pas encore exécuté dans les temps modernes et qui doit faire un grand honneur, M. le Doyen, à vous et à votre église.

Pour les rosaces, des grisailles suffiront, mais des grisailles dans le style de l'église, en vers doubles, en plombs ronds. Mises en place, ces grisailles devront coûter au moins 115 francs le mètre superficiel.

Quant aux autres fenêtres, à sujets compliqués et d'une grande richesse, il ne me serait pas possible de les faire à moins de 250 francs le mètre, mises en place et tous frais d'emballage, de port et de pose à ma charge.

Je suis, M. le Doyen, à votre entière disposition et je m'estimerais fort heureux d'être appelé à réaliser une pareille série de verrières.

Veuillez agréer, M. le Doyen, la nouvelle assurance de mon respect et de mon dévoûment.

DIDRON.

XXXIII.

Tableau de l'état primitif (1852) et des diverses améliorations apportées en 1861 et en 1871, au grand orgue de la paroisse Saint-Sépulcre.

Travaux de M. Ch. Lefèvre.

RÉCIT EXPRESSIF,	42 notes.	Flûte harmonique, 4 p.	42 notes.	
Cornet, 5 tuyaux,	30	—	Prestant, 4 p.,	54 —
Flûte, 8 pieds,	42	—	Dulciana, 4 p.,	54 —
Salicional, 8 p.,	42	—	Violoncelle, 4 p.,	54 —
Flûte harmonique, 4 p.	42	—	Bourdon, 8 p.,	54 —
Voix humaine, 16 p.,	42	—	Basson-Hautb., 8 p.	54 —
Cor anglais, 16 p.,	42	—	Clairon, 4 p.,	54 —
Hautbois, 8 p.,	30	—	Euphone, 8 p.,	54 —
GRAND ORGUE,	54 notes.	PÉDALES *fa* à *fa*,	25 notes.	
Cornet, 5 tuyaux,	30	—	Flûte, 4 pieds,	25 —
Fourniture, 3 tuy.,	54	—	— 8 p.,	25 —
Quinte,	54	—	— 16 p.,	25 —
Doublette, 2 pieds,	54	—	Clairon, 4 p.,	25 —
Prestant, 4 p.,	54	—	Trompette, 8 p.,	25 —
Flûte, 4 p.,	54	—	Euphone, 16 p. 12 n., *do* à *do*.	
Montre, 8 p.,	54	—		
Bourdon, 8 p.,	54	—	PÉDALES DE COMBINAISON.	
Gambe, 8 p.,	54	—	Accouplem' du gr. org. au positif.	
Salicional, 16 p.,	54	—	— du positif au gr. org.	
1ʳᵉ trompette, 8 p.,	54	—	Tremblant.	
2ᵉ — 8 p.,	54	—	Appel des jeux d'anches de la pédale.	
Clairon, 4 p.,	54	—		
Euphone, 16 p.,	42	—	Appel des jeux d'anches du grand orgue.	
POSITIF,	54 notes.	Appel des jeux de fonds du gr. orgue.		
Flûte,	54	—	Accouplem' du récit au gr. orgue.	
— 2 pieds,	54	—	Expression (a).	

(a) La soufflerie placée dans une tribune au-dessus du bas-côté consistait en un seul réservoir, celui qui alimente aujourd'hui le côté du do dièze du grand orgue, et le vent était distribué à tous les sommiers par un seul porte-vent.

Travaux de M. Paul Deldine

RÉCIT EXPRESSIF, 42 notes. Montre, 8 p., 54 notes.
Flageolet, 2 pieds, 42 — Prestant, 4 p., 54 —
Gambe, 8 p., 42 — Dulciana, 4 p., 54 —
Voix céleste, 8 p., 42 — Violoncelle, 8 p., 42 —
Flûte octaviante, 4 p., 42 — Bourdon, 8 p., 54 —
Bourdon, 16 p., 42 — Flûte harmonique, 4 p. 42 —
Salicional, 8 p., 42 — Plein jeu, 3 tuyaux, 54 —
Voix humaine, 8 p., 42 — Clairon, 4 p., 54 —
Cor anglais, 16 p., 42 — Trompette, 8 p., 54 —
Hautbois, 8 p., 42 —

PÉDALES *fa* à *fa*, 25 notes.
GRAND ORGUE, 54 notes. Flûte, 8 p., 25 —
Cornet, 5 tuyaux, 30 — Violoncelle, 8 p., 25 —
Fourniture, 3 tuy., 54 — Flûte, 16 p., 25 —
Quinte, 54 — Clairon, 4 p., 25 —
Doublette, 2 p., 54 — Trompette, 8 p., 25 —
Prestant, 4 p., 54 — Bombarde, 16 p. 17 n. *do* à *fa*.
Kérolophone, 8 p., 54 —
Bourdon, 8 p, 54 — PÉDALES DE COMBINAISON.
Gambe, 8 p, 54 — Accouplement du positif au
Montre, 16 p., 54 — grand orgue.
Trompette, 8 p., 54 — Tremolo.
Basson-Hautb., 8 p. 54 — Appel des jeux d'anches de
Clairon, 4 p., 54 not., reprisé. la pédale.
Cromorne, 8 p. 54 n. la d^{re} octave. Appel des jeux d'anches du
Bombarde, 16 p., 42 notes. grand orgue.
Accouplement du récit au
POSITIF, 54 notes. grand orgue.
Flûte, 2 p., 54 — Expression.

Travaux de M. Ch. Gadault.

RÉCIT EXPRESSIF, 42 notes. au lieu de 5 bois.
Flageolet, 2 p. 42 n. harmonique. Trompette 8, 42 n., rediapa-
Gambe 8, 42 n. 3 tuy. dans la basse. sonné et mise en harmonie.
Voix céleste 8, 42 n. supp. 5 tuy. Voix hum. 8, 42 n. rediapasonnée.
Flûte octaviante, 4 p., 42 notes. Cor anglais 16.
Bourdon 16, 42 n. 5 tuy. étain Hautbois 8, rediapasonné.

GRAND ORGUE, 54 notes. Montre, 8 p., 54 notes.
Cornet, 5 tuyaux, 30 — Trompette, 8 p., 54 n., dessus
Fourniture, 3 tuy., 54 — harm. diminué les basses.
   id. 3 tuy., 54 — Clarinette 8, 54 n., fait la basse.
Prestant, 4 p., 54 —
Kerolophone, 4 p. 54 n. (neuf). PÉDALES do à do, 25 notes.
   id. 8 p. 52 notes. Violoncelle, 8 p. 25 —
Montre, 8 p., 54 — Flûte, 8 p. 25 —
Bourdon, 8 p., 54 —   — 16 p. 25 —
Gambe 8, 54 n. (mise à entaille). Clairon, 4 p. 25 —
Montre, 16 p., 54 notes. Trompette, 8 p. 25 —
Basson-Hautbois 8 p., 54 not. Bomb., 16 tuy. de bois, 10 neufs
  diapasonné le jeu entier.
Trompette 8, 54 n dessus harmon. PÉDALES DE COMBINAISON.
Bombarde, 16 p. (42) 54 notes. Appel anches positif.
Clairon, 4 p., 54 — Tonnerre.
   Renvoi anches positif.
POSITIF, 54 notes. Accoup. positif au gr. orgue.
Octavin, 2 p., 54 n., harmonique. Tirasse.
Prestant, 4 p., 54 notes. Accoup. récit au gr. orgue.
Flûte harm., 4 p., 54 — Appel anches pédales.
Gambe, 4 p. 54 n. (jeu neuf).   id. gr. orgue.
Nasard, 54 notes. Tremolo.
Salicional, 8 p., 42 — Expression (a).
Bourdon, 8 p., 54 —

(a) Toute la mécanique et tous les accouplements ; quatre soufflets dont deux neufs (récit et positif) ; vent propre à chaque partie de l'orgue ; trois claviers à main et un pédalier neuf ; tous les porte-vent neufs.

XXXIV.

Projet de restauration et d'agrandissement de l'église Saint-Sépulcre.

Devis estimatif (abrégé).

Fouilles de terre	98 14
Maçonnerie (pierre de Pont-Remy), murs, contreforts, piliers, fenêtres, portes . . .	31,772 12
Ravalement des archivoltes.	128 70
Maçonnerie de pierres, petite roche . . .	3,153 90
— de pierres de vergelet.	
Nota. — Les pierres de vergelet et petite roche, ne sont comptées que comme plus value de la maçonnerie de pierre de Pont-Remy.	
Maçonnerie, rampes de pignons, piliers d'angles, chapiteaux, colonnettes, culs de lampes, etc	12,267 70
Charpente, vieux bois, sablière	1,545 75
— ventrières, faites	929 85
Voûtes de la grande nef (pierre de vergelet), arc-doubleaux, nervures, formerets, clefs de voûtes, etc.	5,929 »
Briques des voûtes (remplissage, etc.) . .	519 74
Bastings, (terrasse sacristie)	136 17
— autres bastings (plancher). . . .	46 17
Couvertures (ardoises, transept, grande nef, bas-côtés, sanctuaire)	3,520 80
Zinguage	1,415 37
Lieux	600 »
Terrasse des lieux	15 »
Tuyaux	225 60
Terrasses (plomb, bas-côtés)	450 »
A reporter. . .	62,754 01

Report. . . .		62,754	01
Poinçon		30	»
Gros fer (molles bandes, ancres, etc.) . .		490	»
— boulons		960	»
Menuiserie, portes, ajustement, etc . . .		69	»
Vitrerie		1,665	60
Plafond (sacristie, armoires, etc.). . . .		94	09
Pavage grande nef, etc		4,130	»
— chœur, etc.		1,460	»
— sacristie.		640	50
— sanctuaire, etc		1,023	50
— sous les stalles, etc.		77	70
Peinture, huile		26	28
Meneaux (fenêtres, bas-côté)		200	»
— — semblable.		200	»
— — du transept		400	»
— — semblable		400	»
— — du sanctuaire. . . .		250	»
— 6 semblables		1,500	»
— roue.		150	»
— 7 semblables		1,050	»
— 2 autres		400	»
— rehaussement . . .		600	»
— 3 fenêtres sacristie . .		210	»
Marbre blanc, marches, chapelle de la Ste-Vierge		80	»
— pose d'une vieille marche. . . .		5	»
— noir, deux marches au chœur . .		180	»
Marches, sanctuaire (rouge)		178	»
Une niche, autel de la Sainte-Vierge. . .		1,000	»
		86,069	18
Honoraires de l'architecte. . . .		4,303	45
Pour travaux imprévus.		627	37
		91,000	»

Dressé par l'architecte soussigné,

DELFORTERIE.

Amiens, le 1er Décembre 1861.

Addenda pour le portail. — Devis estimatif de la dépense à faire.

Maçonnerie, pierre de Pont-Remy . . .	528 85
— de vergelet	4,317 »
Ravalement (sculptures, meneaux, crochets, clochetons, etc.), ensemble . . .	1,421 »
Total.	6,266 85

Récapitulation

Devis estimatif de l'église . .	91,000 »
Pour portail	6,266 85
Total de la dépense. . .	97,266 85

Dressé par l'architecte soussigné,

DELFORTERIE.

Amiens, 1er Décembre 1861.

Pour copie conforme,

Le Président du conseil de Fabrique,

Comte de SAINT-POL.

XXXV.

Résumé rectifié par l'Architecte.

Terrassement	215 80
Remblais et pillonnage	6 69
Moëllons	1,213 52
Briques pour reins de voûtes	631 55
D° pour contreforts et cave d'aisance.	462 09
Pierres de Pont-Remy	37,324 94
Roche	4,319 51
A reporter. . .	44,174 10

Report. . .	44,174 10
Petite roche	4,111 75
Vergelet.	13,793 04
Nervures et formerets	11,420 10
Ravalement	181 89
Voûtes en brique.	3,570 05
Pour plus value, briques creuses, suivant analyse	734 36
Globe.	243 »
Enduits au plâtre.	928 21
Briques	557 40
Joints au mastic d'huile	219 67
Meneaux.	4,800 »
Portail. — Démolitions	228 10
Terrassement	9 »
Remblais et pillonnages . .	3 »
Briques	79 02
Roche	1,020 »
Petite roche	693 40
Vergelet.	4,595 68
Pierres de Pont-Remy . . .	2,211 03
Piliers en petite roche . . .	1,556 10
Ravalement	25 45
Charpente	9,117 26
Plomberie	4,939 15
Vitrerie	812 30
Couverture	4,322 48
Bois pour douëlles	630 »
Marbrerie	9,605 18
Serrurerie	2,595 86
Enduits	142 60
Menuiserie et plancher sous le zinc. . .	190 07
Pour l'autel et autres :	
Terrassement	1 40
Maçonnerie de briques	194 31
A reporter. . .	127,765 05

Report. . .	127,705 05
Pour la pose des marches.	13 16
Calorifère	392 18
Attachements	2,770 73
Comptes supplémentaires	3,735 26
616 heures de charpentiers pour étayage des arcades de la nef.	184 80
Total.	134,861 18

Dressé par l'architecte soussigné,

DELFORTERIE.

Amiens, 12 Janvier 1865.

Pour copie conforme,

Le Président du conseil de Fabrique,

Comte de SAINT-POL.

Abbeville, 29 Juillet 1867.

XXXVI.

Circonscription de la paroisse du Saint-Sépulcre d'Abbeville.

ORDONNANCE ÉPISCOPALE.

Nous Jean-Pierre GALLIEN DE CHABONS, Evêque d'Amiens, pair de France, etc., etc.

Vu la délibération du Conseil municipal d'Abbeville en date du 11 décembre 1824 et la lettre de M. le Maire tendant à ce qu'il soit demandé une nouvelle circonscription des paroisses de cette ville;

Vu les réclamations des différentes fabriques, desquelles il appert que la circonscription faite en 1802, par suite du Concordat de 1801 et en exécution de la loi du 18 germinal an X, n'a pas atteint le but qu'on s'était proposé, qu'elle fut faite d'ailleurs sans information préliminaire et avec une précipitation qui ne permit point d'en apercevoir les vices et les inconvénients ;

— Vu le rapport de la commission que nous avons, conjointement avec M. le Préfet de la Somme, établie pour nous éclairer sur le besoin de cette nouvelle démarcation et les moyens de l'opérer ;

Vu l'ordonnance royale en date du 19 mars 1826, qui porte que la nouvelle circonscription des paroisses d'Abbeville, telle qu'elle est énoncée à l'article premier de la présente ordonnance est approuvée ;

Considérant : 1° que des quatre paroisses d'Abbeville, celle du Saint-Sépulcre, chef-lieu de canton, est celle qui réunit le plus d'avantages, que le nombre de ses pauvres est peu considérable, que les ressources de sa fabrique sont plus que suffisantes pour l'acquit de ses charges, que la démarcation de 1802 l'a augmentée de plus d'un tiers, et que ses intérêts sont d'ailleurs suffisamment consultés par le dédommagement qui lui est accordé ;

2° Que par la démarcation de 1802, les paroisses de St-Gilles et de St-Jacques ont été privées d'un nombre de maisons qui étaient, avant la Révolution, des parties intégrantes de ces paroisses, que celle de Saint-Jacques surtout, souffre de l'énorme disproportion qui existe entre le nombre de ses pauvres et celui de ses paroissiens aisés, entre ses charges et les ressources qu'elle trouve dans sa population ;

3° Enfin que la paroisse de Saint-Wulfran étant celle qui s'est accrue aux dépens des autres, il est juste de lui redemander les concessions qui rétablissent les proportions lésées ; que, d'ailleurs ces concessions, si on en excepte celles qui replacent les deux paroisses de Saint-Jacques et de Saint-Gilles dans leurs anciennes limites, ne sont pas considérables et qu'à un petit nombre de maisons près, on a respecté les parties de son territoire qui sont nécessaires à l'importance et à la grandeur de l'église de Saint-Wulfran, au nombre de ses pauvres et à la multiplicité de ses charges.

Ce, attentivement et mûrement considéré en vertu du droit qui nous est dévolu par les saints canons, avons ordonné et ordonnons ce qui suit :

Art. 1er. — La circonscription des paroisses de la ville d'Abbeville, département de la Somme, diocèse d'Amiens, est approuvée ainsi qu'il suit :

La paroisse de Saint-Jacques, sans rien perdre de sa circonscription actuelle, reprend les parties suivantes de son ancien territoire dont elle a été privée par la circonscription de 1802, et jouit :

1° De la portion de la chaussée Marcadé comprise entre les rues Médarde et Pados, d'un bout, et le pont des Capucins de l'autre, et dont la paroisse du Saint-Sépulcre est en ce moment en possession ;

2° Elle jouira également de toute la ligne de maisons qui, depuis le n° 16 formant la limite actuelle de la dite paroisse de Saint-Jacques du côté nord de la grande rue de la Pointe, s'étend sans interruption dans le reste de cette même rue et la rue des Wetz (vulgairement des Saintes-Marie) jusqu'au coin de la rue des Rapporteurs, le tout faisant actuellement partie de la paroisse de Saint-Wulfran ;

3° Enfin la paroisse de Saint-Jacques, par raison de convenance, prend de plus, sur Saint-Wulfran, les trois maisons du côté nord de la rue du Mont Sainte-Catherine marquées des n°s 10, 12 et quatorze, faisant autrefois partie de la paroisse de Sainte-Catherine et aujourd'hui de Saint-Wulfran.

La paroisse du Saint-Sépulcre, à titre de dédommagement de la portion de la chaussée Marcadé attribuée à Saint-Jacques, jouira à l'avenir de la partie de la rue de la Hucherie (vulgairement de la Fausse Porte), située du côté nord, depuis l'impasse de la Commanderie jusqu'au n° 29 inclusivement (l'impasse fermée qui se trouve entre le n° 29 et le n° 25 servant de limite), du côté du sud, depuis le coin de la rue des Minimes jusqu'au coin de la rue de Locques.

A titre de convenance, les maisons sises sur le Pont aux Poirées (dit des Bouchers) et marquées n°s 2 et 4, lui sont également transférées.

Le tout à distraire de la paroisse de Saint-Wulfran qui en est actuellement en possession et qui conserve le côté sud de la rue des Wetz.

La circonscription actuelle de la paroisse de Saint-Gilles est augmentée de la rue du Pont-à-Plicourt entière et de tout le derrière de la rue de la Tannerie comprenant, à partir de la rue du Pont-à-Plicourt, le côté nord de la rue du Lillier et les maisons du Marché-aux-Chevaux, situées sur la même ligne jusqu'au rempart et qui font face à la rivière; le tout à distraire de la paroisse de Saint-Wulfran, qui conserve le côté sud de la rue du Lillier et les maisons du Marché-aux-Chevaux qui le terminent et font face au rempart.

ART. 2. — Voulons et entendons que notre présente ordonnance ait son plein et entier effet le 1er juillet prochain, inclusivement.

ART. 3. — Conférons aux curés respectifs des dites paroisses d'Abbeville les pouvoirs et juridiction dont ils ont besoin pour l'exécution de la présente Ordonnance.

Donné à Amiens, en notre palais épiscopal, sous notre seing, le sceau de nos armes et le contre-seing de notre secrétaire-général, le 5 juin de l'an de grâce 1826.

† J. P., évêque d'Amiens.

Par mandement de Monseigneur,

GLABAULT, chan., secrét. général.

TABLE DES LIVRES ET CHAPITRES

Dédicace a MM. les Marguilliers. VII
Avant-propos. XI

LIVRE PREMIER

Dévotions de la Paroisse.

Chapitre   Ier. — Notre-Dame de Guadeloupe . . .   2
—   II. — Le Chemin de la Croix   9
—   III. — Les Prières de six Semaines. . . 13
—   IV. — L'Adoration perpétuelle 16
—   V. — Dévotion des saintes Reliques. . 19
—   VI. — Dévotion à la sainte Vierge . . . 34
—   VII. — La dévotion des Mois 37
—   VIII. — La dévotion des Enfants 41
—   IX. — Les Indulgences. 43
—   X. — Les Pardons. 46
—   XI. — La dévotion au Saint-Sépulcre . . 49

LIVRE DEUXIÈME

Confréries, Patronages, Pèlerinages, etc.

Chapitre   Ier. — Confrérie du Sacré-Cœur de Jésus. 54
—   II. — Congrégation de la sainte Vierge. 58
—   III. — Confrérie de N.-D. des Malades. . 61

CHAPITRE IV. — Archiconfrérie du saint et immaculé Cœur de Marie 65
— V. — Confrérie du saint Rosaire. . . . 69
— VI. — Archiconfrérie de saint Joseph . . 72
— VII. — Association de N.-D. des Enfants. 76
— VIII. — Patronages 79
— IX. — Pèlerinage de N.-D. de Monflières. 86

LIVRE TROISIÈME

Les Œuvres paroissiales.

CHAPITRE Ier. — La Propagation de la Foi 93
— II. — Œuvre de la Sainte-Enfance. . . 97
— III. — Œuvre de saint François de Sales. 101
— IV. — Œuvre du Dimanche. 104
— V. — Œuvre de l'Adoption. 109
— VI. — Œuvre de la Providence 112
— VII. — Conférence saint Vincent de Paul. 117
— VIII. — Les Pauvres de M. le Curé. . . . 123
— IX. — L'œuvre des Enfants pauvres de la première communion 127

LIVRE QUATRIÈME

Les Communautés, Classes, etc.

CHAPITRE Ier. — Communauté des Augustines (maison-mère) 130
— II. — Communauté des Carmélites . . 135
— III. — Communauté de l'Immaculée-Conception (asiles) 140
— IV. — Communauté des Frères (écoles chrétiennes). 144
— V. — Communauté de Saint-Joseph (maison-mère) 148

TABLE DES LIVRES ET CHAPITRES 549

CHAPITRE VI. — Communauté de Saint-Joseph
(Enfant-Jésus) 151
— VII. — Communauté des Sœurs de la
Providence 154
— VIII. — Communauté des Ursulines . . . 158
— IX. — Collége libre Saint-Stanislas. . . 161
— X. — Les classes des Frères 164
— XI. — Les classes de la Providence, —
Ursulines, — Saint-Joseph. . . 166
— XII. — Orphelinat de l'Enfant-Jésus. . . 168
— XIII. — Ouvroir. — Asile 169
— XIV. — Institution de Mlle Diguet 171

LIVRE CINQUIÈME

Coutumes religieuses paroissiales.

PREMIÈRE PARTIE. — *COUTUMES GÉNÉRALES.*

CHAPITRE 1er. — Service de chaque jour. 174
— II. — Service de chaque semaine. . . . 175
— III. — Service de chaque mois 176
— IV. — Offices 178
— V. — Offices funèbres 184
— VI. — Les Mariages 190
— VII. — Les Baptêmes 191
— VIII. — Relevailles 192

DEUXIÈME PARTIE. — *COUTUMES SPÉCIALES*

CHAPITRE Ier. — L'Avent 174
— II. — Le temps de Noël 197
— III. — De l'Epiphanie à la Septuagésime. 199
— IV. — Le temps qui précède le Carême. 201
— V. — Le Carême 204
— VI. — Le temps de la Passion 206
— VII. — La Semaine-Sainte 208
— VIII. — Les Fêtes pascales. 214
— IX. — Après Pâques 216

Chapitre	X. — Le mois de Mai	218
—	XI. — Le pèlerinage de Monflières	220
—	XII. — Le temps de l'Ascension	222
—	XIII. — Les Fêtes de la Pentecôte	224
—	XIV. — La retraite de 1re Communion	226
—	XV. — La Sainte Trinité (1re Communion)	229
—	XVI. — La Confirmation	232
—	XVII. — Le temps du Saint-Sacrement	235
—	XVIII. — Le temps du Sacré-Cœur	237
—	XIX. — Le mois du Saint-Sépulcre	239
—	XX. — Le mois d'Août	241
—	XXI. — Le mois de Septembre	244
—	XXII. — Le mois d'Octobre	247
—	XXIII. — Le mois de Novembre	248

LIVRE SIXIÈME

L'église du Saint-Sépulcre.

Chapitre	Ier. — Fondation de l'église St-Sépulcre, — Emplacement, etc.	256
—	II. — Restauration et agrandissement de l'église Saint-Sépulcre	267
—	III. — Description de l'église actuelle à l'extérieur	284
—	IV. — L'église actuelle à l'intérieur, — Descriptions particulières	295
—	V. — Les Reliques (non munies d'authentiques écrites)	307
—	VI. — Les Verrières	332
—	VII. — Les Orgues	357
—	VIII. — Le Mobilier de l'église	384
—	IX. — L'Orfèvrerie	392
—	X. — Objets d'art	394
—	XI. — Les Cloches	406
—	XII. — La Sacristie	410
—	XIII. — La Fabrique	428
—	XIV. — Ce qui reste à faire à l'église	432

APPENDICES

A. — Les Rues de la Paroisse 439
B. — Les Ponts 448
C. — Quelques souvenirs 449
D. — Trois Monuments 453
E. — Calendrier des Reliques paroissiales (fêtes) . 454
F. — Les Stalles du Chœur 455

NOTES ET PIÈCES

I. — Histoire du tableau de N.-D. de Guadeloupe 458
II. — Erection du Chemin de la Croix 464
III. — Authentique d'une relique de la vraie Croix 465
IV. — Authentique de la relique du saint Sépulcre 466
V. — Authentique de la relique de saint Firmin, etc. 467
VI. — Authentique de la relique de saint Eloi, etc. 468
VII. — Certificat de M. Deunet 469
VIII. — Première demande d'Indulgences . . . 470
IX. — Deuxième demande d'Indulgences . . . 471
X. — Troisième demande d'Indulgences . . . 472
XI. — Confrérie du Sacré-Cœur de Jésus . . . 473
XII. — Erection de la Congrégation de la Sainte-Vierge 477
XIII. — Erection de la Confrérie de N.-D. des Malades 480
XIV. — Erection de la Confrérie du saint Rosaire 481
XV. — Règlement de l'Association de N.-D. des Enfants 487

XVI. —	Propagation de la Foi.	489
XVII. —	Sainte-Enfance.	494
XVIII. —	Saint François de Sales	498
XIX. —	Sanctification du Dimanche.	504
XX. —	L'Adoption.	508
XXI. —	Règlement de l'Œuvre de la Providence.	511
XXII. —	Saint Vincent de Paul	512
XXIII. —	L'Adoration perpétuelle	518
XXIV. —	Les Enfants de Marie, chez Mlle Diguet	519
XXV. —	Le Saint-Sépulcre, d'après M. Crimet	521
XXVI —	Une Leçon de l'ancien Office	522
XXVII. —	L'autel privilégié.	524
XXVIII. —	Restauration de la chapelle St-Sépulcre.	525
XXIX. —	Devis de la chapelle Saint-Sépulcre.	528
XXX. —	Note de M. Cauchye	529
XXXI. —	Procès-verbal de M. Cauchye.	529
XXXII. —	Lettre de M. Didron	533
XXXIII. —	Etat ancien et nouveau de nos Orgues.	534
XXXIV. —	Projet de restauration et d'agrandissement de l'église Saint-Sépulcre.	538
XXXV. —	Résumé rectifié par l'Architecte	540
XXXVI. —	Circonscription de la paroisse.	542

ERRATA

Page 153, dernière ligne, Chantal *veuve* au lieu de vierge.
— 159, ligne 14, mettre un *point* après Paris et une *virgule* après le mot révolution.
— 163, ligne 8, lisez *c'est ce qu'il est facile*.
— 406, — 6, lisez l'abbé *Théodose* et non Théodore.
— 406, — 13, lisez nous *rappellerons* et non rappelerons.
— 432, ligne 9, lisez *on resterait* et non on restera.

www.ingramcontent.com/pod-product-compliance
Lightning Source LLC
Chambersburg PA
CBHW060505230426
43665CB00013B/1393